Sabine Menninghaus

# Vorstellungsweisen künstlerischer Transformation

# “Human Potentialities”

Studien zu Aldous Huxley & zeitgenössischer Kultur
Studies in Aldous Huxley & Contemporary Culture

herausgegeben von

Prof. Dr. Bernfried Nugel
(Englisches Seminar der
Westfälischen Wilhelms-Universität Münster)

und

Prof. Dr. Lothar Fietz
(Seminar für Englische Philologie,
Eberhard-Karls-Universität Tübingen)

Band 2

LIT

Sabine Menninghaus

# Vorstellungsweisen künstlerischer Transformation

## Naturwissenschaftliche Analogien bei Aldous Huxley, James Joyce und Virginia Woolf

LIT

*Für Wilhelm und Paula Marie*

Umschlagbild: Erwin J. Löhr

(∞)

Gedruckt auf alterungsbeständigem Werkdruckpapier entsprechend
ANSI Z3948 DIN ISO 9706

Gedruckt mit Unterstützung der Deutschen Forschungsgemeinschaft

D 6

**Die Deutsche Bibliothek – CIP-Einheitsaufnahme**

***Menninghaus, Sabine***
Vorstellungsweisen künstlerischer Transformation : Naturwissenschaftliche Analogien bei Aldous Huxley, James Joyce und Virginia Woolf / Sabine Menninghaus. – Münster : LIT, 2000
("Human Potentialities" : Studien zu Aldous Huxley & zeitgenössischer Kultur ; 2.)
Zugl.: Münster (Westf.), Univ., Diss., 1999
ISBN 3-8258-4424-2

NE: GT


Grevener Str. 179 48159 Münster Tel. 0251–23 50 91 Fax 0251–23 19 72

**Vorwort**

Die vorliegende Arbeit wäre niemals in dieser Form entstanden, hätten mich nicht andere in vielfältiger Weise unterstützt. Ihnen allen gilt meine Dankbarkeit.

An erster Stelle möchte ich mich bei meinen Eltern, Herbert und Gerlinde Wagner, bedanken, die bereits zur Schulzeit mein Interesse an Sprache und Literatur gefördert, mir das Universitäts-Studium finanziell ermöglicht sowie mich in allen Lebenslagen unterstützt haben. Die Verbindung zwischen Literatur und Naturwissenschaft, die im Zentrum des Buchs steht, ergibt sich auch aus meinem Elternhaus: Bis in die Korrekturphasen dieser Arbeit hinein profitierte ich von meinem Vater, dem Chemiker, und meiner literaturbegeisterten Mutter.

Meinem Doktorvater, Herrn Prof. Dr. Bernfried Nugel, danke ich dafür, daß er während des gesamten Hauptstudiums mein Interesse am Studium der Autoren Joyce, Huxley, Woolf und an der zuvor trocken und langweilig klingenden Disziplin der Literaturtheorie erweckte und mit Anregungen, Offenheit und Vertrauen bis zur Vollendung dieses ‚Großprojekts' unterstützte. Ich danke ihm herzlich für zahlreiche Hinweise, kritische und anregende Gespräche, wertvolle Korrekturen sowie für die Aufnahme dieses Buches in die von ihm mitherausgegebene Reihe. Dem Korreferenten Herrn Prof. Dr. Hermann Josef Real gebührt mein Dank für seine ausgesprochen kritische, gründliche und hilfreiche Korrektur. Weiterhin möchte ich der Deutschen Forschungsgemeinschaft dafür danken, daß sie mein Vorhaben gefördert und die Drucklegung des Buchs großzügig unterstützt hat.

Für wertvolle Anregungen und Korrekturen sowie Ermutigungen aller Art danke ich Dr. Corinna Späth, Stephanie Heckenkamp-Grohs, Thomas Mittring, Dr. Udo Göllmann, Dr. Frank Igelhorst sowie Martin Rehker. Mein besonderer Dank für die sorgfältige Korrektur dieses Buchs und seine unzähligen, hilfreichen Hinweise und Gespräche gilt Dr. Manfred Böcker. Für seine technische Unterstützung und seinen hilfsbereiten Einsatz selbst zu ungewöhnlichen Uhrzeiten möchte ich mich herzlich bei Stefan Tampier bedanken.

Schließlich danke ich meiner kleinen Tochter Paula-Marie, die mir seit dem 13. August 1998 unbeschreibliche Freude schenkt und meine Abwesenheit vor allem in der ‚Endphase' verkraften mußte. Ohne die Unterstützung meiner Eltern, meiner Schwiegereltern, Emmi und Wilhelm Menninghaus, sowie meiner Freundin Stephanie wäre mir der Spagat zwischen meinen beiden ‚Kindern' wohl nicht geglückt.

Zuletzt gilt mein herzlicher Dank meinem Mann Wilhelm, der die Entstehung dieser Doktorabeit in allen Phasen mitbegleitet hat. Er hat mir nicht nur durch sein gutes Beispiel die Richtung gewiesen, sondern mir durch seinen Glauben an mich stets Mut gemacht durchzuhalten. Seine bohrenden Fragen, seine Geduld und Hartnäckigkeit in schwierigen Phasen sowie seine technische Unterstützung haben entscheidend dazu beigetragen, daß diese Arbeit abgeschlossen worden ist. Dafür, daß er zusammen mit unserer Tochter selbstlos auf viele gemeinsame Stunden verzichtet hat, danke ich ihm herzlichst. Ihnen beiden sei aus Liebe und Dankbarkeit dieses Buch gewidmet.

**Inhaltsübersicht**

**Inhaltsverzeichnis**

**Abkürzungsverzeichnis**

| | |
|---|---|
| *AA* | Aldous HUXLEY. *Adonis and the Alphabet and Other Essays.* London: Chatto and Windus 1956. |
| *BA* | Virginia WOOLF. *Between the Acts.* London: The Hogarth Press, 1947. |
| *CE* | Virginia WOOLF. *Collected Essays.* 4 Vols. Ed. Leonard WOOLF. London: The Hogarth Press, 1966-1967. |
| *D* | *The Diary of Virginia Woolf. 5* Vols., 1915-41. Ed. Anne Olivier BELL und Andrew MC NEILLY. London: The Hogarth Press, 1977-84. |
| *DWYW* | Aldous HUXLEY. *Do What You Will.* London: Chatto and Windus, 1949. |
| *EG* | Aldous HUXLEY. *Eyeless in Gaza.* London: Chatto and Windus, 1950. |
| *EM* | Aldous HUXLEY. *Ends and Means. An Inquiry into the Nature of Ideals and into the Methods Employed for their Realization.* London: Chatto and Windus, 1948. |
| *GG* | Aldous HUXLEY. *The Genius and the Goddess.* London: Chatto and Windus, 1955. |
| *HS* | Aldous Huxley. *The Human Situation. Lectures at Santa Barbara, 1959.* Ed. Piero FERRUCCI. London: Chatto and Windus, 1978. |
| *JP* | Aldous HUXLEY. *Jesting Pilate.* London: Chatto and Windus, 1948. |
| *L* | Virginia WOOLF. *The Letters of Virginia Woolf.* 4 Vols. Ed. Nigel NICOLSON. London: The Hogarth Press, 1978. |
| *LH* | Virginia WOOLF. *To the Lighthouse.* Ed. Susan DICK. Oxford: Blackwell Publishers, 1992. |
| *LS* | Aldous HUXLEY. *Literature and Science.* New Haven: Leete's Island Books, 1963. |
| *MN* | Aldous HUXLEY. *Music at Night.* London: Chatto and Windus, 1949. |

| | |
|---|---|
| *MB* | Virginia WOOLF. *Moments of Being*. Ed. Jeanne SCHULKIND. San Diego, New York, London: Harcourt Brace and Company, ²1985. |
| *OAA* | Aldous HUXLEY. *On Art and Artists*. Ed. Morris PHILIPSON. London: Chatto and Windus, 1960. |
| *OM* | Aldous HUXLEY. *On the Margin*. London: Chatto and Windus, 1948. |
| *OT* | Aldous HUXLEY. *The Olive Tree and Other Essays*. London: Chatto and Windus, 1947. |
| *P* | James JOYCE. *A Portrait of the Artist as a Young Man*. Ed. Hans Walter GABLER mit Walter HETTCHE. New York and London: Garland Publishing, 1993. |
| *PCP* | Aldous HUXLEY. *Point Counter Point* London: Chatto and Windus, 1974. |
| *PP* | Aldous HUXLEY. *The Perennial Philosophy*. London: Chatto and Windus, 1950. |
| *PS* | Aldous HUXLEY. *Proper Studies*. London: Chatto and Windus, 1949. |
| *TMHS* | Aldous HUXLEY. *Time Must Have a Stop*. London: Chatto and Windus, 1950. |
| *TP* | Aldous HUXLEY. *Texts and Pretexts*. London: Chatto and Windus, 1949. |
| *TV* | Aldous HUXLEY. *Themes and Variations*. London: Chatto and Windus, 1954. |
| *U* | James JOYCE. *Ulysses*. Ed. Hans Walter GABLER et al. Harmondsworth: Penguin Books, 1986. |
| *UA* | Don GIFFORD und Robert SEIDMAN. *„Ulysses" Annotated. Notes for James Joyce's „Ulysses."* Berkeley, Los Angeles und London: University of California Press; ²1989. |
| *W* | Virginia WOOLF. *The Waves*. London: The Hogarth Press, 1963. |
| *Y* | Virginia WOOLF. *The Years*. London: The Hogarth Press, 1965. |

*With the compliments of the*

*Aldous Huxley Society*

Bernfried

*(Prof. Dr. Bernfried Nugel, Chairman)*

Best wishes to Nova and you, dear Sandy!

## Einleitung

Die klassische Moderne, die literarische Bewegung, die zur Jahrhundertwende ihren Anfang nahm, ist durch fundamentale ästhetische Innovationen gekennzeichnet.[1] Der Beginn des zwanzigsten Jahrhunderts gilt zugleich als die Zeit der naturwissenschaftlichen Revolutionen. Vor diesem Hintergrund stellt sich die zentrale Frage, welche Beziehungen zwischen dieser Literatur und den Naturwissenschaften bestehen.

Charles P. Snow diagnostizierte Mitte der sechziger Jahre eine unüberbrückbare Kluft zwischen literarischen und naturwissenschaftlichen Intellektuellen und charakterisierte diese mit dem später zum Schlagwort gewordenen Begriff der *Two Cultures*[2]. In diesem Zusammenhang vertrat er die These, die Literatur habe die Erkenntnisse der Naturwissenschaften kaum assimiliert.[3] Es ist davon auszugehen, daß die Beziehungen zwischen Literatur und Naturwissenschaft weitaus komplexer sind, als es der Begriff der Assimilation suggeriert, der lediglich eine einseitige Beeinflussung der Literatur durch die Naturwissenschaft unterstellt.

Das von Thomas S. Kuhn in *The Structure of Scientific Revolutions* entworfene wissenschaftshistorische Erklärungsmodell des Paradigmenwechsels bietet einen Rahmen, um die vielschichtigen Beziehungen zwischen den beiden Bereichen abzubilden und zu deuten.[4] Er definiert das Paradigma als einen Konsens von Standards und Regeln, auf deren Basis Wissenschaftler ihre Beobachtungen interpretieren. Demnach beeinflußt diese Denkkonvention die Wissenschaft schon im Vorfeld und bestimmt Richtung, Gegenstand und Methoden des Forschens.[5] Kuhn unterscheidet zwischen übergeordneten und speziellen Paradigmen, die sich überschneiden oder parallel existieren können. Paradigmenwechsel finden durch wissenschaftliche Revolutionen statt, die

---

1 Vgl. M. H. Abrams, *A Glossary of Literary Terms* (New York et al.: Holt, Rinehart and Winston, [5]1988) 108 f.

2 Vgl. Charles P. Snow, *The Two Cultures: And a Second Look: An Expanded Version of the Two Cultures and the Scientific Revolution* (Cambridge: Cambridge University Press, 1965) 3 f.: „I believe the intellectual life of the whole western society is increasingly being split into two polar groups. [...] Literary intellectuals at one pole - at the other scientists, and as the most representative, the physical scientists. Between the two a gulf of mutual incomprehension - sometimes [...] hostility and dislike, but most of all lack of understanding."

3 Vgl. Snow 16.

4 Vgl. Thomas S. Kuhn, *The Structure of Scientific Revolutions* (Chicago, London: University of Chicago Press, 1962).

5 Dieser Gedanke ist eine Grundthese von Kuhns Arbeit. Vgl. insbesondere Kuhn 11, 45 ff. und 121.

bestehende Konventionen eines Paradigmas erst zum Gegenstand der Kritik werden lassen, die Forschungen in andere Richtungen begünstigen und die Konventionen dann einem Wandel unterziehen.[6]

Übergeordnete Paradigmenwechsel finden in größeren Zeitabschnitten statt, deuten sich über einen längeren Zeitraum durch Krisen an und vollziehen sich schließlich 'blitzartig,' ausgelöst durch überraschende Erkenntnisse, die nicht in das alte Paradigma passen. Da sich Paradigmen nicht korrigieren lassen, führt eine solche revolutionäre Erkenntnis zu einer vollkommen neuen Sicht der Welt und leitet einen Paradigmenwechsel – einen *gestalt switch* – ein. Dieser ist nicht bloß eine neue Interpretation der alten Welt, sondern transformiert die bisherige Welterfahrung:[7]

> Though such intuitions depend upon the experience, both anomalous and congruent with the old paradigm, they are not logically or piecemeal linked to particular items of that experience as an interpretation would be. Instead, they gather up large portions of that experience and transform them to the rather different bundle of experience that will thereafter be linked piecemeal to the new paradigm but not to the old.[8]

Kuhn setzt sich mit dem Muster und den Prozessen bei der Ablösung eines alten Weltbilds durch ein neues für die Naturwissenschaften auseinander. Da diese Wechsel jedoch alle Bereiche der Kultur erfassen können, bietet es sich an, das Modell des Paradigmenwechsels auf die Untersuchung literarischer Veränderungen sowie auf das Zusammenspiel literarischer und naturwissenschaftlicher Entwicklungen zu übertragen.

Einen der größten Paradigmenwechsel in der Wissenschaftsgeschichte[9] leitete Darwins *Origin of Species* ein.[10] Die Evolutionstheorie und ihre Deutung der Entwicklung der Lebewesen widersprach der biblischen Annahme der Unveränderlichkeit der von Gott geschaffenen Geschöpfe. Sie betonte statt desssen

---

6 Als Beispiel führt Kuhn den Übergang von der Newtonschen zur Quantenmechanik an, der heftige Debatten über die Natur und die Standards der Physik hervorrief. Vgl. Kuhn 47 f.

7 Vgl. Kuhn 121 f.

8 Kuhn 122.

9 Die Wechselwirkungen zwischen Wissenschaften und Geistesgeschichte sind Gegenstand des interdisziplinär arbeitenden Forschungszweigs der Wissenschaftsgeschichte. Vgl. für eine gute ‚Orientierungshilfe' in der Wissenschaftsgeschichte Rupert Hall und Marie Boas Hall, *A Brief History of Science* (New York: New American Library, 1964). Vgl. insbesondere zu den philosophischen Implikationen der Wissenschaftsgeschichte Carl Friedrich von Weizsäcker, *Die Tragweite der Wissenschaft* (Stuttgart: Hirzel, 1964).

10 Vgl. Linda S. Bergmann, „Reshaping the Roles of Man, God and Nature: Darwin's Rhethoric in *On the Origin of Species*," ed. Joseph W. Slade und Judith Yaross Lee, *Beyond the Two Cultures: Essays on Science, Technology and Literature* (Ames: Iowa State University Press, 1990) 75.

den Gedanken des Wandels und veränderte das Verständnis von Natur, Mensch und Gesellschaft zutiefst. Das Zauberwort Entwicklung wurde zur Signatur des neunzehnten Jahrhunderts und wirkte sich weit über die Grenzen der Biologie hinaus auf die gesamte Kultur aus. Der Evolutionsgedanke „bewirkt eine Temporalisierung des Weltbildes, beeinflußt die Fragestellungen der Humanwissenschaften und führt zu einer institutionellen Ausdifferenzierung ihrer verschiedenen Disziplinen."[11] In biologischen Teilgebieten wurden neue Forschungsergebnisse erzielt, indem sie sich mit der Umwandlung von Lebensformen und organischen Substanzen auseinandersetzten.[12] Der Transformationsgedanke bewirkte auch in der Chemie und in der Physik ein vollkommen neues Verständnis von Materie, Energie und Universum.

Der Gedanke des Wandels wird also als Schlüsselbegriff verstanden, der zwar bereits eine lange Tradition besaß,[13] im ausgehenden neunzehnten und beginnenden zwanzigsten Jahrhundert jedoch eine neue Bedeutung erhielt, weil er alle Bereiche der Kultur erfaßte und den Kern des geistesgeschichtlichen Paradigmas betraf.

Aus diesen Entwicklungen ergibt sich eine Vielfalt von Fragen, deren Beantwortung im Mittelpunkt dieser Arbeit steht: In welcher Weise spiegeln Reflexionen der Künstler über ihr eigenes Schaffen die naturwissenschaftlichen Erkenntnisse wider? Welche Relevanz besitzt das Transformationsdenken in der Literatur und in ihren ästhetischen Konzepten? Welche Bedeutung kommt dem Transformationsbegriff in den Vorstellungen literarischen Schaffens zu, und welche naturwissenschaftlichen Konzepte erwiesen sich dabei als besonders anregend für die Literaturästhetik?

---

11 Hermann Josef Schnackertz, *Darwinismus und literarischer Diskurs. Der Dialog mit der Evolutionsbiologie in der englischen und amerikanischen Literatur: E. Bulwer-Lytton, S. Butler, J. Conrad, Ch. Darwin, Th. Dreiser, G. Gissing, H. Spencer, K. Vonnegut, H. G. Wells* (München: Wilhelm Fink, 1992) 9.

12 So führten neue Forschungsergebnisse zu grundlegenden Veränderungen in der Zoologie, der Botanik, der Entwicklungsphysiologie, der Stoffwechselphysiologie und der Verhaltensbiologie.

13 In der vorliegenden Arbeit wird jedoch keinesfalls behauptet, Transformation sei ein völlig neuer Gedanke, der erst mit der Darwinschen Evolutionslehre ins Leben gerufen wurde. Wandel besitzt als philosophisches Prinzip ebenso wie als literarisches Motiv eine lange Tradition, die sich mühelos bis in die Antike zurückverfolgen läßt. Sowohl der mit dem Flußsymbol verbundene Gedanke, daß man nicht zweimal in denselben Fluß steigen könne, wie die literarische Vorlage der *Metamorphosen* (um nur zwei Beispiele zu nennen) sind in der Literatur aller Jahrhunderte unzählige Male aufgegriffen und variiert worden.

Um diese Fragen zu beantworten und die Beziehungen zwischen naturwissenschaftlichen und literarischen Vorstellungen zu untersuchen, ist als Instrument die Analogie gewählt worden. Die Analogie stellt sprachliche Beziehungen zwischen zwei Systemen her, die über einen schlichten Vergleich hinausgehend Assoziationen und Nebenbedeutungen zulassen. Analogien bieten den Literaten einen Ansatzpunkt, abstrakte Vorstellungen ihres literarischen Schaffens in das assoziative und bildliche Denken zu überführen. Dabei prägt der Bereich der Naturwissenschaften durch die Struktur seiner Denkmodelle und Bilder einerseits literaturästhetische Vorstellungen. Andererseits passen die Literaten die Analogien ihren Absichten an und formen sie zu Ausdrucksmitteln eigener Konzepte um. Deshalb bieten die Analogien auch der Literaturwissenschaft eine heuristische Methode, um die Vorstellungen literarischen Schaffens aus dem bildlichen Bereich wieder in die Logizität zurückzuholen.[14]

Um naturwissenschaftliche Bezüge in literaturtheoretischen Äußerungen zu untersuchen, wurde ein exemplarischer Textkanon mit Werken von Aldous Huxley, James Joyce und Virginia Woolf ausgewählt. Diese Auswahl dient als Basis, um naturwissenschaftliche Analogien systematisch zu erfassen und um so Vorstellungen künstlerischen Schaffens zu erschließen. Auf diese Weise soll eine intensive Auseinandersetzung mit den Texten ermöglicht werden, die über das reine ‚Herauspräparieren' von Motiven und Anspielungen, das 'extensive' Erfassen analoger Bezüge für ein Gesamtwerk hinausgeht.

Mit Joyce und Woolf werden zwei der wichtigsten Vertreter der klassischen Moderne in die Untersuchung einbezogen. Des weiteren wird Huxley berücksichtigt, den weniger seine Romane als vielmehr die Vielschichtigkeit seines Werks und die Vielseitigkeit seiner Interessen zu einem der bemerkenswertesten Literaten und Intellektuellen der Moderne machen. Der integrative Ansatz seines Werks[15] bietet einen idealen Ausgangspunkt für die Untersuchung interdisziplinärer Beziehungen dieser Zeit. Seinen späten Essay *Literature and Science* eröffnet Huxley mit der Frage „Snow or Leavis?" Er formuliert seine eigene Position in dieser Frage und sieht eine wesentliche Aufgabe des Literaten darin, wissenschaftliche Erkenntnisse in die Kunst zu integrieren und so

[14] Vgl. zu einer Definition des Analogiebegriffs Jürgen Mittelstraß (ed.), *Enzyklopädie Philosophie und Wissenschaftstheorie* (Mannheim et. al.: Bibliographisches Institut, 1980) 98 f.

[15] Diesen ästhetischen Aspekt in Huxleys Werk untersucht Donald Watt. Vgl. „Huxley's Aesthetic Ideal," *Modern British Literature* 3 (1978): 128-142.

eine gegenseitige ‘Befruchtung’ zwischen Kunst und Wissenschaft zu ermöglichen.[16]

Insbesondere Huxleys umfangreiches Essaywerk ist von Interesse, will man seine ästhetischen Vorstellungen erfassen und untersuchen. Neben einer Reihe von literaturkritischen und -theoretischen Essays werden hier auch solche einbezogen, in denen er sich mit anderen Themen auseinandersetzt, soweit sie Rückschlüsse auf seine Vorstellungen vom Künstler und dessen Schaffensprozeß zulassen. Wegen ihrer bewußten Reflexion ästhetischer Fragestellungen[17] bietet es sich an, außerdem die Romane *Point Counter Point* und *Eyless in Gaza* nach naturwissenschaftlichen Analogien zu untersuchen.

Joyce verfolgt in seinem ambitionierten Hauptwerk *Ulysses* keinen geringeren Anspruch, als die moderne Welt wiederzugeben. Dieser Roman ist nach vollkommen neuen ästhetischen Prinzipien gestaltet und wird in der Literaturkritik einhellig als für die Moderne repräsentativster Roman angesehen. Wohl kein anderes literarisches Werk wurde sowohl von Zeitgenossen als auch von der Nachwelt so stark beachtet und als Maßstab für Aussagen über Ästhetik und Weltbild der Moderne herangezogen. Neben dem *Ulysses* wird auch der Roman *A Portrait of the Artist as a Young Man* in den Textkanon einbezogen, da er als ‚Vorgeschichte‘ von *Ulysses* auch die Grundlage bietet, um die Entwicklung der von Joyce vertretenen ästhetischen Positionen zu verstehen.

In der Literaturkritik wird entweder die feministische oder die metaphysisch-ästhetische Ausrichtung von Woolfs Werken betont. Daneben interessierte die Autorin sich jedoch auch für die moderne Naturwissenschaft. Sie verfügte in ihrem sozialen Umfeld über zahlreiche Kontakte zu Naturwissenschaftlern und

---

[16] Die Frage, wie die zwei Disziplinen in eine Wechselwirkung treten sollten, die beide befruchtet, macht er zum Thema zahlreicher Schriften, insbesondere des späten Essays *Literature and Science*: „The precondition of any fruitful relationship between literature and science is knowledge. [...] All that is necessary, so far as the man of letters is concerned, is a general knowledge of what has been achieved in various fields of scientific inquiry, together with an understanding of the philosophy of science and an appreciation of the ways in which scientific information and scientific modes of thought are relevant to individual experience and the problems of social relationships, to religion and politics, to ethics and a tenable philosophy of life. And [...] between the Two Cultures the traffic of learning and understanding must flow in both directions [...]“ (*LS* 71 f.).

[17] Der Roman *Point Counter Point* macht mit seinem programmatischen Titel auf die ästhetische Zielsetzung aufmerksam, die von Huxley als Grundbedingungen des modernen Menschen betrachteten Gegensätzlichkeiten zu einem harmonischen Ganzen zusammenzuführen. In *Eyless in Gaza* bemüht sich der Intellektuelle Anthony Beavis um eine literarische Umsetzung seiner Biographie. In diesem Roman, dessen Strukturen an ein kubistisches Kunstwerk erinnern, experimentiert Huxley mit ästhetischen Innovationen.

naturwissenschaftlich interessierten Intellektuellen. Sie verkehrte im Bloomsbury-Kreis, unter dessen Mitgliedern insbesondere Roger Fry[18] hervorzuheben ist, der in Cambridge Naturwissenschaften studiert hatte. Auch unter den Besuchern der von Woolf frequentierten Gesellschaften von Lady Ottoline Morell befanden sich zahlreiche naturwissenschaftlich gebildete Gesprächspartner.[19]

In den dreißiger Jahren, als Woolf an den hier hauptsächlich untersuchten Romanen arbeitete, war die moderne Physik längst Bestandteil des Interesses und Allgemeinwissens breiter Kreise von Gebildeten geworden. Aus den Tagebuchaufzeichnungen und Briefen dieser Zeit ist ersichtlich, daß Woolf sich mit verschiedenen wissenschaftlichen Autoren wie James Jeans, J. J. Thomson, H. G. Wells und Heard auseinandersetzte und daß sie mit ihren Freunden wissenschaftliche Theorien intensiv diskutierte.[20]

Woolf artikuliert in vielen ihrer Essays das Bewußtsein, daß sich die Welt zu Beginn des Jahrhunderts grundlegend verändert habe und die Literatur darauf reagieren müsse: „[...] in or about December 1910 human character changed."[21] Aus ihren Schriften läßt sich deutlich das Gefühl herauslesen, daß sich so etwas wie ein die gesamte Kultur erfassender Paradigmenwechsel vollziehe. Es stellt sich die Frage, inwiefern naturwissenschaftliche Entwicklungen für die Forderung der Autorin nach ästhetischen Veränderungen bedeutsam sind.

Um dieser Frage nachzugehen, werden ihre Romane *To the Lighthouse* und *The Waves* sowie die bislang von der Literaturkritik weniger beachteten Werke *Between the Acts* und *The Years* auf naturwissenschaftliche Analogien untersucht. Außerdem sind ihre Tagebuchaufzeichnungen, die die Arbeit an diesen Romanen reflektieren, auf literaturtheoretische Aussagen zu überprüfen. Ferner wird eine Auswahl literaturtheoretischer Essays in die Textanalyse einbezogen, die naturwissenschaftliche Vorstellungen implizit oder explizit enthalten, sowie der posthum veröffentlichte und von der Literaturkritik bislang kaum berücksichtigte Essay „Anon."

[18] Auch Fry hatte sich in seiner Kunstästhetik mit dem Prinzip des Wandels auseinandergesetzt. So veröffentlichte er 1926 eine Sammlung kunstkritischer Aufsätze mit dem Titel *Transformations*, der ebenfalls die geistesgeschichtliche Bedeutung des Begriffs ‚Transformation' zeigt. Vgl. Roger Fry, *Transformations* (London: Chatto and Windus, 1926).

[19] Vgl. dazu ausführlich Judith Killen, *Virginia Woolf in the Light of Modern Physics* (Ann Arbor: University Microfilms International, 1985) 34-83.

[20] Vgl. Killen 26.

[21] Virginia Woolf, „Mr Bennett and Mrs Brown," *CE*, Vol. 1, 320.

Die Texte Huxleys und Woolfs werden hier als Lebenswerk verstanden und deshalb nicht nach verschiedenen Schaffensperioden differenziert.[22]

Wohl gibt es eine wissenschaftsgeschichtlich orientierte Forschungsrichtung der Literaturwissenschaft,[23] dennoch ignorieren die meisten Autoren, die sich mit Literatur kritisch auseinandersetzen, die revolutionären naturwissenschaftlichen Entdeckungen des ausgehenden neunzehnten und des zwanzigsten Jahrhunderts. Vielfach wird immer noch die Hypothese vertreten, die Literatur sei eine Gegenbewegung zu den Naturwissenschaften. So ordnet Steven C. Reese naturwissenschaftliche Bezüge in den Werken von Joyce und Woolf als eine Opposition der Autoren gegen Positivismus und Szientismus ein.[24] Diese Beobachtung trifft sicherlich auf einen Teil der Textstellen zu, reicht aber nicht aus, um zu erklären, warum die Autoren Analogien zu modernen wissenschaftlichen Theorien verwenden. Reese geht davon aus, daß Joyce und Woolf von den modernen Naturwissenschaften noch keine Kenntnisse besaßen.

In den Wissenschaften haben sich interdisziplinäre Forschungsansätze durchgesetzt. In diesem Kontext haben sich auch Ansätze zur Erforschung des Zusammenspiels der Entwicklungen in naturwissenschaftlichen Disziplinen und

---

[22] Selbstverständlich änderten und entwickelten die Autoren im Laufe ihrer Schaffenszeit ihre ästhetischen Haltungen. Gerade die modernen Naturwissenschaften nahmen sie in verschiedenen Phasen unterschiedlich wahr. So untersucht David Bradshaw den Einfluß von Sullivan (einem in den literarischen und kulturellen Kreisen der Zeit sehr populären Denker, einer eigenwilligen Mischung aus autodidaktischem Populärwissenschaftler, Musikkritiker und selbsternannter Stimme des Zeitgeists) auf Huxleys Rezeption der modernen Physik. Bradshaw versucht nachzuweisen, daß Huxleys Haltung zur modernen Physik maßgeblich durch die Person Sullivans geprägt wurde. Er zeigt auf, wie der junge Autor unter dessen Einfluß von einer ablehnenden Haltung gegenüber den Naturwissenschaften abwich und sich in der ersten Hälfte der zwanziger Jahre für die ‚*entente cordiale*' zwischen Einsteinscher Physik und Metaphysik begeisterte. Vgl. „The Best of Companions: J. W. N. Sullivan, Aldous Huxley, and the New Physics," *Review of English Studies* 47 (1996): 188-206, 352-368. Ein Ansatzpunkt für zukünftige Forschungsprojekte könnte darin liegen, für die drei Autoren im einzelnen systematisch nachzuweisen, in welchen Phasen die Rezeption naturwissenschaftlicher Erkenntnisse erfolgte.

[23] Diese Forschungsrichtung existiert schon länger und hat eine Reihe interessanter Veröffentlichungen aufzuweisen, zum Beispiel Ria Omasreiter, *Naturwissenschaft und Literaturkritik im England des 18. Jahrhunderts* (Nürnberg: Carl, 1971) oder Karl W. Deutsch et al., *Science and the Creative Spirit: Essays on Humanistic Aspects of Science* (Toronto: Toronto University Press, 1958).

[24] Vgl. Steven C. Reese, *Modernism and the March of Science: Four Novelists* (Ann Arbor: Dissertation Abstracts International, 1988) 2: „First, I am not to be understood as saying that Woolf, Joyce, Lawrence, and Huxley „opposed science", a proposition easily shown to be false. What they opposed was a certain brand of science - „scientism" and „positivism" are perhaps the best general terms for it [...]."

der Literatur herausgebildet.[25] Katherin Hayles untersucht Parallen zwischen 'literarischen Strategien' und naturwissenschaftlichen Modellen.[26] Alan J. Friedman und Carol C. Donley leisten in ihrer Studie *Einstein as Myth and Muse* einen unverzichtbaren Beitrag zur Erforschung der literarischen Rezeption physikalischer Theorien.[27] Gillian Beer analysiert die geistesgeschichtliche Relevanz der Evolutionsgeschichte[28] und erforscht unter anderem auch einige Einflüsse der Naturwissenschaften auf Woolfs Werk.[29]

June Deery beschäftigt sich mit der Verbindung von naturwissenschaftlichem und religiös-mystischem Denken in Huxleys Werken.[30] Ihr Werk ist die einzige Monographie, die Huxleys Auseinandersetzung mit den Naturwissenschaften untersucht.[31] Außerdem hat David Bradshaw untersucht, inwiefern

[25] Vgl. Walter Schatzberg, Ronald A. Waite und Jonathan K. Johnson, *The Relations of Literature and Science: An Annotated Bibliography of Scholarship, 1880 - 1980* (New York: Modern Language Association, 1987).

[26] Vgl. Katherine N. Hayles, ed. *Chaos and Order: Complex Dynamics in Literature and Science* (Chicago, London: University of Chicago Press, 1991) und Hayles, *The Cosmic Web: Scientific Field Models and Literary Strategies in the Twentieth Century* (Ithaca, London: Cornell University Press, 1984).

[27] Alan J. Friedman und Carol C. Donley, *Einstein as Myth and Muse* (Cambridge: C. University Press, 1985). Die Autoren zeigen nicht nur die Wirkung der Person Einsteins auf, sondern machen auch die physikalischen Theorien für Nicht-Physiker verständlich. Sie weisen für eine ganze Reihe von Autoren und deren Werke (Huxley befindet sich aber nicht darunter) Auswirkungen physikalischer Erkenntnisse nach. Mit ästhetischen Fragen setzen sie sich allerdings nicht auseinander. Ihre Begründung literarischer Strukturen und ästhetischer Positionen durch physikalische Theorien haben zumeist den Charakter von Gemeinplätzen und entbehren einer Textgrundlage. Vgl. auch die weiteren Arbeiten Friedmans: „The Novelist and Modern Physics: New Metaphors for Traditional Themes," *Journal of College Science Teaching* 4 (1975): 310-312; „Physics and Literature in this Century: A New Course," *Physics Education* 8 (1973): 305-308. Seine Argumentation in den Aufsätzen ist allerdings nur unzureichend mit Textstellen belegt und daher nicht überzeugend.

[28] Gillian Beer, *Darwin's Plots: Evolutionary Narrative in Darwin, George Eliot and Nineteenth-Century Fiction* (London et al.: Routledge and Kegan Paul, 1983).

[29] Vgl. Beer, „Wave Theory and the Rise of Literary Modernism," ed. George Levine, *Realism and Representation: Essays on the Problem of Realism in Relation to Science, Literature, and Culture* (Wisconsin: University of Wisconsin Press, 1993) 193-224; sowie Beer, *Open Fields: Science and Cultural Encounter* (Oxford: Clarendon Press, 1996). Woolfs Rezeption der modernen Physik behandelt Beer in Kapitel sechs, vgl. hierzu Beer, „Physics, Sound, and Substance," *Virginia Woolf: The Common Ground. Essays by Gillian Beer* (Edinburgh: Edinburgh University Press, 1996) 112-124.

[30] Vgl. June Deery, *Aldous Huxley and the Mysticism of Science* (Houndmills et al.: Macmillan, 1996).

[31] Mit anthropologischen Vorstellungen Huxleys setzt sich Jörg Schulz auseinander, der in diesem Zusammenhang auch naturwissenschaftliche Vorstellungen berücksichtigt und sich mit der Bedeutung des *Two Culture*-Themas befaßt. Vgl. Jörg Schulz, *Der Mensch bei Aldous Huxley: Annäherungen naturwissenschaftlicher und geisteswissenschaftlicher Auffassungen*

Sullivan, der zu Beginn der zwanziger Jahre die Thesen Einsteins und deren metaphysische Implikationen in zahlreichen Veröffentlichungen einem großen Lesepublikum nahebrachte, Huxleys Rezeption der Relativitätstheorie beeinflußt hat. Er sieht den jungen Huxley der ersten Hälfte der zwanziger Jahre deutlich geprägt von Sullivans Forderung, die Literatur müsse die Einsteinsche Physik verarbeiten, wolle sie nicht endgültig ‚das Zepter' an die Wissenschaften abtreten. Von dieser Haltung habe sich Huxley anschließend wieder distanziert, da er dann neue ‚Gurus' als Leitfiguren gehabt habe.[32] Den langfristigen Einfluß der modernen Physik auf Huxleys literaturästhetische Positionen zu untersuchen, ist allerdings nicht Bradshaws Intention.

Die Diskussion von Joyces ästhetischen Positionen ist bislang recht einseitig vom philosophisch-theoretischen Standpunkt geführt worden. Lediglich einige kleinere Beiträge widmen sich der Frage, welche Bedeutung naturwissenschaftliche Erkenntnisse für Joyces Werk gehabt haben.[33] Viele Kritiker, die sich wie Friedman mit dem Einfluß der Naturwissenschaften auf die Modernisten beschäftigen, erwähnen Joyce *en passant*. Zumeist beschränkt sich die Auseinandersetzung mit diesem Thema auf allgemein gehaltene Beurteilungen ohne konkrete Textbeispiele. Viele Kritiker wollen innovative Romanstrukturen des *Ulysses* pauschal als Reaktion auf die moderne Physik einordnen.

Judith Killens *Virginia Woolf in the Light of Modern Physics* ist neben einigen Aufsätzen[34] die einzige Arbeit, die Woolfs Werk ausführlich nach Anspielungen auf die moderne Physik untersucht. Vor allem für die Quantenphysik hat sie bedeutsame Erkenntnisse erarbeitet, die sie aber nicht in Hinblick auf ästhetische Fragestellungen überprüft.

---

*in seinen Schlüsselwerken* (Berlin: Humboldt-Universität, 1991). Der frühe Aufsatz von Jean Castier erfaßt zwar gründlich eine Reihe von naturwissenschaftlichen Analogien, ohne diese aber zu interpretieren. Vgl. Jean Castier, „De la culture scientifique d'Aldous Huxley," *Revue Bleue, Politique et Littéraire* 74 (Aug. 15, 1936): 550-558.

32 Vgl. Bradshaw 188-206, 352-368.

33 Vgl. M. Keith Booker, „Joyce, Planck, Einstein, and Heisenberg: A Relativistic Quantum Mechanical Discussion of *Ulysses*," *JJQ* 27,3 (1990): 577-584; Avrom Fleishman, „Science in ‚Ithaca'," *Fiction and the Ways of Knowing* (Austin et al.: University of Texas Press, 1978) 136-145; Alan J. Friedman, „*Ulysses* and Modern Science," ed. Bernard Benstock, *The Seventh of Joyce* (Bloomington, Sussex: Indiana University Press, The Harvester Press, 1992) 198-206; Patrick A. McCarthy, „Joyce's Unreliable Catechist: Mathematics and the Narration of ‚Ithaca'," *ELH* 51 (1984): 605-618.

34 Vgl. Beer, „Physics, Sound, and Substance;" Miriam Marty Clark, „Consciousness, Stream and Quanta in *To the Lighthouse*," *Studies in the Novel* 21 (1989): 413-423.

Somit gibt es kaum Monographien, die die Werke von Huxley, Joyce oder Woolf im Detail auf naturwissenschaftliche Bezüge analysieren. Reeses Arbeit ist die einzige, die sich allen drei Autoren widmet und deren Haltung zu den Naturwissenschaften prüft. Insbesondere fehlen Untersuchungen, die über das Erfassen von Anspielungen hinausgehen und erforschen, welche Relevanz diese naturwissenschaftlichen Vorstellungen für ästhetische Fragen besitzen.

Ziel dieser Arbeit ist es, den von der Evolutionstheorie eingeleiteten Paradigmenwechsel in den Naturwissenschaften in seinen Konsequenzen für die Vorstellungen künstlerischer Kreativität zu untersuchen. Die Arbeit gliedert sich in drei Hauptteile, die jeweils einer Naturwissenschaft gewidmet sind.

Im ersten Hauptteil geht die Untersuchung von Darwins Evolutionstheorie und ihren ideengeschichtlichen Folgen aus, da in dieser naturwissenschaftlichen Disziplin bereits im ausgehenden neunzehnten Jahrhundert die revolutionären Entdeckungen gemacht wurden, die den biblischen Schöpfungsmythos, das Selbstverständnis des Menschen und die Sicht der Natur entscheidend veränderten. Insbesondere wird überprüft, wie sich die Vorstellung kontinuierlichen Wandels als kreatives Prinzip der Natur auf das Selbstverständnis des Künstlers und seines Schaffens auswirkt.

In der Biologie lieferte die Evolutionstheorie Grundvoraussetzungen für entscheidende Fortschritte in der Entwicklungsphysiologie. Die Vorstellung menschlicher und tierischer Fortpflanzung wurde im Kontext des Evolutionsprozesses neu überdacht, und auch das Modell embryonaler Entwicklung wurde maßgeblich verändert. Die Auswirkungen dieser Theorien physiologischen Wandels werden für das Textkorpus der drei Autoren analysiert. Daneben spielte der Umwandlungsgedanke auch in der Stoffwechselphysiologie eine wichtige Rolle. So wurden neue Erkenntnisse über das Zusammenspiel von körperlichen und geistigen Prozessen gewonnen. Im Vordergrund der Untersuchung steht die Frage, inwiefern die neuen Forschungsergebnisse eventuell Vorstellungen des geistigen, kreativen Prozesses beeinflußten.

Der Umwandlungsgedanke in der Alchemie und Chemie ist im zweiten Hauptteil Ausgangspunkt der Suche und Deutung von Analogien. Die Transformation der Materie ist traditionell Aufgabe des Chemikers und seines magischen Verwandten, des Alchemisten. Beide Figuren bieten sich als Symbole für den Künstler an. Alchemistische und chemische Verwandlungen können Ausgangspunkt für Analogien zum literarischen Schaffensprozeß sein. Forschungen in der Atomphysik stellten der Chemie Theorien und Modelle bereit, auf deren Basis sich ein neues Bild der chemischen Stoffe und ihrer

Veränderungen durch chemische Reaktionen ergab. So gelang es, organische Substanzen synthetisch herzustellen. Mit der organischen Chemie entstand ein neuer Wissenschaftszweig, der sich auf die Umwandlung der Kohlenstoffatome gründete und metaphorisches Potential birgt, um kreative Verfahren zu beschreiben.

In der Untersuchung werden analoge Bezüge zur Alchemie, zu chemischen Verfahren und zur organischen Chemie systematisiert. Bei deren Deutung stehen die Fragen im Vordergrund, welche Auswirkungen naturwissenschaftliche Fortschritte und Erkenntnisse auf die Vorstellungen von der Transformation der Materie haben und wie sich die daraus abgeleiteten Analogien zu künstlerischer Kreativität verändern.

Der dritte Hauptteil setzt sich mit den wohl revolutionärsten Entdeckungen des zwanzigsten Jahrhunderts auseinander, die in der Physik gemacht wurden. Die Erforschung des Atoms ergab ein völlig neues Bild von der Beschaffenheit der Materie. Philosophisch betraf diese Forschung grundlegende Änderungen in den Vorstellungen von Materie und Energie.[35] Auch die Erkenntnisse in der Quantenphysik betrafen die Diskussion um diese Begriffe und führten in diesem Zusammenhang die Konzepte von Welle und Partikel ein. Die atom- und quantenphysikalischen Theorien rückten die Physik in die Nähe der Metaphysik, denn sie berührten die Frage nach der Erkennbarkeit der objektiven Wirklichkeit. Die geistesgeschichtliche Relevanz der Relativitätstheorie bildet die letzte Facette in der Erörterung von Beziehungen zwischen Ästhetik und Naturwissenschaft. Einsteins Lehre veränderte elementare Kategorien mensch-

[35] Die Fülle von Publikationen zu den philosophischen Implikationen der modernen Physik ist unüberschaubar. Um die Rezeption physikalischer Theorien im ersten Drittel des Jahrhunderts einschätzen zu können, sind die populärwissenschaftlichen Veröffentlichungen von James Jeans grundlegend: *The Mysterious Universe* (Cambridge: Cambridge University Press, 1945; repr. 1930), *Physics and Philosophy* (Cambridge: Cambridge University Press, 1948; repr. 1942), *The Universe around Us* (Cambridge: Cambridge University Press, 1948; repr. 1929). Vgl. außerdem Edwin Arthur Burtt, *The Metaphysical Foundations of Modern Physical Science* (London: Paul and Trench and Trubner, 1925). Gute und für den Nicht-Naturwissenschaftler leicht verständliche populärwissenschaftliche Darstellungen zur philosophischen Relevanz moderner physikalischer Theorien sind insbesondere Gary Zukav, *Die tanzenden Wu-Li Meister: Der östliche Pfad zum Verständnis der modernen Physik. Vom Quantensprung zum Schwarzen Loch,* transl. Fritz Lahmann (Reinbek bei Hamburg: Rowohlt, 1994) sowie die Publikationen von Friedrich Carl von Weizsäcker, *Zum Weltbild der Physik* (Stuttgart: Hirzel, [13]1990) und *Physik der Gegenwart* (Göttingen: Vandenhoeck and Ruprecht, [2]1958). Außerdem haben viele Physiker selbst philosophische Implikationen ihrer Wissenschaft untersucht, allen voran Werner Heisenberg. Vgl. Werner Heisenberg, *Physik und Philosophie* (Berlin: Ullstein, 1959) und *Der Teil und das Ganze. Gespräche im Umkreis der Atomphysik* (München: Piper, 1969).

licher Erfahrungen: Zeit und Raum, die Relativität von Beobachtungen oder das kosmologische Modell. So bietet gerade die moderne Physik viele Schnittstellen mit literarischen Themen und Fragestellungen.

Zunächst wird das Zusammenspiel von physikalischen Theorien und literarischen Konzepten in Hinblick auf den Paradigmenwechsel untersucht. Anschließend wird überprüft, welche Gedankengänge und Motive der Atom- und Quantenphysik sich in den Vorstellungen zur literarischen Transformation wiederfinden lassen. Abschließend werden Überschneidungen zwischen Einsteinschen Konzepten und der Ästhetik aufgezeigt.

# Erster Teil: Analogien aus der Biologie

## A. Evolutionäre Umwandlungen

### I. Evolution als 'Transformismus' – Entstehung des Evolutionsgedankens

Die Evolutionstheorie setzte nicht nur in den Naturwissenschaften, sondern in allen Bereichen der Kultur eine Revolution in Gang. Entstehung und Verbreitung des Evolutionsgedankens sowie dessen Rezeption durch Literaten sollen im folgenden systematisch erfaßt werden:

- **Evolutionismus oder 'Transformismus'**

Mit der Evolutionstheorie im engeren, das heißt im Darwinschen Sinne, verbindet sich die Vorstellung der Transformation in allen Bereichen des organischen Lebens sowie der Metaphysik. Diese Mehrschichtigkeit des Evolutionsbegriffs führt zur Bildung eines Ideenkomplexes, der als 'Evolutionismus' bezeichnet wird:

> Evolutionism is a family of ideas which affirm that the universe and some or all of its parts have undergone irreversible cumulative changes such that the number, variety, and complexity of the parts have increased. [...] If only living things are included, theories of organic evolution result. These theories may embrace accounts of human, mental, moral and cultural evolution. If nonliving things are included, there result theories of physical evolution which may embrace the earth, the solar system, and the spatio-temporal cosmos. If what is included is the universe as a whole, or everything that is held to be real, metaphysical theories of evolution result.[36]

Diese Übertragung ursprünglich naturwissenschaftlicher Ideen auf den gesamten menschlichen Erfahrungsbereich bietet als 'Evolutionismus' einen Erklärungsansatz für den Aufbau des gesamten Universums. Der Evolutionsgedanke als Erklärungsparadigma für den Ursprung der Welt und der Menschheit führte zu einem Bruch mit dem vorherrschenden Schöpfungsmythos des abendländischen Kulturkreises:

> Evolutionism is thus opposed to the belief that the universe and its parts are eternally the same; or that they have been the same since they were created; or that they are now the same as they have been periodically in the past; or that they are emanations from a higher and perfect source.[37]

---

[36] Thomas A. Goudge, „Evolutionism," ed. Philip P. Wiener, *Dictionary of the History of Ideas*, vol. 1 (New York: Scribner's Sons, 1973) 174 f.

[37] Goudge 174.

In Anlehnung an die platonische Philosophie wurde die biologische Fortpflanzung des Menschen als nur unvollkommene Kopie der metaphysischen Schöpfung interpretiert und als Zeichen für die Erbsünde und die Unvollkommenheit des sterblichen Menschen verstanden. Das Prinzip der *creatio ex nihilo*, wie es sich in der Genesis ausdrückt, erklärt die Schöpfung als einen Willensakt Gottes, dessen Ergebnis eine bereits vollkommene Welt und ein vollkommener Mensch sind.

Selbst unerschütterliche Verfechter der Evolutionstheorie bemühten sich, den neuen Gedanken der konstanten Veränderung mit dem alten, auf Kontinuität beruhenden Weltbild zu verknüpfen. So formulierte T. H. Huxley drei Jahre nach der Publikation von Darwins Hauptwerk *The Origin of Species* die Prämisse, daß jede Hypothese über progressive Evolution mit der Vorstellung der zeitlich unbegrenzten Kontinuität kompatibel sein müsse.[38]

- **Die Evolutionstheorie nach Darwin**

Charles Darwin veröffentlichte 1859 sein Hauptwerk *On the Origin of Species by Means of Natural Selection, or the Preservation of Favoured Races in the Struggle for Life*. Obwohl Darwin den Evolutionsbegriff prägte, tauchte dieser in seiner ersten Veröffentlichung nicht auf. Darwin verstand jedoch unter dem Ausdruck *Origin of Species* offensichtlich einen evolutionären Prozeß kleiner, kontinuierlicher Veränderungen, deren Resultat die Entstehung einer Art sei, die sich von allen bisher existierenden unterscheide. Diesen Prozeß geringfügiger Variationen deutete er als eine natürliche Gesetzmäßigkeit.[39]

Mit seinem Konzept brach Darwin radikal mit der traditionellen platonisch-christlichen Schöpfungsvorstellung. Während Francis Bacon aus Respekt vor dieser die Variationen in einer Rasse als Abweichungen und Irrtümer interpretiert hatte, deutete Darwin diese 'Abweichungen' als gesetzmäßige Variation. Seine Lehre war mit der christlichen Schöpfungsdogmatik unvereinbar, nach der Gott bei seinem Schöpfungsakt die Arten als dauerhafte Einrichtungen erschaffen hatte. Darwin zufolge gab es nichts Dauerhaftes außer der Variation. Sein Bruch mit der Tradition der Kosmogonien und Schöpfungsinterpretationen wurde in den nach 1859 publizierten Werken noch verstärkt, vor allem in *The Descent of Man and Selection in Relation to Sex* (1871) und *The Expression of the Emotions in Man and Animals* (1872). Darwin versuchte

[38] Vgl. Robert Scoon, „The Rise and Impact of Evolutionary Ideas," ed. Stow Persons, *Evolutionary Thought in America* (O. O.: Archon Books, 1968; repr. 1950, Yale: Yale University Press) 8.

[39] Vgl. Scoon 16.

aber auch in *Origin of Species*, die festgestellte Naturgesetzmäßigkeit der beständigen Variationen durch die natürliche Selektion kausal zu erklären. Dieses Prinzip bedeutete, daß die Umwelt bestimmte Varianten erhalte und andere zugrunde gehen lasse.[40]

Darwin war jedoch in erster Linie Empiriker und nicht Theoretiker; so setzte er die Gesetzmäßigkeit der erblich bedingten Variationen voraus, ohne jedoch ihre Ursachen überzeugend zu erklären. Er schwankte zwischen der Betonung der Bedeutung der Umwelt für die (anpassungsbedingten) Veränderungen und der Zufallhaftigkeit der Variationen.[41]

- **Darwin und Determinismus**

Darwins Einfluß prägte das Konzept des wissenschaftlichen Determinismus. In *The Origin of Species* schrieb Darwin, daß Zufall der Name sei, den wir bislang unbekannten Gesetzen gäben, wodurch er die Determiniertheit der von ihm festgestellten Prozesse indirekt bestätigte. In *The Origin of Species* verschleiert die radikale Bestimmtheit, mit der Darwin betonte, daß Transformation stattgefunden habe und daß die Arten sich veränderten, die ebenso starke Betonung von Ordnung und Determination durch die Vorfahren; letztere erhält in *The Descent of Man* mehr Nachdruck.[42]

- **Implikationen der Evolutionstheorie für die Metaphysik**

Darwins Evolutionstheorie ist naturalistisch, da sie organische, geologische und kosmologische Prozesse unter Beachtung ihrer natürlichen Bedingungen beschreibt. Somit gehört sie zum naturwissenschaftlichen Denken. Bevor Darwin seinen evolutionären Naturalismus Wissenschaftlern und Intellektuellen plausibel machte, hatte die moderne Naturwissenschaft zwar ihre Macht über die materielle Welt einschließlich der menschlichen Physiologie ausgedehnt, aber die geistigen Aktivitäten unberührt gelassen. Diese wurden immer noch als die Gebiete von Willen, Intellekt und Gefühl angesehen und als Beweis für einen göttlichen Schöpfer gedeutet.

In seinen späteren Werken argumentierte Darwin, der Mensch unterscheide sich nicht durch eine bevorzugte Stellung von anderen irdischen Arten. Sogar

---

[40] Vgl. Scoon 17. Dennoch zeigen der volle Titel und die letzte Seite der *Conclusion* von Darwins Werk, daß durchaus das Prinzip des *struggle for existence* in seinem Gedankengut so stark berücksichtigt wurde, daß es fast den synonymen Charakter verliert und zum Gegengewicht der *natural selection* wird.

[41] Vgl. Scoon 18.

[42] Vgl. Beer, „Beyond Determinism: George Eliot and Virginia Woolf," *Arguing with the Past: Essays in Narrative from Woolf to Sidney* (London, New York: Routledge, 1989) 119 f.

seine hochgelobten Gefühle seien nichts anderes als das Ergebnis eines Evolutionsprozesses, der ihn mit den anderen Lebewesen verbände. Darüber hinaus legte er dar, daß die Spezies sich veränderten, seit sie die Hände ihres Schöpfers verlassen hatten. Durch diese These stellte er die Allmacht Gottes in Frage und widersprach dem biblischen Schöpfungsbericht, der damals hauptsächlich nach der Doktrin der *creatio ex nihilo* und ewigen Formen ausgedeutet wurde.[43]

Darwins Erkenntnisse hatten gravierende Konsequenzen für das Weltbild und beeinflußten daher nicht nur fast alle naturwissenschaftlichen Disziplinen, sondern ebenfalls die Gesellschafts- und Geisteswissenschaften. Von Beginn an implizierte die Evolutionstheorie den 'Progressionismus,' eine vor allem durch Herbert Spencer und T. H. Huxley repräsentierte gedankliche Richtung. Diese metaphysische Doktrin des universellen Fortschritts bestand größtenteils in einer Übertragung des Modells der *Great Chain of Being* auf die Zeitvorstellung.[44] Die Daseinsstufen würden zeitlich aufeinanderfolgend ins Leben gerufen und begännen bei der untersten. Die Bewegung in Richtung auf die höheren Stufen wurde als unabgeschlossen betrachtet und als Motor für das Hervorbringen beständig neuer Formen gesehen. Die Konzeption einer statischen *Chain of Being* wurde zu einem unilinearen Prozeß des Aufstiegs zu größerer Perfektion.[45]

Unabhängig von Darwin versuchte Spencer in seinem zehnbändigen Werk *A System of Synthetic Philosophy* den Evolutionsgedanken auf den gesamten menschlichen Erfahrungsbereich zu übertragen und diesem so eine einheitliche naturalistische Grundlage zu geben. Resultat eines solchen Ansatzes war die theoretische Assimilation von Mensch und physischer Natur.[46]

Spencers Evolutionsbegriff umfaßte ein gestalterisches und überall wirksames formendes Prinzip, in dem die beiden Prinzipien allen Seins, Materie und Energie, zusammenflossen. Seine zentrale Definition lautete:

> Evolution is an integration of matter and concomitant dissipation of motion; during which the matter passes from an indefinite incoherent homogeneity; and during which the retained motion undergoes a parallel transformation.[47]

---

[43] Vgl. Scoon 19.

[44] Vgl. Scoon 25.

[45] Vgl. Goudge 178.

[46] Vgl. Scoon 14 f.

[47] Herbert Spencer, *First Principles* (New York: Appleton, 1977) 396; zitiert von Scoon 35. In ähnlicher Weise glaubte Ernst Haeckel hinter den Welträtseln zwei Gesetzmäßigkeiten als Lösung zu erkennen: „the fundamental law of the constancy of matter and force" und „the

Spencer proklamierte, daß Evolution – *transformation* – das fundamentale Prinzip alles dessen sei, was Leben bedeute, und zugleich der Motor, der die menschliche Entwicklung zur Perfektion führe. Sei es in der Erdentwicklung, der Evolution des Lebens auf der Erdoberfläche, in Gesellschaft, Regierung, Industrie und Wirtschaft, Sprache, Literatur, Kunst, Wissenschaft: Überall beobachtete Spencer die gleiche Transformation des Homogenen ins Heterogene, in der für ihn der Fortschritt letztlich bestand.[48]

Eine Erklärung für Spencers breite Rezeption ist sein Versuch, in der *Synthetic Philosophy* Religion und Wissenschaft zu versöhnen. Letztendlich ist deshalb aber die Evolutionsmetaphysik Spencers keineswegs Darwinistisch, sondern im Grunde anti-evolutionär. Religion impliziert das Bewußtsein einer unerklärlichen Kraft hinter den Dingen, während die Wissenschaft sich ausschließlich mit Materie beschäftigt, trotzdem aber anerkennen kann, daß sie Manifestation einer unerklärlichen Realität ist. Als Folgerung aus Spencers Grundgedanken ergibt sich, daß Evolution ein Prozeß ist, der die Materie allein betrifft, das Wesen der Wirklichkeit entwickelt sich jedoch nicht. Darüber hinaus sieht Spencer Evolution nicht einmal im Bereich der Dinge als allesbeherrschend an, sei sie doch im wesentlichen eine Umordnung von beständiger Materie und Bewegung in verschiedenen Bereichen: anorganisch, organisch und überorganisch. Die mechanischen Ursachen, die wirken, sind ebenfalls unveränderlich. Spencers Modell der universellen Entwicklung ist sogar zyklisch. Er geht davon aus, daß einer Phase der Entwicklung der umgekehrte Prozeß des Rückschritts und der Auflösung folgen würden, um so in einen großen kosmischen Zyklus zu münden.[49]

Der Franzose Henri Bergson entwickelte in seinem Werk *L'évolution créatrice* (1907; 1911 als *Creative Evolution* übersetzt) eine Evolutionstheorie, die aus Unzufriedenheit mit Darwins oder Spencers mechanistischen Lehren resul-

---

universal law of evolution" - so der Wortlaut der von Scoon zitierten englischen Übersetzung von Haeckels *The Riddle of the Universe* (New York, London: Harper, 1901); Scoon nennt den genauen Ort seines Zitats nicht. Diese beiden Gesetze ließen, so Haeckel, die monistische Kosmologie zu und widerlegten die drei Grundsätze, auf die sich das dualistische Weltbild stützt: die Persönlichkeit Gottes, die Freiheit des Willens und die Unsterblichkeit der Seele.

48 Beweise für dieses einheitliche Prinzip fand Spencer in der Evolution der Gestirne und des Universums aus einem ursprünglichen Nebel, in der Geschichte und Entwicklung der Erde, im Ursprung des Lebens und neuer, komplexerer Organismen, in der Entstehung und Evolution komplexer Ideen aus einer Vielfalt von schockartigen Sinneseindrücken; in der Ausbildung eines einheitlichen Willens aus elementaren Reflexen und in der fortschreitenden Komplexität der gesellschaftlichen Organisation.Vgl. Scoon 14 - 35.

49 Vgl. Goudge 182.

tierte, boten doch diese keine Erklärung für die Entstehung neuer organischer Typen, die Tendenz zu stetig wachsender Komplexität der Strukturen und die Aufrechterhaltung der Funktionstüchtigkeit von Organismen durch Phasen schneller Veränderungen. Diese Phänomene wurden erst durch das Wirken eines Lebensimpulses erklärbar. Dieser arbeite zweckmäßig, um jeden Organismus für eine kurze Zeit zu erhalten, verfolge aber kein übergeordnetes Ziel. Bergsons Konzept besitzt eine teleologische Ausrichtung ohne Plan, die in ständigen Fortschritt resultiert. Die Richtung des Evolutionsprozesses ist jedoch unberechenbar. Der Mensch ist laut Bergson die wachsende Spitze dieser progressiven Bewegung. In ihm sei wahre Freiheit realisiert, denn er besitze durch seine Einsicht in die Zeit Zugang zur Erkenntnis der Wirklichkeit.[50]

Bergson proklamierte die ontologische Priorität von Werden und Zeit gegenüber dem Sein. Er begründete die Geschichte organischen Lebens durch die Aktivität eines Urimpulses (*élan vital*), der träge Masse erfülle, organische Strukturen erschaffe und Organismen mit der Fähigkeit versehe, zu wachsen und sich an die Umwelt anzupassen. Dieser Lebensimpuls schaffe Formen in stetig wachsender Verschiedenheit, indem er der Notwendigkeit der physischen Kräfte eine möglichst große Unbestimmtheit zufüge. Schließlich sterbe der Organismus und die Lebensenergie gehe auf die nächsten Generationen über, so daß aus ihr unvorhersehbare Neuschöpfungen entstünden. Den *élan vital* sieht er also als einen Bewußtseinsstrom, der als Ergebnis eines plötzlichen 'Sprunges' vom Tier zum Menschen Ausdruck in der menschlichen Intelligenz gefunden hat.

Bergson sieht demzufolge hinter dem Prozeß der Evolution mit dem Wirken des *élan vital* ein kreatives Lebensprinzip. Seine kreative Evolutionstheorie ist metaphysischer Natur und betont die Unterscheidung von Materie und Leben. Hauptmerkmal des Lebens ist dieses kreative, geistige Prinzip, das sich von physiochemischen Energien abhebt und als organische Erfindungsgabe bei der Einstellung auf die wechselnden äußeren Lebensbedingungen wirkt.[51]

Hinter Bergsons *élan vital* steht die Suche nach einem geistigen Prinzip, das in den kausalistischen Erklärungsansätzen materieller Veränderung nicht mehr erkennbar war. Der Philosoph vermißte einen Ort für das Prinzip des schöpferischen Willens, das den rein mechanischen und physikalischen Energien entgegengesetzt werden konnte.

---

[50] Vgl. Goudge 183.
[51] Vgl. Scoon 37.

- **Literatur und Evolution**

Die Literatur des Modernismus versucht eine Antwort auf die Evolution zu geben: „The theme, in other words, is change – not simply around man, but also within him.“[52] Die von der Evolutionstheorie beeinflußte Literatur stellt die menschliche Natur nicht als bleibend, unveränderlich und einheitlich dar, sondern als veränderlich, komplex und differenziert dar. Diese behandelt die Adaptation des Menschen an den unvermeidbaren und kontinuierlichen Wandel seiner Umwelt.[53]

Die biologische Perspektive vereint das Konzept von Wandel und Adaptation mit dem umfassenderen Prinzip der evolutionären Kontinuität, also der Tendenz einer Spezies, möglichst viele grundlegende Identitätsmerkmale fortzusetzen und zu bewahren. Dies ist in der Idee der Adaptation bereits impliziert, die entweder die Anpassung der Organismen an unvermeidbaren Wandel mit möglichst kleinem 'Trauma' oder das Erlernen der Manipulation der sich wandelnden Umgebung bedeutet. Dieses Prinzip bedingt so gleichzeitig eine Auseinandersetzung mit der Beziehung zu Welt und Universum.[54]

In den Lehren der Evolution spielt Kontinuität eine wichtige Rolle. Sie wird als unbewußtes Gedächtnis der Natur gesehen, das für die Vererbung von Merkmalen sorgt. Weiterentwicklung ist überhaupt erst dadurch möglich, daß Merkmale weitergegeben werden, die sich bewährt haben.[55] Das ‚unterbewußte Gedächtnis‘ wird zu einer Verbindungsfunktion zwischen Urstadien der Evolutionsgeschichte und der Gegenwart. Die Vergangenheit wird nicht als unwiderruflich vergangen betrachtet, sondern als simultan und kontinuierlich in Körper (Genetik) und Unterbewußtsein existierend. Auf dieser Bewertung von Vergangenheit und Gedächtnis beruht das Verständnis vom Mythos; sie

---

[52] Helen Nethercutt Parker, *Biological Themes in Modern Science Fiction*, Studies in Speculative Fiction 6 (Ann Arbor: UMI Research Press, 1982) 8. Am offensichtlichsten ist die Thematisierung evolutionären Wandels in der Science-Fiction-Literatur, wo Wandel häufig zur monströsen Mutation wird.

[53] Vgl. Parker 8 f.

[54] Vgl. Parker 8 f.

[55] Samuel Butler setzte sich in *Unconscious Memory* (zuerst veröffentlicht 1920) mit der Bedeutung dieser „Gedächtnisfunktion“ für die Entwicklung hochorganisierter Organismen auseinander: „ The development of one of the more highly organised animals represents a continuous series of organised recollections concerning the past development of the great chain of living forms, the last link of which stands before us.“ Zitiert von Beer, *Open Fields* 143.

war Grundlage des Denkens der modernen Psychoanalyse Freuds und Jungs. Jungs Archetypen gleichen unterbewußten, mythischen Fossilien.[56]

Die Evolutionstheorie und deren Einordnung des schöpferischen Prinzips ist nicht nur anregend, sondern auch bedrohlich für literaturästhetische Vorstellungen. Einerseits ist Wandel ein sehr kreatives Prinzip, da es der theologisch geprägten Vorstellung der unveränderlichen, starren Formen widerspricht. Andererseits billigt es der Kreativität nur begrenzten Spielraum zu, da es deterministische Züge hat und das Eingreifen des einzelnen in die Gesetzmäßigkeiten nicht vorsieht. Mit dem Determinismus der Evolutionstheorie ist der Gedanke an die Unaufhaltsamkeit materiellen Wandels verbunden, das heißt die Sterblichkeit, der auch der Künstler unterworfen ist. Demgegenüber impliziert das Konzept der göttlichen Schöpfung zwar die Behinderung des Wandels, begründet dafür aber die Allmacht des Schöpfers und bietet ein Modell für die Analogie des *deus artifex.*

Befreit Transformation also insgesamt von der unbeschränkten Macht der Ideen und des Geistes, der Statik des platonisch-christlichen Weltbildes, so bringt sie doch gleichzeitig den Konflikt zwischen Geist und Materie mit sich. Das Grundproblem besteht für den Künstler seit Darwin darin, die beständige Transformation der Materie mit den Prinzipien des Geistes (Unvergänglichkeit und Kontinuität) in Einklang zu bringen und dem Determinismus des materiellen Wandels ein unabhängiges, geistiges und kreatives Potential entgegenzusetzen.

## II. James Joyce – Paradigmenwechsel in der Topik literarischer Kreativität

### 1. Göttlicher Schöpfungsakt und künstlerisches Schaffen

James Joyce läßt seine Figur Stephen Dedalus bei der Suche nach seiner künstlerischen Identität Analogien zu literarischer Schöpfung herstellen, die in stetigem Konflikt zur biologischen Natur stehen. Stephen greift auf Analogien aus dem platonisch-christlichen Ideengut zurück, die er nicht problemlos ihrem Ursprung entlehnen kann. Mit Leopold Bloom kreiert Joyce eine Figur, deren Gedanken ständig um körperliche Umwandlungsvorgänge und Transformationen in der Natur kreisen, die den Erkenntnissen der Evolutionstheorie entsprechen. Joyce gestaltet den Paradigmenwechsel von einer statisch–idealen zu einer dynamisch-naturwissenschaftlichen Welt- und Schöpfungsvorstel-

[56] Vgl. Beer, *Open Fields* 143 f.

lung als einen inneren Zwiespalt innerhalb der Gedankenwelt einer Künstlerfigur und zugleich als einen äußeren Konflikt zwischen zwei Figuren (Stephen und Leopold). Um Joyces eigene Haltung zu *creation* und *transformation* zu ermitteln, ist zu untersuchen, wie der Autor diese entgegengesetzten Schöpfungsanalogien verwendet.

Schon seit *A Portrait* hat die Analogie des *deus artifex* ihren Platz in Stephens Literaturästhetik. Sie dient dazu, den künstlerischen Schaffensprozeß mit der Schöpfung Gottes zu vergleichen. Die in diesem Zusammenhang wohl am häufigsten zitierte Textstelle ist Ausgangspunkt für die unterschiedlichsten Interpretationen:

> The dramatic form is reached when the vitality which has flowed and eddied round each person fills every person with such a vital force that he or she assumes a proper and intangible esthetic life. The personality of the artist, [...] finally refines itself out of existence, impersonalizes itself, so to speak. The esthetic image in the dramatic form is life purified in and reprojected from the human imagination. The mystery of esthetic, like that of material creation is accomplished. The artist, like the God of creation, remains within or beyond or above his handiwork, invisible, refined out of existence, indifferent, paring his fingernails. (*P* 242)

Der Künstler offenbart wie der dreifaltige Gott der äußeren Welt sein Innenleben in Form von Personen, die er kreiert. Diese Schöpfungen sind aus der 'gereinigten' oder 'veredelten' Essenz[57] seines eigenen Lebens entstanden, die als eine transzendente, den Körper überwindende Energie beschrieben wird. Die Wortwahl drängt den Vergleich mit Bergsons *élan vital* auf („the vitality which has flowed and eddied round each person fills each person with a vital force"). Die kreative Energie läßt neues Leben entstehen. Der kreative Impuls leitet einen Schöpfungsvorgang ein, in dessen Beschreibung sich platonisches Gedankengut mit der Gott-Künstler Analogie mischt. Die Schöpfung ist wie die vom platonischen Demiurgen geschaffene materielle Welt ein Abbild (*image*) der Idee (*imagination*). Im Anschluß wird der künstlerische Prozeß mit der göttlichen Schöpfung – *creatio ex nihilo* – verglichen, der Künstler mit Gott gleichgesetzt – *deus artifex*. Die Schöpfung des Künstlers nimmt wie in der Genesis ein Eigenleben an, so daß der Schöpfer verborgen bleiben kann und nach dem Schaffensakt nicht mehr eingreifen muß. Die verwendeten und miteinander verwobenen Topoi und Vorstellungsweisen künstlerischer Schöpfung – Bergsons *élan vital*, platonische Ideenlehre und Demiurg sowie *creatio ex nihilo* und *deus artifex* aus der theologischen Analogieebene – haben eines

[57] Hier klingt gleichzeitig der Analogiebereich der Alchemie an.

gemeinsam: Sie sind metaphysischer Natur und setzen das Prinzip der geistigen Schöpfung der wandelbaren Materie entgegen.

Kurz nach seiner Entscheidung gegen das Priesteramt hat Stephen am Strand eine Vision seiner neuen Berufung. In seine Identifikation mit Daedalus mischen sich durch religiöses Vokabular geprägte Vorstellungen über die künstlerische Tätigkeit. Der Gedanke seiner Berufung („The end he had been born to serve“ [*P* 191]) impliziert die Vorstellung der göttlichen Vorbestimmung und der Priesterschaft des Künstlers. In Kapitel V von *A Portrait of the Artist* stellt Stephen die Analogie zwischen künstlerischem Schöpfungsprozeß und dem göttlichen Schöpfungsakt her:[58]

> The instant flashed forth like a point of light and now from cloud on cloud of vague circumstance confused form was veiling softly its afterglow. O! In the virgin womb of the imagination the word was made flesh. Gabriel the Seraph had come to the virgin's chamber. (*P* 245)

Stephen verwendet den Prolog des Johannes-Evangeliums und den Bericht der Verkündigung der Geburt Jesu nach Lukas (1,26–38). Bei Johannes (1,4) ist das Wort Gott, und durch das Wort schafft Gott die Welt und das Leben. Die Schöpfung aus Gott heraus wird auch *creatio ex nihilo* genannt, weil außer Gott nichts da war. Das Licht („point of light“) symbolisiert die Essenz des Göttlichen (1,9: „(das Wort) war das wahre Licht; es kam in die Welt“). Als fleischgewordenes Wort kam Gott auf die Welt (1,13/14: „er, der [...] aus Gott geboren wurde. Und das Wort ist Fleisch geworden“).

Auch in *Ulysses* bilden diese Schöpfungsanalogien die Grundlage für Stephens Identität als Künstler und seine Vorstellungen vom künstlerischen Schaffen. Durch das Erlebnis des Todes seiner Mutter wird Stephens unveränderliche Ideenwelt zunehmend durch die Beobachtung von Wandel und Vergänglichkeit bedroht, die die materielle, biologische Natur beherrschen.

## 2. Künstlerischer Zwiespalt als Folge der Evolution

In der „Proteus“-Episode denkt Stephen über *origin* nach; persönlicher und schöpferischer Ursprung sowie der Anfang der Welt sind eng verknüpft. „Los *demiurgos*. Am I walking into eternity“ (*U* 3.18). Unter Bezug auf Blakes Los setzt Stephen sein Ideal des Künstlers in Analogie zum platonischen Demiurg. Mit dieser Schöpfungsvorstellung ist für ihn die Unvergänglichkeit verbunden, die einen Ausweg aus seiner sterblichen Existenz verheißt. Stephen kon-

[58] Vgl. William M. Schutte, *Joyce and Shakespeare: A Study in the Meaning of „Ulysses“* (New Haven, London: Yale University Press, Oxford University Press, 1957) 84.

trastiert die Ewigkeit der Welt mit seiner zeitlich begrenzten Existenz. Im Gegensatz zu ihm, einem Menschengeschöpf, widersteht die Welt als Gottesschöpfung der Zeit: „See now. There all the time without you: and ever shall be, world without end" (*U* 3.27 f).

Proteus ist der sich wandelnde Gott, aber Stephen versucht, der ihm begegnenden materiellen Welt des Wandels zu trotzen. Er sieht zwei Frauen am Strand, in denen er Hebammen zu erkennen glaubt und berührt so das Thema der menschlichen Fortpflanzung:

> They came down the steps from Leahy's terrace prudently, Frauenzimmer: and down the shelving shore flabbily, their splayed feet sinking in the silted sand. Like me, like Algy, coming down to our mighty mother. Number one swung lourdily her midwife's bag, the other's gamp poked in the beach. From the liberties, out for the day. Mrs Florence MacCabe, relict of the late Patk MacCabe, deeply lamented, of Bride Street. One of her sisterhood lugged me squealing into life. Creation from nothing. What has she in the bag? A misbirth with a trailing navelcord, hushed in ruddy wool. The cords of all link back, strandentwining cable of all flesh. That is why mystic monks. Will you be as gods? Gaze in your omphalos. Hello! Kinch here. Put me on to Edenville. Aleph, alpha: nought, nought, one. (*U* 3.29 – 40)

Die am Wasser gehenden Frauen symbolisieren für Stephen den Kreislauf des irdischen Daseins. Der Ursprung allen Lebens liegt evolutionsgeschichtlich ebenso wie entwicklungsphysiologisch im Wasser. „Coming down" weist auf die Rückkehr zum Ursprung hin. Dazu paßt, daß Stephen sich im folgenden mit der Geburt auseinandersetzt. Diese leitet den irdischen Kreislauf von Leben und Tod ein, ist also mit *creatio ex nihilo* unvereinbar. Die biologische Schöpfung läßt sich in der Tat zurückverfolgen: Die Nabelschnur verbindet die Mutter mit ihrem Kind. Gleichzeitig macht sie den Menschen zu einem geschichtlichen Wesen. Evolutionsgeschichtlich und generationenweise zurückverfolgt, führt die Frage nach dem Ursprung zu den ersten Menschen. Das Bild des „strandentwining cable of all flesh" ruft die Assoziation der *Great Chain of Being* hervor, die auf Zeitvorstellungen übertragen Sinnbild für die hierarchische und progressive Entwicklung der Spezies ist. Auf diese Kette verweist Joyce ebenfalls in „Oxen of the Sun;" dort assoziiert Bloom sie bei der Geburt von Mina Purefoys Sohn:

> [...] the wretch that seemed to him a cropeared creature of a misshapen gibbosity [...] thrust like a crookback toothed and feet first into the world, which the dint of the surgeon's pliers in his skull lent indeed a colour to, so as to put him in thought of that missing link of creation's chain desiderated by the late ingenious Mr Darwin. (*U* 14.854 – 859)

Darwin postulierte ein fehlendes Glied in der Kette[59] der organischen Spezies zwischen Affe und Mensch im Evolutionsprozeß, um die Diskontinuität zwischen den beiden verwandten Spezies zu erklären.[60]

Die Metapher der Daseinskette ist Ausdruck des Paradigmenwechsels. Vor dem Hintergrund der Evolutionstheorie wird sie Ausdruck der Schwierigkeit des Menschen, sich als Fortsetzung des Affen zu betrachten. Geistesgeschichtlich war sie Bestandteil der hierarchischen statischen Ideenwelt. Die Suche nach dem fehlenden Glied betonte die Lücke, den unüberbrückbaren Unterschied zwischen Mensch und Tier. Solange das Glied nicht gefunden war, existierte keine Kette, die Mensch und Tier vereinte; es gab vielmehr zwei verschiedene Ketten. Die Suche lenkte von der Möglichkeit einer Verbindung zwischen Mensch und Tier in der Gegenwart ab, indem sie die Perspektive auf die Urgeschichte richtete. Solange die Lücke existierte, konnte die Abstammung des Menschen mysteriös und seine Überlegenheit gewahrt bleiben.

An der unterschiedlichen Einordnung der Daseinskette läßt sich der Zwiespalt zwischen Darwischen und platonisch-christlichem Weltbild erkennen. Leopold Bloom assoziiert beim Anblick des Neugeborenen das ‚fehlende Glied' und erkennt somit die animalische Herkunft des Menschen an; er schließt so die Lücke zwischen Affe und Mensch. Einen unvereinbaren Gegensatz zu der evolutionsgeschichtlichen Schöpfungsvorstellung Blooms bietet der biblische Mythos, der die Frage nach dem Ursprung der Menschheit und der Sterblichkeit durch den Sündenfall erklärt. Der Sündenfall besteht in der Anmaßung des Menschen, sich mit Gott zu vergleichen, wie Stephen dies in seiner Gott-Künstler-Analogie exemplifiziert. Stephen besteht einerseits auf der direkten Verbindung ('Telefonkabel') zwischen Gottes Geschöpfen und Menschen, andererseits ist diese Vorstellung belastet durch die fleischliche Natur des Kabels, die gleichzeitig die sich widersprechenden Konzeptionen von Evolution und Sündenfall impliziert.

---

[59] Der Ausdruck *missing link* wurde zum ersten Mal 1831 im *Oxford English Dictionary* im Kontext der Geologie und nicht der Zoologie aufgeführt. Beide Disziplinen waren jedoch durch die neu entstandene Paläontologie eng verbunden. Der Begriff geht auf die Vorstellung der *scala naturae* zurück. Die hierarchische Kette der Daseinsformen impliziert eine Rangfolge mit Gott an der Spitze, darunter dem Menschen und anschließend den Tieren sowie anderen Organismen. Dieser Gedanke verbindet sich mit der Idee der zweckmäßigen und kausalen Einrichtung der Natur. Die menschliche Spezies ist in dieser Metaphorik das letzte Glied, die Kulmination, mit deren Entstehung die Kette ihre Perfektion erhalten hat. Vgl. Beer, *Open Fields* 129.

[60] Vgl. *UA* 428.

'Hauptverantwortliche' für die Vertreibung aus dem Paradies ist Eva. Die Frau muß fortan in Schmerzen gebären, und, weil er von Eva abstammt, ist der Mensch dem Kreislauf von Geburt und Tod unterworfen. Die endlose Nabelschnur, die Eva nach sich zieht, verbildlicht den Gedanken, daß der einzelne Menschen austauschbar ist. Der Nabel wird zum Symbol der Frage nicht nur nach dem menschlichen Ursprung, sondern auch nach der Schöpfungskraft. Komisch wirkt Stephens Vorstellung einer telephonischen Verbindung über das Nabelschnurkabel zum aus dem Nichts („nought, nought") geschaffenen ersten Menschen („one").

In der Theosophie ist Adam Kadmon der vollkommene (androgyne) und ungefallene erste Mensch. Eva hatte keinen Nabel, weil sie nicht von einer Frau geboren wurde.[61] Die Unsterblichkeit der ersten Menschen im Paradies („corn, orient and immortal, standing from everlasting to everlasting") wird mit der biologischen Zeugung kontrastiert:[62]

> Wombed in sin darkness I was too, made not begotten. By them, the man with my voice and my eyes and a ghostwoman with ashes on her breath. They clasped and sundered, did the coupler's will. From before the ages He willed me and now may not will me away or ever. A lex eterna stays about Him. Is that then the divine substance wherein Father and Son are consubstantial? (*U* 3.45-50)

Stephen vermeidet für seine Eltern die Worte Mutter und Vater, statt dessen wählt er Umschreibungen. Der irdische Schöpfungsakt („to make;" „did the coupler's will") ist eindeutig unter den göttlichen („to beget") gestellt. Um nicht in willenloser Reproduktion, sondern wie Gott schaffen zu können („be as gods"), muß Stephen sich von seiner irdischen Herkunft und Biographie befreien:[63]

---

[61] Diesen Gedanken artikuliert Stephen in *U* 3.41-44: „Spouse and helpmate of Adam Kadmon: Heva, naked Eve. She had no navel. Gaze. Belly without blemish, bulging big, a buckler of taut vellum, no, whiteheaped corn, orient and immortal, standing from everlasting to everlasting. Womb of sin."

[62] *UA* 46 f: „Starting as pure and perfect spiritual being, the Adam of the second chapter of Genesis, not satisfied with the position allotted to him by Demiurgos (who is the eldest first-begotten, the Adam-Kadmon), Adam the second, the man of dust, strives in his pride to become Creator in his turn" (H. P. Blavatsky, *Isis Unveiled*, vol. 1 (New York, 1886) 297).

[63] Daß Stephen sich als Künstler mit Gott vergleicht und kurzfristig gedanklich in einem paradiesischen - schmerzfreien - Zustand verweilt, weil er alles Körperliche verdrängt, wird auch in *U* 3.437-444 deutlich: „He lay back at full stretch over the sharp rocks, cramming the scribbled note and pencil into a pocket, [...]. Et vidit Deus. Et erant valde bona. [...] Among gumheavy serpentplants, milkoozing fruits, where on the tawny waters leaves lie wide. Pain is far." Eine andere „Verwandtschaftsbeziehung" ist die Konsubstantialität der Trinität, deren Analogie zum Künstler er in der „Scylla und Charybdis"-Episode herstellt. Sie beruht auf der metaphysischen Identität geistiger Essenz, die unvergänglich ist.

> I throw this ended shadow from me, manshape ineluctable, call it back. Endless, would it be mine, form of my form? Who watches me here? Who ever anywhere will read these written words? Signs on a white field. (U 3.412-415)

Stephen betrachtet seinen Schatten, der nach Aristoteles (vgl. *UA* 44) keine Substanz besitzt und gleichzeitig auf Platons Höhlengleichnis verweist, wonach er Abbild von Stephens Körper ist. Dieser ist wiederum auch nur ein Schatten der formgebenden Essenz, der Seele, deren Fortbestehen Stephen beschäftigt, da sie seine Identität als Künstler bedingt. Seine Kunst ist ebenfalls Abdruck seiner formgebenden seelischen Essenz und somit Abbild – Signatur – des Schöpfers.

Neben den beiden Frauen stößt Stephen in der Strandszene auf einen anderen 'Störenfried' seiner Vorstellungswelt der unvergänglichen platonischen Formen.[64] Er sieht einen verwesenden Hund („bloating carcass“ [*U* 3.286]), der ihn auf die animalische Natur des Menschen stößt, deren Form dem Prozeß des Wandels unterworfen ist. Dieses Prinzip des Wandels personifiziert oder vielmehr mythifiziert er als *dio boia* (*U* 9.1049). Dieser *lord of the things as they are* (*U* 9.1048) wird von ihm auch mit Hilfe von tierhaften Metaphern dargestellt, die die animalische Natur des Menschen symbolisieren. Die Tiernatur des Menschen verweist auf die Evolutionstheorie. Sie zu überwinden ist Stephens Schöpfungsideal, das hinter seiner Identifikation mit mythischen Gestalten wie Daedalus steht und natürlich in Konflikt mit der biologischen Welt der Transformation geraten muß, aufgrund derer der Mensch dem Kreislauf von Werden und Vergehen unterworfen ist:

> The playwright who wrote the folio of this world and wrote it badly (He gave us light first and the sun two days later), the lord of things as they are whom the most Roman of catholics call *dio boia*, hangman god, is doubtless all in all in all of us [...]. (*U* 9.1046-1050)

In der Eröffnungsszene wird das Problem, das seine Mutter für Stephen darstellt, durch Buck Mulligan eingeführt. Buck hatte nach Mrs Dedalus' Tod gesagt: „O, it's only Dedalus, whose Mother is beastly dead.“ Als Medizinstudent sieht Mulligan den Menschen als ein Tier, ein sterbliches, biologisches Wesen:

> And what is death, he asked, your mother's or your's or my own? I see them pop off every day in the Mater and Richmond and cut to tripes in the dissecting room. It's a beastly thing and nothing else. It simply doesn't matter. You wouldn't kneel down to

64 Anspielungen auf seine Vorstellung von Schöpfung in der Tradition Aristotelischer Ideenlehre sind zahlreich; vgl. zum Beispiel „The soul is in a manner all that is: the soul is the form of forms“ (*U* 2.75).

pray for your mother on her deathbed when she asked you. Why? Because you have cursed jesuit strain in you, only it's injected the wrong way. To me it's all mockery and beastly. Her cerebral lobes are not functioning. (*U* 1.204-211)

Mulligans Weltsicht ist eine materialistische, naturwissenschaftliche. Der Tod bedeutet für den Menschen wie für das Tier das Ende der Existenz. Es gibt nichts, was den Tod überdauern würde. Stephen kann diese Weltsicht und damit die Sterblichkeit des Menschen nicht akzeptieren. Er sucht nach einem Ideal, das nicht an die Physis gebunden ist, sondern an die Metaphysis. Mulligan stellt Stephens Ideale in Frage und erinnert ihn immer wieder an die materielle Seite des Lebens.[65]

Der Hundekadaver, den Stephen am Strand sieht (*U* 3.286), wird zum Symbol der Sinnlosigkeit eines materiellen Lebens.[66] Evolution als historische Perspektive ist für ihn ein Alptraum, der Vergänglichkeit bedeutet. Dieses Problem beschäftigt Stephen den ganzen Tag über: „History, Stephen said, is a nightmare from which I am trying to awake" (*U* 2.377). In der „Nestor"-Episode sieht Stephen Geschichte als zeitliches Phänomen und damit als Zerstörer von Möglichkeiten.[67] Für ihn ist Zeitlosigkeit, die Welt der Ideen, die Basis von *creation*: „I hear the ruin of all space, shattered glass and toppling masonry, and time one livid final flame" (*U* 2.09 f). Stephen kann die materielle Seite des Lebens nicht akzeptieren und lehnt deshalb auch seinen eigenen fleischlichen und sterblichen Körper als ‚Hundekörper'[68] ab.

### 3. Analoge Vorstellungen zwischen Metaphysik und Evolution

In der „Scylla und Charybdis"-Episode wendet Stephen die Idee der Vaterschaft als *mystical estate* auf seine Interpretation von Shakespeare und *Hamlet* an und macht sie zum Leitmotiv seines Vortrags über literarisches Schaffen. Grundlage seines Verständnisses ist die Idee der Trinität, in der sich das Thema der Vaterschaft mit der Gott-Künstler-Analogie verknüpfen läßt. Die Schöpfung eines Künstlers ist nach dieser Analogie als Offenbarung verschiedener Aspekte seiner Natur zu verstehen. Die 'Personen,' die er kreiert, sind

65 Vgl. Vincent P. Cheng, „Stephen Dedalus and the Black Panther Vampire," *JJQ* 24,4 (1987) 162.

66 Hier spielt Joyce mit dem Anagramm „God-dog."

67 Vgl. Cheng 162. Er bezieht sich auf *U* 2.48-52: „Had Pyrrhus not fallen by beldam's hand in Argos or Julius Cesar not been knifed to death? They are not to be thought away. Time has branded them and fettered they are lodged in the room of the infinite possibilities they have ousted."

68 Diesen Begriff verwendet er zum Beispiel in *U* 1.135-137: „This dogsbody to rid of vermin."

Aspekte der künstlerischen Persönlichkeit und deshalb 'konsubstantiell' mit ihm.[69]

Das Werk Shakespeares ist die Welt, die er aus sich selbst heraus geschaffen hat. Es repräsentiert sein inneres Leben und ist damit konsubstantiell mit Shakespeare. Gleichzeitig hat er sich selber als Person überflüssig gemacht. Da Shakespeares Wort sein Sohn ist und seine 'Essenz' enthält, wird die Person unwichtig:

> As we, or Mother Dana, weave and unweave our bodies, Stephen said, from day to day, their molecules shuttled to and fro, so does the artist weave and unweave his image. And as the mole on my right breast is where it was when I was born, though all my body has been woven of new stuff time after time, so through the ghost of the unquit father the image of the unliving son looks forth. In the intense instant of the imagination, when the mind, Shelley says, is a fading coal, that which I was is that which I am and that which in possibility I may become to be. So in the future, the sister of the past, I may see myself as I sit here now but by reflection from that which then I shall be. (*U* 9.376-385)

Alles Körperliche ist dem Wandel unterworfen, die geistige Essenz jedoch findet lediglich unterschiedliche Gestaltung. Der Moment der Imagination läßt sich mit der göttlichen Natur vergleichen, die vor der Schöpfung ein Potential ist. In diesem schöpferischen Potential existiert keine Zeit, denn es ist eine Form von Energie, die sich dann in Aktualisierungen manifestiert (zum Beispiel in den drei Personen der Trinität), die der Zeit unterworfen sind. Der Künstler gleicht einem Potential, das sich in seinem Werk unter verschiedenen Gesichtern (Personen) aktualisiert.[70] Die Personen, die der Dichter schafft, sind Bilder seiner Seele, unterschiedliche Aspekte oder Modalitäten, die mit ihm 'konsubstantiell' sind.

Die drei Personen, die Joyce im *Ulysses* schafft, sind im Sinne der Trinitätsanalogie als Modalitäten des Schöpfers James Joyce zu verstehen. Joyce distanziert sich zwar ironisch von der Analogie der Trinität, wie sie Stephen in „Scylla und Charybdis“ auf die Schöpfung von Literatur anwendet, verwirft sie aber nicht deshalb, sondern ergänzt sie durch die Perspektiven seiner anderen Figuren. Stephens Verständnis von Kreativität ist auf die Schöpfung aus

---

[69] Vgl. William T. Noon, S.J., *Joyce and Aquinas* (New Haven, London: Yale University Press, Oxford University Press, 1957) 105 f.

[70] In diesem Sinne ist auch Stephens Aussage zu verstehen: „We walk through ourselves, meeting ghosts, giants, old men, young men, wifes widows, brothers-in-love. But always meeting ourselves“ (*U* 9.1044-1046). Das Werk des Künstlers ist im Grunde eine einzige Selbstprojektion. Stephen stellt den potentiellen, jungen Künstler dar und ist als solcher 'konsubstantiell' mit Joyce.

dem Künstler heraus beschränkt, die *creatio ex nihilo*. Seine Analogie ist auf der Ablehnung alles Körperlichen und damit der 'kreatürlichen' Schöpfung begründet. Er kann die Konsequenzen aus der Evolutionslehre nicht akzeptieren und ist deshalb auch nicht in der Lage zu schaffen.[71]

Stephen und Bloom werden durch Molly, unter deren Fenster beide urinieren, symbolisch vereint. Sie ist das weibliche Prinzip, das Joyce zur Vollständigkeit der Dreieinigkeit kreiert.[72] Joyce erweitert Stephens Verständnis von *creation* durch die Auffassung von *transformation*, wie sie in Bloom und Molly gestaltet wird. Dies bedeutet eine Erweiterung durch zwei Personen, die das Prinzip des körperlichen Wandels, wie es die Evolutionstheorie impliziert, akzeptieren und mit Kreativität verbinden können. Joyce gelingt es dadurch, die Paradigmen in einen Diskurs treten zu lassen, der fruchtbar für die Vereinbarung künstlerischer Kreativität mit dem in Mensch, Natur und Kosmos zu beobachtenden Prinzip des Wandels ist.

In verschiedenen Anspielungen auf Darwins Lehren wird deutlich, daß Joyce die Evolutionstheorie als naturalistisches Gesetz zur mechanischen Erklärung des Kosmos ablehnt: „[...] it entailed as a foregone conclusion on fine young fellows, chiefly, destruction of the fittest" (*U* 16.1602). Joyce verkehrt ironisch Spencers zusammenfassende Formulierung für Darwins Lehre der natürlichen Auslese, *survival of the fittest.*[73] Dieses Prinzip wird in der „Oxen of the Sun"-Episode als mechanistisches, deterministisches und inhumanes Prinzip kritisiert:

> Nature, we may rest assured, has her own good and cogent reasons for whatever she does and in all probability such deaths are due to some law of anticipation [...] which, though productive of pain to some of our feelings (notably the maternal), is nevertheless, [...], in the long run beneficial to the race in general in securing thereby the survival of the fittest. (*U* 14.1277-1285)

In „Ithaca" wird die Darwinsche Evolutionstheorie in verschiedene andere, seltsame 'Glaubensrichtungen' eingereiht, denen Bloom kurzfristig angehangen hatte, und dadurch diskreditiert:

---

71 Er kreiert eine Parabel („The Parable of the Plums"), bei deren Schöpfung er sich als Gott-Künstler sieht: „On now. Dare it. Let there be life" (*U* 7.930). Dieses Kunstwerk ist von Stephens innerem Konflikt geprägt und deshalb von Symbolen der Sterilität durchzogen.

72 Vgl. Robert Boyle S.J., „James Joyce and the Soul," ed. E.L. Epstein, *A Starchamber Query: A James Joyce Centennial Volume* (New York, London: Methuen, 1982) 73-106. Boyle vertritt die These, daß Molly in Joyces Gestaltung der Trinitätsanalogie die Funktion des Heiligen Geistes übernimmt und das Prinzip der Liebe sei.

73 Vgl. *UA* 558.

> [...] in 1880 he had divulged his disbelief in the tenets of the Irish (protestant) church [...] subsequently abjured by him in favour of Roman catholicism at the epoch of and with a view to his matrimony in 1888. [...] he had advocated during nocturnal perambulations the political theory of colonial (e.g. Canadian) expansion and the evolutionary theories of Charles Darwin, expounded in *The Descent of Man* and *The Origin of Species*. (*U* 17.1634-1640)

Joyce lehnt jedoch die Evolutionstheorie als rein mechanistischen Erklärungsansatz ab, verwendet sie aber in Verbindung mit metaphysischen und humanistischen Lehren für seine Erklärungen von Kosmos und Kunst. In Anlehnung an Vicos zyklische Darstellung der Geschichte als Einheit in seiner *Scienza nuova* wird Evolution als charakteristischer Bestandteil des geschichtlichen Fortschritts verstanden. Bloom akzeptiert diesen Transformationsprozeß in seiner Kombination der Geschichte des jüdischen Volks mit dem biologischen Kampf ums Überleben:[74]

> Pessach. Next year in Jerusalem. Dear, O dear! All that long business about that brought us out of the land of Egypt and into the house of bondage alleluia. Shema Israel Adonai Elohenu. No, that's the other. Then the twelve brothers, Jacob's sons. And then the lamb and the cat and the dog and the stick and the water and the butcher. And then the angel of death kills the butcher and he kills the ox and the dog kills the cat. Sounds a bit silly till you come to look into it well. Justice it means but it's everybody eating everyone else. That's what life is after all. (*U* 7.207-214)

In „Circe," dem Kapitel von Wandel und Verwandlung, tritt Elijah, der Prophet der Ankunft des Messiahs, auf und mischt Darwin-Bezüge mit biblischen Anspielungen. Ironie und Ernst liegen eng beieinander, als Elijah die metaphysische Transformation verkündet:

> Florry Christ, Stephen Christ, Zoe Christ, Bloom Christ, Kitty Christ, Lynch Christ, it's up to you to sense that cosmic force. Have we cold feet about the cosmos? No. Be on the side of the angels. Be a prism. You have that something within, the higher self. You can rub shoulders with a Jesus, a Gautama, an Ingersoll. (*U* 15.2195-2199)

Die Transformation von Christus, der als Florry Christ, Stephen Christ, Zoe Christ, Bloom Christ, Kitty Christ, Lynch Christ auftaucht, wird als kosmische Kraft bezeichnet. Die Evolution als gestalterisches Prinzip erzeugte seinerzeit 'kalte Füße,' dadurch wurde der Kampf gegen Darwins Lehren populär. Ein Beispiel ist die Rede von Benjamin Disraeli, auf die angespielt wird.[75] Die

---

[74] Vgl. Arlene E Skene, „The Poetics of Science: The Bloomsday Myth," *Canadian Journal of Irish Studies* 7,2 (1981): 68.

[75] Als Benjamin Disraeli 1864 vor der „Diocesan Society" Darwins Theorie kritisierte, sah er die Gesellschaft durch die Evolutionstheorie vor folgende Frage gestellt: „[...] is man an ape or an angel? I am on the side of the angels. I repudiate, with ignorance and abhorrence, these new-fangled theories." *UA* 490.

Anweisung „Be an angel“ ist komisch und eine ironische Kritik der Rede, denn es ist unmöglich, die Evolutionstheorie zu ignorieren. Im folgenden werden Personen aufgezählt, die ein Nebeneinander naturwissenschaftlicher Erkenntnisse und metaphysischer Betrachtung verkörpern.[76] Die ausschließlich metaphysische Ebene ist als einseitige Perspektive ebenso lächerlich und kritikwürdig wie die rein naturwissenschaftlich-mechanistische Interpretation des Kosmos, wie sie in den Lehren Darwins zutage tritt. Joyce läßt Elijah so das Kommen der metaphysischen Evolution verkünden, die Transformation als kreatives Prinzip auffaßt.

## III. Virginia Woolf – Kreativität im Kontext evolutionären Wandels

### 1. Übertragung der Darwinschen Lehren auf die Kunst

In *Between the Acts* wird durch die leitmotivische Wiederkehr von *origin* und *descent*[77] auf Darwins Werke *The Origin of Species* und *The Descent of Man* angespielt, in denen Darwin die Abstammung des Menschen vom Tier nachgewiesen hatte. In *Between the Acts* sind die Bewohner des Dorfes, in dem die Handlung spielt, mit tierhaften Zügen gezeichnet. Ironischerweise stellen sie selber die Frage nach dem Ursprung, um ihre edle Herkunft nachzuweisen. Woolf kritisiert auf diese Weise die Fiktion einer Familie als Gebilde simultan existierender Vorfahren und entlarvt die eigentliche Weigerung, sich mit Geschichte und Vergänglichkeit auseinanderzusetzen. In diffuser Weise benutzen sie ihre Ahnenreihe als Argument für ihre Überlegenheit gegenüber den Tieren (*brutes*) sowie anderen Gesellschaftsschichten und Kulturen. Sie sehen Evolution als Reifeprozeß und bezeichnen in Analogie zum Menschenleben evolutionsgeschichtlich frühere Stadien als kindlich.

Woolf behandelt die Frage nach dem Unterschied zwischen Mensch und Tier. Philosophiegeschichtlich wurde die menschliche Sprache als ‘Rubikon’ zwischen der menschlichen Spezies und den Tieren gesehen.[78] Darwin rüttelte an

---

[76] Robert Ingersoll war ein amerikanischer Politiker, Rechtsanwalt, Redner und evangelischer Agnostiker. Seine Botschaft war humanistischer und wissenschaftlicher (Darwinistischer) Rationalismus. Vgl. *UA* 490.

[77] Zum Beispiel: „The Olivers couldn’t trace their descent for more than two or three hundred years“ (*BA* 39). Der Ursprung von Redewendungen wird ebenfalls verfolgt: „[...] ‘what’s the origin of that? Touch wood [...]“ (*BA* 32). Woher kommen sprachliche Äußerungen? Der Ursprung von Aberglauben jedenfalls liegt in der Reaktion des Menschen auf Naturerscheinungen.

[78] Descartes argumentierte 1637, daß die Sprache den *homo sapiens* von Tieren unterscheide, da auch die dummen und verrückten Exemplare sich sprachlich äußern könnten, während

dieser Grenze zwischen Mensch und Tier. Mit seinen Ansichten über die Verwandtschaft zwischen Mensch und Affe sowie seinem Angriff auf das menschliche Privileg von Sprache entfachte er heftigen Widerspruch. Eine hitzige Diskussion über den Zusammenhang zwischen Evolution und dem Ursprung von Sprache entbrannte. Darwin diskutierte diesen Zusammenhang ausführlich in *The Descent of Man*, wo er darlegte, daß sowohl sexuelle als auch natürliche Auswahl die menschliche Fähigkeit der Sprache entwickelt hätten. Er vermutete, daß sprachliche Zeichen ursprünglich musikalisch waren. Nach Darwins Lehren besitzen Tiere zumindest in rudimentärem Grade sehr wohl die Fähigkeit, allgemeine Konzepte zu entwickeln und zu artikulieren.[79] Ihm zufolge ist Sprache wahrscheinlich das Resultat des kontinuierlichen Gebrauchs der geistigen und vokalen Organe, der zu vererbten Veränderungen ihrer Struktur und Funktionen führte. Erst dadurch bildeten sich Unterschiede zwischen Gesang, dem Ruf der Vögel, der Imitation natürlicher Stimmen, Warnrufen und vernünftiger Sprache heraus, die immer größer wurden.[80]

Woolf bezeichnet sowohl in „Anon“ und „Notes for Reading at Random“ als auch in *Between the Acts* den Ursprung für Literatur und künstlerisches Schaffen als *song making instinct* und fügt hinzu: „This is continuity – [...] certain emotions always in being: felt by people always.“[81] Die Kontinuität des künstlerischen Impulses ebenso wie seine Transformation im Prozeß der Geschichte durch ein sich wandelndes Umfeld zeichnet sie in ihren letzten Werken auf.

„Anon“ öffnet mit einer Passage aus G. M. Trevelyan's *History of England*:

> „For many centuries after Britain became an island“ the historian says „the untamed forest was king. Its moist and mossy floor was hidden from Heavens eye by a close drawn curtain woven from innumerable tree tops.“ On those matted boughs innumerable birds sang; but their song was only heard by a few skin clad hunters in the

selbst die entwickeltsten Tiere dies nicht vermöchten. Dies bewies für ihn, daß Tiere keinen Verstand besäßen, da doch offensichtlich so wenig davon ausreichte, um den Menschen zur sprachlichen Äußerung zu befähigen. Lord Monboddo griff in *Of the Origin and Progress of Language* (1772-92) Lockes These auf, daß jede Untersuchung des Ursprungs der Sprache unweigerlich eine Untersuchung des Ursprungs der menschlichen Rasse sei. Monboddo verschob die Grenzen zwischen Mensch und Tier, indem er den Orang-Utan, obwohl stumm, zu den Menschenwesen rechnete. Edgar Allan Poes „The Murder of the Rue Morgue“ ist von diesem Gedanken beeinflußt. Vgl. Beer, *Open Fields* 127f.

79 Diese Vermutung war nicht neu, auch Rousseau äußerte sie, aber die Begeisterung, mit der Darwin sie verteidigte, legt nahe, daß er aufgrund eigener Überlegung und Beobachtung zu der Hypothese kam. Vgl. Beer, *Open Fields* 99.

80 Vgl. Beer, *Open Fields* 99.

81 Brenda R. Silver (ed.), „'Anon' and ,The Reader:' Virginia Woolf's Last Essays,“ *Twentieth Century Literature* 24 (1979): 357; im folgenden als „Anon“ zitiert.

> clearings. Did the desire to sing come to one of those huntsmen because he heard the birds sing, and so rested his axe against the tree for a moment? But the tree had to be felled; and a hut made from its branches before the human voice sang too. („Anon" 382)

Woolf spekuliert über den Ursprung der Literatur – der Wunsch zu singen oder zu schaffen – im bewußten Wahrnehmen des Vogelgesangs. Bevor der Mensch allerdings singen konnte, mußten erst die Grundfesten von Zivilisation, Kultur und Gesellschaft gelegt werden. In *Between the Acts* liest Mrs Swithin diese Passage gegen Ende des Romans vor dem Hintergrund des Zweiten Weltkriegs und des Niedergangs der Zivilisation. Der Roman stellt die Frage nach der Zukunft des kreativen Instinkts in einer Welt, die leitmotivisch mit „orts, scraps and fragments" charakterisiert wird. „Only when we put two and two together," schrieb sie in den frühen Entwürfen zu „Anon," „two pencil strokes, two written words, two bricks, do we overcome dissolution and set up some stake against oblivion" („Anon" 382). Für Woolf begründet also der Drang des Menschen, etwas zu erbauen und Bleibendes zu schaffen, den Beginn von Kultur und Kunst.[82]

Das Festspiel von Miss La Trobe beginnt mit einer allegorischen Darstellung von England als Kind. Das Kind erzählt den Beginn der englischen Literatur und spielt dabei Flöte. Woolf stellt das Mädchen in Anlehnung an die obige Passage („Anon" 382) als Vogel dar: „[...] a small girl [...]; took her stand on a **mat**, behind a **conch hung with leaves**, and **piped**: [...]" (*BA* 94; eigene Hervorhebung).

In *Between the Acts* verwendet Woolf die Vogelsymbolik vielschichtig und verknüpft sie nicht nur mit dem Thema des kreativen Impulses, sondern auch mit der Tiernatur des Menschen. Als solche ist sie Ausdruck für den beständigen und universalen Charakter der Kreativität und zugleich für Wandel und Vergänglichkeit des organischen Lebens. Bereits in der Exposition des Romans wird die Zeichnung der Figuren als Vogelwesen anhand von Mrs Haines eingeführt: „Mrs Haines, [...], a goosefaced woman with eyes protruding as if they saw something to gobble in the gutter, [...]."(*BA* 7) Vogelmetaphorik durchzieht leitmotivisch das gesamte Werk:

> A bird chuckled outside. 'A nightingale?' asked Mrs Haines. No, nightingales didn't come so far north. It was a daylight bird, chuckling over the substance and succulence of the day, over worms, snails, grit, even in sleep. (*BA* 7 f.)

---

[82] Diese Vorstellung von Kunst als etwas Unvergänglichem paßt zu der Fluß- und Fischmetaphorik: ein *stake* bleibt im strömenden Wasser bestehen; „a fin in a waste of waters" ist ein anderer Ausdruck für diesen Gedanken, der in *The Waves* geprägt wird.

Der Vogel lacht wie ein Mensch über die 'Saftigkeit' des Tages. Er ‚ernährt' sich von der Substanz des Lebens, der Zeit, wie von etwas Organischem (Würmern, Schnecken und Hafergrütze). Woolf verknüpft das Scheitern von Miss La Trobes Stück mit dem Angriff eines Schwarms von Sperlingen:

> 'A failure,' she groaned, [...]. Then suddenly the starlings attacked the tree behind which she had hidden. In one flock they pelted it like so many winged stones. The whole tree hummed with the whizz they made, as if each bird had plucked a wire. A whizz, a buzz rose from the bird-buzzing, bird-vibrant, bird-blackend tree. The tree became a rhapsody, a quivering cacophony, a whizz and vibrant rapture, branches, leaves, birds syllabling discordantly life, life, life, without measure, without stop devouring the tree. Then up! Then off!" (*BA* 244 f.)

Vögel sind bei Woolf Symbole des Lebens, das allerdings als aggressiv und zerstörerisch gezeichnet wird. Die Vögel greifen den Baum an, hinter dem sich die Künstlerin versteckt hat, und verwandeln ihn in eine ungeordnete Musik, eine Kakophonie. 'Substanzfressendes' Leben zerstört Harmonie und Ordnung („birds syllabling discordantly life, life, life, without measure, without stop devouring the tree"). Ebenso wie in Stephens Symbolik wird das organische Leben als zerstörerisch für die Kunst dargestellt.

Vögel symbolisieren jedoch neben Destruktion auch Kreativität und Schönheit. Mrs Swithin wird durch Vogelgezwitscher geweckt: „But it was summer now. She had been wakened by the birds. How they sang! Attacking the dawn like so many choir boys attacking an ice cake." Die positiven Begriffe Leben, Sommer und Morgen sind verbunden mit dem Kreislauf der Tages- und Jahreszeiten und der Zerstörung, die dieser bewirkt („attacking"). Die Verbindung von Schönheit und Vergänglichkeit übt eine Kraft aus, der sich niemand entziehen kann:

> **Forced** to listen, she had stretched for her favourite reading – an Outline of History – and had spent the hours between three and five thinking of rhododendron forests in Picadilly; when the entire continent, not then, she understood, divided by a channel, was all one; populated, she understood, by elephant-bodied, seal-necked, heaving, surging, slowly writhing, and, she supposed, **barking** monsters; the iguanodon, the mammoth, and the mastodon; **from whom** presumably, she thought, jerking the window open, **we descend**. (*BA* 13; eigene Hervorhebungen)

Mrs Swithin versetzt sich in die Evolutionsgeschichte und verwischt in ihrer Vorstellung die Grenzen zwischen Urgeschichte und Gegenwart. Sie verkürzt den Evolutionsprozeß, wenn sie bemerkt, daß die Menschen von urzeitlichen Tieren abstammen. Sie stattet ferner Menschen mit tierischen Zügen aus und

Tiere mit menschlichen („a cow caughed," „a bird chuckled" [*BA* 7]).[83] Die gemeinsame Herkunft bedeutet, daß menschliches und tierisches Leben letztendlich das gleiche sind: natürliche Organismen, die durch organische Gesetzmäßigkeiten kontrolliert und bestimmt werden. Gemeinsam sind Menschen und Tieren auch die aggressiven Lebenserhaltungs- und Sexualtriebe, die aus dem 'Daseinskampf' resultieren und deren Auswirkungen den Roman überschatten. Der *bird-singing impulse* begründet den Ursprung der Kunst ebenfalls in tierischen Instinkten. Woolf zeigt, daß sich die Menschen und Tiere nicht durch die Sprache allein unterscheiden, sondern erst durch den Willen zu Ordnung und Kreativität.

Der Dorfidiot Bond, der *cowman*, dient als Bindeglied zwischen Mensch und Tier, das den Übergang zwischen Mensch und Tier fließend macht. Die Fähigkeit des 'Kuhmenschen,' mit den Kühen ebenso wie mit den Menschen auf irgendeine Weise zu kommunizieren, unterstützt die Vermutung der Übergangslosigkeit.[84]

Miss La Trobes Aufführung scheitert stellvertetend für die Kunst allgemein an der Realität, in der allein die animalischen Triebe des Menschen regieren und der Unterschied zwischen Mensch und Tier aufgehoben ist:

> And Lord! The jangle and the din! The very cows joined in. Walloping, tail lashing, the reticence of nature was undone, and the barriers which should divide Man the Master from the Brute were dissolved. Then the dogs joined in. (*BA* 215)

*Between the Acts* endet mit denselben Worten, mit denen der Roman begonnen hatte, also zyklisch: „They spoke." Diese Artikulation als einen Neubeginn der Beziehung von Isa und Giles oder als Teil eines neuen Werkes von Miss La Trobe zu interpretieren wird vor dem Hintergrund unmöglich, daß Mensch und Tier verschmelzen und Europa zerstört wird. Indem Woolf Tierlaute mit dem Hinweis auf den Beginn von Kommunikation und Sprache verbindet, spielt sie ironisch auf den biblischen Schöpfungsbericht an („Am Anfang war das Wort"). In Anbetracht der 'tierischen' Abstammung des Menschen und der Bestialität seines Verhaltens verweist Woolf die Vorstellung einer göttlichen Schöpfung in den Bereich des Absurden: Der Künstler kann nicht in Analogie

---

[83] Für eine detaillierte Untersuchung der zahlreichen Tiermetaphern vgl. L. J. Swingle, „Virginia Woolf and Romantic Prometheanism," *The Bucknell Review* 25,2 (1980) 99 f.

[84] „'Hi-huh!' he cried suddenly. It was cow language presumably, for the particoloured cow, who had thrust her head in at the door, lowered her horns, lashed her tail and ambled off. Bond followed after" (*BA* 36). Sein Name ‚Bond' verweist darauf, daß ihm die Rolle eines verbindenden Glieds und nicht eines trennenden Zwischenstücks zukommt.

zu Gott schöpfen. Miss La Trobe skizziert die Vision eines neuen Werkes, aber die Worte fehlen ihr:

> 'I should group them,' she murmured, 'here.' It would be midnight; there would be two figures, half concealed by a rock. The curtain would rise. What would the first words be? The words escaped her. (*BA* 246)

Woolf zweifelt an den Möglichkeiten der Sprache als künstlerisches Medium, ist Sprache doch kein Unterscheidungsmerkmal zwischen Mensch und Tier. Für Woolf ist sie nicht Beweis der Humanität sondern der Unmenschlichkeit des Menschen.

Die Schlußszene in *Between the Acts* erscheint wie eine Ausführung von Miss La Trobes Entwurf eines neuen Theaterstücks. Die Erzählperspektive ist rätselhaft: Ein 'Anon' könnte als Erzähler die anonym dargestellte La Trobe ersetzen. Die Szene beschreibt die Konstanz zweier Triebe, des Sexual- und Selbsterhaltungstriebs. Wie Tiere kämpfen Giles und Isa, 'umarmen sich' anschließend. Neues Leben und Sprache entstehen aus dieser Illustration der von Darwin beschriebenen Triebfedern organischen Lebens:

> Before they slept they must fight; after they had fought, they would embrace. From that embrace another life might be born. But first they must fight as the dog fox fights with the vixen, in the heart of darkness, in the fields of the night. [...] The house had lost its shelter. It was night before roads were made, or houses. It was the night that dwellers in caves had watched from some high place among rocks. Then the curtain rose. They spoke. (*BA* 255 f.)

Der 'Liebeskampf' findet vor dem Hintergrund der niedergegangenen Zivilisation statt. Das Haus kann keinen schützenden Ort mehr bieten (der in „Anon" Vorbedingung für die Literatur ist). Der Mensch ist zum prähistorischen Zustand des Höhlenmenschen zurückgekehrt, und Dunkelheit und Nacht lassen keine Hoffnung erkennen. Der Vorhang wird sich über einer Zukunft erheben, die gleichzeitig Urgeschichte der Evolution ist.[85]

## 2. Dynamik von Kontinuität und Wandel in der Kunst

Wandel als gestalterisches Prinzip nicht nur des Kosmos, sondern aller Bereiche des Lebens, vor allem der Literatur, ist ein zentrales Thema in Woolfs Werken. Sie beurteilt Wandel allerdings in sehr komplexer Weise. Veränderung ist unvermeidbar, da Zeit, also Geschichte, nicht aufzuhalten ist. Anderer-

[85] Der Kriegsausbruch (*blackout*) wird in Anspielung auf Conrads „Heart of Darkness" als Rückkehr des Chaos verstanden. In dieser Geschichte sind die Unterschiede zwischen Gegenwart und Urgeschichte ebenfalls verschwunden, als Marlow seine Erzählung beginnt. Vgl. Beer, „Notes" zu *BA* 145.

seits erachtet sie gerade in ihren späteren Werken Veränderung als beunruhigend, da sie neben Krieg auch das rasante Fortschreiten der 'Zivilisation' verursacht. Ziel ihrer künstlerischen Arbeit ist, etwas Bleibendes (*a stake against oblivion*) zu schaffen.

In Übereinstimmung mit den Prinzipien der evolutionären Transformation betont Woolf das dynamische Verhältnis von Kontinuität und Wandel in der Kunst. Der Mensch ist nur zum Teil gegenüber der Vorzeit verändert oder weiterentwickelt, ein Teil von ihm, den Woolf in ihren Protagonisten als tierhaft darstellt, hat sich nicht verändert. Diese Tierhaftigkeit des Menschen drückt auch ihre Resignation hinsichtlich einer positiven Entwicklung der Menschheit aus. Angesichts des Zweiten Weltkrieges kann sie nicht an die Überwindung der animalischen Natur im Menschen glauben.

Doch auch schon in *The Waves* benutzt Woolf den prähistorischen, animalischen Menschen, um die Gleichzeitigkeit von verschiedenen Stadien des Evolutionsprozesses zu verbildlichen:[86]

> There is the old brute, too, the savage, the hairy man who dabbles his fingers in ropes of entrails; and gobbles and belches; whose speech is guttural, visceral – well, he is here. He squats in me. Tonight he has feasted on quails, salad and sweatbread. He now holds a glass of fine old brandy in his paw. He brindles, purrs and shoots warm thrills all down my spine as I sip. It is true, he washes his hands before dinner, but they are still hairy. He buttons on trousers and waistcoats, but they contain the same organs. [...] That man, the hairy, the ape-like, has contributed his part to my life. [...] He has led me wild dances. (*W* 205 f.)

An diese Passage aus Bernards Schußmonolog schließt sich die Betrachtung seiner Hand an. Darwin benutzte in seinem Werk *The Origin of Species* die Hand als Beispiel, um die Identität von Strukturen durch die Arten hindurch zu verfolgen und dadurch die Kontinuität mit Vorfahren nachzuweisen, die schwer als verwandt zu erkennen sind.[87] Die Kontinuität der Spezies gleicht die Vergänglichkeit des einzelnen Menschen aus. Woolf sieht den Reiz des Lebens („a greener glow to green things" [*W* 206]) aber gerade in der Zeit-

[86] Zur Zeit des Modernismus war die Frage des ‚fehlenden Glieds' längst geklärt. Zuvor konnte die bestehende Lücke den Abstand zwischen den Spezies, den Zivilisationsstufen und auch den sozialen Klassen wahren. Hatte diese Distanz das Selbstbewußtsein der weißen Oberschichten ausgemacht, belastete die Erkenntnis, daß der Mensch in der Urgeschichte vom Affen abstammte, das Selbstwertgefühl der Menschen. Vgl. Beer, *Open Fields* 144 f.

[87] Vgl. Beer, „Virginia Woolf and Prehistory," *Arguing with the Past* 164. Bernard reflektiert sowohl die materielle Beschaffenheit seiner Hand als auch deren Fähigkeiten: „I could worship my hand even, with its fan of bones laced by blue mysterious veins and its astonishing look of aptness, suppleness and ability to curl softly or suddenly crush - its infinite sensibility" (*W* 206).

lichkeit, die den Antrieb des Künstlers bildet, mit der Kunst etwas Bleibendes zu schaffen, das ihn überdauert.[88]

Die Evolutionstheorie schuf einen neuen Mythos der Vergangenheit, der den Garten Eden durch den Ur-Sumpf sowie die vollkommenen und unveränderlichen Arten durch Transformation der Formen ersetzte. Das Leitmotiv des ‚Sumpfs' aus Mrs Swithins Geschichte über die Urzeit wird zu den Bildern des ‚Schlamms' (der das Haus der Olivers umgibt) sowie der Jauchegrube transformiert, die zu Beginn des Romans einen Anlaß für Sprache bietet. Damit wird der Sumpf zum Symbol der künstlerischen Transformation:

> She [Miss La Trobe] raised her glass to her lips and drank. And listened. Words of one syllable sank down into the mud. She drowsed; she nodded. The mud became fertile. Words rose above the intolerable laden dumb oxen plodding through the mud. Words without meaning – wonderful words. (*BA* 247 f.)

Schlamm symbolisiert den Grund des Unterbewußtseins: Er ist organisch und fruchtbar, wird beackert und umgewälzt. Der Samen der Schöpfung („the germ of creation," „Anon" 375 f.) kann dort keimen. Woolf verwendet in Zusammenhang mit der Evolutionsanalogie Vorstellungen aus dem Bereich der Botanik. Lucy wird von ihrem Bruder am Lilienteich beobachtet:

> The water was opaque over the mud. [...] How imperceptible her religion made her [Mrs Swithin]. The fumes of that incense obscured the human heart. Skimming the surface, she ignored the battle in the mud. [...] What she [Miss La Trobe] wanted, like that carp (something moved in the water) was darkness in the mud; a whisky and soda at the pub; and coarse words descending like maggots through the waters. (*BA* 237 f.)

Der Schlamm ist der Boden, auf dem der Kampf ums Dasein ausgefochten wird; Maden leiten Zersetzung ein. Miss La Trobe sieht den Schlamm als Symbol für das Unterbewußtsein des Künstlers. Woolf betont durch diese Metaphorik die biologische Grundlage der Transformation, durch die Kunst entsteht. Auch wenn auf diese Weise nicht immer Wahrheit und Schönheit entstehen, sondern auch ‚grobe Worte,' entspricht dies eher einer Realität, die Woolf als fragmentarisch und vergänglich charakterisiert.

Der Schlamm auf dem Boden des Teiches erweitert die alte mythologische Bedeutung des Meeres als Ursprung des Lebens, welches ebenfalls vom Beginn

---

[88] „[...] now that he is dead, the man I called Bernard, the man who kept a book in his pocket in which he made notes, - phrases for the moon, notes of features [...]" (*W* 206). Bernard hat sich am Ende vom Leben verabschiedet, damit auch von der Kunst: „[...] I need no words. [...] None of those resonances and lovely echoes that break and chime from nerve to nerve in our breasts, making wild music, false phrases. I have done with phrases" (*W* 209). Die Analogieebene der Neurophysiologie wird hier in kunsttheoretische Aussagen einbezogen.

der Welt an existiert und sich ständig selbst erneuert. Wie der Schlamm symbolisiert das Meer sowohl Unvergänglichkeit als auch gleichzeitig Wandel. Am Ende von *Between the Acts* wird Miss La Trobes Stück mit der Wirklichkeit gleichgesetzt:

> 'This year, last year, next year, never ...' [...] 'Did you feel,' she asked 'what he said: we act different parts but are the same?' 'Yes,' Isa answered. 'No,' she added. It was Yes, No. Yes, yes, yes, the tide rushing out embracing. No, no, no, it contracted. The old boot appeared on the shingle. 'Orts, scraps and fragments, she quoted what she remembered of the vanishing play.' (*BA* 251)

Die Dorfbewohner spielen verschiedene Rollen, verändern sich aber nicht. Woolf kritisiert, daß die Menschen sich nicht entwickeln, sondern Geschichte verdrängen. Sie können auch durch die Kunst und die Literatur, die sie auf die Bühne bringen, nicht verändert werden. Woolf gestaltet das sich beständig Wandelnde und hebt beide Komponenten – Beständigkeit und Wandel – als gleichermaßen wichtig hervor, da sie die Dynamik des Spannungsverhältnisses ausmachen.[89]

## 3. Kreativer Impuls als Antwort auf evolutionären Determinismus

Der Mensch bewegt sich zwischen dem Wasser als Substanz und Ursprung alles organischen Lebens und dem Himmel als Symbol für den Geist. Dieser Gedanke wird von Mrs Swithin artikuliert, die den Lilienteich betrachtet: „Above the air rushed; beneath the water. She stood between the two fluidities, caressing the cross" (*BA* 239).[90]

---

[89] Erstaunlicherweise stellt Beer bei Woolf einen Widerstand gegen die Idee der Transformation fest: „It is certainly striking how little transformation means in her work. Certainly there are *oscillations* to and fro between metaphor and the material world. There are momentary illuminations, mistaken identities. But transformations, in her writing can always be reversed." Als charakteristisch für Woolfs Ablehnung der Transformationsidee sieht Gillian Beer deren Vorliebe für Meeressymbolik. Vgl. Beer, „Virginia Woolf and Prehistory" 166. Allerdings nutzt Woolf gerade die Meeres- und Wellenmetaphern, um sich mit Transformation der dynamischen Beziehung zwischen Kontinuität und Wandel auseinanderzusetzen.

[90] Mrs Swithin identifiziert Fische als Symbole für den Menschen: „They slid on, in and out between the stalks, silver; pink; gold; splashed; streaked; pied. 'Ourselves,' she murmured" (*BA* 239). Vögel sind das zweite Symbol für den Menschen, sie sind dem anderen Element verbunden, der Luft. Daher sind sie zu einem Teil über das irdische Leben erhaben. Vögel stehen für die Transzendenz und Spiritualität des Menschen, symbolisieren aber gleichzeitig seine Tiernatur.

Woolf versteht den künstlerischen Impuls einerseits als animalisch, andererseits als ein den Organismus transzendierendes kontinuierliches Prinzip.[91] Die Kontinuität besteht im kreativen Impuls des Menschen, den Woolf als Instinkt (*song making instinct*) bezeichnet, der seine Herkunft aus der animalischen Natur des Menschen verrät. Dieser Instinkt wird als Ergebnis des kontinuierlichen Prinzips der Evolution gesehen, das universal gilt, da es nicht an das sterbliche Individuum gebunden ist. Eine solche Vorstellung weist Parallelen zu Bergsons Philosophie der kreativen Evolution auf. Dessen *elán vital* klingt in Woolfs Antwort auf die Determination des organischen Lebens durch das Prinzip der Transformation an.

Insbesondere in ihrem Essay „The Death of the Moth" setzt sich Woolf mit dem Konflikt zwischen kreativer Energie und materieller Determination auseinander. Die Erzählerin beobachtet eine Motte, in der Woolf offensichtlich ein Symbol für ein universales Thema mit engem Bezug zur schriftstellerischen Tätigkeit sieht. Die Erzählerin ist immer wieder versucht, mit der Federspitze als künstlerischem Instrument in den sich abspielenden Lebens- oder Todeskampf einzugreifen. Sie tut es aber nicht, da sie erkennt, daß Kräfte walten, die dem Einzelnen keine Handlungsmöglichkeiten gewähren: Leben und Tod. Das Leben der Motte erscheint determiniert, obwohl der Ausblick des Fensters die Weite der Welt und Unermeßlichkeit der Möglichkeiten suggeriert: „What remained for him but to fly [...]? [...] What he could do he did" (*CE*, Vol. 1, 359). Der Gegensatz zwischen der vorherbestimmten Kürze ihres Lebens und der Energie, die sie erfüllt, ist so groß, daß die Motte als erbarmungswürdig empfunden wird. Das Prinzip, das die Aktivitäten der Motte erklärt, ist eine Energie, die von außen in den kleinen schwachen Körper dringt:

> Watching him, it seemed as if a fibre, very thin but pure, of the enormous energy of the world had been thrust into his frail and diminutive body. As often as he crossed the pane, I could fancy that a thread of **vital life** became visible. He was little or nothing but life. („The Death of the Moth," *CE*, Vol. 1, 360)

Nicht nur die Beschreibung dieser Energie, sondern auch die Wortwahl lassen an Bergsons metaphysisches Prinzip des Kosmos denken, das alle Formen hervorbringt und mit Leben füllt. Die gleiche Energie erfüllt die Schriftstellerin und bringt ihre Gedanken hervor:

---

[91] Den Gedanken der Kontinuität des künstlerischen Impulses als Konstante tierischen und menschlichen Schaffens von der Urgeschichte an artikuliert Woolf zum Beispiel in „Anon" 373 f: „The continuity of tradition. The snatch of song: If I were in my castle of Boverly. The song making instinct. [...] This is continuity - [...] certain emotions always in being: felt by people always."

> Yet, because he was so small, and so simple a form of the energy that was rolling in at the open window and driving its way through so many narrow and intricate corridors in my own brain and in those of other human beings, there was something marvellous as well as pathetic about him. („The Death of the Moth," *CE*, Vol. 1, 360)

Woolf verbindet die Motte und die erzählende Künstlerin ausdrücklich durch die beide durchdringende Energie, die das Lebensprinzip des Universums ist. Sie beschreibt die Energie, die kurzfristig den Tanz des kleinen Wesens angeregt hatte, wegen der Anzeichen des nahenden Todes als feindlich. Die einzelne Kreatur ist vollkommen unwichtig, geht doch die Energie anschließend wieder auf einen anderen Körper über.[92] Dennoch, obwohl gegen den Tod nichts unternommen werden kann, bäumt sich die Motte gegen das Schicksal auf. Diese Haltung bedeutet eine Energiebündelung, die von vorneherein sinnlos ist. Die Schriftstellerin identifiziert sich mit dem Insekt und vergleicht implizit dessen Anstrengungen mit ihren künstlerischen Bemühungen. Ähnlich, wie die Motte strampelt und ihre Beine zu richten versucht, hebt die Erzählerin den Bleistift:

> Also, when there was nobody to care or to know, this gigantic effort on the part of this insignificant little moth, against a power of such magnitude, to retain what no one else valued or desired to keep, moved one strangely. Again, somehow, one saw life, a pure bead. **I lifted the pencil again, useless though I knew it to be. But even as I did so, the unmistakable tokens of death showed themselves**. („The Death of the Moth," *CE*, Vol. 1, 361; eigene Hervorhebung)

Literarisches Schöpfen erscheint als ein von vornherein sinnloser, aber trotzdem heroischer Kampf der kreativen Energie gegen die Determination. Der einzelne Schriftsteller, der sich am Ende dem Tod beugen muß, ist eine unwichtige körperliche Kreatur, ein Anon. Was bleibt, ist die Energie, ‚eine reine Perle des Lebens.'

Der Essay zeigt die Determination des Schriftstellers durch seine Existenz als sterbliches Wesen und endet mit einer Akzeptanz des unvermeidlichen Todes. Dennoch weist er der sinnlosen Anstrengung des einzelnen Wesens, das eine Inkarnation des universellen, kreativen *elán vital* ist, eine Berechtigung und heroische Würde zu.

[92] Die Energie wird als feindlich und zugleich als vollkommen gleichgültig beschrieben: „Yet the power was there all the same, massed outside indifferent, impersonal, not attending to anything in particular. Somehow it was opposed to that little hay-coloured moth" (*CE*, Vol. 1, 361).

Daß Woolf den kreativen Impuls als Trotzen, als Aufbäumen gegen die brutale Wiederholung des materiellen Werdens und Vergehens sieht, hebt sie in *The Waves* als letzte Aussage Bernards an exponierter Stelle hervor:

> A bird chirps. Cottagers light their early candles. Yes, this is eternal renewal, the incessant rise and fall and fall and rise again. 'And in me too the wave rises. It swells; it arches its back. I am aware once more of a new desire, something rising beneath me like the proud horse whose rider first spurs and then pulls back. [...] Against you I will fling myself, unvanquished and unyielding, O Death!' (*W* 210 f.)

Woolf stellt dem historischen Prozeß des evolutionären, materiellen Wandels das Kontinuitätsprinzip der überindividuellen künstlerischen Energie gegenüber. Die kosmische Energie und Kreativität des Universums führt auch zum kreativen Impuls des Künstlers und spornt ihn an, den Tod einerseits zu akzeptieren, ihm andererseits durch die Kunst etwas Bleibendes – *a stake against oblivion* – entgegenzusetzen und wie ein Reiter, der sein Pferd beherrscht, die Zügel selber in die Hand zu nehmen. Der Vorbestimmung durch die körperliche Natur begegnet die Kunst durch den kreativen Impuls.

## IV. Aldous Huxley – Evolutionärer Wandel als Strukturprinzip von Kunst

### 1. Bewertung von Evolution als Fortschritt

In *Ends and Means* wertet Huxley den Evolutionsprozeß als Fortschritt und benutzt Evolution als Deutungsmodell für die Genese der Welt. Dieses Modell ist für ihn allerdings kein rein naturwissenschaftlicher Erklärungsansatz, sondern macht die 'Entwicklung bestimmter Eigenschaften oder Werte' verständlich und fungiert so als philosophisch-moralisches Prinzip:

> Evolution has resulted in the world as we know it today. Is there any reason for regarding this world as superior to the world of earlier geological epochs? In other words, can evolution be regarded as a genuine progress? These questions can be answered, with perfect justification, in the affirmative. Certain properties, which it is impossible not to regard as valuable, have been developed in the course of evolution. („Beliefs," *EM* 262 f.)

Huxley bewertet Evolution ist allerdings keineswegs einseitig. Einerseits zeigt er nicht nur in seinen Dystopien eine pessimistische Einschätzung der Evolution des Menschen, eine Haltung, die auch seine satirische Verwendung der Tiermetaphorik eindeutig belegt. Andererseits wendet er trotz seiner Beurteilung der Moderne als 'Devolution' die Analogie des evolutionären Wandels auf den geistigen Bereich der Kunst an.

Daß Huxley in seinen Romanen Charaktere als Affen oder Tiere schildert, um sie als unvollkommen zu kennzeichnen, läßt seine Einschätzung von Evolution als Fortentwicklung erkennen. Huxley hat offensichtlich eine teleologische Vorstellung von Evolution, die der *scala naturae* ähnelt, als deren oberstes Ende Gott fungiert. Darunter sind in hierarchischer Folge der Mensch, die Affen, andere Tiere und alle übrigen Arten organischen Lebens angesiedelt.[93]

Huxley kritisiert jedoch die Vorstellung, der Mensch sei die Kulmination der Evolutionsgeschichte. Er legt in seinen Satiren dar, daß die moderne Gesellschaft insgesamt degeneriert und weit davon entfernt ist, ihr Evolutionspotential ausgeschöpft zu haben. Von seinem Anspruch der notwendigen Perfektion weicht er dadurch aber nicht ab. Er zeigt vielmehr, daß der Mensch einer weiteren Evolution bedarf, die allerdings nicht rein biologisch sein, sondern die körperliche durch metaphysische Vervollkommnung erweitern sollte.

Nach diesem evolutionären Analogiedenken bedeuten Fossilien stagnierte Fortentwicklung. In *Point Counter Point* hat Mark Rampion seine Vorstellung hinsichtlich der menschlichen Evolution in zwei Zeichnungen dargestellt, die beide die Vorstellung der *scala naturae* karikieren. In „Fossils of the Past and Fossils of the Future" ist die Kette kein gradueller Aufstieg, sondern ein kurviger Abstieg. Der Mensch, der den Zug anführt, ist nicht die Krönung der Kette, sondern ein Monster, das sich nicht von den Dinosauriern unterscheidet.[94] Die Degeneration der Menschheit wird aufgezeigt, die in der Gegenwart kulminiert („The faces were mostly those of eminent contemporaries [...] imbeciles and scientists and moralists and spiritualists and technicians and literary and political uplifters." [*PCP* 289 f.]). Huxleys Figur Mark Rampion kritisiert, daß der Mensch seinen Körper unterdrücke und Intellekt und Seele überbewerte. Die Folge sei, daß der Mensch aussterbe („They're just marching towards extinction" [*PCP* 290]):

---

93 Eine aufschlußreiche und detaillierte Untersuchung der Tiermetaphorik leistet Jerome Meckier, „Quarles among the Monkeys: Huxley's Zoological Novels," *Modern Language Review* 68 (1973): 268-82. Er charakterisiert *Point Counter Point* als anti-evolutionäre Satire und weist nach, wie Huxley dadurch die Gesellschaft seiner Zeit kritisiert: Die Menschen stammen aus seiner Sicht nicht nur von den Affen ab, sie benehmen sich auch entsprechend. Huxley benutzt diese Tiermetaphorik in den meisten seiner Romane und verwendet den Affen als Symbol für die 'anti-evolutionären' Energien des Menschen.

94 Diesen Gedanken formuliert Huxley in *PCP* 209: „Dinosaurs, pterodactyls, titontheriums, diplodocuses, ichthyosauruses [...] at the tail of the procession; the van was composed of human monsters, huge-headed creatures, without limbs or bodies, creeping slug-like on vaguely slimy extensions of chin and neck."

> „The lizards died of having too much body and too little head," said Rampion in exhaustion. „So at least, the scientists are never tired of telling us. Physical size is a handicap after a certain point. But what about mental size? These fools seem to forget that they're just as top-heavy and clumsy and disproportioned as any diplodocus. Sacrificing physical life and affective life to mental life. [...]" (*PCP* 289 f.)

Rampion fordert, sämtliche Aspekte des menschlichen Daseins (vor allem des Körpers: „bowels and skin and bones and flesh" [*PCP* 290]) in das Ideal des ‚ganzheitlichen Menschen' zu integrieren. Mark Rampion ist jedoch kein Sprachrohr Huxleys, der in anderen Charakteren die Vernachlässigung der geistigen Ebene durch Tiermetaphorik satirisch darstellt und so jede Einseitigkeit kritisiert.

Huxley hält den evolutionären Aufstieg der Menschheit durch die Anstrengungen einiger Individuen für möglich. *Point Counter Point* karikiert den Affen im Menschen, aber negiert nicht die Möglichkeit, daß er potentiell ein 'Engel' sein kann. Mark Rampion besteht darauf, daß der Mensch gleichzeitig ‚ein perfektes Tier *und* ein perfekter Mensch' (*PCP* 156) sein müsse. Die beiden Gegensätze – Körper und Geist – müssen ausgesöhnt, eine Harmonie erreicht werden.[95]

Huxley versteht die Evolution als einen Prozeß, der das Prinzip der Ordnung befolgt und Fortschritt bedeutet. Insofern ist das Fortbestehen früherer Stufen dieses Prozesses im Menschen in Form seiner körperlichen, animalischen Natur nicht wie bei Woolf Symbol für Kontinuität und Zeitlosigkeit, sondern eine Bedrohung des Fortschritts, den Huxley als Transzendenz des Körperlichen definiert. Der tierische, körperliche Teil der menschlichen Existenz kann nicht abgelegt werden, aber der Mensch muß sich im Verlaufe seiner Fortentwicklung über ihn 'erheben.' Letztendlich ist es doch - nicht entsprechend dem Ideal von Mark Rampion – der Intellekt und vor allem die Sprache, die den Menschen vom Tier unterscheiden und ihn als höher entwickelt charakterisieren:

> I shall talk about the troubles of an ape that has learned to talk – of an immortal spirit that has not yet learned to dispense with words. [...] Without language we should merely be hairless chimpanzees. [...] It was language, in a word, that turned us into human beings and gave birth to civilization. („The Education of an Amphibian," *AA* 9)

Intellekt und Sprache machen eine mystische Erkenntnis möglich, in der Huxley die anzustrebende Endstufe der Evolution sieht. Dieser Erkenntnis verschreibt er sein schriftstellerisches Schaffen.

[95] Vgl. Meckier, „Quarles among the Monkeys": 279.

## 2. Komplexität und Einheit als Ergebnis von Selektion und Wachstum

In *Eyeless in Gaza* charakterisiert Anthony Beavis den Evolutionsprozeß durch die gegensätzlichen Begriffe *unity* und *diversity*:

> Unity of mankind, unity of all life, all being even. Physical unity, first of all. Unity even in diversity, even in separation. [...]. He [Beavis] held the thought of them in his mind, and, along with it, the thought of life incessantly moving among the patterns, selecting and rejecting for its own purposes. Life building up simpler into more complex patterns – identically complex through vast ranges of animate being. (*EG* 612)

Die Gegensatzpaare *unity – diversity*; *selecting – building up*; *simpler – more complex* stehen in *Eyeless in Gaza* in Zusammenhang mit Beavis' Einführung in die Mystik. Dieser erkennt, daß die Konzepte untrennbar zusammengehören und den Reichtum des Universums ausmachen. Huxley verwendet die gegensätzlichen Prinzipien, die er als ordnende Kräfte im Universum ausmacht, ebenfalls als Kategorien seiner literaturästhetischen Vorstellungen. Als Ziel des künstlerischen Prozesses sieht er dieselbe progressive Entwicklung, die er in der Natur feststellt: die Umwandlung von simplen in komplexe Muster. Variation ist das kreative Prinzip der Evolution, das zur Entwicklung neuer, perfekterer Formen und Organismen führt. Als Analogien bieten sich für den künstlerischen Prozeß einerseits das ordnende Selektieren (*selecting*) und andererseits das organische Wachstum (*building up*) an:

> [...] nature is a richer **source of forms** than any textbook of plane or solid geometry. Nature has **evolved innumerable forms** and, as we ourselves move from point to point, we see large numbers of these **forms, grouped in an endless variety of ways and thus creating an endless variety of new forms, all of which may be used as the raw materials of works of art. What is given is uncomparably richer than what we can invent.** („Variations on El Greco," *TV* 184 f.; eigene Hervorhebungen)

Die Kunst soll sich an die Natur als Formen schaffendes Prinzip anlehnen. Er versteht den Evolutionsprozeß als einen progressiven, auf Variation beruhenden Vorgang. Die Kunst muß dementsprechend diese Variation, also das Leben in all seiner Vielfalt integrieren – vom Animalischen bis hin zum Intellektuellen. Variation ist als Begriff, der aus der Evolutionstheorie und der Musiktheorie stammt, geeignet, Naturwissenschaft mit Kunst zu verbinden und das Ziel des künstlerischen Schaffens zu benennen.

Ziel der Kunst ist eine Harmonie, die die Variation ordnet und 'moduliert.' So ist es nicht verwunderlich, daß Huxley innerhalb seiner analogen Applikation des Evolutionsprinzips *unity* über *diversity* stellt. Die ordnende, strukturierende und Einheit schaffende Fähigkeit des Künstlers begründet die Überlegenheit der Kunst über die Natur:

> But the richness of Nature is, from our point of view, a **chaos** upon which we, as philosophers, men of science, technicians, and artists, must impose various kinds of **unity.** Now I would say that, other things being equal, **a work of art, which imposes aesthetic unity upon a large number** of formal and psychological elements is a greater and more interesting work than one in which unity is imposed upon only a few elements. In other words, there is a **hierarchy of perfections.** [...] In these and a hundred other masterpieces of painting the pictorial **whole embraces and unifies a repertory of forms much more numerous, varied, strange, and interesting than those which come together in the wholes organized** by even the most gifted craftsmen. („Variations on El Greco," *TV* 185; eigene Hervorhebungen)

Die Natur liefert der Kunst mit der Evolution ein Modell für Schöpfung. Künstlerisches Schaffen wird anhand dieser Analogie als ein auf Variation beruhender Prozeß der Transformation charakterisiert, der aus gegebenen Formen neue („forms much more numerous, varied, strange, and interesting" [*TV* 185]) hervorbringt. Auch in „Art and Religion" definiert Huxley Kunst in Analogie zur Evolution als einen Prozeß der 'Transformation und Selektion,' dessen Ergebnis *unity* ist: „Art may be defined, in this context, as a process of selection and transformation, whereby an unmanageable multiplicity is reduced to a semblance of unity" („Art and Religion," *TV* 155).

Huxley ordnet also dem Bereich der Kultur und Kunst, im Gegensatz zur Natur, die Prinzipien Ordnung und Kohärenz zu. Der Mensch, oder der Künstler, ist der Natur durch seine Fähigkeit überlegen, zu ordnen und einheitliche, strukturierte Ganze zu bilden. Deutlich wird dieser Gedanke auch in Huxleys häufiger Verwendung des *pattern*-Begriffs, der gleichzeitig mit analogen Vorstellungen aus dem Bereich der Physik besetzt ist.[96] In *Literature and Science* sieht er die Herausforderung der Kunst darin, rohe, ungeordnete Materie in Kunstwerke zu verwandeln:

> The man of letters [...] accepts the uniqueness of events, accepts the radical incomprehensibility, on its own level, of raw unconceptualized existence and finally accepts the challenge which uniqueness, multifariousness and mystery fling in its face and, having accepted it, addresses himself to the paradoxical task of rendering the randomness and shapelessness of individual existence in highly organized works of art. (*LS* 9 f.)

In der Evolutionsgeschichte entwickelten sich ebenfalls aus einfacher Materie hochorganisierte Lebewesen. Ähnlich soll der Künstler aus dem gegebenen Chaos ein geordnetes Ganzes schaffen. Schlüsselbegriff für die Idealform der Umformung ist *to unify*. Allerdings steckt in der Analogie zum Evolutionsprozeß auch eine gewisse Zweischneidigkeit, denn Huxley unterscheidet zwei Arten evolutionären Fortschritts:

---

[96] So heißt es in *Eyeless in Gaza*: „building up simpler into more complex patterns" *EG* 612).

> Evolutionary progress is of two kinds: general, all-round progress and one-sided progress in a particular direction. This last leads to specialization. From the evidence provided by the study of fossils and living forms, we are justified in inferring that any living form which has gone in for one-sided progress thereby makes it impossible for itself to achieve generalized progress. Nothing fails like success; and creatures which have to perform one sort of task and to live in one sort of environment are by that very fact foredoomed to failure. („Beliefs," *EM* 263)

Huxley sieht in der Tendenz, sich zu spezialisieren, den Grund dafür, daß sich nicht alle Lebewesen und Lebensformen gleich entwickelt haben, denn in der Evolution führte die Spezialisierung zum Aussterben von Spezies.[97] Huxley wählt den biblischen Sündenfall als Analogie, um das evolutionäre Prinzip (*diversification*) zu beschreiben:[98]

> It is only by remaining precariously generalized that an organism can advance towards that rational intelligence which is its compensation for not having a body and instincts perfectly adapted to one particular kind of life in one particular kind of environment. Rational intelligence makes possible unparalleled worldly success on the one hand and, on the other, a further advance towards spirituality and a return, through unitive knowledge, to the divine Ground. („Suffering," *PP* 261 f.)

Für Huxley ist die Spezialisierung, also die Teilung des Einen, der wahre Ursprung des biblischen Mythos vom Sündenfall. Deshalb sei die Schöpfung bereits der Beginn des Sündenfalls.[99] Der Sündenfall ‚passiert' dann, wenn die Geschöpfe ihre Trennung zu verstärken oder aber Grenzen ihrer Spezies oder Gemeinschaft zu überschreiten suchen, so daß neue Spezialisierungen entstehen. Laut Huxley müsse stattdessen das Ziel der Entwicklung in einer Art geistigen Wachstums bestehen: „intensification of separate selfhood in ways and to a degree." Als Metaphern für diesen Gedanken wählt der Autor Ent-

---

97 In seinem Essay „Beliefs," *EM* 263 weist Huxley darauf hin, daß der Mensch im Evolutionsprozeß den Daseinskampf bislang nur deshalb habe überleben können, weil er der ‚Versuchung widerstanden' habe, sich zu spezialisieren: „Only one species, of all the millions that exist and have existed, has hitherto resisted the temptation to specialize. Sooner or later all the rest have succumbed and have thus put themselves out of the running in the evolutionary race."

98 Huxley sieht in der ‚Entscheidung,' sich zu spezialisieren und damit aus dem Daseinskampf auszuscheiden, eine Parallele zur Vertreibung aus dem Paradies: „On the biological level the Fall would seem to have been consummated very frequently in the course of evolutionary history. Every species, except the human, choose immediate, short-range success by means of specialization. But specialization always leads into blind alleys"(„Suffering", *PP* 261).

99 Vgl. auch Huxley, *EG* 614: „Evil is the accentuation of division; good, whatever makes for unity with other lives and other beings." Der gleiche Gedanke wird in „Good and Evil," *PP* 209 artikuliert: „In the first place, it would have to make clear that creation, the incomprehensible passage from the manifested One into the manifest multiplicity of nature, from eternity into time, is not merely the prelude and necessary condition of the Fall; to some extent it *is* the Fall."

wicklungsstadien des Organismus. So habe der Mensch es vermieden, sich zu spezialisieren, und sich dadurch die Fähigkeit zu wachsen erhalten (was ihn also doch zur Kulmination der '*scala naturae*' macht)[100]. Seine Veranlagung verpflichte den Menschen geradezu, sich fortzuentwickeln.

Allerdings überträgt Huxley literarische und mystische Grundhaltungen auf die Biologie, ignoriert er doch die Tatsache, daß auch Spezialisierung zur Selektion bevorzugter Spezies führte, die sich dadurch besser an veränderte Umweltbedingungen anpassen konnten. Huxley verbindet die Evolution mit seinem mystischen Ideal, das eine progressive, geistige 'Evolution,' oder Vereinigung mit Gott, aus freiem Willen und nicht aus biologischer Notwendigkeit favorisiert.[101] Aus diesem Grund resultiert aus Huxleys Applikation der Evolutionstheorie keine naturalistische Literaturtheorie, sondern eine metaphysische Evolutionstheorie. Huxley stellt die biologische Analogie in den Dienst seiner metaphysischen und literaturästhetischen Konzepte und entfernt sie damit von den ursprünglich naturwissenschaftlichen Inhalten. In dieser Hinsicht verwendet er die Analogie ähnlich wie Joyce und Woolf.

Wenn Huxley nicht nur in seinen früheren Werken,[102] sondern auch in späteren, mystischen Schriften wie der *Perennial Philosophy* für Fortschritt und Veränderung plädiert, verwendet er sowohl die aristotelische, statische Formenlehre als auch die evolutionäre Entwicklungsmetaphorik:

> In the phraseology of Scholastic Aristotelianism, **matter possesses an appetite for form** – not necessarily for the best form, but for form as such. Looking about us in the world of living things, we observe [...] the innumerable forms, always beautiful, often extravagantly odd and sometimes even sinister, in which the insatiable appetite of matter has found its satisfaction. Of all this living matter only that which is organized as human beings has succeeded in finding a form capable, at any rate on the mental

[100] Solch eine Vorstellung verbirgt sich auch an anderen Stellen: „There is the extraordinary fact that 'man stands alone' - that, so far as we can judge, every other species of living fossils, capable only of degeneration and extinction, not of further evolutionary advance" („Good and Evil," *PP* 209).

[101] In seinem Essay „Suffering" (*PP* 273) spricht Huxley davon, daß der Mensch sich dagegen enschieden habe, den Fall auf biologischer Ebene zu vollziehen, dafür aber die Vereinigung mit Gott wähle: „Because the human species refrained from consummating the Fall on the biological level, human individuals now possess the momentous power of choosing selflessness and union with Good, or the intensification of separate selfhood in ways and to a degree, which are entirely beyond the ken of lower animals."

[102] So schrieb er 1926 in *Jesting Pilate*: „Art is not the discovery of reality - whatever Reality may be - [...] the organisation of chaotic experience into an orderly and human universe" (91). Der wirkliche Künstler will ein Schöpfer sein, der sich der Natur als 'Urstoff' bemächtigt. Der kreative Akt wird beschrieben als: „the creative gesture which moulds the chaos of the world into an ordered and human chaos, which turns nature into art" (224).

> side, of further development. **All the rest is now locked up in forms** that can only remain what they are or, if they change, only change for the worse. („Good and Evil," *PP* 209 f.; eigene Hervorhebungen)

Daß Huxley aristotelische Begriffe parallel zu Bezügen zur Evolution verwendet, weist darauf hin, daß für ihn die beiden Analogieebenen mittlerweile nicht mehr in einem ähnlichen Widerspruch stehen, wie für den irischen Autoren. Anhand seiner Figur Stephen setzt Joyce sich mit dem Paradigmenwechsel auseinander, während Huxley sich beider Schöpfungsvorstellungen parallel bedient. Diese Beobachtung läßt vermuten, daß die biologische Erklärung der Erdgeschichte allgemein akzeptiert und in das nun bereits stärker naturwissenschaftlich geprägte Weltbild eingegangen war, während zur Zeit des früher schreibenden Autoren christliches und wissenschaftliches Paradigma in deutlichem Konflikt standen.

## 3. Adaptation oder Unabhängigkeit der Kunst von der Umwelt

Das Verhältnis der Spezies zur Umwelt ist für den Evolutionsprozeß entscheidend. Diese Beziehung überträgt Huxley auf das Verhältnis zwischen Künstler und Umwelt.

Die rationale Intelligenz, die nach Darwin zur Überlegenheit der menschlichen über andere Spezies führte, deutet Huxley als ‚eine Kompensation dafür, daß weder Körper noch Instinkte des Menschen perfekt an eine bestimmte Lebensweise in einer bestimmten Umgebung angepaßt sind' (*PP* 261 f.). Es scheint, als ob der Mensch aufgrund seiner geistigen Kraft in geringerem Maße als andere Wesen von der Umwelt abhängig sei.

Eine einseitige Adaptation an die Umwelt ist in einem solchen Menschenbild unerwünscht, Vereinheitlichung (*unification*) und Komplexität sind hingegen notwendig. Während bei Darwin die Transformation als kreatives Prinzip weitgehend durch die Umwelt bedingt ist, fordert Huxley eine größtmögliche Autonomie oder Unabhängigkeit des Künstlers von der materiellen Umwelt und damit Freiraum für den schöpferischen Willen. Huxley befreit die Analogie von den deterministischen Implikationen der Evolutionstheorie:

> Environment is never the sole determinant, and heredity is always at work, producing every variety of physique and temperament, at every period of history. All the potentialities of human nature exist at all times, and at all times (in spite of an environment which may be unfavorable to some of them) practically all the potentialities are to some extent actualized. [...] our own age of atomic physic is also an age of astrology and numerology. At every period there exists, not a synthesis, but a mere brute collocation of opposites and incompatibles. And yet at any given epoch there is only one

> prevailing style of art, in terms of which painters and sculptors treat of a strictly limited number of subjects. („Art and Religion," *TV 154 f.*)

Der Künstler kann seine Umwelt wählen und selbst bestimmen, welche Elemente aus der Realität er Einfluß auf sein Werk nehmen läßt. Eine Vielfalt von Eindrücken und Assoziationen, die die Umwelt auslöst, wird im künstlerischen Transformationsprozeß selektiert und geordnet. Dabei wird aus einer diffusen Umwelt ein kohärentes Kunstwerk geschaffen. Kunst ist niemals mechanisches Spiegelbild der Realität, sondern Ausdruck des dichterischen Gestaltungswillens:

> Art may be defined as a process of **selection and transformation**, whereby an **unmanageable multiplicity is reduced to a semblance, at least, of unity**. Consequently, we must never expect to find in art a reflection of reality as it is actually experienced by individual human beings in all their congenital and acquired variety. („Art and Religion," *TV* 155; eigene Hervorhebungen)

In *Ends and Means* gelingt es Huxley, die Evolutionstheorie an seine ästhetischen Vorstellungen anzupassen, indem er zwei Arten von ‚Umwelt' (*environment*) definiert:

> The lower forms of life persist more or less unchanged; but among the higher forms there has been a definite trend towards greater control and greater independence of the physical environment. Beings belonging to the highest forms of life have increased their capacity for self-regulation, have created an internal environment capable of remaining stable throughout very great changes in the outer world, have equipped themselves with elaborate machinery for picking up knowledge of the outer world, as well as of the inner, and have developed a wonderfully effective instrument for dealing with that knowledge. („Beliefs," *EM* 263)

Der Künstler kann mit Hilfe einer ‚verfeinerten Apparatur' („elaborate machinery"), auf die Huxley nicht weiter eingeht, Wissen aus der äußeren Umwelt aufnehmen und verarbeiten, ist aber ansonsten autonom. Seine Kunst ist also insofern transzendent, als er die materielle Welt überwunden hat und durch die 'innere Umwelt' geprägt wird, die seine Kunst transformiert. Der paradoxe Begriff (*internal environment*) verdeutlicht, wie Huxley sich die Terminologie der Evolution zunutze macht und zu Begriffen seiner Literaturästhetik umfunktioniert. Die 'innere Umwelt' bietet durch ihre Kontinuität und Stabilität Schutz vor einer sich beständig verändernden äußeren Umwelt. Ebenso wie für Joyce und Woolf bedeutet auch für Huxley das Prinzip der Kontinuität, das Evolution und Kunst gemeinsam ist, einen wichtigen Gegenpol zum in der Natur beobachtbaren beständigen Wandel.

Als Metapher für den komplexen Zusammenhang zwischen Mensch und Umwelt dient Huxley die Amphibie. Sie ist ein ‚lebendes Fossil,' das in der Evolutionsgeschichte an beide Elemente – Wasser und Erde – angepaßt und so Grundlage für die Entwicklung der auf dem Lande lebenden Spezies war.

Im Vorwort zu *On Art and Artists* schreibt Huxley dem Menschen einen amphibienähnlichen Charakter zu: „We are manifold amphibians falling perpetually between half a dozen stools, and so, to us, the co-existence of incompatibles is a commonplace of daily experience" („Preface," *OAA* 7 f.). Huxley gelingt es mit diesem Symbol, die Gegensätzlichkeiten der vielseitigen menschlichen Existenz in einem einzigen Bild zu fassen. Es ist die Aufgabe des Künstlers, die in der Evolutionsanalogie ausgedrückte zunehmende Komplexität seines Daseins und seiner Lebenswelt durch Vereinheitlichung (*unification*) in ein organisches Ganzes zu verwandeln.

Der Künstler müßte jedoch die Darstellungsmöglichkeiten des Musikers, Malers und Literaten gleichzeitig besitzen, um dies zu bewerkstelligen:

> We can see more than one thing at a time, and we can hear more than one thing at a time. In any good metaphor, it is true, there is a blending, almost at a point and almost in one instant, of differences harmonized into a single expressive whole. But metaphors cannot be drawn out, and there is no equivalent in literature of sustained counterpoint or the spatial unity of diverse elements brought together so that they can be perceived at one glance as a significant whole. („Preface," *OAA* 7)

Huxley relativiert die künstlerischen Möglichkeiten, die menschliche Erfahrung der Wirklichkeit abzubilden. Allein die Metapher kommt in der Literatur der sonst nur in den bildenden Künsten umsetzbaren Wirklichkeitserfassung nahe, weil sie es schafft, gleichzeitig viele Eindrücke zu bündeln und so das ‚Nacheinander' der Sprache zu ‚unterlaufen.' Das Bild der ‚mannigfaltigen Amphibienhaftigkeit' („manifold amphibiousness") entwirft Huxley für den Menschen in seiner multiplen Existenz. Genau wie diese Tiere, die zu Lande und zu Wasser leben, ist auch der Mensch beständig einer Welt aus Gegensätzen ausgeliefert, in die er sich bestmöglich integrieren muß. Huxley greift häufig auf diese Analogie zurück, um auszudrücken, daß es keine einfachen Kausalitäten gibt, sondern alles Existente in einem Netz von Beziehungszusammenhängen zu sehen ist:

> Every human being is an amphibian – or, to be more accurate, every human being is five or six amphibians rolled into one. Simultaneously or alternately, we inhabit many different and even incommensurable universes. To begin with, man is an **embodied spirit**. As such, he finds himself infesting this **particular planet**, while being free at the same time to explore the **whole spaceless, timeless world of universal Mind**. [...] besides being an embodied spirit, each of us is also a highly self-conscious and self-centered number of sociable **species**. [...] Again, we are both the **products of evolution** and **a race of self-made men**. In other words, we are simultaneously the **subjects**

> **of Nature** and the **citizens of a strictly human republic,** [...]. („The Education of an Amphibian", *TTT* 9; eigene Hervorhebungen)

Huxley gestaltet im Bild der Amphibie die Entwicklung verschiedener Ebenen in einem Menschen, vor allem die Beziehung zwischen Körper und Geist. Bezeichnenderweise stellt er einen Bezug zwischen Körper und Evolution her, verbindet aber den Geist mit Platons Ideenwelt. Letzteren ordnet er der Welt der Ideen und der Permanenz im Gegensatz zum Veränderungen ausgesetzten Körper zu. Die Beziehung zwischen Körper und Geist müsse ebenso harmonisch ausgerichtet sein, wie bei einer Amphibie in verschiedenen Entwicklungsstufen des Evolutionsprozesses die wasser- und landbezogenen Eigenschaften. Huxley bemüht sich jedoch, die Komplexität der notwendigen integrativen Leistungen nicht als rein dualistische Körper – Geist Opposition erscheinen zu lassen. So teilt er die Psyche des Menschen in verschiedene Regionen ein, die schwer miteinander in Einklang zu bringen sind. Die Amphibie (*mind – body*) reicht ihm als Symbol nicht mehr aus und wird zur Triphibie (*spirit – mind – body*).[103]

## B. Physiologischer Wandel durch Fortpflanzung und Entwicklung

### I. Aldous Huxley – Fortpflanzung und Wachstum als Modelle für literarische Entwicklung

#### 1. Organisches Wachstum

Für die Untersuchung der Potentiale, die die Übertragung des Entwicklungsgedankens von der Biologie auf die Literaturästhetik bietet, sind verschiedene Aspekte von Bedeutung: neben dem Wachstum als älterer Lehre auch die Fortpflanzung, die Embryologie sowie die Rekapitulationstheorie und die Metamorphose.

Huxley hat die Revolution auf dem Gebiet der Entwicklungsphysiologie wahrscheinlich intensiver verfolgt als Joyce und Woolf und besaß eine detaillierte Kenntnis der naturwissenschaftlichen Erkenntnisse und Theorien dieser biologischen Forschungsrichtung. Dennoch hat er auf seine Literaturtheorie keine aktuellen wissenschaftlichen Theorien, sondern den älteren Gedanken des or-

[103] Die Symbolik der Amphibie und ihrer Erweiterung zur Triphibie als Ausdruck für Huxleys wachsende Beschäftigung mit den menschlichen Möglichkeiten der geistigen Weiterentwicklung untersucht eingehend Sanford E. Marovitz, „Aldous Huxley's Intellectual Zoo," *Philological Quarterly* 48 (1969): 495-507.

ganischen Wachstums übertragen, der schon das Analogiedenken Wordsworths und Coleridges prägte.[104]

Während der letzten zweihundert Jahre ist der Verweis auf den Wachstumsprozeß als Modell in der Historiographie, Soziologie, Psychologie und Politik ein gängiges Verfahren gewesen. Wachstum wurde ebenfalls auf die künstlerische Imagination übertragen, um die Geltung der natürlichen Ordnung auch im Bereich der Kunst zu proklamieren.[105]

Wachstum ist ein organischer Prozeß, der allerdings der Wahrnehmung schwer zugänglich ist und erst rückblickend erkennbar wird, findet er doch zumeist über einen längeren Zeitraum statt. Er ist Charakteristikum jeder organischen Form, variiert aber in Dauer und Ausmaß. Da das Bild des Wachstums außerdem den Zeitpunkt des 'Ausgewachsenseins' enthält, impliziert es auch die Degeneration, also den körperlichen Verfall des Alterungsprozesses. Somit verläuft Wachstum nicht unidirektional und linear, sondern zyklisch.

Die Wachstumsanalogie kann als Modell unterschiedliche Erfahrungen verbildlichen und erklären, die nur über einen langen Zeitraum festgestellt werden können und während dieses Zeitraumes dem Bewußtsein des Individuums nicht zugänglich sind. Der Wachstumsprozeß wird vor allem auf die Reifung des Verstands und der Persönlichkeit übertragen, deren Beginn intellektuell nicht erfaßt werden kann, da er vor der Entwicklung der Sprache liegt. Der Verstand kann aber rückblickend zur Analyse der eigenen Entwicklung gelangen. Geistiges 'Wachstum' steht in gewissem Kontrast zum biologischen Entwicklungszyklus, bietet es doch eine Möglichkeit, dem biologischen Verfall zu trotzen. Die deterministische und progressionistische Ausrichtung der Evolutionstheorie wird für das Modell des Wachstums übernommen, das Entwicklung häufig zum Ausdruck linearen Fortschritts werden läßt und das Regression ausklammert. Geistige Entwicklung wird so zu einem unaufhaltsamen und unumkehrbaren Vorgang.[106]

Huxley nutzt die Wachstumsvorstellung in seinen Romanen, um Figuren zu charakterisieren. Er überträgt Fortschritt und Wachstum auf die Persönlichkeitsentwicklung. Menschliche Entwicklung hat für ihn progressiv zu sein. In

---

[104] Vgl. zum Beispiel die Ausführungen von M. H. Abrams in *The Mirror and the Lamp: Romantic Theory and the Critical Tradition* (London et al.: Oxford University Press, 1971; repr. 1953) 184-218.

[105] Vgl. Beer, *Darwin's Plots* 108.

[106] Vgl. Beer, *Darwin's Plots* 107 f.

diesem Zusammenhang werden Charaktere, die 'stehenbleiben,' als Mißbildungen oder 'gealterte Foeten,' bezeichnet:

> In some subtle and hardly explicable way his father gave an impression of deformity – as though he had suddenly turned into a kind of dwarf or hunchback. 'He that is not getting better is getting worse.' But that was too sweeping and summary. 'He that isn't growing up is growing down.' That was more like it. Such a man might end his life, not as a ripened human being, but as an aged foetus. [...] Now he [...], by straining to remain unmodified, had transformed himself into a gruesome anomaly. And, of course, in an age that had invented Peter Pan and raised the monstrosity of arrested development to the rank of an ideal, he wasn't in any way exceptional. (*TMHS* 298 f.)

Der körperliche Verfall des Alterns kann nicht aufgehalten werden, er ist unweigerlich an das physische Wachstum geknüpft. Jedoch muß ihn die geistige Reife proportional begleiten. Für diese Forderung nach geistiger Entwicklung bieten die Romanfiguren zahlreiche Beispiele.

Lord Edward aus *Point Counter Point* wird zum Beispiel als ‚fossiles Kind' bezeichnet. Huxley kritisiert die unterschiedliche Entwicklung des Intellekts und des Gefühls. Die Romanfigur ist als Wissenschaftler alt und weise, befindet sich aber emotional auf dem Stand eines Kindes. Huxley vermischt in der Metapher des 'fossilen Kindes' Phylo- und Ontogenese. Ähnlich symbolisiert Jo Stoyte in *After Many a Summer Dies the Swan.* die Sehnsucht des Menschen nach einem langen Leben. Bei seinen Bemühungen, die Lebenszeit zu verlängern und den Alterungsprozeß aufzuhalten, wird er von dem Wissenschaftler Dr. Obispo unterstützt. Geistig-spirituelle Entwicklung geht mit dem zunehmenden Alter nicht einher, so daß der Earl of Gonister am Ende des Romans als embryonaler Affe dargestellt und zum Symbol für evolutionäre und entwicklungspyhsiologische Regression wird.[107]

Huxley kritisiert mit seiner Parodie der Bemühungen, die Lebenszeit zu verlängern, die Vernachlässigung emotionaler und intellektueller Entwicklung: Geistiges Wachstum ist für ihn wichtiger als Unsterblichkeit. Während der Autor die Vorstellung der Linearität rein biologischer Entwicklung, die Altern und Sterblichkeit nicht kennt, in der Figur Stoytes satirisch bloßstellt, erhebt er die Forderung linearen Wachstums in spirituell-geistiger Hinsicht. Huxley kontrastiert dieses deformierte Wachstumsmodell vom vierten Kapitel des zweiten Buchs an mit Stoytes Entwicklung zu spiritueller Erkenntnis. Er gestaltet das Thema des Gegensatzes zwischen geistiger Essenz und Animalität (*ape* und *essence*). Stoyte verkörpert Huxleys Ideal des geistigen Tiers (*spiritual animal*). Die Entwicklung hin zu mystischer Erfahrung und Erkennt-

[107] Vgl. Meckier, „Quarles among the Monkeys": 280.

nis eröffnet den Weg zu einer zeitlosen, außerbiologischen Welt. Diese ist es auch, die sich in Huxleys Literaturästhetik wiederfinden läßt.

Der Autor überträgt die Wachstumsanalogie geistiger Reifung auch auf die literaturtheoretische Ebene. In seinen essayistischen Äußerungen zu ästhetischen Fragen läßt sich diese Metaphorik allerdings nicht so häufig wie in seinen Romanen nachweisen. Den Alterungsprozeß des menschlichen Körpers bezieht Huxley auf Chaucers Poesie: „The body of his poetry may have grown old, but its spirit is still young and immortal" („Chaucer," *OAA* 204). Die dualistische Metaphorik von Körper und Geist, gegen die Huxley an anderen Stellen polemisiert, wird zum Motiv der Wachstumsanalogie: Das sprachliche Material der Kunst ist ebenso wie der menschliche Körper dem Kreislauf von Wachsen und Vergehen unterworfen. Der Geist der Kunst ist hingegen ebenso unsterblich wie die menschliche Seele, besteht er doch in einer Liebe zum natürlichen Material der Dichtung („Nature in the sense of something inevitably material, something that is the opposite of the supernatural"). Die Liebe ist unvergänglich und überdauert den körperlichen Verfall. Denjenigen, die sich nur mit der Sprache Chaucers beschäftigen, ist diese zeitlose und unvergängliche Ebene der Kunst nicht zugänglich: „Theirs is the carcass, but not the soul."

Der Essay stellt Wachstum als Miniaturmodell der Evolution dar, indem er Phylo- und Ontogenese parallelisiert. Die Stagnation der Entwicklung wird als ‚Versteinerung' bezeichnet und damit zum Gegenbild organischer Entwicklung („Chaucer," *OAA* 204). So überträgt Huxley die Vorstellung organischen Wachstums auf die Literaturgeschichte:

> The beginning of the seventeenth century was [...] a moment of growth and decay together, of fermentation. [...]; but the Elizabethans crammed the growth and decline of a century into a few years. („Ben Jonson," *OAA* 189)

Dadurch überführt er die Analogie von individuellem Wachstum im Lebenszyklus direkt in die des evolutionären Prozesses. Dessen Spuren sind in den Fossilien sichtbar und geraten als Symbole früherer Entwicklungsformen in immer größeren Abstand zur lebenden Generation.

## 2. Zeugung und Genetik

Wer naturwissenschaftliche Analogien zu Metaphysik bei Joyce und Woolf untersucht, steht vor der Schwierigkeit, daß diese Schriftsteller naturwissenschaftliche stark mit metaphysischen Komponenten verschmelzen. Es ist mitunter fast unmöglich, eventuelle naturwissenschaftliche Einflüsse auf ihre Metaphysik und damit auch auf ihre literaturästhetische Schöpfungsvorstellung auszumachen. Huxley dagegen verweist in Romanen und Essays häufig auf naturwissenschaftliche Sachverhalte ohne sie direkt auf seine Literaturästhetik zu beziehen.[108]

Hingegen besitzt die von ihm in Analogie zur literarischen Schöpfung oft verwendete Fortpflanzungsmetaphorik, die er auch am häufigsten benutzt, um die notwendige Verbindung zwischen Naturwissenschaft und Kunst zu betonen, keinen naturwissenschaftlichen Bezug. Sie ist eine rein metaphysische Analogie, die in der Alchemie und Mystik als *coniunctio oppositorum* oder auch *hieros gamos* bezeichnet wird. Diese Hochzeitsmetaphorik ist zwar für den Transformationsgedanken aufschlußreich, denn es geht um die Umwandlung zweier Gegensätzlichkeiten zu einem dritten Element, aber sie kann hier nur im Zusammenhang mit dem Analogiebereich der Alchemie, der magischen Schwester der Chemie, untersucht werden. Huxley verwendet die Metaphorik von Hochzeit oder Zölibat, um seiner zentralen These Ausdruck zu verleihen, daß die einzelnen Aspekte des menschlichen Lebens, wie Leidenschaften, Intellekt, Instinkte,[109] oder der Wissensgebiete,[110] wie vor allem Literatur und Naturwissenschaft, zu einem harmonischen Ganzen verbunden sein müssen. Er geht von einer ursprünglichen Einheit aus, die der moderne Mensch verloren habe und wiederherstellen müsse: „Our problem, then, is somehow to reunite the different aspects of the world as we know it, to recreate the married state with which direct experience makes us familiar" („Integrate Education," *HS* 10).

Huxleys Auseinandersetzung mit den Erkenntnissen der Entwicklungsphysiologie hinterläßt Spuren in seinen Romanen und Essays. Das Thema der Euge-

[108] So setzt sich Huxley zum Beispiel in *Brave New World* mit Erkenntnisse der Genetik auseinander und behandelt fiktiv ihre Einflüsse auf die menschliche Gesellschaft, stellt aber keine Beziehung zu ästetischen Frage her.

[109] So verwendet Huxley die Metapher ‚Zölibat des Intellekts' in „Integrate Education," *HS* 6 f, um eine einseitige Ausrichtung des Menschen zu kritisieren: „Let us now change our metaphor [...] and speak about what has been called the 'celibacy of the intellect.' The trouble with all specialized knowledge is that it is an organized series of celibacies. The different subjects live in their monastic cells, apart from one another, and simply do not intermarry and produce children that they ought to produce. The problem is to try to arrange marriages between the various subj ects, in the hope of producing a valuable progeny. And the celibacy is not only one among different aspects of the intellect; it is also a celibacy of the passions, a celibacy of instinct. [...] At any rate, what we need to do is to arrange marriages, or rather to bring back into their originally married state, the different departments of knowledge and feeling which have been arbitrarily separated."

[110] Huxley, *MN*, „'And Wanton Optics Roll the Melting Eye'" 32: „Poetry and Science: a marriage has been arranged - again and again, in the minds of how many ambitious young men of letters! But either the engagement was broken off; or else, if consummated, the marriage was fertile only of abortions."

nik in *Brave New World* zeigt Huxleys intensive Beschäftigung mit Embryologie und Genetik. Es ist jedoch kein analoger Bezug zu seiner Literaturästhetik erkennbar, lediglich *ex negativo* können Implikationen für dieses Thema deduziert werden: Die Gesellschaft weist keine künstlerischen Talente auf. Genetische Manipulation determiniert von der Befruchtung an das Individuum als biologisches und gesellschaftliches Wesen und konditioniert es für die Erfüllung der gesellschaftlichen Ideologie „Community, Identity, Stability." Menschen werden durch Wissenschaft und Regierung auf ihre biologische und gesellschaftliche Funktion reduziert. Diese Gesellschaft, die die Tugenden physischer Sterilisation preist, ist blind für ihre intellektuelle und kulturelle Sterilität.[111]

Huxley macht in „On Tradition and Individual Style" deutlich, daß die konkrete Ausprägung einer Kunst zufällig und nicht vorherbestimmt ist. Die Kunst ist in der Analogie der Genetik geradezu abhängig von der Mannigfaltigkeit der Kombinationsmöglichkeiten von Chromosomen:

> Why is one artistic tradition different from another? [...] But the finally decisive element is accident – the accident of an unusual combination of chromosomes and the consequent birth of an unusually gifted person; the accident in an individual's peculiar upbringing [...] and so on, indefinitely. („On Tradition and Individual Style," *OAA* 28)

Verschiedene Faktoren, von denen einige vorhersagbar sind, weil sie kulturell bestimmt sind, prägen den Künstler und formen letztendlich die Kunst. Die Details sind jedoch Ergebnis des Zufalls, weshalb Huxley die Genetik auch mit dem Roulettespiel vergleicht.[112]

Die biologische Natur und Umwelt des Menschen sind also integrativer Bestandteil der Kunst, ohne sie zu determinieren. Am Beispiel von Chaucer erläutert Huxley die Notwendigkeit zu akzeptieren, daß der Mensch durch seine Existenz als Körperwesen bedingt ist. Diese körperliche Natur wird von ihm *law of kind*-Doktrin genannt und bedeutet, daß zu Unfruchbarkeit verurteilt ist, wer sich gegen die Natur wehrt:

> Nature, deplorable as some of its manifestations may be, must always and inevitably assert itself. The law of kind has power even over immortal souls. The fact is the source of the poet's constantly expressed dislike of celibacy and asceticism. The doc-

[111] Vgl. Parker 51 f.

[112] Diesen Vergleich stellt er in „On Tradition and Individual Style," *OAA* 28 f. an: „All the concrete peculiarities of a cultural tradition are the fruit of accident and cannot be foreseen. Accident determines not only the traditional themes and forms of a people's art, but also its quality. [...] Considered genetically, any given population is a vast roulette table. Every fertile conjunction of a man and a woman is a spin of the wheel."

> trine that upholds the superiority of the state of virginity over that of wedlock is, to begin with (he holds), a danger to the race. It encourages a process which we may be permitted to call dysgenics – the carrying on of the species by the worst members. ( „Chaucer," *OM* 210 f.)

Die Vorstellung ist mit der Forderung verbunden, die materiell-biologische Welt in die Kunst zu integrieren. Die *law of kind*-Doktrin hat also einen 'fruchtbaren' Einfluß auf Literaten, Werk und Literaturgeschichte. Die Begriffe *celibacy*, *ascetism*, *virginity*, *a danger to the race* und besonders *dysgenics*, von Huxley als ,das Fortsetzen der Spezies durch die ungeeignetesten Exemplare' definiert, verdeutlichen, daß für den Schriftsteller die Mißachtung der Doktrin eine degenerierte Art der Fortpflanzung (Ontogenese) sowie der Evolution (Phylogenese) zur Konsequenz hat. Übertragen auf die Kunst heißt dies, daß ihr Material körperlich-materiell ist, welches ähnlich wie bei der biologischen Fortpflanzung für die Befruchtung des Künstlers notwendig ist.

Diesen Gedanken drückt Huxley auch in einem anderen literaturästhetischen Essay mit der Analogie von Zeugung und Geburt aus:

> Balzac was a gigantic dwarf – gigantic in his power of understanding and vividly **recreating** every conceivable worldly activity, with all the thoughts and feelings **that the world can give birth to in the human mind**; [...]. („Vulgarity in Literature," *MN* 321; eigene Hervorhebungen)

In diesem Bild rekapituliert der individuelle Künstler die Gesamtschöpfung und erschafft sie neu. Alles das, was die Welt an Erfahrungsschatz bis dahin als 'Erbgut' entwickelt hat, empfängt er in seiner Imagination. In seiner Fähigkeit, in die Welt 'einzudringen' und sich mit Hilfe der künstlerischen Imagination mit ihr zu vereinigen, ist Chaucer dem Literaten Anatole France überlegen, der deshalb als impotent bezeichnet wird:

> Anatole France exhibits a curious impotence of imagination. [...] ; he cannot, by the power of imagination, get inside them, become what he contemplates. None of the persons of his creation are complete characters; [...]. („Chaucer," *OM* 222)

Allerdings nutzt Huxley das Potential an Übertragungsmöglichkeiten auf die Literatur und künstlerische Schöpfung insgesamt relativ selten (vor allem verglichen mit der Häufigkeit der nicht-naturwissenschaftlichen Hochzeitsmetaphorik). Vielmehr ist zu vermuten, daß Huxley die mit der biologischen Perspektive der Fortpflanzung verbundenen körperlichen Vorstellungen ablehnt.

Insbesondere in seinen Romanen äußert Huxley oftmals die These, Fortpflanzung und Entwicklungsphysiologie seien mit der geistigen Ebene unvereinbar, zu der er nicht nur die Gefühlsebene zählt, sondern vor allem Literatur, Musik und die gesamte Kultur. Darwins Lehren deuten Fortpflanzung als einen die

Spezies erhaltenden Trieb, der in Widerspruch zum Gedanken der menschlichen Willensfreiheit und dem Primat der Gefühle tritt. Liebe ist nach solchen Lehren nichts anderes als ein Instinkt, der den Menschen zur Fortpflanzung seiner Art treibt. Der moderne Schriftsteller muß deshalb nach Ansicht von Philip Quarles ein professioneller Zoologe sein. In dieser extrem degradierenden Vorstellung steckt der Kern der Bitterkeit des Romans. Musik als Symbol der Seele kontrastiert mit dem Bedürfnis des Intellektuellen nach wissenschaftlichem Beweis, das Huxley durchaus respektiert. Das Gefühl strebt danach, an Schönheit zu glauben, während der Intellekt das Groteske des zoologischen oder physiologischen Daseins des Menschen erkennt.[113]

Besonders deutlich wird die kontrapunktische Gegenüberstellung physiologischer und intellektuell-kultureller Entwicklung des Menschen in *Point Counter Point*:

> Six months from now her baby would be born. Something that had been a single cell, a cluster of cells, a little sac of tissue, a kind of worm, a potential fish with gills, stirred in her womb and would one day become a man – a grown man, suffering and enjoying, loving and hating, thinking, remembering, imagining. And what had been a globe of jelly within her body would invent a god and worship; and what had been a kind of fish would create, and, having created, would become the battleground of disputing good and evil; what had blindly lived in her as a parasitic worm would listen to music, would read poetry. A thing would grow into a person, a tiny lump of stuff would become a human body, a human mind. The astounding process of creation was going on within her; but Marjorie was conscious only of sickness and lassitude; [...]. (*PCP* 2 f.)

Zwar ist diese Art menschlicher Entwicklung aus der Perspektive von Walter Bidlake oder Marjorie Carling geschildert. Huxley hält jedoch die Erzählperspektive bewußt unscharf, so daß der Leser nicht klar einordnen kann, ob der Gedankengang eines allwissenden Erzählers oder einer seiner beiden Figuren wiedergegeben wird. Der Autor verringert auf diese Weise die Distanz des Lesers zur satirischen Darstellung der Entwicklung einer befruchteten Zelle zum erwachsenen Menschen.

Die obige Passage ist Huxleys zynischer Kommentar auf die Anmaßung des Menschen, der auf dem tierhaften Stadium seiner geistigen Entwicklung stehen bleibt. Der Literat stellt den Menschen als Wurm oder Fisch dar, der nach dem Rekapititulationsgesetz zum Wesen heranwächst, das sich wie alle anderen Tiere auf der Erde fortpflanzt. So erzielt er bewußt komische und satirische

[113] Vgl. Murray Roston, „The Technique of Counterpoint," ed. Jerome Meckier, *Critical Essays on Aldous Huxley* (London et al.: C.K. Hall, 1996) 48-53.

Effekte aus dem Gegensatz der embryonalen, physiologischen Entwicklung des Menschen, die die 'tierhafte' Evolutionsgeschichte rekapituliert, zur Entwicklung seiner intellektuellen und künstlerischen Fähigkeiten. Aus der Intensität des Kontrasts läßt sich Huxleys Anspruch an die intellektuelle Entwicklung des Menschen ablesen. Ein solches Wunderwerk der Natur fordert eine ebenso große geistige Anstrengung, also eine Rekapitulation und Weiterentwicklung der Kultur seitens des Individuums.[114]

## II. James Joyce – Auseinandersetzung im Konzept der *postcreation* mit Empfängnis, Schwangerschaft und Geburt

### 1. Metaphysische Fortpflanzung

Joyce läßt unter den drei untersuchten Autoren am deutlichsten eine bewußte Auseinandersetzung mit dem Paradigmenwechsel von einem statischen, rein metaphysischen zu einem dynamischen, naturwissenschaftlichen Weltbild erkennen. Er kontrastiert beide Modelle anhand seiner Protagonisten, so daß auch die Analyse der analogen Bezüge zu Fortpflanzung und Entwicklung es notwendig macht, die Vorstellungen seiner beiden Figuren Dedalus und Bloom zu berücksichtigen.

Stephen entwickelt eine auf Fortpflanzungsanalogien beruhende Schöpfungstheorie, die er in der „Scylla und Charybdis"-Episode vorträgt. In dieser Lehre stellt er der leiblichen das Konzept der mystischen Vaterschaft entgegen, das eindeutig seine eigene Entwicklung vom angehenden Priester der Kirche zum Priester der Kunst widerspiegelt. Die katholische Vorstellung von Vaterschaft überträgt er als Grundlage seiner Theorie über künstlerisches Schaffen auf die Kunst. Indem er Versatzstücke der katholischen Lehre in sein Gedankengut und dichtungstheoretisches Vokabular übernimmt, sakralisiert er die Kunst:

> Fatherhood in the sense of conscious begetting, is unknown to man. It is a mystical estate, an apostolic succession, from only begetter to only begotten. On that mystery and not on the madonna which the cunning Italian intellect flung to the mob of Europe the church is founded and founded irremovably because founded, like the world, macro- and microcosm, upon the void. Upon incertitude, upon unlikelihood. *Amor matris*, subjective and objective genitive may be the only true thing in life. Paternity may be a legal fiction. Who is the father of any son that any son should love him or he any son? (*U* 9.837-45)

Stephen stellt eine Opposition zwischen Mutter- und Vaterschaft her. Während die biologische Mutter mit Bestimmtheit identifiziert werden kann und so der

[114] Vgl. Meckier, „Quarles among the Monkeys": 282.

einzig feste Punkt im Leben eines Kindes ist, kann Vaterschaft nicht nachgewiesen werden – sie bleibt eine abstrakte Idee. Stephen ist mit seiner Theorie der Vaterschaft nicht daran gelegen, Religion mit Literatur zu vereinen, sondern die Kunst über das irdische Leben zu erhöhen.

Stephens Vorstellungen von Vater- und Mutterschaft, das heißt von Fortpflanzung, implizieren ein rein intellektuell-spirituelles und paternalistisches System und verdrängen alles Körperliche, Emotionale und Weibliche. Wenn Joyce seine Figur gerade für literarisches Schaffen Begriffe wählen läßt, die aus der Biologie stammen und die weibliche Empfängnis und Schwangerschaft bezeichnen (*artistic conception, artistic gestation and artistic reproduction* [*P* 237]), ist dies als ironische Distanz des Autoren zur Literaturästhetik seiner Künstlerfigur zu beurteilen. Stephen kann keine Dichtungstheorie in die Praxis umsetzen, deren zentrale Metaphern für künstlerische Schöpfung in *A Portrait* weiblich und leiblich sind.

In der Analogie der jungfräulichen Empfängnis vergleicht sich Stephen mit dem Heiligen Geist und seine Imagination mit der Jungfrau Maria: „O! In the virgin womb of the imagination the word was made flesh. Gabriel the seraph had come to the virgin's chamber“ (*P* 245). Der Künstler ist also zugleich Gottvater und Jungfrau Maria. Diese Form von Schöpfung gleicht einer Art ‘Selbstbefruchtung,’ schöpft doch der Künstler nach Stephen Ästhetik nur aus sich und seiner Phantasie heraus: „[...] in the economy of heaven, foretold by Hamlet, there are no more marriages, glorified man, an androgynous angel, being a wife unto himself“ (*U* 9.1051-1052).

Alan Dundes deutet die Schöpfungsmythologie der Bibel als eine von einem ‘Uterusneid’ motivierte Umkehrung der biologischen Schöpfung, die die ihr zugrunde liegende patriarchalische Ideologie widerspiegele.[115] Diesem Ansatz zufolge ist die männliche Form der Schöpfung das geschriebene und gesprochene Wort. In der Geschichte der Jungfrauengeburt werde zwar die weibliche Rolle bei der Schöpfung anerkannt, aber unter das männliche Prinzip des *Logos* gestellt. Hinsichtlich der künstlerischen Kreativität bestätige der christliche Mythos die Überlegenheit des männlichen Prinzips des Geistes über das weibliche Prinzip des Körpers.[116]

Die Jungfrauengeburt wird in *Ulysses* ebenso häufig wie in *A Portrait* behandelt und ist von Bedeutung, will man Stephens Vorstellung von literarischem

[115] Vgl. Alan Dundes, „Re: Joyce - No in at the Womb,“ *MFS* 8,2 (1962): 137.
[116] Vgl. Dundes 137 f.

Schaffen als männliches Mysterium einordnen. Biologisch gesehen kann der *virgin womb* keine Frucht tragen, ist also für die ‚Geburt' von Kunst denkbar ungeeignet: „When we come to the phenomena of artistic conception, artistic gestation and artistic reproduction I require a new terminology and a personal experience" (*P* 237). Um diese neue Terminologie und persönliche Erfahrung bemüht sich Stephen in *Ulysses.* In „Oxen of the Sun" formuliert er in seiner neuen Terminologie das Prinzip der *postcreation*, das die dichterische Schöpfung über die Gottes stellt:

> Know all men, he said, time's ruins build eternity's mansions. What means this? Desire's wind blasts the thorntree but after it becomes from a bramblebush to be a rose upon the rood of time. Mark me now. In woman's womb word is made flesh but in the spirit of the maker all flesh that passes becomes the word that shall not pass away. This is postcreation. *Omnis caro ad te veniet.* (*U* 14.289-294)

Der erste Teil der Definition greift Blakes Worte aus „Nestor" wieder auf („I hear the ruin of all space [...] and time one livid final flame" [*U* 2.09-10]). Das Ende dieser unvollkommenen Welt, das Ende von Zeit und Raum, bedeutet eine neue, unendliche und unvergängliche Schöpfung.[117] Ebenso ersetzt die reine, unvergängliche, künstlerische Schöpfung diejenige Gottes. Nachdem er die *postcreation* postuliert hat, fährt Stephen fort, die Geburt als weibliches Prinzip von Schöpfung abzuwerten.[118]

Die Erkenntnis der Unnatürlichkeit der Jungfrauengeburt öffnet Stephen nicht den Weg zum Fleisch und zum weiblichen Prinzip der Schöpfung, das für ihn als Künstler essentiell wäre. Er feiert Geburt nicht als Symbol des Lebens, sondern als eine ausschließlich kunstbezogene Metapher, auf deren Basis er sich mit Gott oder Christus identifizieren kann. Indem er das religiöse Mysterium der Schöpfung blasphemisch zerstört, versucht er sich als ‘Messias des Worts' zu legitimieren.[119]

---

[117] Eva wird im Dornenbaum symbolisiert, der durch die Rose, Metapher für Maria, ersetzt wird. Maria als Prinzip der Reinheit gibt der Menschheit die Hoffnung auf Erlösung und Unsterblichkeit zurück. Die Rose spielt gleichzeitig auf Yeatsens Ästhetik an („To the Rose Upon the Rood of Time" ist das Widmungsgedicht seines Gedichtbandes *The Rose* ), für den die Rose als Muse das Verbindungsstück zwischen zeitlicher und ewiger Schönheit ist. Vgl. *UA* 415.

[118] Blasphemisch mit den Begriffen kon-, trans- und subsubstantiell spielend, behauptet Stephen, Maria sei entweder mit Gott - dem Vater - intim gewesen (‘Transsubstanzierung'), oder mit einem irdischen Mann (Konsubstanzierung). Die Empfängnis durch ein Tier wäre Subsubstanzierung. In jedem Fall wäre Joseph der Gehörnte (Motiv des *cuckold*). Vgl. James H. Druff, Jr., „History vs. the Word: The Metaphor of Childbirth in Stephen's Aesthetics," *JJQ* 19,3 (1982): 310. Vgl. dazu auch Ruth Bauerle, „A Sober Drunken Speech: Stephen's Parodies in ‚Oxen of the Sun‘," *JJQ* 5,1 (1967): 43.

[119] Vgl. Druff: 311 f.

Mina Purefoys Niederkunft hingegen wird von Joyce ganz anders als Analogie zur Schöpfung von Kunst genutzt. Der Donner in „Oxen" wird in diesem Kontext zu einem Symbol der Lebensbejahung und zu einer natürlichen Opposition zu den intellektuellen Blasphemien. Der Lärm des Donners erinnert an Stephens Assoziation von Gott als Lärm in der Straße in „Nestor." Mina Purefoys Baby scheint als Antwort auf den Donner geboren zu werden. Angesichts dieser Manifestation der Naturgewalt ist Stephens Reaktion verständlich:[120]

> Heard he then in that clap the voice of the god Bringforth or, what Calmer said, a hubbub of Phenomenon? Heard? Why, he could not hear unless he had plugged up the tube Understanding (which he had not done). For through that tube he saw that he was in the land of Phenomenon where he must for a certain day die as he was like the rest too a passing show. And would he not accept to die like the rest and pass away? By no means would he do and make more shows according as men do with wives which Phenomenon has commanded them to do by the book Law (*U* 14.435-443)

Stephen erkennt zwar, daß er in den Zyklus von Werden und Vergehen eingebunden ist, aber er weigert sich, dies zu akzeptieren. Er wehrt sich gegen biologische Prozesse und will über sie triumphieren, indem er die 'natürliche' Schöpfung durch die dichterische ersetzt.[121]

Die Formulierung der *postcreation* macht noch einmal deutlich, daß Stephens Abkehr von der Kirche und vom katholischen Glauben nicht mit einer Hinwendung zur Welt verbunden ist, die in einer bejahenden Haltung gegenüber Frauen und Körper resultierte. Stattdessen überträgt er Fragmente des Katholizismus auf seine Literaturtheorie, entfernt deren religiöse Inhalte und schafft so einen quasireligiösen Kunstbegriff.

## 2. Organische Entwicklung von Sprache und Literatur

Solange Stephen das mütterliche und weibliche Element nicht in seine Persönlichkeit und sein Konzept von Schaffen integrieren kann, wird er nicht schaffen können. Leopold Bloom hingegen besitzt androgyne Züge, die in der „Circe"-Episode in Form seiner Verwandlung zur Frau dramatisiert werden. Er wird außerdem als ‚ein vollendetes Beispiel des neuen weiblichen Mannes' (*U* 15.1798-1799) bezeichnet.[122] In dieser Rolle kann er Stephen das weibliche

---

[120] Vgl. William P. Fitzpatrick, „The Myth of Creation: Joyce, Jung and *Ulysses*," *JJQ* 11 (1974): 132.

[121] Vgl. Fitzpatrick: 132.

[122] Vgl. vor allem die Arbeit von John Bormanis, „'in the first bloom of her new motherhood": the Appropriation of the Maternal and the Representation of Mothering in *Ulysses*." *JJQ* 29,3 (1992): 593-605. Diesen Aspekt untersuchen ebenfalls Mary Burgan, „Androgynous Fatherhood in *Ulysses* and *Women in Love*," *Modern Language Quarterly* 44 (1983): 178-197; so-

Element näherbringen, das allerdings nicht nur in der Sexualität besteht, sondern viel genereller in der Akzeptanz alles Körperlichen. Bloom vervollständigt also Stephens Persönlichkeit, denn seine mütterliche Seite ist ein wichtiger Faktor für den Künstler.

Blooms Gedanken kreisen in *Ulysses* häufig um Menstruation, Schwangerschaft und Mutterleib. In „Cyclops" wird angedeutet, Bloom sei ein „mixed midling" und habe Menstruationsbeschwerden:

> And every Jew is in a tall state of excitement, I believe, till he knows if he's a father or a mother. [...] Do you call that a man? says the citizen [...] One of those mixed midlings he is. Lying up in the hotel Pisser was telling me once a month with headache like a totty with her courses [...]. (*U* 12. 1647-1660)

In „Oxen of the Sun" ist Bloom der einzige, der wirklich mit Mina Purefoy mitfühlt. Zweimal wird sein Name in Zusammenhang mit Mutterschaft erwähnt: Über Mrs Purefoy wird nach der Geburt des Kindes gesagt, sie befände sich in der ersten *Blüte* ihrer neuen Mutterschaft („in the first **bloom** of her new motherhood" (*U* 14.1317-1318); eigene Hervorhebung).

In „Circe" bekommt Bloom Krämpfe, die er als Monatsbeschwerden einstuft.[123] Dr. Dixon diagnostiziert Bloom als weiblichen Mann und stellt seine Schwangerschaft fest: „Professor Bloom is a finished example of the new womanly man. His moral nature is simple and lovable. [...] He is about to have a baby" (*U* 15.1798-1810). Bloom artikuliert daraufhin seinen innigsten Wunsch („O, I so want to be a mother") und bringt schließlich acht Kinder zur Welt (*U* 15.1817-1822).[124]

Leopold wird dadurch als selbstlos und ‚typisch weiblich' in dem Sinne charakterisiert, daß er ‚Milch spendet' und andere mit Nahrung versorgt. In „Calypso" bereitet er für Molly das Frühstück (einschließlich ihrer „viscous cream") und füttert die Katze mit Milch (*U* 4.24). Seine Selbstlosigkeit wird in „Eumeus," wo er den unterernährten Künstler füttert, als ‚orthodoxe Samaritermanier' (*U* 16.03) bezeichnet. In „Ithaca" bereitet er für Stephen „Epps's cocoa" und ‚serviert seinem Gast – nach Hausfrauenmanier - reichlich und sich selbst weniger von Mollys Rahm' („the viscous cream ordinarily reserved for his wife Marion" [*U* 17.363-365]). Bloom säugt Stephen wie eine Mutter

wie Joseph Allan Boone, „A New Approach to Bloom as „Womanly Man": The Mixed Middling's Progress in *Ulysses*," *JJQ* 20 (1982): 67-85.

123 „That awful cramp in Lad lane. [...] Bit light in the head. Monthly or effect of the other. Brainfogfag. That tired feeling" (*U* 15.207-210).

124 Vgl. Barrie R. Walkley, „The Bloom of Motherhood. Couvade as a Structural Device in *Ulysses*," *JJQ* 18,1 (1980): 60-63.

und folgt seinem eigenen Wunsch nach einem Sohn. Er übernimmt damit die Mutterrolle, indem er mit Hilfe von Mollys Milch Ernährer und Unterstützer von Stephens künstlerischem Potential wird.[125]

Als Stephen in der Literaturdiskussion in „Scylla and Charybdis“ seine Definition von Vaterschaft gibt, verspottet Buck Mulligan Stephens Vorstellungen über Mutter- und Vaterschaft mit den Worten: „I have an unborn child in my brain. Pallas Athena! A play! The play's the thing! Let me parturiate!“ (*U* 9.875-877). Trotz Stephens Argumentation, nach der Vaterschaft im Sinne der bewußten Zeugung nicht existiert, gibt es in der Kunst doch den bewußten Schöpfer, der aber gleichzeitig männlich und weiblich ist.[126] Der Künstler ist der einzige Mann, der bewußt zeugen kann, weil der künstlerische Prozeß der Schwangerschaft ähnelt. Während sich die Mehrzahl der Untersuchungen über Joyces Literaturästhetik auf Stephen Dedalus konzentriert, wird Leopold Bloom viel zu häufig und gänzlich zu unrecht übersehen, obwohl er doch auch als Künstler beschrieben wird: „There's a touch of the artist about old Bloom“ (*U* 10.581-583).[127]

- **Fortpflanzung und Entwicklung in „Oxen of the Sun“**

Die „Oxen of the Sun“-Episode stellt die beiden mütterlichen Prinzipien, die sich in *Ulysses* konstituiert haben, antithetisch gegenüber: die lebensverneinenden Institutionen von Nation und Kirche und das vitale Prinzip der Erde. Die Opposition der beiden Pole endet in „Oxen“ mit dem Triumph des Lebens. Der Konflikt zwischen beiden Kräften erlebt erst in „Circe“ seinen Ausbruch, als Stephens Bewußtsein durch Alkohol ausgeschaltet ist. Daß Stephen in dieser Episode den Kronleuchter zerschlägt, verdeutlicht symbolisch seinen Behauptungswillen als Künstler gegenüber den repressiven Kräften von Kirche, Religion und Staat.[128]

Joyce zufolge verbildlichen Bloom das Sperma, das Krankenhaus den Mutterleib, die Schwester die Eizelle und Stephen den Embryo.[129] Wenn auch im einzelnen diese Parallelen ohne den Hinweis des Schriftstellers schwer zu erkennen wären, behandelt Joyce in dieser Episode explizit biologische Zeugung und Entwicklungsphysiologie, und es war ihm offensichtlich wichtig, daß dies

[125] Vgl. Bormanis: 597.
[126] Vgl. Bormanis: 601.
[127] Vgl. Walkley: 58 f.
[128] Vgl. Fitzpatrick: 129; in gewisser Weise kündigt das die Geburt einleitende Gewitter, das Regen und Leben spendet, das Zerschlagen des Kronleuchters an.
[129] So Joyce in einem Brief vom 20. März 1920 an Frank Budgen (vgl. *UA* 408).

auch verstanden wurde. Der Autor verknüpft die naturwissenschaftliche Analogie mit der durch die Homer-Parallele einbezogenen antiken Mythologie (Helios und heilige Stiere als Fruchtbarkeitssymbole). Außerdem kontrastiert Joyce Naturwissenschaft mit dem christlichen Schöpfungsparadigma, das Stephen vertritt und auf die Kunst überträgt.

Eine dreifache Anrufung der Fruchtbarkeitsgötter zu Beginn der Episode (*U* 14.1-6) hebt die Sonne, die Stiere, das Krankenhaus und Dr. Horn auf die Ebene des Mythos. Die Realität sowie die naturwissenschaftliche Seite der Fortpflanzung werden von Joyce in ihrem metaphysisch-mythologischen Potential erkannt. Das sprachliche Material der dreifachen Anrufung besteht aus dem griechisch-römischen, dem gälischen und dem onomatopoetischen Erbgut des Englischen in Irland.

In der „Oxen of the Sun"-Episode verknüpft Joyce auf symbolischer Ebene das Thema der menschlichen Empfängnis, Schwangerschaft und Geburt mit dem Prozeß der künstlerischen Schöpfung. Als Gegengewicht zur Verneinung des Lebens bietet „Oxen" Mina Purefoy und das Material von Kunst und Sprache. Mina Purefoy liegt im Verlauf der Episode in den Wehen und bringt schließlich ein Kind zur Welt. Die zweite Geburt, die in der Episode behandelt wird, ist die des Wortes. Die beiden Geburten bilden eine Antithese zu den 'kastrierenden' Einflüssen von Stephens Müttern.[130]

Am Ende von Stephens und Blooms Besuch im Krankenhaus wird die Geburt des Worts gefeiert:

> Quietude of custody rather, befitting their station in that house, the vigilant watch of shepherds and angels about a crib in Bethlehem of Juda long ago. But as before the lightening the serried stormclouds, heavy with preponderant excess of moisture, in swollen masses turgidly distended, compass earth and sky in one vast slumber, and verdure till in an instant a flash rives their centres and with the reverberation of the thunder the cloudburst pours its torrent, so and not otherwise was the **transformation**, violent and instantaneous, upon the utterance of the Word. (*U* 14.1381-1390; eigene Hervorhebung)

Auch wird ein Bezug zur göttlichen Schöpfung hergestellt. Die Entstehung der Welt aus dem Chaos durch das Wort und die Geburt Jesu, des fleischgewordenen Wortes, vermischen sich. Das Wort ist „Burke's!," von dem potentiellen Künstler Stephen ausgerufen, aber die Betonung der Passage liegt auf der Beziehung zwischen Donner und dem Erwachen des Verstehens und dem Frei-

130 Die repressiven Kräfte sind die Kirche, die Nation, die eigene Mutter sowie Eva als Stellvertreterin aller Frauen Vgl. Fitzpatrick: 130.

werden von kreativer, fruchtbarer Energie.[131] Der Begriff der Transformation bezeichnet also ein Konzept schöpferischer Umwandlung von materiellen Faktoren (wie Luft- und Wassermassen) in kreative Energie und in Kunst, das somit in direktem Gegensatz zu Stephens Idee der *creatio ex nihilo* als Imitation des göttlichen Schöpfungsakts steht.

## 3. Entwicklung des Künstlers in Analogie zur biologischen Rekapitulation

Mit dem Begriff 'Evolution' wurde ein zuvor auf die Entwicklung des Individuums gemünzter Terminus seit den dreißiger Jahren des neunzehnten Jahrhunderts für die Entwicklung der Spezies verwendet. Schon die Begriffsgeschichte zeigt eine Mehrdeutigkeit evolutionärer Konzepte, denn im Entwicklungsgedanken vermischen sich Phylo- und Ontogenese. Hinsichtlich der metaphorischen Potentiale erwies sich dies allerdings als einer der fruchtbarsten ‚Irrtümer' in der Literatur der folgenden hundert Jahre.[132]

Aus der Untersuchung von Entwicklungsformen und -stadien erwuchs um die Jahrhundertwende die neue Frage nach der Relation zwischen Phylo- und Ontogenese. Ernst Haeckel stellte die These auf, daß die Entwicklung des Individuums die der Spezies rekapituliere und als Hauptcharakteristikum ebenfalls die Genese komplexerer Strukturen aufweise. Bereits in Darwins Werken verschwammen die Grenzen zwischen Phylo- und Ontogenese in der Syntax des Textes und im Verständnis des Lesers. Das Tempo der Erzählung läßt den Leser oft vergessen, daß mit der Evolution ein extrem langsamer Prozeß beschrieben wird.[133]

Die Theorie der Rekapitulation faszinierte die Zeitgenossen besonders, eröffnete sie doch die Möglichkeit, den Evolutionsprozeß, der sich im Embryo gleichsam in Miniatur vollzog, im Zeitraffer zu beobachten. Anscheinend bot sich der experimentelle und visuelle Beweis für frühere Phasen der Evolutionsgeschichte. Diese Theorie war ein Resultat der früheren Begeisterung des

[131] Vgl. Fitzpatrick: 134.
[132] Vgl. Beer, *Darwin's Plots* 15.
[133] Vgl. Beer, *Darwin's Plots* 105. Gillian Beer führt als Beispiel die unfreiwillige Komik an, die sich aus Darwins Schilderung der Evolution von Bären ergibt, die sich von kleinsten Wassertieren ernähren und ein sehr breites Maul entwickelt haben, um effektiver Nahrung aufnehmen zu können. Seine Erzählung verwischt die Dauer der Generationen und erweckt den Eindruck einer kurzfristigen Verwandlung eines Bären in eine Walgestalt: „The image of the swimmimg bear is so particular, so comic, that even a sympathetic reader will be inclined to indulge the dreamlike image of the bears with larger mouths metamorphosing into something 'very like a whale.'"

achtzehnten und neunzehnten Jahrhunderts für den Wachstumsprozeß. Der Versuch, die Phasen des Lebenszyklus des Individuums mit denen der Entwicklung der Spezies zu parallelisieren, barg neben einem experimentellen, wissenschaftlichen Interesse die Möglichkeit, die Evolutionstheorie samt ihren beunruhigenden Fragen nach der Abstammung des Menschen zu 'domestizieren,' indem man sie zur Miniatur machte.[134]

Das Konzept der Rekapitulation war besonders einflußreich in der Psychologie, für die sich Haeckel selbst sehr interessiert hatte. Zu Beginn des zwanzigsten Jahrhunderts integrierte C. G. Jung die Grundidee der Rekapitulationslehre in seine Archetypentheorie und die Lehre vom 'Kollektiven Unterbewußten.' Er berief sich zur Absicherung seiner Hypothesen auf anatomische Untersuchungen und die Forschungsergebnisse der Entwicklungsphysiologen, die bewiesen hatten, daß die Struktur und Funktion des menschlichen Körpers das Ergebnis einer Reihe von embryonalen Wandlungen sei, die mit Schritten in der Evolution der Spezies korrespondierten. Diese Entsprechung von Phylo- und Ontogenese übertrug er auf die Psychologie und suchte so zu belegen, daß die kindliche Psyche ebenso wie die Träume ein Echo der antiken und frühzeitlichen Psyche seien.[135]

Jungs Bedeutung für die Geistesgeschichte des zwanzigsten Jahrhunderts ist nicht zu unterschätzen. Seine Lehre stellt einen der bedeutendsten indirekten Einflüsse naturwissenschaftlichen Denkens auf die drei diskutierten Autoren dar. Nicht nur direkte Quellen naturwissenschaftlicher Erkenntnisse wie Darwin oder T. H. Huxley sind zu berücksichtigen, sondern vor allem Autoren, die ihrerseits bereits naturwissenschaftliche Erkenntnisse auf Philosophie und Mythologie übertragen hatten. Freud und Jung als Vorväter der modernen Psychologie leiteten die 'psychologische Revolution' ein, die die Geistesgeschichte in hohem Maße prägte.

Die Struktur von „Oxen of the Sun“ ahmt die Evolution der englischen Sprache nach. In chronologischer Abfolge vollzieht Joyce die verschiedenen Phasen der Sprachgeschichte von lateinischen Einflüssen bis zum modernen Kolloquialstil in Analogie zur neunmonatigen Schwangerschaft nach und parodiert dabei einen jeweils repräsentativen Prosaautoren der entsprechenden Epoche.[136]

---

[134] Vgl. Beer, *Darwin's Plots* 106.

[135] Vgl. Jane Oppenheimer, „Recapitulation,“ ed.: Philip P. Wiener, *Dictionary of the History of Ideas*, vol. 4, (New York: Scribners, 1973) 58.

[136] Vgl. *UA* 408.

Für Stephens Entwicklung als Künstler bedeutet dies, daß das Individuum die Entwicklung der Spezies rekapituliert. Der embryonale Künstler entwickelt sich also parallel zur Evolution des Prosastils in der Literaturgeschichte.[137] Für Joyces Vorstellung von künstlerischem Schaffen können daraus wichtige Schlußfolgerungen gezogen werden.

Die schweren Wehen von Mrs Purefoy, der werdenden Mutter, sind eine geeignete Analogie zu Stephens eigenen Qualen als werdender Künstler und bilden gleichzeitig einen Gegensatz zu seiner Vorstellung von Schöpfung als *creatio ex nihilo*. Die Analogie der embryonalen Entwicklung des Kindes zur Evolution der englischen Sprache hat ebenfalls Relevanz für den schöpferischen Prozeß. Es scheint, daß der Künstler erst die vorherrschenden historischen Phasen der Sprache durchlaufen muß, um aus dem Schatz der Tradition seine eigene Kunstsprache schaffen zu können.[138]

Stephen assoziiert in „Proteus" Mutterschaft mit dem Bild der endlosen Nabelschnur. Dies impliziert für Stephen die Idee der Auflösung des individuellen Ursprungs, für ihn eine Horrorvision. Das Individuum ist in einen endlosen Kreislauf von Werden und Vergehen eingereiht. Stephen vertritt daher die Idee des fiktionalen Ursprungs, der mystischen Vaterschaft. Joyce widerlegt die Idee des wirklichen und nachprüfbaren Ursprungs durch seine Analogie des literarischen Prozesses mit Schwangerschaft und Geburt. Er stellt in „Oxen" die Idee des kollektiven Autors dar. Der einzelne Autor wird wie ein Foetus durch die Plazenta der Erinnerung genährt. Sprache ist ein ebensolches Gedächtnis wie die menschlichen Gene, die garantieren, daß der Mensch reproduzierbar aber nie identisch mit einem anderen ‚Exemplar' ist.

Auf der stilistischen Ebene zeigt Joyce in der Transformation und Metamorphose der literarischen Stile die ständigen Reinkarnationen des künstlerischen *Logos*. Wenn er den künstlerischen Prozeß mit der Fleischwerdung des Worts in der Imagination des Dichters vergleicht, dann ist dieser Prozeß nicht das Privileg eines einzelnen, sondern jeden Künstlers.[139]

In der Verarbeitung der literarischen Vorläufer aus den verschiedenen Epochen der literarischen Vergangenheit ist nicht Eklektizismus oder Korrespondenz, sondern Neuschöpfung zu sehen. Allein seine Transformation der *Odyssee* zeigt, daß Joyce Literatur wiederaufgreift und neuartig erschafft. Er

[137] Vgl. *UA* 408.
[138] Vgl. Fitzpatrick: 131.
[139] Vgl. Robert Janusko, *Sources and Structures of James Joyce's „Oxen,"* Studies in Modern Literature, 15 (Ann Arbor: UMI Research Press, 1983) 55 f.

verarbeitet die antike Vorlage, indem er die Vergangenheit vom Standpunkt der Gegenwart aus rekonstruiert. Kunst ist immer Wieder- oder Neuerschaffung, aber zugleich eine Offenbarung des einzelnen Künstlers. Dieser schöpft aus seinem Material, das in der durch Tradition geformten Sprache besteht, ein neues Altes, materielles Unsterbliches.

## III. Virginia Woolf – Metamorphose und Pflanzenwachstum

### 1. Metamorphose in Entwicklungsphysiologie und Mythologie

Die Entwicklung des einzelnen Organismus, die allmähliche Transformation des Kleinkinds zum Erwachsenen sowie insbesondere die außergewöhnlichen Metamorphosen innerhalb des Lebenszyklus von Fröschen und Schmetterlingen regten von jeher Künstler an, Motive oder Bilder dieser Verwandlungen auf ihre Werke zu übertragen.[140]

Das Thema des Gestaltwechsels besitzt eine weit zurückreichende literarische Tradition, die man bis zu Ovid zurückverfolgen kann. Durch Darwins Erkenntnissse gewann es neue Bedeutung, hatte er doch die Veränderungen des individuellen Organismus vor dem Hintergrund der Wandlungen und Anpassungen der Spezies gedeutet und somit der Physiologie des Einzelnen eine untergeordnete Rolle zugewiesen. 'Omnia mutantur, nihil interit:' Ovids Thema der Wandlung in den *Metamorphosen* unterscheidet sich wesentlich von der Darwinschen Transformationsidee. Bei dem Biologen basiert Evolution auf dem Tod als Merkmal sowohl des Generationenwechsel als auch des Aussterbens von Spezies. Der Dichter dagegen deutet das Sterben als Metamorphose, als Wandel der Daseinsform, der das Wesen aber nicht verändert:[141]

> Keinem bleibt seine äußre Gestalt, die Verwandlerin aller Dinge, Natur, sie läßt aus dem Einen das Andre werden. Glaubt mir, nichts in der ganzen Welt geht wirklich zugrund, es wandelt sich nur, erneut sein Gesicht. Und geboren zu werden, heißt, etwas andres als vorher gewesen zu sein, beginnen, und sterben, enden, das selbe zu sein. Mag dies und jenes von hierher nach dorthin getragen auch werden, im Ganzen ist alles beständig.[142]

Das Motiv der Metamorphose enthält neben Veränderung und Neuerung die Idee der Identität, denn die Grundelemente eines gewandelten Wesens bleiben gleich. Im Kontinuitätsprinzip ähnelt die Evolutionstheorie dem älteren, my-

[140] Vgl. Beer, *Darwin's Plots* 104.
[141] Vgl. Beer, *Darwin's Plots* 113.
[142] Publius Ovidius Naso, *Metamorphosen,* ed. Niklas Holzberg, (Düsseldorf: Artemis und Winkler, 1996) 569 (Buch XV, Zeilen 252-258).

thologischen Konzept. Beide Vorstellungen erklären Wandel auf unterschiedliche Weise. Metamorphose ist somit ein zentrales Konzept der Physiologie, Geologie, Botanik ebenso wie der Mythologie. Die Konzepte der Metamorphose und der evolutionären Transformation wurden im neunzehnten Jahrhundert durch eine dritte, übergeordnete Vorstellung in eine neue Beziehung zueinander gebracht: die Entwicklung. Nach Haeckels Rekapitulationsprinzip rekapituliert die Entwicklung des Individuums die der Spezies.[143]

Die Idee der entwicklungsphysiologischen Metamorphose war deshalb besonders fruchtbar für die Literatur, weil sie Mythologie und Naturwissenschaften miteinander verknüpfbar machte. So nutzt Woolf die Metamorphose der Raupe zum Nachtfalter als Analogie zur Schöpfung von Kunst.[144] Ihr Gebrauch der Metamorphose-Analogie ist wohl durch die Lektüre von C. G. Jungs *Symbole der Wandlung* beeinflußt, der Fallstudie einer schizophrenen Patientin.[145]

Die Schriftstellerin verwendet die Analogie der Metamorphose am häufigsten in ihrem Roman *The Waves*, der urprünglich *The Moths* heißen sollte. In ihrem Tagebuch schreibt sie, daß es ihr in *The Moths* – später *The Waves* – um die Erforschung des künstlerischen Prozesses selbst gehe: „[...], my deep dive into my own mind will begin" (*D,* Vol. 3, 137). Sie siedelt den Ort der schöpferischen Tätigkeit im Unterbewußtsein an. „[...] & underneath has been forming my Moths book. Yes, but I form very slowly; [...] Really these premonitions of a book – states of a soul in creating – are very queer & little apprehended" (*D*, Vol. 3, 253). Für die Analyse analoger Vorstellungen künstlerischer Metamorphose bietet sich *The Waves* nicht nur wegen seiner durchgängigen Verwendung der Mottensymbolik,[146] sondern aufgrund der zentralen Stellung an, die

[143] Vgl. Beer, *Darwin's Plots* 111 f. Darwin beschreibt im *Origin of Species* den Prozeß der Metamorphose und bewertet die unterschiedlichen Entwicklungsstadien nach dem jeweiligen Grad der Komplexität und Vollkommenheit, also nach demselben Kriterium wie die Evolution. Vgl. Beer, *Darwin's Plots* 132.

[144] Die Bedeutung der Mottenmetaphorik für die künstlerische Imagination hat Harvena Richter bereits untersucht, die allerdings keinen Bezug zwischen der psychologisch-mythologischen und der naturwissenschaftlichen Ebene herstellt. Harvena Richter, „Hunting the Moth: Virginia Woolf and the Creative Imagination," ed. Ralph Freedman, *Virginia Woolf: Revaluation and Continuity* (Berkeley: University of California Press, 1970) 13-28.

[145] Carl Gustav Jung, *Symbole der Wandlung. Analyse des Vorspiels zu einer Schizophrenie* (Zürich: Rascher Verlag, $^{4}$1952). Diese Ausgabe ist eine Neubearbeitung des 1912 erschienenen Werks *Wandlungen und Symbole der Libido.*

[146] Im Englischen bezeichnet Motte nicht die im Deutschen umgangssprachlich so genannte Kleidermotte, sondern allgemein einen Nachtfalter. Hier wird der Begriff 'Motte' also nicht für die 'schädliche' Motte verwendet, sondern für alle Arten von Nachtfaltern.

in diesem Roman die Darstellung und Untersuchung des künstlerischen Prozesses („states of a soul in creating") einnimmt.

Woolf identifiziert sich in einem Tagebucheintrag mit dem geschlüpften Nachtfalter, der den Künstler beim Niederschreiben seines Werks (in dem Fall *To the Lighthouse*) symbolisiert: „the only certainty seems to be that after tapping my antennae in the air vaguely for an hour every morning I generally write with heat and ease till 12.30" (*D*, Vol. 3, 106).

Für die dichterische Vorstellungskraft besitzt der erwachsene Nachtfalter eine wichtige symbolische Bedeutung. Wie die Tagebucheintragungen belegen, die den Schöpfungsprozeß von *The Waves* dokumentieren, hat die Imagination ihren Sitz im Unterbewußtsein („somewhere in the back of my brain" [*D*, Vol. 3, 190]). Woolf bezeichnet den unterbewußte Teil des Gedächtnisses als *mind* und vergleicht ihn in Hinblick auf die Aktivität der kreativen Energie mit Insekten: „The mind is the most capricious of insects – flitting fluttering" (*D*, Vol. 3, 175). Auch diese Analogie zeigt, daß die Schriftstellerin den kreativen Prozeß als in Teilen unbewußt und triebgesteuert ansieht.[147]

In *The Waves* sehnt Rhoda[148] sich danach, von der Flamme verzehrt zu werden: „There was a star riding through the clouds one night, and I said to the star, 'Consume me'" (*W* 46). Parallelen zum Gedicht der Motte in Jungs *Symbole der Wandlung* sind auffällig. In „The moth to the sun"[149] drückt die Motte ihr Verlangen aus, in der Sonne zu verbrennen. Jung analysiert, warum in dem Gedicht Motte und Sonne verknüpft werden:

> Offenbar verdichten sich hier zwei ihrem Sinne nach nicht ganz zusammengehörige Dinge; zunächst die Motte, die so lange ums Licht fliegt, bis sie sich verbrennt, und dann das Bild eines kleinen ephemeren Wesens, etwa der Eintagsfliege, die in kläglichem Gegensatze zu der Ewigkeit der Gestirne sich nach dem unvergänglichen Licht sehnt.[150]

---

[147] In ihrem Tagebuch beschreibt Woolf, daß sie den Schaffensprozeß nicht bewußt einleiten kann, sondern darauf warten muß, bis sie zum Schreiben ‚getrieben' wird: „And when, I wonder, shall I begin the Moths? Not until I am pressed into it by those insects themselves" (*D*, Vol. 3, 198).

[148] Rhoda wird eindeutig als Nachtfalter charakterisiert: „Her shoulder-blades meet across her back like the wings of a small butterfly" (*W* 15 f.).

[149] Jung zitiert in *Symbole der Wandlung* 131 das Gedicht einer Patientin: „I longed for thee when I first crawled to consciousness / My dreams were all of thee when in chrysalis I lay. / Oft myriads of my kind beat out their lives / Against some feeble spark once caught from thee." Er gibt an, daß das Gedicht von seiner Patientin stamme und untersucht, welche unterbewußten Prozesse zu seiner Entsteheung geführt haben mögen.

[150] Jung 132.

Vor dem Hintergrund einer möglichen Beeinflussung durch Jung ist zu vermuten, daß auch in Rhoda sich die Symbole von Motte und Eintagsfliege mischen. So könnte man Rhodas leitmotivisch wiederkehrende Beschreibung als Nymphe[151] als Hinweis auf die Larve der Eintagsfliege verstehen, die ebenfalls ‚Nymphe' oder ‚Najade' genannt wird.[152] Auch diese Figur verkörpert das Spannungsfeld zwischen der Vergänglichkeit des menschlichen oder animalischen Lebens und der Sehnsucht nach Unvergänglichkeit, das den kreativen Impuls des Künstlers ausmacht und eine Konstante in Woolfs Werk darstellt.

Der kreative Impuls ist nicht nur eine Folge der animalischen Natur des Menschen, sondern stellt gleichzeitig einen Archetypus der menschlichen Psyche dar. Im Drang des Menschen zu schöpfen verbindet Woolf Naturwissenschaft und 'moderne' Psychoanalyse. Dieser Impuls ist ein Kontinuum der Menschheit, das im Gegensatz zur Vergänglichkeit des menschlichen Körpers und dem Prinzip des Wandels steht. Der Künstler verzehrt sich sogar wie Rhoda, um in das Prinzip der Ewigkeit einzugehen.

Rhoda und Susan repräsentieren zwei gegensätzliche, sich ergänzende Aspekte dieses Spannungsfeldes zwischen Kontinuität und Wandel. Rhoda ist die Kraft, die die reale Substanz transzendiert und Realität auflöst: „Month by month things are losing their hardness; even my body lets the light through; my spine is soft like wax near the flame of the candle. I dream; I dream" (*W* 32). Susan hingegen nimmt die Realität in sich auf, läßt sie in sich organisch wachsen, um eben diese 'harten' Strukturen, die Formen, die die Wirklichkeit bietet, später als Elemente in das Kunstwerk zu integrieren. Susan kann als eine die materiellen, sprachlichen Bestandteile von Kunst („the silver-grey flickering moth-wing quiver of words") formende Kraft gedeutet werden.[153]

Jungs Studie einer schizophrenen Patientin kann auch die Aufteilung der künstlerischen Persönlichkeit in sechs Personen angeregt haben. Die sechs Figuren in *The Waves* können, ähnlich wie die drei Figuren in Joyces *Ulysses*,

[151] Die Formulierung „Rhoda the nymph of the fountain always wet" findet sich beispielsweise in *W* 84 oder *W* 183.

[152] Die englischen Begriffe lauten *nymph* oder auch *naiad.*Vgl. Miriam Louisa Rothschild und Robert Traub, „Insects," ed. Peter B. Norton und Joseph J. Esposito, *The New Encyclopaedia Britannica: Macropaedia: Knowledge in Depth,* vol. 21 (Chicago et al.: Encyclopaedia Britannica Inc., [15]1994) 664 f.

[153] Die Figur Susan wird in dadurch charakterisiert, daß sie die ‚Dinge,' die Wirklichkeit, nicht umwandeln oder verändern kann, sondern ‚hart' in sich bewahrt: „These things remain square, prominent, undissolved in my mind. I am not sinuous or suave, I sit among you abrading your softness with my hardness, quenching the silver-grey flickering moth-wing quiver of words with the green spurt of my clear eyes" (*W* 153).

als die verschiedenen Aspekte der künstlerischen Imagination interpretiert werden. Die drei weiblichen und drei männlichen Charaktere stellen die Bestandteile des androgynen Künstlers dar, den Woolf zum Ideal erhebt. Im folgenden soll dieser Vermutung nachgegangen und untersucht werden, wie Woolf die Entwicklung der künstlerischen Imagination mit Hilfe der Analogie der Metamorphose von Motten darstellt.

## 2. Metamorphosen der Motte

Woolf verwendet die Metamorphose und den Lebenszyklus von Insekten hauptsächlich in *The Waves*, in einigen Essays und in ihrem Tagebuch als Analogie zu den verschiedenen Stadien der Entwicklung literarischer Kreativität. Daß sie sich mit der biologischen Seite der Metamorphose auseinandergesetzt und ausgekannt haben muß, zeigt sich daran, daß sie den Prozeß in Entwicklungsstadien einteilt. Sie berücksichtigt dabei die biologische Funktion der Veränderungen. In *The Waves* durchlaufen alle Figuren die Phasen der Metamorphose, die parallel zum Prozeß des Erwachsenwerdens beim Menschen verlaufen.[154] In diesem Zusammenhang werden bestimmten Charakteren einzelne Phasen schwerpunktmäßig zugeordnet.

- **Befruchtung**

Die biologische Funktion der erwachsenen Insekten – *imago* genannt – besteht wie die aller anderen Tiere allein in der Fortpflanzung. Je nach Dauer des Lebenszyklus ist diese Funktion bereits kurz nach dem Vollenden der eigenen Entwicklung erfüllt. Bernard ist als das 'befruchtende' Element der künstlerischen Persönlichkeit gekennzeichnet. Er äußert sich über die 'Fruchtbarkeit' und 'Befruchtung' seiner Imagination in Analogie zur Fortpflanzung:

> Images breed instantly. I am embarrassed by my own fertility. [...] My mind hums hither and tither with its veil of words for everything. To speak about wine even to the waiter, is to bring about an explosion. Up goes the rocket. Its golden grain falls, fertilising upon the rich soil of my imagination. The entirely unexpected nature of this explosion – that is the joy of intercourse. (*W* 84)

[154] Die Figuren in *The Waves* werden in diesem Zusammenhang als tierhaft aufgefaßt, denn sie unterliegen mit den Entwicklungsprozessen der Nachtfalter biologischen Gesetzen: „Nothing, nothing nothing broke with its fin that leaden waste of waters. Nothing would happen to lift that weight of intolerable boredom. The terms went on. **We grew; we changed; for, of course, we are animals.** We are not always aware by any means; we breathe, eat, sleep automatically. We exist not only separately but in undifferentiated blobs of matter" (*W* 174; eigene Hervorhebung).

Der künstlerische ‚Geist' (*mind*) ist der Ort, wo Bilder entstehen und sich 'fortpflanzen'. Der Paarungstanz der Motten symbolisiert die sich im Unterbewußten verbindenden Worte.[155] Selbst die banalsten Beobachtungen lösen bildreiche Assoziationen aus, die mit einem 'Samenerguß' verglichen werden, der auf den reichen Boden der Imagination fällt. Die sexuelle Metaphorik betont neben der schöpferischen Produktivität und Fruchtbarkeit auch die Freude und Lust, die mit künstlerischem Schaffen verbunden sind. Woolf verknüpft häufig verschiedene Analogieebenen, hier Befruchtung in der Vegetation und bei den Motten.

- **Larvenstadium**

Die Susan zugeordneten Leitmotive sind die ringförmige, grüne Raupe[156] und Vogelgezwitscher. Diese Figur symbolisiert den biologisch zu verstehenden kreativen Instinkt, der bereits anhand des *bird-singing impulse* analysiert worden ist. Susans Wahrnehmung konzentriert sich auf die Natur, die sie eher konkret und wörtlich als abstrakt auffaßt. Die Raupe in Ruhestellung verbildlicht das Anfangsstadium der symbolbildenden Entwicklung. Die eingerollte grüne Raupe verweist darauf, daß Susan sich den Entwicklungsprozessen der Natur unterwirft, die sie 'vorwärtstreiben:' sie versteht sich selbst als Teil der Natur.[157] An Susans Mutterrolle wird das produktive und fruchtbare Element der künstlerischen Kreativität deutlich, das sie zu Bernards weiblichem Gegenstück macht: „Something has formed, at school, in Switzerland, some hard thing. [...] What has formed in me I shall give him" (*W* 71).

Die biologische Funktion des Larvenstadiums ist auf die Nahrungsaufnahme beschränkt. In Analogie dazu besteht das Anfangsstadium des künstlerischen Prozesses in der Aufnahme von Eindrücken (zum Beispiel aus der Natur oder Umgebung). Das Larvenstadium stellt die Phase der Materialgewinnung für die imaginative Symbolbildung dar. Bernard, der alle sechs Personen in sich

[155] Die Beschreibung der geistigen, kreativen Aktivität durch „hums hither and tither with its veil of words" deutet auf einen unbewußten Vorgang hin, da die Erwähnung von ‚veil' auf die das Unterbewußte symbolisierenden Motten hindeutet; „veil" bedeutet anatomisch 'Segel'und ist als Anspielung auf Flügel zu interpretieren.

[156] Die erste Erwähnung dieses Leitmotivs findet sich bei der Einführung der sechs Kinder: „A caterpillar is curled in a green ring," said Susan, „notched with blunt feet" (*W* 6). Ebenfalls *W* 17: „There are twigs in your hair, Jinny. There is a green caterpillar on your neck."

[157] Vgl. zum Beispiel folgende Formulierung: „So life fills my veins. So life pours through my limbs. So I am driven forward, till I could cry, as I move from dawn to dusk opening and shutting, [...]" (*W* 123).

vereint,[158] hat gleich einer nimmersatten Raupe unersättlichen Durst und füllt sein Gehirn mit allen erdenklichen Bildern, aus denen er sein mehrbändiges Buch zu speisen beabsichtigt: „I fill my brain with whatever happens to be the content of a room or a railway carriage as one fills a fountain pen in an inkpot. I have a steady unquenchable thirst“ (*W* 49).

Louis stellt innerhalb der Konstellation der sechs Persönlichkeitsaspekte das Unterbewußte dar, das Woolf als eine tiefe Quelle archetypischer Symbole verbildlicht, die bis zum alten Ägypten zurückreicht. Auch er saugt sich wie eine Larve mit Bildern voll: „I am like some vast sucker, some glutinous, some adhesive, so unsatiable mouth. I have tried to draw from the living flesh the stone lodged at the center“ (*W* 143).

- **Verpuppung**

Die Larve häutet sich während ihres Wachstums verschiedene Male, da die Oberhaut nicht elastisch genug ist. Anschließend spinnt sie sich in einen Seidenkokon ein und geht in das Puppenstadium (*chrysalis*) über. Während dieser Phase nimmt sie keinerlei Nahrung auf, verharrt in einem Ruhezustand, in dem sie ihre Gestalt wandelt. Zwei Häutungen finden statt, der Kokon wird häufig in der zweiten Phase durchsichtig.[159]

Im Roman verknüpft Woolf verschiedene biologische Zyklen miteinander und zeigt so die Interdependenz von Natur und Kunst. Metamorphose als Entwicklungszyklus wird mit dem menschlichen Lebenszyklus verglichen, der unaufhaltsam voranschreitet und von der biologischen Natur kontrolliert wird.[160] Auf seine Verpuppung zurückblickend beschreibt Bernard die Puppenhülle als Schutz vor Sinneseindrücken, die für die sich in dieser Phase befindliche Künstlerpersönlichkeit schädlich waren: „Outside the mind undifferentiated forces roar; [...] A shell forms upon the soft soul, nacrous, shiny, upon which

[158] Daß Bernard als übergeordnete Figur zu verstehen ist, geht zum Beispiel aus *W* 196 hervor: „[...], what I call ‚my life,‘ it is not one life that I look back upon; I am not one person; I am many people; I do not altogether know who I am - Jinny, Susan, Neville, Rhoda, or Louis; or how to distinguish my life from theirs.“

[159] Die Anspielungen auf Häutungen kann man häufig nicht eindeutig einer Entwicklungsphase zuordnen. Ob sie zum Larven- oder Puppenstadium gehören, läßt sich häufig kaum entscheiden. Ebensowenig läßt sich genau differenzieren, ob Erwähnungen des ‘Schlüpfens’ das Verlassen des Eis oder des Kokons betreffen. Allerdings sollte man die analogen Bezüge zwischen künstlerischer Transformation und Metamorphose auch nicht so eng ausdeuten. Woolf hat sicherlich keine streng schematische Zuordnung von Phasen geplant.

[160] Percival wird von Bernard in der Phase der Pubertät als *vast cocoon* bezeichnet: „[...] I pull the blankets off his feet; he burrowing like some vast cocoon meanwhile“ (*W* 60).

the sensations tap their beaks in vain. On me it formed earlier than on most“ (*W* 196).

Die eigenen Sätze umgeben den Künstler wie eine Schutzmauer und ermöglichen ihm, in die Verwandlungsphase einzutreten, in der er sich nur von innen speist. Übertragen auf den kreativen Zyklus beschreibt Neville das Einspinnen der Larve in ihren Kokon als die Phase, in der sie von der Außenwelt abgetrennt wird: „Now this room seems to me central, something scooped out of the eternal night. Outside lines twist and intersect, but round us, wrapping us about“ (*W* 127). Der 'Kokon' des Inneren wird zur zentralen Welt – Woolf verbildlicht das Innere des Menschen oftmals auch als Zimmer.

Bereits diese Umhüllung oder Abschirmung ist als konstruiertes System ein kreativer Akt:[161] „Thus we spin round us infinitely fine filaments and construct a system“ (*W* 127). Die Puppe spinnt den Seidenfaden, indem sie eine körpereigene Substanz absondert. Woolf vergleicht den Künstler, der Sätze als Ausdruck seines Innern bildet (‚Spinnen‘ von Literatur), mit der Puppe, die aus ihrer eigenen Substanz den Faden spinnt, mit dem sie den Kokon schafft: „How strange to feel the line that's spun from us lengthening its fine filament across the misty spaces of the intervening world“ (*W* 64). Susan parallelisiert diese Phase mit der menschlichen Schwangerschaft: „I [...] am all spun to a fine thread round the craddle, wrapping the cocoon made of my own blood the delicate limbs of my baby“ (*W* 122). Die Puppe wird als ein neues Wesen gedeutet, das sich vom alten genährt hat und aus ihm entstanden ist. Ebenso ist das Kunstwerk aus der künstlerischen Imagination entstanden und ist deren neue Gestalt.

- **Verwandlung**

Die Verwandlungen, die die Raupe vor und während des Puppenstadiums durchläuft, sind Wachstum (*growth*), Häutung (*molting*), und Veränderungen (*change*) in Form, Farbe und Struktur, wie zum Beispiel Komplexität. Jinny beschreibt die körperlichen Veränderungen: „I feel my body harden, and become pink, yellow, brown“ (*W* 39).

[161] Das Spinnen der Seidenfäden ist eine aufwendige Tätigkeit, die leicht durch äußere Einflüsse zu stören ist. Louis, der bereits im Larvenstadium bei der Nahrungsaufnahme Schwierigkeiten hatte, wird durch die Umwelt beim Spinnen seiner Sätze behindert: „'It breaks,' said Louis 'the thread I try to spin; your laughter breaks it, your indifference, also your beauty. Jinny broke the thread when she kissed me years ago. The boasting boys mocked me at school for my Australian accent and broke it“ (*W* 153).

Darauf, daß die Metamorphose als Entwicklungsprozeß der künstlerischen Kreativität zu verstehen ist, weist ein Tagebucheintrag vom 28. März 1929 hin, in dem Woolf den kreativen Prozeß in Analogie zur Verpuppung beschreibt:

> Certainly there are many new ideas always forming in my head. For one, that I am going to enter a nunnery these next months; & let myself down into my mind; [...] It is going to be a time of adventure & attack, rather lonely & painful I think. (*D*, Vol. 3, 219)

Die Verpuppung bedeutet auf den künstlerischen Prozeß übertragen das Zurückziehen in das Unterbewußte, in die Isolation und Abwehr von äußeren Eindrücken. Die anschließenden Veränderungen der Künstlerin bestehen darin, daß sie kontinuierlich Bilder formt und ihre Phantasie ‚sprudelt:' „Only myself, I say, forever bubbles this impetuous torrent." Ideen strömen wie die im Inneren des Kokons zirkulierende, transformierende Energie. Nach außen ist die eingesponnene Puppe häßlich, denn sie steckt noch in der alten Hülle. Im Innern vollziehen sich jedoch magische Verwandlungen. Die Motte ist in Form und Farbe unter ihrer Hülle bereits fast fertig. Auf dieses Stadium bezieht sich Woolf in der Feststellung der eigenen, aus inneren, kreativen Entwicklungen resultierenden Schönheit: „So that even if I see ugliness in the glass, I think, very well, inwardly I am more full of shape and colour than ever." Es wird deutlich, wie wichtig das Schöpfen für ihre Identität ist. Woolf wartet auf das Schlüpfen, das Wiedergeborenwerden in einer neuen Gestalt: „I feel on the verge of some strenuous adventure: yes; as if this spring were the **hatching; the portal; the opening** through which I shall go upon this experience" (*D*, Vol. 3, 219; eigene Hervorhebung).

Auch die Ruhephase, in der äußerlich nichts passiert, ist für die Verwandlung aller gespeicherten Materialien von großer Bedeutung. Wird der Prozeß gestört, kann die im Unterbewußtsein ablaufende Entwicklung, der 'Wachstumsprozeß' des Kunstwerks, nicht voranschreiten:

> This book would form in me could I let my mind lie asleep, calm like a tideless sea; but all this time I'm breaking my mind up; destroying the growth underneath. (*D*, Vol. 3, 249)[162]

[162] Auf die schädlichen Auswirkungen der Umwelt auf den Wachstumsprozeß weist auch eine Äußerung Susans hin: „They have been crippled days, like moths with shrivelled wings unable to fly. [...] Then my freedom will unfurl, and all these restrictions that wrinkle and shrivel – hours and order and discipline, and being here and there exactly at the right moment – will crack asunder. [...] I shall there unfold and take out whatever it is I have made here; something hard. For something has grown in me here, through the winters and summers [...] I want to give, to be given, and solitude in which to unfold my possessions. [...]. So gradually I

- **Häutung**

Woolf beschreibt in ihrem Tagebuch ihre Schwierigkeiten bei der Arbeit an *Orlando*. Sie sieht sich außerstande, weitere Sätze zu 'spinnen,' muß also in die Ruhephase eintreten und auf die 'Wiedergeburt' warten. Im Puppenstadium geht eine Häutung vor sich, die sich auf das Umstrukturieren des sprachlichen und gedanklichen Gehalt des Kunstwerks übertragen läßt.[163] Woolf verbildlicht in ihrem Tagebuch ihre künstlerische Entwicklung als Häutung, also Erneuerung: „[...] feel come over me the feathery change: [...] as if my physical body put on some soft, comfortable skin" (*D*, Vol. 3, 186).

Bernard wählt für die Entwicklungsphasen der Persönlichkeit das Bild der Häutung.[164] Das von Woolf verwendete Verb für ‚schmelzen' (*to melt*) spielt auf das Wort für ‚häuten' (*to molt*) an. Bernards folgende Erinnerung an die Verwandlung seiner Freunde spielt auf den Häutungsvorgang an:

> Thus, not equally by any means or with order, but in great streaks my waxen wastecoat melted, here one drop, there another. Now through this transparency became visible those wondrous pastures, at first so moonwhite, radiant, where not foot has been; [...] and all the drops are sparkling, trembling, as if the garden were a splintered mosaic, vanishing twinkling; not yet formed into one whole; [...]. (*W* 175)

Das Ablegen der alten Haut bedeutet Befreiung und Wiedergeburt in eine scheinbar neuartige und wundersame Welt. Dies weist auf die Wandlung der künstlerischen Perspektive durch die Phase der Zurückgezogenheit hin, aus der ein neuer Zauber gewonnen werden kann. Der 'Gestaltwandel' bewirkt eine Wandlung der Sicht.[165] Bernards Augen, die nach der langen Dunkelheit der 'Verpuppungsphase' noch nicht wieder klar sehen, ähneln den Facettenaugen der Insekten, die ihr Bild der Wirklichkeit aus mosaikartig zusammengefügten Einzelbildern gewinnen.[166] Ähnlich soll der Künstler aus vielen einzelnen Perspektiven heraus die Vielschichtigkeit des Lebens beleuchten und ein einheitliches Ganzes formen.

---

shall turn over the hard thing that has grown here in my side" (*W* 38 f.). Die Einflüsse der Umwelt haben verkümmerte Flügel bewirkt, denn auch für das 'Entfalten' ist unbedingt Ruhe notwendig.

163 Vgl. Rothschild und Traub 710.

164 Bernard beschreibt durch die Metapher des Häutens den Wechsel von Lebensphasen, der von außen kaum wahrgenommen wird: „Here I am shedding one of my life-skins, and all they will say is, ‚Bernard is spending 10 days in Rome'" (*W* 134).

165 Die erwähnte Transparenz könnte auf die Durchsichtigkeit des Kokons in der zweiten Phase hinweisen.

166 Vgl. Rothschild und Traub 657.

## • Schlüpfen und Entfalten

Am Ende seines Lebens beurteilt Bernard rückblickend das Schlüpfen als Verlust der die Seele schützenden Umhüllung:

> I have lost in the process of eating and drinking and rubbing my eyes along surfaces that thin, hard shell which cases the soul, which, in youth, shuts one in – hence the fierceness, and the tap, tap, tap of the remorseless beaks of the young. (*W* 204 f.)

In der Jugend empfand Bernard die Hülle als behindernd, war es doch das alleinige Ziel des Heranwachsenden, diese aufzubrechen. Die Hülle bot der Seele Schutz vor der äußeren Welt, ist aber im Laufe seines Lebens durch die körperlichen Prozesse und die Vielzahl der Sinneseindrücke[167] abgenutzt worden. Während Woolf das Spinnen des Kokons als notwendigen Schutz darstellt, der die Verwandlung ermöglicht, schildert sie ihn am Ende der Umwandlung als beeinträchtigend. Das endgültige Abstreifen der Hülle bedeutet eine befreiende Wiedergeburt.[168]

Rückblickend beschreibt die Romanfigur Bernard seine literarische Entwicklung als einen Wandel, der den literaturgeschichtlichen Entwicklungsprozeß in chronologischen Schritten rekapituliert. „For I changed, and changed, and changed; was Hamlet, was Shelley, was the hero, whose name I now forget, of a novel by Dostoevsky; [...]" (*W* 177). Bevor die Raupe tatsächlich ihre Gestalt verändert und die endgültige Form annimmt, häutet sie sich mehrfach. Ebenso verwandelt sich Bernard zunächst in verschiedene literarische Figuren, bevor er endgültig eine stabile Identität annimmt. Wie die Larve grausam aus ihrer letzten Hülle 'ausgeweidet' und die Puppe an einem Dorn 'aufgespießt' wird, sucht Bernard qualvoll nach seinem künstlerischen 'Ich:' „Then there is the being eviscerated – drawn out, spun like a spider's web and twisted in agony round a thorn" (*W* 177). Die verwendeten Passivformen machen deutlich, daß die Entwicklung biologisch gesteuert ist. Der Einzelne ist einer indifferenten Naturgewalt ausgesetzt: „Then a thunder-clap of complete indifference; the

---

[167] Rothschild und Traub beschreiben den visuellen Wahrnehmungsprozeß der Insekten: „Although the insect eye provides very poor form perception, insects by using a process of scanning (moving the eye rapidly across a field of view) probably can form adaequate visual impressions of their surroundings. Insects have good colour vision" (653). Das Bild des ‚über Oberflächen hinwegreibens' („rubbing my eyes along surfaces"9 spielt auf diese optische Wahrnehmung von Insekten an und zeigt Woolfs detaillierte Kenntnisse über den naturwissenschaftlichen Wissensstand in bezug auf Insekten.

[168] Woolf bedauert zum Beispiel einen Freund - „poor old Angus," weil dieser sich nicht von seinem Kokon befreien und seine Persönlichkeit entfalten kann: „He will never now break through that chrysalis core of gentlemanly reserve, caution, good manners which shells him in" *(D*, Vol. 3, 205).

light blown out; then the return of the measureless, irresponsible joy" (*W* 177). Das Schlüpfen gleicht einer Wiedergeburt, die von einer Rückkehr der Lebensfreude begleitet ist.

Das Puppenstadium ist eine Phase der absoluten Verdunkelung, die das Zurückziehen ins Unterbewußte symbolisiert. Aus dieser Phase wird die Puppe befreit und wiedergeboren. Analog dazu folgen der Rückzugsphase auf künstlerischer Ebene das Wiedererwachen der schöpferischen Lust und die Freude an der Kreativität. Erst nach der Häutung kommt die wahre Identität zum Vorschein. Während die Larvenformen verschiedener Insekten sich stark ähneln, ist bei den erwachsenen Insekten die Formenvielfalt (Polymorphie) so reich wie bei fast keiner anderen Gattung. Das bedeutet für die Kunst, daß es nach der Transformation der beschränkten Ausgangsmaterialien immer wieder eine andere Form geben kann und daß diese vorher nicht absehbar ist:

> 'We changed, we become unrecognisable,' said Louis, 'Exposed to all these different lights, what we had in us (for we are all so different) came intermittently, in violent patches, spaced by blank voids, to the surface as if some acid had dropped mechanically on the plate.[169] (*W* 90)

Diese Verschiedenheit beschreibt auch Bernard, der die einzelnen Schritte der Häutung (*molting*) als schmerzhaftes Abschmelzen (*melting*) des 'jungfräulichen Wachses' schildert. „But we were all different. The wax – the virginal wax that coats the spine melted in different patches for each of us [...] We suffered terribly as we became separate bodies" (*W* 171). Woolf beschreibt die Ausdifferenzierung der einzelnen künstlerischen Persönlichkeitsaspekte, die Jung als die Individuation des kreativen Selbst bezeichnet.[170]

- **Krankheit als Verpuppung**

Woolf hat den kreativen Prozeß auch in anderer Hinsicht als einen organischen Vorgang verstanden. Wie aus ihrem Tagebuch und dem Essay „On Being Ill" hervorgeht, sah sie in ihren zahlreichen Krankheitsphasen eine Parallele zum Puppenstadium.[171]

[169] Die Insekten befreien sich auf unterschiedliche Weise von ihrer Puppenhülle; während einige sich mechanisch mit einer Art Sägevorrichtung befreien, zerstören andere auf chemische Weise ihren Kokon. Vgl. Rothschild und Traub 705.

[170] In ihrem Essay „On Being Ill," schildert Woolf diesen Aspekt der Individuation und die Bedeutung des Unterbewußten in Analogie zur Entwicklung des Embryos sehr deutlich. Der Einfluß der Psychoanalyse ist unverkennbar: „[...] to live and live till we have lived out those embryo lives which attend about us in early youth until 'I' suppressed them" (*CE*, Vol. 4, 199 49).Vgl. auch Richter, „Hunting the Moth" 22.

[171] In ihrem Tagebuch verknüpft Woolf am 10. September 1929 das erste Mal den kreativen Prozeß mit Krankheit und Metamorphose: „These curious intervals in life - we had many -

In einem Eintrag vom 16. Februar 1930 beschreibt sie die Transformation der Motte in Analogie zu Krankheit und kreativem Prozeß:

> Once or twice I have felt that **odd whirr of wings** in the head which comes when I am ill so often – [...] If I could stay in bed another fortnight [...] I should see the whole of The Waves. [...] I believe these illnesses are in my case – [...] partly **mystical**. Some things happen in my **mind**. It refuses to go registering impressions. It shuts itself up. It becomes **chrysalis**. I lie quite torpid, often with acute physical pain [...]. Then suddenly something springs [...] between these long pauses [...] I feel the spring beginning [...] & all the doors opening; this is [...] **the moth shaking its wings in me**. I then begin to make up my story whatever it is; ideas rush in me; often though this is before I can controll my mind or pen. It is no use trying to write at this stage. (*D*, Vol. 3, 286 f.; eigene Hervorhebungen)

Der auf die künstlerische Transformation übertragene Umwandlungsprozeß setzt ein, indem der Künstler die 'Nahrungsaufnahme' beendet und sich ‚einzuspinnen' beginnt. Den Prozeß innerer Verwandlung und Umstrukturierung wird begleiten körperliche Starre und Schmerzen. Auch die Schriftstellerin versteht körperliche Qualen als notwendig für geistiges Schaffen und wertet so die Erfahrung häufiger Krankheiten als Voraussetzung für ihren Erfolg als Künstlerin. Wie die verpuppte Motte zieht sich die Schriftstellerin in ihr Inneres, das Unterbewußte zurück, um die aufgenommenen Eindrücke zu verarbeiten und zu strukturieren. Der Prozeß mündet in die Aufgabe der Isolation und in das fertige Buchkonzept, von dem sich der Künstler lösen oder befreien muß. Woolf beschreibt dies analog zum Schlüpfen, also Zerspringen der alten Hülle, von der sich die fertige Motte befreit, indem sie die Flügel bewegt. Die Phase äußerlicher Ruhe wird von einem Schub kreativer Energie abgelöst, aber genau wie die geschlüpfte Motte noch nicht sofort die Flügel benutzen kann, muß auch die Schriftstellerin mit dem Schreiben warten, bis sich alles gefestigt und stabilisiert hat.

Ein Kunstwerk ensteht in einem langwierigen und schmerzhaften Prozeß, der ebenso wie Krankheit, Schwangerschaft und Metamorphose vom eigenen Körper des Künstlers genährt und an ihm erlitten wird. So gibt die Mutter, wie Susan deutlich macht, ihr Blut und ihren Körper an das ungeborene Kind. Der Ort der Verwandlung ist biologisch der Mutterleib oder der Kokon; die kreative ‚Schwangerschaft' oder ‚Verpuppung' findet im Unterbewußten statt.

---

are the most fruitful artistically - one becomes fertilised - think of my madness at Hogarth - and all the little illnesses - that before I wrote the *Lighthouse* for instance. Six weeks in bed now would make a masterpiece of *Moths*" (*D*, Vol. 3, 254).

Der schmerzhafte Prozeß wird durch eine Art Wieder- oder Neugeburt belohnt, die von unglaublicher Lebensfreude begleitet ist. Aus der körperlichen Qual erhebt sich flügelschlagend, voll pulsierenden Lebens, die fertige Motte.[172] Dies ist die Künstlerin, die ihr Werk vollendet hat. Häufig erlitt Woolf nach Vollendung eines Werkes einen postnatalen Depressionen vergleichbaren Zusammenbruch.[173] Erneut verbinden sich in Woolfs Metaphorik verschiedene Bilder, in diesem Fall Schwangerschaft und Metamorphose.

Die Autorin stellt das Unterbewußte mit Hilfe von Analogien zu natürlichen entwicklungsphysiologischen Prozessen als transformierenden Organismus dar.[174] Wandel ist in dieser Hinsicht für die Kunst notwendig. Das Bewußtsein erfaßt die sinnlich wahrnehmbare und dem Wandel unterliegende äußere Welt, die vom Unterbewußten bearbeitet wird. Allerdings macht Woolf auch deutlich, daß diese ständige Veränderung beunruhigend ist. Ihre Kunst sucht daher der Unbeständigkeit etwas Bleibendes entgegenzusetzen. Die geistige Entwicklung zielt auf das Schaffen von etwas Beständigem hin, das dem Wandel entgegengesetzt werden kann: „Thus he directed me to that [...] which is symbolic and thus permanent, if there is any permanence in our sleeping, eating, breathing, so animal, so spiritual and tumultuous lives" (*W* 176).

Wie Neville zum Ausdruck bringt, ist die künstlerische Imagination kein rein passives, triebgesteuertes Organ, sie setzt sich vielmehr der Natur entgegen.[175] Der Künstler sucht hinter den Prozessen der Natur etwas, das er in seinen Werken darstellen möchte.[176] Die Literatur spiegelt den Wunsch des Men-

---

[172] Im Essay „On Being Ill" symbolisiert Woolf ihr Schmerzmittel als „that mighty Prince with the moth's eyes and feathered feet" (*CE*, Vol. 4, 195).

[173] Dies kann man folgendem Tagebucheintrag entnehmen: „The blessed thing is coming to an (end) I say to myself with a groan. It's like some prolonged & yet very exciting process of nature, which one desires inexpressibly to have over. Oh the relief of waking & thinking its done - the relief, & the disappointment, I suppose. I am talking of To the Lighthouse" (*D*, Vol. 3, 109). Vgl. auch Richter, „Hunting the Moth" 27.

[174] Deutlich wird dies auch in Formulierungen wie zum Beispiel: „[...] the fringe of my intelligence floating unattached cought those distant sensations which after a time the mind draws and works upon; [...]" (*W* 176 f.).

[175] Woolf wählt das Bild des ‚ gegen den Sturm Anfliegens:' „They say that one must beat one's wings against the storm in the belief that beyond this welter the sun shines; [...]" (*W* 141). Die sechs Freunde konfrontieren die Dunkelheit, suchen gleich Motten das Licht. „Yet this shadow, which has sat by me for an hour [...] has power to drive me back, to pinion me down [...] to send me dashing like a moth from candle to candle" (*W* 208).

[176] Woolfs Metaphorik verbindet hier das Bild der im Schatten hängenden Motten mit Platons Höhlengleichnis: „Light floods the room and drives shadow beyond shadow to where they hang in folds inscrutable. What does the central shadow hold? Something? Nothing? I do not

schen wider, sich gegen die biologische Determination aufzulehnen. Dieses Streben drückt sich in der künstlerischen Leidenschaft, der kreativen Energie aus, die Neville jedoch für sich ablehnt: „You have been reading Byron. [...] I find marks against all those sentences which seem to express a sardonic yet passionate nature; a moth-like impetuosity dashing itself against hard glass" (*W* 62).[177]

Der Tod ist der 'zentrale Schatten,' zu dem sich Rhoda und Bernard unterschiedlich verhalten. Rhoda sehnt sich nach Vereinigung mit dem Feuer, das bedeutet nach einem Moment der Transzendenz, in dem sie die dem organischen Leben gesetzten Grenzen von Zeit und Raum überwinden kann. Dies geschieht im Moment des Todes:

> [...] I prayed that I might thunder for ever on the verge of the world where there is no vegetation, but here and there a marble pillar. I threw my bunch in the spreading wave. 'Consume me, carry me to the furthest limit.' (*W* 146)

Der Künstler muß allerdings die Sehnsucht nach Ewigkeit und Transzendenz in sein organisches Leben integrieren. Sein Körper, die Hand mit der er schreibt, ist eingebunden in organische Prozesse:

> And the light of the stars falling, as it falls now, on my hand after travelling for millions upon millions of years I could get a shock from that for a moment – not more, my imagination is too feeble. But some doubts remained. A shadow flitted through my mind like moths wings among chairs and tables in a room in the evening. [...] And by some flick of a scent or a sound on a nerve, the old image – the gardener sweeping, the lady writing returned. (*W* 190)

Die organische Welt ist das Material der Kunst, das der Künstler transformieren kann. Die Motte zwischen Erde und Sternen, Dunkelheit und Licht, Bewußtsein und Unterbewußten, ein organisches, sterbliches Wesen auf der Suche nach Licht, versinnbildlicht die ‚pulsierende' Imagination.

Die Motte symbolisiert nicht nur den kreativen Prozeß, sondern auch das, wovon sich dieser wie eine Motte nährt: Gefühle, Ängste, Schmerzen, allgemein Sinneseindrücke. Der kreative Prozeß ist eine Transformation, die nicht nur auf geistiger, unterbewußter Ebene abläuft. Sie ist vielmehr in organische Prozesse wie Befruchtung, Metamorphose, Schwangerschaft, Fieber und

know" (*W* 207). Sie stellt die philosophische Frage, was sich hinter den Schatten verbirgt, was die Wirklichkeit ist.

[177] Neville lehnt das organische Leben ab, weil es 'eine verglühende Kohle' sei. Er verarbeitet das Leben rein intellektuell und distanziert. Die aufbäumende, heroische Haltung der kreativen Energie ist ihm fremd, denn sie beruht letztendlich auf einer Anteilnahme am Leben. Rhoda, die sich in die tosenden Wellen wirft, verschmilzt mit diesen. Ihre Sehnsucht, das Leben zu transzendieren, bedingt ein Vergehen in den Flammen.

Krankheit sowie Saat, Wachstum, Ernte eingebunden. Mit solchen Vorgängen verbindet sich ein zyklisches Denken, das den gesamten Kreislauf des Seins von der Befruchtung bis zum Tod umfaßt. Das künstlerische Schaffen besitzt dennoch die Autonomie des bewußten Schöpfens. Auf der Suche nach Transzendenz lehnt sich die Imagination gegen den Tod auf, macht Energie frei, so daß das Kunstwerk einer Flosse gleicht, die sich dreht und gegen den Strom schwimmt („a fin in a waste of waters").[178]

In der Schlußszene von *The Waves* gebraucht Woolf zum Ausdruck dieses Gedankens das Bild eines Reiters, der sein Pferd bezwingt. Das Streben des Künstlers wider das Chaos des Wandels zielt auf die geordnete Form. Das Kunstwerk und die vom Künstler geschaffenen Symbole sind unvergänglich und trotzen dem Tod. Aber gleichzeitig wählt Woolf für die Motte, die sich dem Tod mit gefalteten, niedergelegten Fügeln ergibt, mit „composed" einen Begriff, der auch das Produkt der künstlerischen Imagination bezeichnet (vgl. „The Death of the Moth," *CE*, Vol. 1, 361). Der Falter symbolisiert zugleich das kreative Subjekt und den Zyklus imaginativer Entwicklung wie auch dessen Objekt, das fertige Buch. Die Kunst wird durch das Spannungsverhältnis zwischen dem Wunsch nach Unvergänglichkeit und dem Tod geprägt. Der Tod der Motte, das heißt die Sterblichkeit des Künstlers, kontrastiert mit der Unvergänglichkeit seines literarischen Produkts. Im Grunde verbinden sich in Woolfs Metaphorik die naturwissenschaftliche Ebene und das mythologische Motiv der Metamorphose: Der Wandel der Materie bedeutet Gestaltwandel, nicht Tod, denn der Künstler transformiert Materie im Kunstwerk zu einer neuen Daseinsform. Wie in Ovids *Metamorphosen* verändert sich die Summe niemals.

## 3. Verwandlung organischer in anorganische Substanz beim Pflanzenwachstum

Die Verwandlung eines winzigen Samenkorns in einen großen Baum macht die gewaltige Kraft am deutlichsten, die hinter der biologischen Entwicklung steckt. In Darwins Schriften wird Pflanzenwachstum zum Sinnbild einer fruchtbaren Natur, in der die Organismen Werkzeuge der überall zu beobachtenden Transformation sind, die auf dem kontinuierlich progressiven, spiralförmigen Ablauf von Fortpflanzung, Wachstum und Verfall beruht. Dieser ist

[178] Vgl. zu diesem Symbol, das sich in den Tagebucheintragungen und *The Waves* entwickelt, die Arbeit von Ann Landis Mc Laughlin, *A Fin in A Waste of Waters: A Study of Symbolic Transformation in* The Waves *by Virginia Woolf* (Ann Arbor: University Microfilms International, 1978).

notwendig für die Fortdauer des irdischen Lebens. Die Befruchtung treibt als Motor diesen Wandel an und hält ihn in Gang. Das Individuum kann sein Leben durch den Zeugungsakt verlängern, da es in seinen Nachfahren weiterlebt.[179]

Woolf nutzt auch die Analogie des Pflanzenwachstums, um ihrer Vorstellung von literarischem Schaffen Ausdruck zu verleihen. In *The Waves* ist Bernard mit Aussaat und Fruchtbarkeit assoziiert: „I throw my mind out in the air as a man throws seeds in great fan-flights, falling through the purple sunset, falling on the pressed and shining plough-land which is bare [...]" (*W* 153 f.). Der Begriff „mind" bezieht sich auf das kreative Potential, das der Künstler aus sich 'herausschleudert.' Durch den Kontakt mit der Außenwelt wird es mit Sinneseindrücken angereichert (zum Beispiel poetischen Bildern wie dem purpurfarbenen Sonnenuntergang).

Daß es sich bei dem fruchtbaren Boden um das Unterbewußte handelt, wird durch eine Aussage Bernards deutlich, die beschreibt, wie kreatives Potential als 'Saatgut' in den Tiefen seines Unterbewußtseins ruht. Dort müsse man es ungestört 'keimen' lassen, denn die inneren Anlagen entfalteten sich ohne weitere äußere Einflusse am besten. Bereits im genetischen Code ist festgelegt, wann und wie ein Keim sich entwickeln wird: „Something lies deeply buried. For one moment I thought to grasp it. But bury it; let it breed, hidden in the depth of my mind some day to fructify" (*W* 112). Auf die literarische Ebene übertragen bedeutet dies, daß der Künstler auf die Entfaltung des Unterbewußten warten muß, bevor er selber gestalten kann, indem er seine Idee pflegt wie ein Gärtner seine Pflanzen: „After a long time, loosely, in a moment of revelation, I may lay hands on it, but now the idea breaks in my hand." (*W* 112) Wenn der Künstler nicht die richtige ‚Pflege' anwendet, verkommt die Idee, und aus ihr kann kein Kunstwerk mehr wachsen.[180]

Die künstlerische Kreativität, die der Entwicklung eines Kunstwerks aus einer Idee einen ‚Nährboden' bietet, muß immer wieder von außen angeregt werden. Das Werk braucht Pflege um 'auszuwachsen,' wie aus dem Tagebucheintrag vom zwanzigsten Juni 1928 hervorgeht. Woolf berichtet von einer Krise, einem 'Wachstumsstillstand,' bei der Entwicklung von *Orlando*: „Mercifully,

---

[179] Beer, *Darwin's Plots* 125.

[180] Rhoda 'sät' Worte als kreatives Potential, aus denen dann Bilder und Träume werden, mit denen sie das Unterbewußte füllen und ausdehnen kann: „I flung words in fans like those the sower sows over the ploughed fields when the earth is bare. I desired always to stretch the night and fill it fuller and fuller with dreams" (*W* 146).

Nessa is back. My earth is watered again" (*D*, Vol. 3, 186). Die Schriftstellerin beschreibt hier, daß die Anwesenheit ihrer Schwester dafür sorgt, daß sie sich wohlfühlt und Ideen entwickeln kann. Der Vergleich ihrer Imagination mit Erde und ihrer Schwester mit Wasser zeigt hier erneut die Vorstellung künstlerischen Schaffens mit einem organischen Wachstumsvorgang.

Bernard wünscht sich, wie Louis zu sein, der im Bild des pflanzlichen 'Daseins' die Wurzeln repräsentiert, die den lebenden Künstler mit dem archetypischen Unterbewußtsein verbinden (wie einen Baum mit dem nährenden Erdreich):

> No, but I wish to go under; to visit the profound depths; once in a while to exercise my prerogative not always to act, but to explore; to hear vague, ancestral sounds of boughs creaking, of mammoths; to indulge impossible desires to embrace the whole world with the arms of understanding – impossible to those who act. (*W* 81 f.)

Dies ist für den Persönlichkeitsaspekt, den Bernard repräsentiert, jedoch nicht möglich. Als aktiver, befruchtender Teil der Imagination sorgt er für das Fortbestehen des geistigen Potentials: Das Kunstwerk überdauert den Künstler:

> But I am aware of our ephemeral passage. ‚It is, however, true that I cannot deny a sense that life for me is now mysteriously prolonged. Is it that I may have children, may cast a fling of seed wider, beyond this generation, this doom-encircled population, shuffling each other in endless competition along the street? (*W* 82)

Bernard ist sich der Vergänglichkeit organischen Lebens bewußt, denn allein die kreative Energie überdauert, die weitere Generationen gleichsam als Saatgut befruchtet und Ideen in der Kunst und den Köpfen anderer weiterleben läßt.

Neben der 'Aussaat' von Ideen als kreativem Potential betont Woolf vor allem den Entwicklungs- und Wachstumsprozeß. Ein Baum wächst in Ringen, über deren Beschaffenheit man sein Alter und die Wachstumsbedingungen ermitteln kann. Diese äußeren Bedingungen sind also bedeutsam für die Gestalt und die innere Struktur des Organismus. Für die Kunst heißt dies, daß eine Grundidee des Künstlers durch äußere Impulse aus der Umwelt mitbestimmt wird. Dieser Idee wird immer mehr ‚Substanz' hinzugefügt, bis ein Kunstwerk gleichsam organisch gewachsen ist:

> Life is pleasant. Life is good. The mere process of life is satisfactory. Take the ordinary man in good health. He likes eating and sleeping [...] So the being grows rings. Identity becomes robust. (*W* 185 f.)

Die Erfahrungen des Künstlers verleihen dem Werk seine unverwechselbare Struktur. Schmerzen und andere Gefühle prägen den Künstler und seine Imagination. Er wird auf ähnliche Weise geprägt wie ein Baum, der in seiner

Maserung Narben und Verletzungen erkennen läßt. Woolf vergleicht ausdrücklich die Entwicklung der Persönlichkeit im Laufe des Lebens mit dem Wachstum eines Baums: „The being grows rings, like a tree. Like a tree leaves fall" (*W* 201). Bernard beschreibt, wie sich der künstlerische *mind* entwickelt:

> Tuesday follows Monday, then comes Wednesday. The mind grows rings; the identity becomes robust; pain is absorbed in growth. Opening and shutting, shutting and opening, with an increasing hum and sturdiness, the haste and fever of youth are drawn into service until the whole being seems to expand in and out like the mainspring of a clock. How fast the stream flows from January to December! (*W* 182 f.)

Der Baum transformiert äußere Einflüsse und Substanzen in eigene (Holz-) Substanz: „I spoke to that self who has been me [...] the man who has been so mysteriously and with sudden accretions of being built up" (*W* 201). Die ringförmig angelagerte Substanz verleiht dem Baum seine Stabilität, aber auch äußere Gestalt (Äste, Blüten) und innere Struktur (Maserung, Astlöcher). Die Transformation des Keims zu einem Baum verläuft in Schüben und ist 'mysteriös,' da sie nicht sinnlich wahrgenommen werden kann. In Analogie dazu wandelt die künstlerische Imagination die Wirklichkeit zu eigener Substanz um, bis durch einen nicht nachvollziehbaren Vorgang ein organisch gewachsenes Kunstwerk entstanden ist. Die Wirklichkeit hat zu dessen äußerer Gestalt und innerer Struktur beigetragen.

In ihrem Tagebuch überträgt Woolf das Pflanzenwachstum ausdrücklich auf die imaginative Transformation, auf die Entwicklung von *To the Lighthouse*: „I think though, that when I begin it I shall enrich it in all sorts of ways, thicken it; give it branches and roots which I do not perceive now" (*D*, Vol. 3, 36).

Die künstlerische Imagination trägt ‚Früchte,' die die Künstlerin solange nährt und speist, bis der nötige Reifegrad erlangt ist, so daß die Frucht sich von selbst von dem sie nährenden Baum, von der Imagination ablöst; dann kann der Schreibprozeß einsetzen: „As for my next book, I am going to hold myself from writing till I have it impending in my mind like a ripe pear; pendant, gravid, asking to be cut or it will fall" (*D*, Vol. 3, 209). Die Energie, die die Imagination wachsen und das Werk reifen läßt, ist für die Künstlerin eine mysteriöse Kraft, die sie nicht bewußt steuern kann. Sie ist quasi-organischen Prozessen ausgesetzt, die Woolf in „A Sketch of the Past" beschreibt:

> But somehow into that picture must be brought, too, a sense of movement and change. Nothing remained stable long. One must get the feeling of everything approaching and then disappearing, getting large, getting small, passing at different rates of speed past the little creature; one must get the feeling that made her press on, the little creature driven on as she was by growth of her legs and arms, driven without her being able to

> stop it, or to change it, driven as a plant is driven out of the earth, up until the stalk grows, the leaf grows, buds swell. That is what is indescribable, that is what makes all the images too static, for no sooner has one said this was so, than it was past and altered. How immense must be the force of life which turns a baby, who can just distinguish a great blot of blue and purple on a black background, into the child who thirteen years later can feel all that I felt on May 5th 1895 – now almost exactly to a day, forty-four years ago – when my mother died. (*MB* 79)

Die Wandlungen, die die Natur und damit auch den Künstler als biologisches Wesen beherrschen, bestimmen auch seine künstlerische Entwicklung und müssen im Kunstwerk sichtbare Spuren hinterlassen. Die gleiche Energie, die entwicklungsphysiologische Wandlungen verursacht, ist auch verantwortlich für die künstlerische Transformation.

## C. Stoffwechselbedingte Umwandlungen

### I. Aldous Huxley – Stoffwechselphysiologie und Psychologie

#### 1. Kunst und ihre *visceral quality*

Besonders häufig dienen physiologische Umwandlungsprozesse als Vergleichsebene für literaturästhetische Analogien. Dies ist allein aus den Fortschritten in den entsprechenden biologischen Disziplinen wie Stoffwechsel- und Neurophysiologie nicht zu erkären. Vielmehr stehen diese Vergleiche in engem Zusammenhang mit den Erkenntnissen der 'modernen' Psychologie, wie Freud und Jung sie repräsentierten. Die beiden verknüpften erstmalig in wissenschaftlichen Abhandlungen geistige mit körperlichen Prozessen. Insbesondere in dieser ‚vermittelten' Form wurde die Metaphorik physiologischer Umwandlungsprozesse für die literarischen Schöpfungsvorstellungen attraktiv.

Freud legt in seinen Lehren dar, daß das Kind seine frühesten Erfahrungen der Welt über den Mund aufnehme. Der Säugling sauge die Außenwelt zunächst über die Muttermilch auf. Anschließend werde die Art der 'Verinnerlichung' immer komplexer und weite sich nach und nach auf alle anderen grundlegenden Körperfunktionen wie das Beißen, Greifen und Berühren aus.[181]

Zentral für die Lehren Freuds ist der Zusammenhang zwischen dem ‚Bösen' oder der ‚Sünde' und dem Körper. Das frühkindliche Bewußtsein trenne die

[181] Vgl. Lindsay Tucker, *Stephen and Bloom at Life's Feast: Alimentary Symbolism and the Creative Process in James Joyce's* Ulysses (Columbus: Ohio State University Press, 1984) 3 f. Die Arbeit von Lindsay Tucker untersucht grundlegend den Zusammenhang zwischen Kreativität und Körperfunktionen.

beiden Systeme der Nahrungsaufnahme (Mund) und der Nahrungsausscheidung (Anus) noch nicht in Gut und Böse oder Hoch und Niedrig. Beide seien gleichermaßen wichtig. Das Kind beurteile zunächst den Anus als kreativ und werte erst die 'untere' Körperhälfte ab, wenn es den aufrechten Gang erlerne und erzieherisch konditioniert werde. Dann erst lehne es Funktionen und Gerüche der unteren Körperteile zuerst als unangenehm, dann als schlecht ab. Diese Werte setzten sich im Bewußtsein fest, führten dazu, Körper und Geist zu trennen und erzeugten so Ängste. Das Ergebnis seien ein gespaltenes Bewußtsein sowie Schreckensvorstellungen um Körper, Tod und Hölle.[182]

Jung wollte anhand seiner Archetypenlehre aufzeigen, daß die ursprüngliche Einheit körperlicher und geistiger Prozesse sich unter anderem in der Symbolik der Alchemie ausdrücke. Nach deren Maxime sei das 'Unterste' ein Paradigma des 'Obersten.' Diese ganzheitlichen Symbole und Rituale würden im Unterbewußten des Menschen gleichsam als Erbgut aufbewahrt und weitergegeben.[183]

Nach Freud ist es vor allem ein Merkmal der jüdisch-christlichen Kultur, die 'höhere,' spirituelle Ebene zu verherrlichen und die 'untere,' körperliche mit dem Begriff der Sünde zu belegen. Freud sieht die abendländische Kultur als das Resultat von unterdrückten organischen Funktionen und Trieben an. Die Psychoanalyse betrachtet es als ihre Aufgabe, letztere wieder ins Bewußtsein hervorzuholen (zu desublimieren) und so die kulturell verankerte Dichotomie von Körper und Geist aufzuheben.[184]

Aus heutiger Sicht sind Freud und Jung reine Geisteswissenschaftler, obwohl ihre Erkenntnisse auf medizinisch-biologischen Grundlagen beruhen. So behandelten sie Patienten, deren körperliche Krankheiten sie als psychosomatische Erscheinungen diagnostizierten. Zudem erkannten sie die neurotischen Erscheinungen ihrer Zeit als das Ergebnis einer langfristigen Unterdrückung (Sublimierung) körperlicher Prozesse in der Geschichte der abendländischen Kultur. Sublimation sei kein individuelles, sondern ein kollektives und kulturelles Phänomen. Wenn physiologische Vorgänge für literaturästhetische Theorien verwendet werden, steht dies also in engem Zusammenhang mit Psychologie und Mythologie. Diese Übertragungen sind demzufolge nicht

[182] Vgl. Tucker 4.
[183] Vgl. Tucker 2.
[184] Vgl. Joseph Goldridge Bentley, „Semantic Gravitation," ed. Wolfgang Weiss, *Die englische Satire* (Darmstadt: Wissenschaftliche Buchgesellschaft, 1982) 47 ff.

das Ergebnis einer direkten Auseinandersetzung mit naturwissenschaftlichen Erkenntnissen, sondern zeugen von einer indirekten Rezeption.

Huxley begründet in „'And Wanton Optics Roll the Melting Eye'" die kontrapunktische Stilistik als wichtiges Merkmal seiner Literatur auf dem von der Psychologie diagnostizierten abendländischen Körper-Geist-Dualismus.[185] Die satirische Effekte seiner Ästhetik könne er nur dank der Merkmale der Kultur selbst erzielen, weil in dieser die geistig-spirituelle und materiell-körperliche Ebene unvereinbar seien und zum Stilmerkmal der Satire führten, wenn sie aufeinanderstießen.[186] Der Künstler könne durch die Kombination von Gegensätzen seinen Leser auf die gegensätzliche Welt aufmerksam machen. Dieser nehme sie sonst nicht wahr, da er in einem ‚Schott' („water-tight compartment"[187]) lebe.[188] Huxley ist ein besonders eifriger Kritiker der Fragmentierung der menschlichen Erfahrungswelt infolge der naturwissenschaftlichen Revolution. Den anatomischen Terminus ‚Vivisektion" benutzt er als Metapher für die naturwissenschaftliche Methode, Gegenstände zu sezieren und Partikel zu untersuchen, die das Ganze aus dem Blick verliert. Gerade deshalb ist er bemüht, die Naturwissenschaften nicht aus der Kunst auszugrenzen, sondern sie zu integrieren und als Analogien für das Verständnis 'moderner' Lebenserfahrungen und 'moderner' Kunst zu nutzen:[189]

---

[185] Mit den menschlichen Konflikten beschäftigt sich aus philosophisch-anthropologischer Perspektive die Arbeit von Ulrike Kretschmer, *Der Mensch – Affe oder gottähnliches Wesen? Philosophisch-anthropologische Vorstellungen im Werk Aldous Huxleys,* „Human Potentialities;" 1 (Münster: LIT, 1998).

[186] Die satirische Stilistik des Körperlichen untersucht Joseph Goldridge Bentley eingehend. Vgl. Bentleys Arbeiten *Aldous Huxley and the Anatomical Vision* (Ann Arbour: Dissertation Abstracts International, 1961), „Huxley's Ambivalent Responses to the Ideas of D. H. Lawrence," *TCL* 13 (1967/68) 139-153; „The Later Novels of Aldous Huxley," *YR* 59 (1970): 507-19; sowie „Semantic Gravitation," ed. Wolfgang Weiss, *Die englische Satire* (Darmstadt: Wissenschaftliche Buchgesellschaft, 1982) 33-51. Vgl. auch Murray Roston, „The Technique of Counterpoint," ed. Jerome Meckier, *Critical Essays on Aldous Huxley* (London et al.: C.K. Hall, 1996) 45-54.

[187] Den mangelnden Austausch zwischen den einzelnen Ebenen menschlicher Existenz kritisiert er auf der Makroebene in der Kultur. Dem entspricht es auf der Mikroebene, den Geist in unterschiedliche Instanzen aufzuspalten sowie Körper und Geist zu trennen. Diese Kritik drückt Huxley in der Analogie der Symbiose beziehungsweise der mangelhaften Symbiose aus: „Our minds, like our bodies, are colonies of separate lives, existing in a state of chronically hostile symbiosis; the soul is in reality a great conglomeration of souls, the product of whose endless warfare at any given moment is our behaviour at that moment" („Swift" *DWYW* 97).

[188] „'And Wanton Optics Roll the Melting Eye'," *MN* 42: „So far as we are concerned, the bringing together of remote discoveries and near feelings is productive of literary effects which we recognize as ironical."

[189] Vgl. Reese 36.

> Juxtapose, for example, physiology and mysticism (Mme Gyon's ecstasies were most frequent and most spiritually significant in the fourth month of her pregnancies); juxtapose acoustics and the music of Bach [...] juxtapose chemistry and the soul (the ductless glands secrete among other things our moods, our aspirations, our philosophy of life). This list of linked incompatibles might be indefinitely prolonged. We live in a world of *non-sequiturs.* („'And Wanton Optics Roll the Melting Eye'," *MN* 40 f.)

Daß der Körper-Geist-Dualismus kulturell begründet sei, legt der Autor in seinen Essays häufig dar. Er verweist auf dessen Herkunft aus der platonisch-christlichen Philosophie. Die kulturelle Abwertung des Körpers gegenüber dem Geist belegt er mit dem Terminus *soma sema,*[190] der das Gefangensein der Seele im sterblichen Körper ausdrückt. Huxley macht aber auch deutlich, daß es sowohl bei Homer als auch in der Bibel durchaus Beispiele für die Vereinigung beider Prinzipien gibt. Huxley verweist in dem Zusammenhang auf seine eigene literarische 'Praxis,' auf die gleichzeitig naturwissenschaftliche und ästhetische Darstellung der Wahrnehmung eines Bachkonzerts in *Point Counter Point.*[191]

Huxleys Romane sind voll von Passagen, die auf dem gleichen Prinzip beruhen. Sie stellen die physiologische Seite der menschlichen Existenz den geistig-spirituellen Ansprüchen gegenüber. Die Implikationen des Transformationsprozesses alles Stofflichen für die Bewertung geistiger und künstlerischer Leistung verdeutlicht ein Textauszug aus *Point Counter Point.*

Der Satz von Claude Bernard „'The life of the animal is only a fragment of the total life of the universe'" regt Lord Edward Tantamount an, über die Bedeu-

---

[190] Mit dem Problem des Körper-Geist-Dualismus setzt sich Huxley zum Beispiel in „The Problem of Human Nature," *HS* 133 auseinander: „The phrase *soma-sema* (body equals tomb) begins occurring in Greek in the fifth and fourth centuries, an idea that is absolutely opposed that had ever entered the mind of Homer, to whom the body wasn't a tomb, but a part of the personality. [...] we get the beginning of the mind-body dualism which was then systematised and made scientific very much later on by Descartes, and which has haunted Christian thought ever since." Anschließend (*HS* 133 f.) zeigt er die alttestamentarische Tradition 'proto-physiologischer' Ansätze auf, Körperfunktionen und geistige Fähigkeiten in einer Körper-Geist-Einheit zu korrelieren.

[191] Die naturwissenschaftliche Beschreibung der ablaufenden körperlichen Vorgänge erklärt die ästhetische Wahrnehmung: „Pongileoni's blowing and the scraping of the anonymous fiddlers had shaken the air in the great hall, had set the glass of the windows looking onto it vibrating; and this in turn had shaken the air in Lord Edward's apartment on the further side. The shaking air rattled Lord Edward's *membrana tympani*; the interlocked *malleus, incus* and stirrup bones were set in motion so as to agitate the membrane of the oval window and raise an infinitesimal storm in the fluid of the labyrinth. The hairy endings shuddered like weeds in a rough sea; a vast number of obscure miracles were performed in the brain, and Lord Edward ecstatically whispered 'Bach!' [...] A dog with the smell of rabbits in his nostrils could hardly have shown a more indecent eagerness" (Huxley, *PCP* 44).

tung des Kreislaufs von Werden und Vergehen für die Erklärung künstlerischer Leistungen nachzudenken. Es gebe keinen Tod eines Lebewesens: „It would be a changing its mode of existence.“ Diese stoffliche Transformation bedeute aber auch, daß alles Geistige aus organischen Stoffen hervorgegangen sei:

> Bits of animals and plants become human beings. What was one day a sheep's hind leg and leaves of spinach was the next part of the hand that wrote, the brain that conceived the slow movement of the Jupiter Symphony. And another day had come when thirty-six years of pleasures, pains, hungers, loves, thoughts, music [...], had manured an unknown corner of a Viennese cemetery, to be transformed into grass and dandelions, which in their turn had been transformed into sheep, whose hind legs had in their turn been transformed into musicians, whose bodies in their turn .... (*PCP* 39 f.)

Huxley erzielt komisch-satirische Effekte, durch die er aber nicht nur den Gegensatz zwischen beiden Ebenen aufzeigt. Er beklagt vielmehr, daß die naturwissenschaftlichen Erkenntnisse, die den Zusammenhang zwischen körperlichen Prozessen und geistigen Fähigkeiten nachwiesen, den menschlichen Geist abwerten würden. Alle Kunst entsteht nach diesen Forschungen nur dadurch, daß chemische Zusammensetzungen neugeordnet werden. Daß Kunst trotz dieser Erkenntnisse ein rein geistiges Produkt sein solle und es kulturell nicht akzeptiert sei, daß der Körper mitwirke, kritisiert Huxley dadurch, daß er darstellt, wie sich Tierteile in Musik umgewandeln.

In *The Genius and the Goddess* beklagt John Rivers die bereits sprachlich festgelegte Unvereinbarkeit von Körper und Geist. Er fordert eine neue Sprache, die beide Elemente vereinen soll und kritisiert satirisch die Kultur, in der körperliche und geistige Prozesse unvereinbar sind:

> [...] love is always accompanied by events in the nerve endings, the skin, the mucous membranes, the glandular and erectile tissues. [...] It's the fault, of course, of our philosophy of life; and our philosophy of life is the inevitable by-product of a language that separates in idea what in actual fact is always inseparable. [...] What we need is another set of words. Words that can express the natural togetherness of things. Muco-spiritual, for example, or dermatocharity. [...] Why not viscerosophy? But translated, of course, out of the indecent obscurity of a learned language into something you could use in everyday speech or even in lyrical poetry. (*GG* 52 f.)

Huxley fordert unter anderem in *Literature and Science*[192] sowie in „Integrate Education“ eine neue literarische Sprache, mit deren Hilfe sich die verschiedenen Ebenen menschlicher Existenz vereinen ließen:

[192] Huxley erhebt insbesondere die Forderung, die Sprache solle die materielle und immaterielle Wirklichkeit gleichermaßen ausdrücken können, um so der Vielseitigkeit des Lebens gerecht zu werden: „The words of the tribe and of the textbook must be purified into a many

> It is these three worlds – the world of abstractions and concepts, the world of immediate experience and objective observation, and the world of spiritual insight – which must, in any integrated point of view, be brought together [...] What we need is a language that will permit us to speak of such a profoundly personal experience in terms of philosophical concepts, in terms of biochemistry, and in terms of theology. („Integrate Education,“ *HS* 5 f.)

Das Ideal einer ganzheitlichen Literatur sieht er in Shakespeare verkörpert, der in seinen Werken die Vergänglichkeit menschlicher Existenz beschreibe, aber gleichzeitig die Interdependenz von Zeitlichkeit und Unsterblichkeit sowie von Körper und Geist betone:[193]

> [...] we cannot think abstractly without being involved as physiological beings [...] the passing of time tends to undermine everything and produce constant change; and yet [...] there is a religious and spiritual side of life – time must have a stop in the timeless and eternal world. („Integrate Education,“ *HS* 5)

In „Vulgarity in Literature“ definiert Huxley als Ziel des literarischen Schaffens, die physiologische Ebene der menschlichen Existenz nicht nur in die Kunst zu integrieren, sondern darüber hinaus die Beziehungen zwischen Körper und Geist zu analysieren. Er weist auch auf die Pflicht der Kunst hin, erzieherisch auf die Leserschaft einzuwirken und sie so zur Akzeptanz des Körpers zu zwingen. Er reagiert damit auf Kritik an der satirischen Darstellung der physiologischen Natur des Menschen in seinen Werken.[194]

Huxley beschreibt vor allem in seinen späteren Werken das Zusammenwirken von Psyche und Körper, das für ihn auch die Mannigfaltigkeit von Persönlichkeiten und Temperamenten erklärt.[195] Er macht das Gehirn, die Struktur des Nervensystems, den Blutkreislauf und andere physiologische Faktoren für die unterschiedlichen perzeptiven sowie kognitiven Fähigkeiten und Leistungen

meaninged language capable of expressing simultaneously the truth about nightingales, as they exist in their world of caterpillars, endocrine glands and territorial possessiveness, and the truth about human beings who listen to the nightingale's song“ (*LS* 117).

[193] Die Auseinandersetzung mit der Vergänglichkeit charakterisiert Literatur als solche, wie Huxley in *LS* 8 betont: „[...] its concern is [...] with the *Istigkeit* of things, the Not-thought in thoughts, the timeless suchness in an infinity of perpetual perishings and perpetual renewals.“

[194] So vertritt Huxley in „Vulgarity in Literature,“ *MN* 293 f. die Ansicht, daß Literatur nicht nur die physiologische Seite der menschlichen Natur beschreiben, sondern dadurch die Leser sogar schocken solle, um sie für die Konfrontation mit der Wirklichkeit vorzubereiten: „I think it is not only permissible, but necessary, that literature should take cognizance of physiology and should investigate the still obscure relations between the mind and its body. [...] All those praiseworthy ends can be attained by a course of shocking; retributive pain will be inflicted on the truth-haters by the first shocking truths, whose repititions will gradually build up in those who read them an immunity to pain and will end by reforming the stupid criminals out of their truth hating.“

[195] Vgl. beispielsweise Huxleys Darlegungen in „The Unconscious“ *HS* 153-160.

verantwortlich.[196] Freud habe diese physiologischen Faktoren bei seinen Auseinandersetzungen mit der Psyche des Menschen jedoch kaum berücksichtigt.[197] Auf eine ausdrückliche literaturtheoretische Reflexion verzichtet der Schriftsteller in diesen Essays ebenso wie in seinen Werken über mystische Erkenntnis wie *The Doors of Perception* und *The Perennial Philosophy.* Dort verweist er beständig auf die physiologische 'Wurzel' spiritueller Erkenntnis.[198] Diesen Gedanken unterstreicht er auch in seinen Essays über Swift[199] und El Greco sowie in *Literature and Science.*[200] El Greco sei es in seinen Bildern gelungen, die körperliche Erfahrung des im sterblichen Körper Einge-

---

[196] Vgl. zum Beispiel „How Original is Original Sin?" *HS* 63 ff. Huxley beschäftigt sich hier auch mit der Frage der genetischen Vererbung dieser körperlichen und somit auch geistigen Charakteristika menschlicher Persönlichkeit.

[197] So legt er in *LS* 97 f. dar: „The basic Freudian hypothesis is an environmental determinism that ignores heredity, an almost naked psychology that conveys near to ignoring the physical correlates of mental activity. [...] True, the mouth and the anus receive a good deal of attention - but nothing inbetween."

[198] Diese Pflanzenmetapher verwendet er auch in „Crébillon the Younger" *OT* 141, um die Abhängigkeit spiritueller, geistiger Erkenntnis von physiologischen Prozessen zu unterstreichen: „The distinction between sacred and profane, spiritual and fleshly love is an arbitrary, gratuitous and metaphysical distinction. The most spiritual love is rooted in the flesh; the most sacred is only profane love sublimated and refined." Diese Wurzel ist absolut notwendig, damit eine 'Pflanze' leben und Blüten treiben kann. Hier ist übertragen gemeint, daß in diesem Fall also die Imagination des Künstlers 'wachsen' und produktiv sein kann: „[...] flowers of the imagination which contrive to blossom and luxuriate [...]" („Crébillon the Younger," *OT* 135).

[199] In diesem Essay setzt sich Huxley mit Swifts Abneigung gegen die physiologische Existenz auseinander: „That human beings should have to get rid of the waste products of metabolism and digestion was for Swift a source of excruciating suffering" („Swift" *OAA* 93). Bentley sieht eine gewisse Ironie in Huxleys Argumentation: „Huxley's essays offer us the uncommon spectacle of one physiological satirist attacking another." Joseph Godridge Bentley „Huxley's Ambivalent Responses to the Ideas of D. H. Lawrence:" 142. Vgl. ebenfalls Bentley, *Aldous Huxley and the Anatomical Vision* 98. Bentley vereinfacht in seiner Beurteilung von Huxleys Kritik an Swift jedoch. Vgl. zu einer komplexen Auseinandersetzung mit Huxleys Swift-Rezeption den Aufsatz von Bernfried Nugel, „Aldous Huxley, Detractor or Admirer of Swift?" *Swift: The Enigmatic Dean*: *Festschrift for Hermann Josef Real*, ed. Rudolf Freiberg, Arno Löffler und Wolfgang Zach (Tübingen: Stauffenburg Verlag, 1998) 159-171.

[200] Zum Beispiel in *LS* 97: „Privately, these experiences feel as though they were the operations of some invading god or demon. But [...] they are the results of events taking place within the organism. We have learnt that there is an endocrinology of elation and despair, a chemistry of mystical insight, and, in relation to the atomatic nervous system, a meteorology and even [...] an astrophysics of changing moods."

schlossen-Seins auszudrücken,[201] auf eine höhere geistige Ebene zu übertragen und zu transformieren:

> They are in a prison and, which makes it worse, in a visceral prison. For all that surrounds them is organic, animal. Clouds, rock, drapery have been mysteriously transformed into mucus and skinned muscle and peritoneum. („Meditations on El Greco," *MN* 59)

Im Gegensatz zu seinen Zeitgenossen habe dieser Künstler die 'physiologische Wurzel' der spirituellen Ekstase abgebildet, also die in erster Linie körperlichen Hintergründe aller mystischen Erfahrungen, wie Huxley sie in *The Devils of Loudun* darstellt. Er habe also die 'spirituelle Blüte' nicht vom Rest der 'Pflanze' getrennt. Huxley zufolge berief sich El Greco allein auf die körperliche Erfahrung und nicht auf metaphysische Inspirationen als Grundlage seiner Kunst.[202]

In seinen früheren Werken, vor allem in seinen Romanen, hebt Huxley den kulturell verankerten Gegensatz zwischen Körper und Geist hervor[203] und macht dabei das Groteske der physiologischen Grundlage geistiger Leistungen und Fähigkeiten zum Gestaltungsprinzip seiner Satire. Durch diese Satire kritisiert er, daß die Kultur einseitig urteile, wenn sie körperliche Vorgänge ab-, geistige Prozesse jedoch aufwerte. Hingegen bemüht er sich in seinen späteren Schriften, die Interdependenz von Körper und Geist zu betonen und die Bedeutung physiologischer Transformationen für geistige Abläufe – wie das künstlerische Schaffen – hervorzuheben.[204]

Der körperliche Wandel als Merkmal des Stoffwechsels wirkt sich demnach in gleicher Weise auf die geistige Struktur aus.[205] Auch in den körperlichen Umwandlungsprozessen erkennt Huxley auf die geistige Ebene übertragbare

---

[201] Huxley formuliert diesen Gedanken in „Meditations on El Greco," *MN* 63: „There is ecstasy and flamy aspiration; but always ecstasy and aspiration, as we have seen, within the belly of the whale."

[202] Vgl. Huxley, „Meditations on El Greco," *MN* 53-70.

[203] Diesen Gegensatz beurteilt Huxley als Ausdruck der kranken Kultur und Gesellschaft des Abendlandes. Alle Romanfiguren, die die Notwendigkeit mystischer Erkenntnisse propagieren - Miller in *Eyeless in Gaza*, Propter in *After Many a Summer Dies the Swan* sowie Rontini in *Time Must Have a Stop* - weisen dem Dualismus der modernen westlichen Gesellschaft die Schuld daran zu, daß physiologische und spirituelle Elemente unvereinbar seien. Vgl. Bentley, „The Later Novels of Huxley:" 515.

[204] Vgl. auch Bentley, „The Later Novels of Huxley:" 512 ff.

[205] Diesen Gedanken führt Huxley in „Personality and the Discontinuity of the Mind," *PS* 237 aus: „These irregular fluctuations in the body's activity [...] have a direct effect on the accompanying mind, which reacts to the physiological changes by passing from one state to another, distinct from and discontinuous with the first."

Prinzipien. Der Wandel aller Materie müsse akzeptiert und ebenso wie die geistige Kontinuität, die diesen kompensiere, in die Kunst integriert werden. Huxley findet die Prinzipien evolutionärer Umwandlung in der physiologischen Transformation bestätigt: Der Mensch ändere dauernd seine Substanz, bewahre dabei aber seine wesentlichen Strukturmerkmale:

> The body is perpetually changing its material substance; but it persists, unmistakably, as the same individual body throughout his life. [...] The body [...] persists; but its activity is not uniformly regular; it is undulatory and tide-like. („Personality and the Discontinuity of the Mind," *PS* 236)

Ein menschlicher Körper bleibe als Stätte eines kontinuierlichen geistigen Entwicklungsprozesses immer essentiell gleich, verändere sich aber auf substantiell-materieller Ebene vollkommen. Stoffwechselvorgänge seien Anpassungsreaktionen des Organismus, die durch äußere Reize bedingt seien. Sie stünden hauptsächlich im Dienste von Energiegewinnung und Assimilation. Stoffe würden dem Körper von außen zugeführt und in körpereigene, essentiell gleichbleibende Substanz umgewandelt. Dieses Prinzip überträgt Huxley auf die der Transformation von Wirklichkeit in Kunst: Vorstellungen körperlicher Stoffwechselvorgänge haben Eingang in das analoge Denken und die literaturkritische Terminologie Huxleys gefunden.

## 2. Metaphorik von Stoffwechsel und Nahrungskreislauf

Der Autor verbindet physiologische Bilder mit christlichen Kreativitätsvorstellungen, wenn er zum Beispiel die Analogie des *deus artifex* verwendet, um den ernsthaften Künstler zu charakterisieren:

> But the serious painter does not want to be imposed upon by his subject; he wants to impose himself on it. [...] On the contrary, he feels impelled by his talent to make **the creative gesture which molds the chaos of the world into an ordered and human cosmos which turns nature into art**. [...] He wants a plain, and almost neutral subject, on which he can impress his own human ideas of composition and harmony, his own conception on the grand and dramatic. („On the Absence of Painters in the Tropics," *OAA* 261; eigene Hervorhebung)

Wenige Zeilen später beschreibt Huxley den künstlerischen Prozeß in Analogie zur Nahrungsaufnahme und Verdauung einer Auster, die aufgenommene Nahrung in Perlmutt umwandelt. Der Verdauungsprozeß ist eine analoge Ebene für rezeptions- und produktionsästhetische Kategorien:

> Delft is more easily digested by the intellect than Tivoli. Turner, it is true, would swallow Italy and turn it into art; but then he was a kind of spiritual ostrich. Most painters prefer a lighter diet. („On the Absence of Painters in the Tropics," *OAA* 261)

Häufig verwendet Huxley zur Umschreibung der Transformation von Eindrücken in Bilder, Sprache oder Kunst den schon im allgemeinen Sprachgebrauch üblichen Begriff 'intellektuelle Verdauung,' ohne diesen stärker in eine Bildebene zu integrieren oder die Analogie auszuführen.

So bezeichnet er das Gemälde „Resurrection“ von Piero della Francesca als das beste Bild der Welt: „All the turmoil, all the emotions have been digested by the mind into a grave intellectual whole“ („The Best Picture“ *OAA* 199). Huxley sieht Katzen als gute Anschauungsobjekte an. Wenn man sie beobachte, könne eine Grundlage gewonnen werden, um Kunst zu schaffen: „[...] nothing remains for the would-be novelist but to watch them living from day to day; to mark, learn and inwardly digest the lessons about human nature which they teach [...]“ („Sermons in Cats,“ *MN* 262). Die Impressionisten hätten in ihren Bildern Eindrücke 'unverdaut' gelassen, die die Betrachter erst nach der Rezeption zu einem imaginativen Ganzen transformieren mußten. Der Rohzustand, so Huxley, habe mehr von der materiellen Existenz sichtbar werden lassen, die die platonische Perspektive bereits spurlos beseitigt habe: „They put their visual impressions straight on to the canvas and left them there – raw, so to speak, and mentally undigested“ („Country Ecstasies,“ *TP* 21).[206]

In „Crébillon the Younger“ erläutert er die Funktionsweise der intellektuellen Verdauung als ein imaginatives Verarbeiten des Rohmaterials, das der Schriftsteller seinen Lesern und Leserinnen zur Rezeption anbiete. Huxley betont die Unterschiede der 'modernen' Kunst zu ihren Vorgängern:

> Perhaps the main difference between them and us is that they believe in pure reason as well as extra-conjugal love; we Bergsonians do not. [...] In our novels we offer the facts in a so-to-speak raw state, leaving the reader to draw his own conclusions from them. The older psychologists treated the facts to a preliminary process of intellectual digestion; they gave their readers something more than the mere behavioristic material on which psychological judgements are based; they gave them the conclusions they themselves had already drawn from the facts. („Crébillon the Younger,“ *OT* 138 f.)

Wenn er also Erfahrungen verarbeite, solle der Künstler seinem Rezipienten die 'Verdauung' nicht abnehmen. 'Verdauung' bedeutet bei Huxley intellektuelle oder imaginative Verarbeitung, die als kreativer Prozeß und nicht nur Mittel zum Zweck empfunden wird. Diese Vorstellung betont Huxley durch Analogien, die die berauschende Wirkung von Nahrung zeigen, also die Kategorie *pleasure* mit dem Stoffwechselzyklus verknüpfen.

---

[206] Auf Huxley und seine Zeitgenossen hat der Rohzustand die schockierende Wirkung verloren, ihre Wirkung gleicht fader Nahrung: „Custom for us has staled the Impressionists“ („Country Ecstasies,“ *TP* 22).

So kritisiert der Autor in „Ben Jonson“ die rein intellektuelle Literatur Jonsons, die das Element der Imagination vermissen lasse, denn er reichere sein Material nicht emotional oder imaginativ an. Diese geistige Eigenart stehe aber im Gegensatz zu Jonsons körperlichen Gewohnheiten. Huxley behandelt physiologische Prozesse nicht in ihrem naturwissenschaftlich nachweisbaren Zusammenhang mit geistigen Prozessen, sondern überträgt sie rein metaphorisch auf die geistige, literaturästhetische Ebene:

> Ben, then, was one of the sobers, [...] an intellectual insisting that there was no way of arriving at truth except by intellectual processes, [...]. Ben's poetical achievement [...] is the achievement of one who relied on no mysterious inspiration, but on solid qualities of sense, perseverance, and sound judgement which any decent citizen of a decent country may be expected to possess. [...] Working solely with the logical intellect and rejecting as dangerous the aid of those uncontrolled and illogical elements of imagination[...]. („Ben Jonson,“ *OM* 193 f)

Jonsons Art der Literaturproduktion sei zwar 'trocken' und 'freudlos,' aber dennoch wegen seiner 'soliden Geistes- und Sinnesfähigkeiten' zu schätzen. Huxley warnt jedoch auch vor dem Genuß sehr 'hochprozentig' mit Gefühlen angereicherter Literatur. Damit meint er Literatur, die durch verschiedene, chemischen Verfahren vergleichbare Prozesse von den 'Verunreinigungen' durch Wirklichkeitsbezüge befreit sei. Wenn solche Textsorten wie die Tragödie physiologisch verarbeitet würden, könne es zu einer Art Rausch kommen, der nicht nur rasch verfliege, sondern auch den Zugang zur Erkenntnis der Wirklichkeit versperre:

> Being chemically impure, Wholly-Truthful literature cannot move us as quickly and intensely as tragedy or any other kind of chemically pure art. But I believe that the effects are more lasting. The exultations that follow the reading or hearing of a tragedy are in the nature of temporary inebriations. („Tragedy and the Whole Truth,“ *MN* 16)

Die Verdauung bedeutet, daß Nahrung lediglich partiell in Körpermasse verwandelt wird: Die wertlosen Bestandteile werden wieder ausgeschieden. Es gibt laut Huxley auch literarische Elemente, die ähnlich wie Abführmittel 'beschleunigend' auf die 'Verdauung' wirken, die Rezeption erleichtern, da sie stimulieren:

> There is a cruelty, a heartlessness about much of the older humor which is sometimes shocking, sometimes, in its less extreme forms, pleasantly astringent and stimulating after the orgies of quaint pathos and sentimental comedy in which we are nowadays forced to indulge. [...] There is no alleviation, no purging by pity and terror. It requires a very hearty sense of humour to digest it. [...] A good dose of this mockery, administered twice a year at the equinoxes, should purge our minds of much waste matter, make nimble our spirits and brighten the eye to look more clearly and truthfully on the world about us. („Ben Jonson,“ *OM* 200-202)

So sei eine gewisse Art von schwarzem Humormit *pleasure* verbunden, der Emotionen hervorrufe und gleichzeitig bewirke, daß die Sinne für neue Nahrung, also für frische Eindrücke und Erfahrungen empfänglich würden. Eine gewisse Magie schwingt in Huxleys Worten mit, wenn er das 'Abführmittel' beschreibt, das bei Sonnenwende eingenommen werden soll. Eine Dosis von Sinnlichem und Magischem könne dazu beitragen, allzu trockene Speisen zu verdauen und unverdauliche Eindrücke 'auszuscheiden.'

Die Analogien zur Verdauung verdeutlichen, daß der Künstler die Außenwelt zu assimilieren hat. Das Verarbeiten von Nährstoffen ist mit dem Assimilationsprinzip sehr eng verbunden. Anders als bei der Assimilation verwandelt die Verdauung jedoch nur die 'wertvollen' Bestandteile der mit der Nahrung aufgenommenen Stoffe, während der Rest wieder ausgeschieden wird. Dieser körperliche Vorgang symbolisiert gewisse geistige Prozesse in der Imagination des Künstlers. Der bewußt eingeleitete Prozeß der Selektion und 'Einnahme' von Material wird laut Huxley vom Schaffensvorgang größtenteils im Unterbewußtsein als ‚Verdauungs- und Organisationsprozeß' („The Unconscious," *HS* 159) weitergeführt. Im folgenden führe das Unterbewußtsein hilfreiches weiteres Material zu, aus dem dann eine geniale Idee 'gekocht' werde:

> [...] it is then represented to the unconscious mind in the form of some idea which is often felt to be extremely brilliant and illuminating, which the conscious mind could not of itself have concocted. [...] What may be called creative genius is the uprush of helpful material from the deep levels of the unconscious, which is then worked up by the conscious self into an appropriate form. („The Unconscious," *HS* 159 f.)

Huxley beruft sich auf Edison, nach dem neun Zehntel des Genies auf für den Organismus notwendigen physiologischen Prozessen beruhen („perspiration") und nur ein Zehntel auf rein geistiger 'Inspiration.' Genialität sei Edison zufolge die harmonische Zusammenarbeit beider Elemente („The Unconscious," *HS* 160). Wie diese beiden Ebenen im künstlerischen Schaffensprozeß zusammenspielen, kann die Analyse neurophysiologischer Analogien aufzeigen.

### 3. Neurophysiologie

Neben den Erkenntnissen über die Bedeutung von Stoffwechselprozessen für geistige Fähigkeiten hat sich auch die Erforschung des menschlichen Nervensystems auf die Vorstellung künstlerischen Schöpfens ausgewirkt. Die Verwendung des Begriffs *brain* impliziert im Gegensatz zu *mind* bereits den Zusammenhang zwischen physiologischen oder neurophysiologischen Umwandlungsprozessen und geistigen Fähigkeiten.[207]

Anatomische Untersuchungen des Gehirns im vergangenen Jahrhundert ergaben, daß Denken Bewegung ist. Das Gehirn wurde als eine Ansammlung von Nervenzellen erkannt, die zu Nervenknoten zusammengefaßt sind. Man kam zu der Erkenntnis, daß Nerven Relais aus verschiedenen Neuronen sind, an denen jeweils Stimuli, also Erregungsimpulse, entlang der verästelten Nervenbahnen weitergeleitet werden. Innerhalb einer Nervenzellpopulation wird die Erregung über enge Spalten zwischen den Nervenzellen, oder vielmehr über die Synapsen ihrer Fortsätze übertragen, wofür ein chemischer Transmitter notwendig ist. Im Zusammenspiel von Erregung und Hemmung verbirgt sich die komplizierteste Bewegungsform der lebenden Materie. Kognitive Leistungen beruhen also auf der Schnelligkeit der Bewegungen von einem Nervenknoten zum nächsten. Bei der Übertragung neurophysiologischer Vorgänge auf die Literaturästhetik steht der Gedanke im Vordergrund, daß für geistige Prozesse wie Denken oder Dichten das Funktionieren eines komplexen Organs notwendig ist. So wird Literatur in gewisser Weise als Produkt organischer Transformationen verstanden.[208]

Huxley beschreibt in verschiedenen Essays die Wirkungsweise chemischer Stimulanzien auf die Nerven, die für eine erhöhte Wahrnehmung der Sinnesor-

---

[207] Huxley legt diese Zusammenhänge zwischen Nervensystem und 'mentaler und psychischer' Beschaffenheit in seinen Essays dar, wie zum Beispiel in „How Original is Original Sin?" *HS* 64 f.: „The enormous mental and psychological differences which we perceive among human beings are correlated, first of all, with differences in the structure of the nervous system. It is quite certain, for example, that brains are very different from one another in the number, shape, and arrangement of their neurons. Although we don't know exactly *how* these physical differences affect people psychologically, undoubtedly there is an effect upon our way of thinking and our character. The second genetic correlate of character and temperamental differences is the difference in the capacity of different individuals to produce various of the enzymes which control metabolism and nervous action. It is becoming clearer and clearer that this is a matter of immense importance. The third correlate is probably blood supply, which is likewise of great importance and which varies greatly among human beings: [...]." Huxley weist dem Gehirn aufgrund der unterschiedlichen Beschaffenheit hinsichtlich 'Anzahl und Anordnung der Neuronen' persönlichkeitskonstituierende Eigenschaften zu. Weitere Faktoren für die Ausbildung verschiedener Charaktere und Temperamente sind die Produktion bestimmter Enzyme sowie der Blutkreislauf.

[208] Vgl. John Gordon, „'Ithaca' as the Letter 'C'," *JJQ* 32,1 (1994): 48 f. und H.-C. Rauh, „Erregung," ed. Herbert Hörz, Heinz Liebscher et al., *Philosophie und Naturwissenschaften: Wörterbuch zu den philosophischen Fragen der Naturwissenschaften* (Bonn: Pahl-Rugenstein Nachfolger, 1997) 291 f.

gane sorgen.[209] Er postuliert, daß diese chemischen Substanzen körpereigene Hormone (die Endorphine) ersetzen, die früher durch Fasten, Beten, Geißeln und andere mystische Praktiken ausgelöst worden seien. Ebenso gebe es Reize, die auf die Nerven stimulierend wirkten und so geistige Prozesse auslösten, die für die Produktion von Literatur ausschlaggebend seien.

Die Erkenntnisse über die Funktionsweise des Nervensystems fließen in Huxleys Beschreibung des dichterischen Prozesses ein, wenn er erläutert, wie äußere Stimuli wahrgenommen und weitergeleitet würden, die zur Bildung von assoziativen Verbindungen eines Außenreizes mit schon im Unterbewußtsein des Dichters vorhandenen Emotionen und Erfahrungen führen. Auch Gefühle seien letztendlich durch starke Hormonausschüttungen körperlich motiviert. Diese Überlegungen weitet Huxley aus, indem er auf die neuronale Wirkung einer erhöhten Spannung verweist, die das Zusammenführen von Gegensätzlichem auslöse. Ein weiterer Aspekt ist die Assoziationstechnik des menschlichen Geistes selbst, die Huxley aufgrund seiner Kenntnis neurophysiologischer Zusammenhänge differenzierter sehen kann als noch David Hartley, der sich nur eine lineare Fortsetzung der Ideen, jedoch keine multiple, dreidimensionale Vernetzung vorstellen konnte.[210]

Die Bildung von Gegensätzen wirke ähnlich wie Stromerzeugung über zwei unterschiedliche Ladungen. Sie verursache eine hohe rezeptive Sensibilität der Nervenzellen im Gehirn und ermögliche eine rasche Weiterleitung der Eindrücke über die Synapsen:

> Juxtapose two accounts of the same event, one in terms of pure science, the other in terms of religion, aesthetics, passion, even common sense: their discord will set up the most disquieting reverberations in the mind. („'And Wanton Optics Roll the Melting Eye'," *MN* 40)

Der Dichter soll sich selbst und mittels der von ihm in diesem Zustand verfaßten Literatur auch seine Leser und Leserinnen in einen Spannungszustand versetzen können, der von einer erhöhten rezeptiven Sensibilität gegenüber den Phänomenen der äußeren Welt und den abstrakten Ideen gekennzeichnet ist.

---

[209] Zum Beispiel in „On Art, Sanity and Mysticism," *OAA* 98: „Man's higly developed color sense is a biological luxury - inestimably precious to him as an intellectual and spiritual being, but unnecessary to his survival as an animal. [...] Mescalin raises all colors to a higher power and makes the percipient aware of innumerable fine shades of difference, to which, at ordinary times, he is completely blind."

[210] Vgl. zum Begriff der Ideen-Assoziation und seiner philosophiegeschichtlichen Einordnung K. H. Stäcker, „Assoziation," ed. Joachim Ritter, *Historisches Wörterbuch der Philosophie*, Vol. 1 (Basel, Stuttgart: Schwabe, 1976) 548-553. Vgl. außerdem Robert M. Young, „Association of Ideas," ed. Wiener, Vol. 1, 111-118.

Dieser Forderung kommt Huxley in seinen Essays und vor allem in seinen Romanen mit der kontrapunktischen Technik nach.

In „Language" beschreibt Huxley jenen neurophysiologischen Prozeß, der durch Reize ausgelöst wird und zu Reaktionen des Gehirns führt. Es sei biologisch notwendig, im Chaos der Eindrücke zu selektieren und nur die Reize weiterzuleiten, die überlebensnotwendige Funktionen steuerten.[211] Bei diesem Vorgang helfe dem Menschen im Gegensatz zum Tier die Sprache, die verwirrende Vielfalt der Reize selektiert ins Bewußtsein zu leiten, sie zu bündeln und über geordnete Bahnen dem Sprachzentrum zuzuführen, wo sie direkt in Symbole übersetzt würden. Dieser Gedanke läßt sich an Huxleys Umschreibung von Sprache als hochorganisiertes Symbolsystem ablesen: „[...] by far the most important and most highly organized symbol system [...]. And it is through language that we impose symbolic order and symbolic meaning upon a profusion" („Language," *HS* 175).

Da er aufgrund seiner entwickelten Bewußtseinsstruktur nicht allein den biologischen Notwendigkeiten, also seinen Trieben, ausgeliefert sei, könne der Mensch auch biologisch nicht notwendiges, dafür aber aus ästhetischer oder sozialer Sicht erstrebenswertes Material auswählen. Dieses werde über einen bewußten Akt der Selektion gewonnen, sofort weitergeleitet und in Symbole wie Sprache oder Bilder übersetzt. Diese symbolische Transformation resultiere aus einem angeborenen Drang und gleiche ebenso wie der Drang nach Ordnung und Bedeutung einem neuronalen Reflex.

Huxley kann aufgrund seiner Kenntnisse der Neurologie und mit Hilfe der Analogien aus diesem biologischen Bereich den dichterischen Prozeß in einzelne Phasen gliedern und seine Vorstellungen von der Transformation von Reizen bis zur Umsetzung in einem Kunstwerk detailliert darlegen. Der dichterische Prozeß ist für Huxley trotz der Anlehnung an die Naturwissenschaft kein mechanischer Vorgang. Darin unterscheidet sich die moderne Literaturästhetik von David Hartleys Assoziationsmodell ebenso wie sich die moderne Neurophysiologie von der früheren mechanistischen Erklärung der Verarbeitung von Reizen durch das Nervensystem abhebt.

[211] Huxley führt diesen Gedanken in „Language," *HS* 173 f. aus: „The nervous system of animals and of human beings is contrived in such a way that it automatically sifts out from the blooming, buzzing confusion those elements which are biologically useful."

## II. James Joyce – Kunst als physiochemisches Produkt

### 1. Organische und geistige Prozesse im Zusammenspiel

Auch Joyce verleiht der Forderung eine Stimme, physiologische Vorgänge mit geistigen und kreativen Prozessen zu verknüpfen: diejenige Leopold Blooms. Dieser sieht in der Sensibilität für ‚künstlerische Eindrücke' (*U* 17.20) eine Eigenschaft, die er mit Stephen teilt. Die Grundlagen ihrer künstlerischen Konzeption unterscheiden sich jedoch deutlich.

Während Leopold Bloom sein Weltbild auf der Bedeutung der Nahrung („dietary and civic selfhelp") gründet, ist Stephens *Credo* ein rein geistiges („the eternal affirmation of the spirit of man in literature"). Bloom führt die geistigen Vorgänge jeweils auf biochemische Stoffwechselvorgänge zurück („imperfect deglutition of aliment," „gastric inanition and certain chemical compounds") oder verknüpft in seinen Erklärungen körperlicher Phänomene physiologische, physische und emotionale Faktoren („chemical compounds of varying degrees of adulteration and alcoholic strength, accelerated by mental exertion and the velocity of rapid circular motion in a relaxing atmosphere"). Stephen hingegen schreibt seinen Zusammenbruch im Bordell der Wiederkehr einer ‚morgendlichen Wolke' zu (*U* 17.27-42), einem symbolisch-spirituellen Phänomen.

In der „Ithaca"-Episode verwendet Bloom seine Kenntnisse der Gehirnfunktionen, um geistige Vorgänge zu erklären. So erkennt er die nicht ausschließlich bewußte, rationale Natur menschlicher Intelligenz („the light of reason, the incommensurable categorical intelligence"). Der Ort dieser geistigen Fähigkeiten ist für Bloom ein organischer („situated in the cerebral convolutions"), der auch für die unterbewußte Seite der menschlichen Psyche verantwortlich ist. So fürchtet Bloom das Unkontrollierbare dieses Unterbewußten: „What did he fear? The committal of homicide or suicide during sleep by an aberration of the light of reason, the incommensurable categorical intelligence situated in the cerebral convolutions" (*U* 17.1765-1768).

Das Zusammenspiel organischer und geistiger Prozesse sowie die Bedeutung des Unterbewußten in diesem Zusammenhang beeinflussen Blooms Überzeugungen über die Natur der künstlerischen Kreativität. Dieses Unterbewußte arbeitet in Analogie zu Verdauungsprozessen.

Das Gesetz des Stoffwechsels bestimmt Leopolds Vorstellungen von den Vorgängen in der Natur. Der Kreislauf von Werden und Vergehen ist ein Motiv, das ständig in seiner Gedankenwelt wiederkehrt:

> Scarlet runners. Virginia creepers. Want to manure the whole place over, scabby soil. A coat of liver of sulphur. All soil like that without dung. Household slops. Loam, what is this that is? The hens in the next garden: their droppings are very good top dressing. Best of all though are the cattle, especially when they feed on those oilcakes. Mulch of dung. Best thing to clean ladies' kid gloves. Dirty cleans. Ashes too. Reclaim the whole place. Grow peas in that corner there. Lettuce. Always have fresh greens there. (*U* 4.476-483)

Aus den Ausscheidungen der Tiere wachse wieder Nahrung (Salat), und so entstehe neues Leben. Das Vieh werde genährt und liefere Dung für neue Nahrung, indem es das Futter umwandele. Der Dung diene Pflanzen als Dünger, die Nahrung produzieren. Dieser Kreislauf alles Organischen impliziert, daß Zerstörung notwendig ist, damit etwas entstehen kann. Er zeigt auch die Vereinigung von Gegensätzen, wie Werden und Vergehen, Exkrementen und Nahrung, Schmutz und Sauberkeit („dirty cleans"). Aus solchen Gedankengängen, die um die Aufnahme, Verdauung und Ausscheidung der Nahrung kreisen, läßt sich eine Vorstellung von Kreativität ableiten, die immer eine Umwandlung, ein '*recycling*,' von anderen Stoffen ist. Der zugrundeliegende Transformationsprozeß wird von Bloom als Analogie zum Prozeß des künstlerischen Schaffens verstanden. Mit Hilfe der Stoffwechselanalogie kann der dichterische Prozeß in unterschiedliche Phasen gegliedert werden. Der Aufnahme, Verdauung und Ausscheidung der Nahrung entsprechen jeweils Phasen des literarischen Schaffens.

## 2. Transformation von Nahrung als Analogie zur künstlerischen Schöpfung

### a. Nahrungsaufnahme – Aufnahme von Eindrücken und Erfahrungen

Leopold Bloom wird bereits in der ersten Beschreibung in „Calypso" über seine Beziehung zu Nahrung charakterisiert. Seine bejahende Haltung bildet einen Gegensatz zu Stephens Abneigung. Gleichzeitig verknüpft der direkte Anschluß dieser Charakterisierung an „Proteus" die Stelle auch inhaltlich mit der Telemachia, deren zentrales Thema die dichterische Kreativität ist:

> * Mr Leopold Bloom ate with relish the inner organs of beasts and fowls. He liked thick giblet soup, nutty gizzards, a stuffed roast heart, liverslices fried with crustcrumbs, fried hencods' roes. Most of all he liked grilled mutton kidneys which gave to his palate a fine tang of faintly scented urine. Kidneys were on his mind as he moved about the kitchen [...]. (*U* 4.1-6)

Joyce hebt Blooms Appetit auf Innereien hervor, welche eine wichtige Funktion für den Organismus haben. Sie erhalten seine Lebensfähigkeit und sind wichtig, damit auch die geistigen Prozesse funktionieren. Die Nieren garantieren, daß der Körper verdauen und ausscheiden kann („a fine tang of faintly scented urine"). Als Nahrungsmittel implizieren die Nieren also den gesamten Nahrungskreislauf. Blooms Fähigkeit, Erfahrung aufzunehmen, spiegelt sich in seiner Einstellung zu Nahrung und ihrer Verdauung wider und ist das Grundelement seiner Gedankengänge und verbalen Kreativität sowie seiner Einstellung zu Fruchtbarkeit.[212]

Bloom stellt Theorien über den Zusammenhang zwischen der Aufnahme von Nahrung und geistiger Kreativität auf. In „Lestrygonians" kommt er bei der Beobachtung von Wasservögeln zu der These, daß man sprichwörtlich 'ist, was man ißt:'

> Live on fish, fishy flesh they have, all seabirds, gulls, seagoose. [...] If you cram a turkey, say, on chestnut meal it tastes like that. Eat pig like pig. But then why is it that salty fish are not salty? [...] It's always flowing in a stream, never the same, which in the stream of life we trace. (*U* 8.79-95)

Die Art der Nahrung bestimme die Beschaffenheit des Lebewesens. Das heißt für die Literatur, daß äußere Einflüsse den Dichter formen. Gleichzeitig kann man daraus schließen, daß sie ihn nicht vollkommen bestimmen, denn er selber transformiert sie. Die Feststellung Blooms, daß Fisch nicht salzig schmecke, obwohl er sich von Salzwasser ernähre, weist darauf hin.

### b. Verdauung – Erinnerung und Verarbeitung von Eindrücken

Leopold überträgt seine an Tieren gewonnenen Einsichten über die Bedeutung von Nahrung auf die Dichtung:

> These literary etherial people they are all. Dreamy, cloudy, symbolistic. Esthetes they are. I wouldn't be surprised if it was the kind of food you see produces the like waves of the brain the poetical. For example one of those policemen sweating Irish stew into their shirts; you couldn't squeeze a line of poetry out of him. (*U* 8.543-547)

Er erklärt die geistige Produktion als eine chemische Reaktion. Diese werde durch bestimmte Substanzen hervorgerufen, die auf das Gehirn einwirkten.

Die dichterische Schöpfung hängt nach dieser Vorstellung wesentlich von der Aufnahme von Lebenserfahrungen ab. Die geistigen Aktivitäten erweitern in Blooms Bildern den Verdauungsprozeß. Nahrungsaufnahme, Verdauung und Ausscheidung (diesmal in Form von Schweiß) bilden eine Parallele für die Aufnahme von Eindrücken, die Verarbeitung im Gehirn oder in der Phantasie und die anschließende Ausscheidung in Form von Sprache.[213]

---

[212] Vgl. Tucker 46.
[213] Vgl. Tucker 62.

Die Bedeutung der 'Aufnahme des Lebens' sowie von Erinnerung für den kreativen Prozeß kommt in Blooms *seedcake of memory* zum Ausdruck:

> Yum. Softly she gave me in my mouth the seedcake warm and chewed. Mawkish pulp her mouth had mumbled sweetsour her spittle. Joy: I ate it: joy. Young life, her lips that gave me pouting. Soft warm sticky gumjelly lips. Flowers her eyes were. [...] She kissed me. I was kissed. [...] Kissed, she kissed me. Me. And me know. (*U* 8.906-917)

Auch in dieser Symbolik entsprechen geistige Prozesse den körperlichen. Mit „seedcake" ist der von Molly vorgekaute Brei eines Kuchenstücks gemeint, den sie Bloom zu Beginn ihrer Beziehung von Mund zu Mund weitergab. Die Aufnahme und Verdauung dieses Breis wird in Leopolds Erinnerung ständig wiederholt. Die Erinnerung wird von ihm immer dann hervorgerufen, wenn er besonders deprimiert ist. Mollys nährende Funktionen werden in körperlicher und geistiger Hinsicht verglichen. Erfahrung korrespondiert mit Nahrungsaufnahme und Erinnerung mit Verdauung. Das Symbol des Saatkuchens betont nicht nur diesen Zusammenhang von körperlichen und geistigen Prozessen, sondern auch deren Verbindung mit Fruchtbarkeit. Einen auffälligen Kontrast bildet diese Fruchtbarkeitssymbolik zu Stephens Ästhetik, der süße Feigen stets als Bedrohung seiner Kunst betrachtet.[214] Daß Stephen nicht dichterisch kreativ ist, resultiert aus seiner Ablehnung der körperlich-organischen Grundlage für Schöpfung. Anders als in Stephens „Parable of the Plums," in der Samen auf unfruchtbaren Boden fallen, macht Blooms Beteiligung („She kissed me. I was kissed. [...] Kissed, she kissed me.") die Befruchtung zu einem wechselseitigen Vorgang. Auf diese Weise wird deutlich, daß Bloom an den fruchtbaren, kreativen Kräften des Lebens Anteil hat.

Die Bedeutung der Szene auf Ben Howth wird am Ende von „Lestrygonians" offensichtlich, als Bloom einen Terrier beobachtet:

> At Dukes lane a ravenous terrier choked up a sick knuckly cud on the cobblestones and lapped it with new zest. Surfeit. Returned with thanks having fully digested the contents. First sweet, then savoury. (*U* 8.1031-1033)

Das Essen des vorgekauten, süßen und warmen Breis wiederholt sich. Der Prozeß der Erinnerung wird durch das Wiederkäuen des Breis symbolisiert. Die Erinnerung, die wiederholt und zugleich verwandelt, ist ein transformierender geistiger Prozeß. Dieses Prinzip spiegelt sich in der Veränderung des Geschmacks wider („first sweet then savoury"). Veränderung charakterisiert

[214] In *A Portrait* wird Stephens Opponent Cranley mit Feigen assoziiert. In der Diskussion über Ästhetik ärgert sich Stephen darüber, das sein Gegenüber Feigen ißt, weil er dies als unvereinbar mit der Diskussion geistiger Themen ansieht: „Don't, please. You cannot discuss this question with your mouth full of chewed fig" (*P* 235).

das Prinzip der Transformation.[215] Die Erinnerung implizierende Kreisbewegung als '*recycling*' körperlicher Prozesse ist Grundlage jedes Schaffensakts.

### c. Ausscheidung – Produktion von Literatur

In „Calypso," wo Bloom im Dunkel des Toilettenhäuschens seine Verdauung verrichtet und parallel dazu Philip Beaufoys *Matcham's Masterstroke* liest, vergleicht Joyce literarische Schöpfung mit der Ausscheidung von Exkrementen. Seine Figur hat die Vorliebe, auf der Toilette zu lesen („A paper. He liked to read while at stool. Hope no ape comes knocking just as I'm." [*U* 4.465-466]) In der folgenden Sequenz wird Blooms Stuhlgang in allen Einzelheiten beschrieben und so eng mit seinen Gedanken über das Lesen und Schreiben vermischt, daß ein komischer Effekt erzielt wird:

> Something new and easy. No great hurry. Keep it a bit. [...] Quietly he read, restraining himself, the first column and, yielding, but resisting, began the second. Midway, his last resistance yielding, he allowed his bowels to ease themselves quietly as he read, reading still patiently that slight constipation of yesterday quite gone. Hope it's not too big bring on piles again. No, just right. So. Ah! Costive. One tabloid of cascara sagrada. Life might be so. It did not move or touch him but it was something quick and neat. Print anything now. Silly reason. He read on, seated calm above his own rising smell. Neat certainly. *Matcham often thinks of the masterstroke by which he won the laughing witch who now.* Begins and ends morally. *Hand in hand.* Smart. He glanced back through what he had read and, while feeling his water flow quietly, he envied kindly Mr Beaufoy [...]. (*U* 4.506-516)

Für Joyces Leser und Leserinnen besteht die Komik nicht nur darin, daß körperliche Ausscheidung mit literarischer Schöpfung parallelisiert wird, sondern auch darin, diesen elementaren körperlichen Vorgang wiedererkennen zu können: In Blooms Gedanken vermischt sich der geistige Prozeß des Lesens und Denkens fast untrennbar mit dem körperlichen der Ausscheidung. Ob sich *neat* auf das Produkt der Verdauung oder das literarische Produkt bezieht, das er in den Händen hält und liest, ist nicht eindeutig. *Matcham's Masterstroke* wird auf diese Weise auf eine Ebene mit Blooms *Masterstroke* – seiner gelungenen Verdauung – gestellt. Das Produkt der Verdauung wird als Resultat der alchemistischen Transmutation bezeichnet (*cascara sagrada*), deren *Credo* es ist, 'oben' und 'unten' oder geistige und körperliche Ausscheidungen zu verbinden. Dies ist jedoch keine ästhetizistische Literaturvorstellung, sondern das essentielle Charakteristikum des Lebens („Life might be so"), welches Blooms 'Kunst' auszeichnet. Ganz offensichtlich werden bei Bloom körperliche Pro-

[215] Vgl. Tucker 76 f.

zesse in geistige transformiert. Von den aufsteigenden Gerüchen fühlt er sich im wörtlichen Sinne 'inspiriert,' eine eigene literarische Schöpfung zu planen.

Neben der Komik, die diese Szene besitzt, ist ihre Aussage über Joyces Verständnis künstlerischen Schaffens ernst zu nehmen. In der Kunst müssen Körper und Geist vereint werden. Schreiben und Sprechen werden auch am Ende von „Sirens“ wieder in Bezug zu Verdauung gebracht:

> Robert Emmet's last words. Seven last words. Of Meyerbeer that is. [...] Seabloom, greasebloom viewed last words. Softly. *When my country takes her place among.* Prrprr. Must be the bur. Fff! Oo. Rrpr. *Nations of the earth.* N-one behind. She's passed. *Then and not till then.* Tram kran kran kran. Good oppor. Coming. Krandlkrankran. I'm sure it's the burgund. Yes. One, two. *Let my epitaph be.* Kraaaaaa. *Written. I have.* Pprrpffrrppffff. *Done.* (*U* 11.1275-1294)

Dies ist die letzte 'Musik' der Episode. Im Fenster, vor dem Bloom steht, hängt ein Bild von Robert Emmet. Er kommentiert dessen berühmte letzte Worte mit den Geräuschen seines Körpers.[216] Auch Bloom schreibt seinen Epitaph, kreiert den letzten Sirenengesang und begründet Kunst auf den Funktionen seines Körpers.[217]

## III. Virginia Woolf – Stoffwechsel- und neurophysiologische Transformationen als Analogien zu künstlerischer und sprachlicher Kreativität

### 1. Virginia Woolfs ambivalentes Verhältnis zu Krankheit und Stoffwechsel

Daß der Körper und seine Umwandlungsprozesse in direktem Zusammenhang mit den geistigen Fähigkeiten stehen, namentlich der Schöpfung von Literatur, war Woolf mehr als bewußt, denn zahlreiche Krankheiten bestimmten in großem Maße ihr Leben und Schaffen. Einerseits schränkten diese Krankheiten sie zwar ein (so war ihr der Schulbesuch unmöglich oder die Erfüllung des Kinderwunsches versagt), andererseits waren sie von großer Bedeutung für ihre literarische Kreativität. Sie sah die Krankheiten als teils körperlich, teils metaphysisch an. Der Charakter ihrer Krankheiten war auch durch die Auswirkungen psychischer Krisen auf ihr Nervensystem, also durch die enge Verknüpfung von Körper und Geist bestimmt.

---

[216] Vgl *UA* 311. Es sei auf die Parallelen in *U* 5.403-404 und *U* 8.623-624 hingewiesen. Die sieben letzten Worte parodieren gleichzeitig Emmets letzte Worte und die letzten Worte, die Jesus Christus am Kreuz sprach.

[217] Vgl. Tucker 87.

Man kann davon ausgehen, daß Woolf zumindest grobe Kenntnisse auf dem Gebiet der Neurophysiologie besaß und auch allgemein mit den Erkenntnissen der vegetativen Physiologie über das Zusammenspiel von Psyche und Physis vertraut war. So weist sie auf die Beziehung zwischen körperlichen Prozessen und dem Unterbewußten hin, wenn sie die unbewußten Vorgänge metaphorisch als ‚unter der Haut ablaufende' („subcutaneous") Prozesse bezeichnet: „All this went on sub-cutaneously. Yet his presence somehow checked the flow of sub-cutaneous life" (*D*, Vol. 3, 188).

In ihrem Essay „On Being Ill" beschreibt Woolf den Zusammenhang zwischen Krankheit, Schmerzen und Fieber mit dem Schaffen von Literatur. Es wundert sie, daß Krankheit nicht schon längst zu den Hauptthemen von Literatur (vergleichbar mit Liebe) zähle, wenn man bedenke, wie sich der Krankheitszustand auf den Geist auswirke: „[...] how tremendous the spiritual change that it brings, how astonishing, when the lights of health go down, the undiscovered countries that are then disclosed, [...]" (*CE*, Vol. 4, 193).

Woolf zeigt sich erstaunt darüber, daß Literatur so tue, als könne sich der Geist von seinem Körper trennen, als seien alle geistigen Errungenschaften ohne den Körper vorstellbar.[218] Der 'Geist' sei in ihn eingeschlossen und untrennbar mit ihm verbunden – sie verweist auf den Topos des Körpers als *soma-sema*:

> All day, all night the body intervenes; blunts or sharpens, colours or discolours, turns to wax in the warmth of June, hardens to tallow in the murk of February. The creature within can only gaze through the pane – smudged or rosy; [...]; it must go through the whole mending procession of changes, heat and cold, comfort and discomfort, hunger and satisfaction, health and illness, until there comes the inevitable catastrophe; the body smashes itself to smithereens, and the soul (it is said) escapes. [...] Those great wars which the body wages with the mind a slave to it, in the solitude of the bedroom against the assault of fever or the oncome of melancholia are neglected. („On Being Ill," *CE*, Vol. 4, 193 f.)

Die körperlichen Funktionen – „the whole mending procession of changes, heat and cold, comfort and discomfort, hunger and satisfaction, health and illness" – und das von diesen Zuständen geprägte Unterbewußte gewinnen bei Krankheiten – „with the police off duty" – stärkere Dominanz als bei Gesundheit, wenn das Bewußtsein diesen Zusammenhang verdrängt. Der organische

[218] Die Autorin verdeutlicht die enge Verknüpfung von Körper und Geist: „[...] it cannot separate cuff from the body like the sheath of a knife or the pod of a pea for a single instant [...]. People write always of the doings of the mind; the thoughts that come to it; its noble plans; how the mind has civilized the universe" („On Being Ill," *CE*, Vol. 4, 193 f.).

und sterbliche Körper umgibt den um Erkenntnis bemühten Geist und behindert die Wahrnehmung der Wirklichkeit.[219] Das Fenster zur Außenwelt ist für die Künstlerin ihre sinnliche Wahrnehmung. Dieses Fenster wird während der Krankheit ganz geschlossen, und die Künstlerin kann sich vollends auf ihr Unterbewußtes zurückziehen, welches die Steuerung der geistigen Prozesse übernimmt. Das Fieber hilft ihr, ihr Werk wie ein Alchemist zusammenzubrauen: „the mind concocts a thousand legends and romances" („On Being Ill," *CE*, Vol. 4, 193).

Auch in *The Waves* behandelt Woolf die Notwendigkeit des gut funktionierenden Organismus – Muskulatur, Nervensystem, innere Organe, Blutkreislauf – als 'Motor' der unterbewußten Prozesse und auch der Sprache. Der Stoffwechsel versorge nicht nur den Organismus, sondern schaffe auch für die geistigen Fähigkeiten die Grundlage:

> Muscles, nerves, intestines, blood-vessel, all that makes the coil and spring of our being, the unconscious hum of the engine, as well as the dart and flicker of the tongue, functioned superbly. Opening and shutting; shutting and opening; eating and drinking; sometimes speaking – the whole mechanism seems to expand, to contract, like the mainspring of a clock. [...] The mere process of life is satisfactory. Take the ordinary man in good health. He likes eating and sleeping. [...] Identity becomes robust. (*W* 185)

Der pulsierende Stoffwechsel ist für die Autorin jedoch nicht allein Lebensquell, sondern auch die Lebensuhr, die die Stunden bis zum Tod bemißt. Nach dieser Vorstellung ist das Pulsieren nicht nur ein Lebenszeichen, sondern auch ein monotoner Mechanismus. Das Individuum kann seinen mechanisch funktionierenden Körper nicht regulieren, denn er unterliegt nicht der Kontrolle des Geistes. Diese physiologische Seite der menschlichen Existenz ist notwendig, behindert aber gleichzeitig Transzendenz, Zeitlosigkeit und Eigenbestimmung.[220]

[219] Woolf bezeichnet den Geist metaphorisch als transparent. Der Körper sei dagegen von nicht transparenter, vergänglicher Materie: „[...] literature does its best to maintain that its concern is with the mind; that the body is a sheet of plain glass through wich the soul looks straight and clear, and save for one or two passions such as desire and greed is null, and negligible and non-existent" („On Being Ill," *CE*, Vol. 4, 193).

[220] Den Gedanken, daß die 'Essenz' geistiger Erkenntnis gegenüber dem Körper zu bevorzugen sei, drückt Woolf im Bild des Knochenmarks aus. Dieses besitzt im Gegensatz zum Knochen zentrale Funktion für den Erhalt des Lebens und des Zentralnervensystems: „[...]; & I detest more & more interruptions; & the slow heaviness of physical life, & almost dislike people's bodies, I think, as I grow older & want almost always to cut that short, & get my utmost fill of the marrow, of the essence" (*D*, Vol. 3, 189).

## 2. Neurophysiologische Transformationen als Analogien für literarisches Schaffen

Die Bedeutung, die Woolf dem Nervensystem als Verursacher ihrer Krankheiten aber auch als bedeutendem Organ der Kreativität beimißt, läßt sich in ihren Tagebüchern erkennen, in denen sie ihre schöpferischen Schwierigkeiten dokumentiert.[221] Das Funktionieren des Nervensystems ist für Woolf unberechenbar, andererseits ist fleißiges Arbeiten, im Bild einer Muskelanstrengung des Gehirns beschrieben, für ihre schöpferische Tätigkeit nicht ausreichend. Gerade weil es unberechenbar ist, unterscheidet sich das Nervensystem als Ort der Reiztransformation vom früheren Assoziationsmodell[222] und bietet Literaten eine ‚attraktivere' Analogie zum künstlerischen Schaffen.

- **Die Bedeutung von Zentralnervensystem, Hirntätigkeit und Blutkreislauf für den schöpferischen Prozeß**

Woolf versteht ihr Nervensystem nicht nur als Auslöser für Krankheiten sondern auch als Antriebskraft ihrer schöpferischen Phasen. Daß künstlerisches Schaffen ein organischer Prozeß sei, der eine komplexe Gehirnstruktur erforderlich mache, deutet eine Überlegung der Autorin über die 'Genialität' Shakespeares an: „Evidently the pliancy of his mind was so complete that he could furbish out any train of thought &, relaxing lets fall a shower of such unregarded flowers" (*D*, Vol. 3, 300).

Daß Dichtung direkt mit Gehirntätigkeit verknüpft ist,[223] ist ein Leitgedanke in Woolfs Schaffensvorstellungen: „But what a little I can get down of what is so vivid to my eyes, & not only to my eyes: also to some fan like [sic] membrane in my spine" (*D*, Vol. 3, 191). Sie scheint den Ort der dichterischen Imagination unter anderem im Rückenmark zu lokalisieren, wo die Nerven zum Zentralnervensystem zusammenlaufen. 'Fächerförmig' spreizen sich die Nervenenden auf, über deren Synapsen die Übermittlung von Reizen erfolgt.

---

[221] Woolf beklagt, daß das Nervensystem unkontrollierbar sei, von dem ihre schöpferische Tätigkeit abhängt: „Never be unseated by the shying of that undependable brute, life, hag ridden as she is by her own queer difficult nervous system. [...] Think what a labour the first pages of Dalloway were! Each word distilled by the relentless clutch of my brain" (*D*, Vol. 3, 39).

[222] Diese mechanische Wahrnehmungstheorie hatte das Symbol des Spiegels als Ausdruck 'unverzerrter' Reflektion geprägt. Bereits die Romantiker hatten gegen diese Dichtungstheorie opponiert und dem Spiegel die Metapher der Lampe entgegengesetzt. Vgl. die Ausführungen von Abrams sowie Young 111-118.

[223] Meistens verwendet Woolf den Terminus *brain* zur Betonung des organischen Charakters neurophysiologischer Transformation und *mind* eher für die spirituelle Seite.

Woolf überträgt den neurophysiologischen Zusammenhang zwischen der Funktion des Blutkreislaufs und der Aktivität des Nervensystems auf die künstlerische Wirklichkeitswahrnehmung, die Speicherung dieser Eindrücke im Gedächtnis und die Produktion von Literatur. In *The Waves* symbolisiert Jinny die künstlerische Sinneswahrnehmung, für die die Aktivität des Blutkreislaufs von Bedeutung ist:

> Everything in my body seems thinned out with running and triumph. My blood must be bright red, whipped up, slapping against my ribs. My soles tingle, as if wire opend and shut in my feet. I see every blade of grass very clear. But the pulse drums so in my forehead, behind my eyes, that everything dances – the net, the grass; your faces leap like butterflies; the trees seem to jump up and down. (*W* 33)

Auch um Erinnerungen und Bildern in der Großhirnrinde speichern zu können, ist die Durchblutung wichtig. Die Bedeutung, die Woolf den Folgen eines mangelhaft durchbluteten Gehirns beimaß, kann man aus einem Tagebucheintrag Woolfs herauslesen. In diesem beklagt sie sich darüber, daß ihre Krankheit sie in ihrer Kreativität beeinträchtige. Sie fühle sich gehindert, Ideen zu speichern, die sie über die Lektüre von Büchern zu stimulieren sucht: „[...] I daresay 2 days will see me normal; but then the sponge behind my forehead will be dry & pale [...] I moon torpidly through book after book: [...]“ (*D*, Vol. 3, 340). Die Beschreibung des Gehirns als Schwamm kommt dessen tatsächlicher anatomischer Beschaffenheit nahe. Daß dieser trocken und blaß sei, deutet an, daß es nicht vernünftig durchblutet und somit nicht funktionstüchtig sei.[224]

Als Woolf daran arbeitet, *The Waves* fertigzustellen, betrachtet sie ihr Werk in Analogie zum schnellen Fluß des angeregten Blutkreislaufs. Dieser hat eine Grundlagenfunktion zur Erhaltung aller wichtigen Organe. Unter anderem ist er wichtig für den Stoffwechsel und für das Funktionieren der Reizleitung, die dafür sorgt, daß Reize und Emotionen rasch übermittelt werden: „Suppose I could run all the scenes together more? [...]; so as to make the blood run like a torrent from end to end“ (*D*, Vol. 3, 343). Die Autorin sieht ihr Werk als lebendes Wesen an. Der intensivierte Blutkreislauf bezieht sich aber auch auf die Schriftstellerin selbst, die die einzelnen Elemente durch engeren Fluß verbinden will, um zu ermöglichen, daß Reize und Emotionen intensiv und schnell übermittelt werden können: „Now if it cd. be worked over with heat & currency thats all it wants. And I am getting my blood up (temp. 99)“ (*D*, Vol. 3, 343).

[224] Unter den Autoren, die sie an dieser Stelle erwähnt, ist James Jeans hervorzuheben, der wohl die ‚Hauptinformationsquelle‘ für ihr physikalisches Wissen ist.

### • 'Taste' als literaturästhetische Kategorie

In *The Waves* beschreibt Neville die Nahrungsaufnahme als eine nicht nur lebenserhaltende und stärkende Stoffwechselfunktion, sondern auch sehr sinnliche Erfahrung:

> But I eat. I gradually loose all the knowledge of particulars as I eat. I am becoming weighed down with food. These delicious mouthfuls of roast duck, fitly piled with vegetables, following each other in exquisite rotation of warmth, weight, sweet and bitter, past my palate, down my gullet, into my stomach, have stabilised my body. (*W* 99)

Die Geschmacksempfindung ist durch komplizierte neurophysiologische Prozesse bedingt. Woolf muß gewisse Kenntnisse der neurophysiologischen Vorgänge besessen haben, die dafür verantwortlich sind, daß der Mensch sinnlich empfinden kann. So verweist sie auf die Funktionen von Membranen und Nervennetzen, die bewirken, daß Wahrnehmungsfähigkeiten aktiviert werden: „'Yes,' said Jinny, ‚our senses have widened. Membranes, webs of nerve lay white and limp, have filled and spread themselves and float round us like filaments, making the air tangible and catching in them far-away sounds unheard before" (W 97). Allerdings erklärt Woolf geistige Vorgänge keineswegs rein naturwissenschaftlich oder reduziert sie auf körperliche Vorgänge. Ausgehend von der Nervenaktivität entwickelt das ‚geistige Organ' der Imagination eigenständige Empfindungen und Bilder, die in der Wirklichkeit so nicht vorhanden waren. Die eher körperlich-physiologischen sinnlichen Wahrnehmungen werden geistig weiterentwickelt („making the air tangible and catching in them far-away sounds unheard before").

Die literaturästhetische Kategorie *taste* verweist auf eine Analogie zur Neurophysiologie. Im Mund sitzen die meisten sensorischen Rezeptoren,[225] die Reize wie zum Beispiel Süße wahrnehmen und in zweifacher Weise transformieren. Zuerst wird der auslösende Reiz in eine Erregung umgewandelt, die dann in der zweiten Transformation[226] über die Nervenbahnen zu den informa-

---

[225] Ein sensorischer Rezeptor ist eine an Zellen gebundene Struktur, die in der Lage ist, physikalische oder chemische Zustände sowie deren Veränderungen nach Intensität und Dauer in eine Erregung zu überführen. Man bezeichnet dies als erste Transformation eines Reizes. Sie ist das Vorstadium der Widerspiegelung der 'objektiven Realität,' von Umweltprozessen und von Vorgängen, die im Organismus ablaufen (Interorezeption). Bei den eigentlichen rezeptiven Strukturen handelt es sich um Zellabschnitte (zum Beispiel bestimmte Epithelzellen in den Geschmacksknospen der Zunge), die die angrenzenden Fortsätze einer Nervenzelle erregen, indem sie eine Transmittersubstanz freisetzen.

[226] Die Rezeptorerregung ist die Ausgangssituation für die Abbildung der Umwelt (und teilweise der Innenwelt) in den höheren informationsverarbeitenden Regionen des Zentralnervensystems. Bei dieser zweiten Transformation der Reizwirkung erzeugt die Erregung auf der

tionsverarbeitenden Sektoren, beispielsweise dem Sprachzentrum des Großhirns überführt wird:[227]

> I feel quiet, gravity, control. All is solid now. Instinctively my palate now requires and anticipates sweetness and lightness; something sugared and evanescent; and cool wine, filling glovelike over those fine nerves that seem to tremble from the roof of my mouth and make it spread (as I drink), into a domed cavern, green with vine leaves, musk-scented, purple with graves. Now I can look steadily into the millrace that foams beneath. (*W* 99)

*Taste* ist nicht allein als Resultat der Umwandlung eines Reizes in eine Empfindung beschrieben, sondern auch als das Ergebnis eines Lernprozesses, der darauf beruht, daß Eindrücke gespeichert werden, die es ermöglichen, Empfindungen ohne äußeren Reiz zu antizipieren oder abzurufen und so nachzuempfinden. Ein solches Repertoire an gespeicherten Empfindungen macht Neville neben der körperlichen Stärkung auch psychisch unabhängiger von der Außenwelt. Gleichzeitig gibt *taste* als Selektionsprinzip einen Schutz vor Reizüberflutung ab.[228]

In ihrem Essay „How Should One Read a Book?" beschreibt Woolf, wie der Künstler Eindrücke der Außenwelt aufnimmt. Sie verwendet Bilder, die die körperliche Natur dieser Reizempfindungen deutlich machen:

> Our being for the moment is centered and constricted, as in any violent shock of personal emotion. Afterwards, it is true, the sensation begins to spread in wider rings through our minds; remoter senses are reached; these begin to sound and comment and we are aware of echoes and reflections. The intensity of poetry covers an immense range of emotion. („How Should One Read a Book?," *CE*, Vol. 2, 7)

Die Transformation von Reizen ist neuronal und vegetativ. Die Weise und die Intensität der Umwandlung sind dadurch nicht festgelegt. Vom früheren mechanischen Assoziationsmodell nach Hartley und Hume[229] unterscheidet sich

---

ableitenden, ins Zentralnervensystem führenden Nervenfaser direkt oder über die Freisetzung eines chemischen Transmitters in die Synapse der Rezeptornervenfaser Aktionspotentiale, deren zeitliche Auftrittshäufigkeit den Kode der Reizintensität und deren Veränderungen darstellt. Was dann in der Wahrnehmung als Sinnesmodalitäten oder -qualitäten wie Druck, Temperatur, Ton auftritt, hängt vom Ort der Reizung und der Verbindung der sensorischen Rezeptoren mit den zahlreichen informationsverarbeitenden Feldern der Großhirnrinde ab.

[227] Vgl. W. Rüdiger, „Sensorischer Rezeptor," ed. Hörz, Liebscher et al. 819-822.

[228] Deshalb muß der Künstler sich vor einer Reizüberflutung schützen: „[...] all serve to enlarge the pupil of my mind more & more. I can't settle in, contract, & shut myself off" (*D* Vol. 3, 29). Wenn dies nicht geschieht, kann die Transformation der Reize zu Abbildern nicht erfolgen: „All these things shoulder each other out across the screen of my brain" (*D*, Vol. 3, 114).

[229] Lineare Strahlen werden entsprechend der Newtonschen Optik reflektiert und treffen in meßbaren Winkeln auf eine Art Bildschirm, der ein getreues Spiegelbild der Wirklichkeit

die neurophysiologische Transformation durch die wellenartige Bewegung der Reizübertragung, die den durch einen Steinwurf bewirkten Kreisen in einem Teich gleicht oder einem Echo, das wellenförmig von zerklüfteten Felswänden zurückhallt. Sie ist auch kein passiver Vorgang, denn die von der Erregung erreichten Sinne wirken auf neue Eindrücke ein, kommmentieren und reflektieren. Der Prozeß der Aufnahme von Reizen und ihrer Verarbeitung ist individuell unterschiedlich: Die Dichtungen als Ergebnis der individuellen Reizumwandlungen decken ein breites Spektrum ab.

Das Nervensystem versetzt das Gehirn in die Lage, Eindrücke zu speichern, die dann bei der Transformation neuer Reize mitwirken. Über diesen Vorgang der Synthese von alten und neuen Eindrücken und Bildern („We have only to compare," [„How Should One Read a Book?," *CE*, Vol. 2, 8]) entsteht allmählich eine feste Vorstellung, die den flüchtig durch das Nervensystem geleiteten Emotionen überlegen sind. So wird es möglich, die Bewegung zu einem festen Bild zu bündeln, das aktiv gewonnen wurde und weitere Prozesse steuerbar macht.

Woolf beschreibt die Umwandlung von vielen flüchtigen Eindrücken („multitudinous impressions;" „fleeting shapes") zu einem dauerhaften Ganzen („one that is hard and lasting"). Diese Transformation findet in zwei Schritten statt. Zuerst werden auf passive („to receive") und zugleich selektive („with utmost understanding") Weise Reize in sinnliche Wahrnehmung umgewandelt. Anschließend vollzieht sich eine aktive Informationsverarbeitung, die Sprache umformt und feste Strukturen schafft: „We must pass judgement upon these multitudinous impressions." Der bewußten muß eine unterbewußte Phase vorausgehen: „Wait for the dust to settle" („How Should One Read a Book?," *CE*, Vol. 2, 8).

Die Kategorie *taste* ist laut Woolf entscheidend für die Transformation von Reizen: „our taste, the nerve of sensation that sends shocks through us, is our chief illuminant;" („How Should One Read a Book?," *CE*, Vol. 2, 9). Die sinnliche Empfindung von Genuß (*pleasure*) sei wichtig, weil das Lustprinzip ein wichtiger Faktor im Lernprozeß sei („we learn through feeling"), das bewirkt, daß man sich an die Materialien erinnert, die diesen Zustand hervorriefen, den Genuß antizipiert und den Auslöser selektiert. Für Woolf berücksichtigt dieser Vorgang den freien Willen und die individuelle Persönlichkeit („our own idiosyncrasy") bei der neurophysiologischen Transformation. Die Lernfähigkeit

wiedergibt. Vgl. zu der quasi-naturwissenschaftlichen, mechanischen Erklärung geistiger Vorgänge insbesondere Abrams, *The Mirror and the Lamp* 159–167.

des Menschen ermögliche die Strukturierung der Sinneswahrnehmungen: „But as time goes on perhaps we can train our taste; perhaps we can make it submit to some control.“ („How Should One Read a Book?,“ *CE*, Vol. 2, 10).

Reizphysiologische Vorgänge können also in Woolfs Vorstellung vom künstlerischen Prozeß in individuelle Prägungen des Künstlers umgewandelt werden. Die literaturästhetische Kategorie *taste* erlaubt eine individuelle Auswahl des Materials, die zu unterschiedlicher Dichtung führt, erklärt sie doch, warum selbst gleiche Reizauslöser ganz andersartig empfunden und verarbeitet werden.

## 3. Sprache und Dichtung in ihrer physiologischen Natur

Für Woolf ist die sprachliche Verarbeitung, die das Urteilen möglich macht, entscheidend für die Strukturierung der Sinneswahrnehmung. Dafür ist die Übermittlung des Reizes an das Sprachzentrum im Großhirn verantwortlich, also die Fähigkeit des Menschen, seine Empfindungen in Sprache zu transformieren:

> Thus, with our taste to guide us, [...] we shall give them names and thus frame a rule that brings order into our perceptions. [...] nothing is easier and more stultefying than to make rules which exist out of touch with the facts, in a vacuum [...]. („How Should One Read a Book?,“ *CE*, Vol. 2, 10)

Die sprachliche Transformation der Erregung ist Voraussetzung für die Selektion und Anordnung der sinnlichen Wahrnehmungen zu Vorstellungen, Bildern und zu Kunst. Ohne sinnliche Erfahrung der äußeren Welt, also nur aus dem 'Geist' heraus, kann laut Woolf keine Vorstellung gebildet werden. Sie sieht Sprache also immer verknüpft mit Wirklichkeit, denn Worte können nicht von den zu ihnen führenden Empfindungen oder den stofflichen Erregungsauslösern getrennt werden. Deshalb beschreibt Woolf Worte als organische Substanzen:[230]

> And it is the nature of words to mean many things. Take the simple sentence 'Passing Russell Square'? [...] Thus one sentence of the simplest kind rouses the imagination, the memory, the eye, and the ear – all combine together – they combine unconsciously

[230] Dieses Stilmittel findet sich in Woolfs Werken recht häufig, wie zum Beispiel in *Between the Acts*, wo Worte wie Bonbons süßen Geschmack abgeben und in den körperlichen Prozeß assimiliert werden: „[...] but rolling words, like sweets on their tongues; which, as they thinned to transparency, gave off pink, green, and sweetness“ (*BA* 15). Sie verwendet dieses sprachliche Mittel auch in „Craftmanship,“ *CE*, Vol. 2, 247: „Let us then simplify and assert that since the only test of truth is length of life, and since words survive the claps and changes of time longer than any other substance, therefore they are the truest. Buildings fall; even the earth perishes. [...] But words if properly used, seem to be able to live forever.“

> together. [...] Even words that are hundreds of years old have this power; when they are new they have it so strongly that they deafen us to the writer's meaning – it is them we see, them we hear. That is one reason why our judgements of living writers are so wildly erratic. Only after a writer is dead do words to some extent become disinfected, purified of the accidents of a living body. („Craftmanship,“ *CE*, Vol. 2, 247 f.)

Worte besitzen laut Woolf dauerhafter als stoffliche Substanzen die Kraft, Empfindungen auszulösen. Dafür müssen die Worte aber von den 'Zufälligkeiten' eines lebenden Körpers bereinigt, 'desinfiziert' werden, damit sie für neue Verbindungen frei sind. Das bedeutet, daß sie erst vom konkreten stofflichen Auslöser und den sinnlichen Erregungen getrennt werden müssen, um die abstrakte Qualität, die über der stofflichen und vergänglichen Substanz steht, sichtbar zu machen.

So könnten die Gedichte von Mallarmé, einmal gelöst von ihrem Erzeuger, bei den Lesern und Leserinnen unterschiedliche sinnliche Reize auslösen, die in ihr Unterbewußtsein übermittelt würden und dort auf ihre psychische Prägung einwirkten, um so erneut transformiert zu werden:

> In health meaning has encroached upon sound. Our intelligence domineers over our senses. But in illness, with the police off duty, we creep beneath some obscure poem by Mallarmé or Donne [...] and the words give out their scent and distil their flavour, and then, if at least we grasp the meaning, it is all the richer for having come to us sensually first, by way of the palate and the nostrils, like some queer odour. („On Being Ill“ *CE*, Vol. 4, 200)

Diese Beispiele belegen den beinahe körperlichen Charakter, den Gedanken oder Sprache bei Woolf annehmen. Sie unterliegen dann den gleichen physiologischen Prozessen wie der menschliche Körper.

Man kann als Ergebnis der Untersuchungen physiologischer Analogien bei Woolf festhalten, daß Ihr die naturwissenschaftliche Bedeutung des Nervensystems für die Rezeption und Übermittlung von Reizen aus der Außenwelt ins Gehirn vertraut war. In ihren literaturtheoretischen Äußerungen überträgt die Autorin die Nervenfunktionsweise auf die Literaturproduktion. Sie beschreibt in dieser Analogie, wie ein Künstler die Außenwelt aufnimmt, imaginativ verarbeitet und diese Anregungen, Eindrücke und Erfahrungen zu Bildern transformiert, bis er ein Werk fertiggestellt hat. Die Autorin betont jedoch immer wieder, daß durch diesen Ansatz die künstlerische Schaffenskraft nicht vollständig erklärt werden könne, wie auch aus ihrer Beurteilung von Joyce hervorgeht:

> [...] Mr Joyce is spiritual; he is concerned at all costs to reveal that innermost flame which flashes its messages through the brain, and in order to preserve it he disregards with complete courage whatever seems to him adventitious, whether it be probability,

> or coherence, or any other of these signposts which for generations have served to support the imagination of a reader when called upon what he can neither touch nor see. For the moderns 'that,' the point of interest, lies very likely in the dark places of psychology. („Modern Fiction," *CE*, Vol. 2, 107)

Joyce sei spirituell, weil sich seine künstlerische Leistung nicht nur auf die Verarbeitung von Sinneseindrücken beziehe, sondern auf das, was hinter dem stecke, was über alles Sicht- oder Fühlbare hinaus die künstlerische Existenz erkläre. Die kreative Energie steht über den Gehirnfunktionen. Woolf sieht *brain* und *mind* als zentrale künstlerische Instanzen an. Während *brain* die organische Seite bezeichnet, betont *mind* zumeist die spirituelle Ebene von Kunst, die letztendlich erst den schöpferischen Willen zuläßt. Dieser Wille überlaste sein Organ, das Hirn, mitunter.[231] Der schöpferische Wille steuert die imaginativen Instanzen, wodurch auch die Vorstellung von sinnlicher Wahrnehmung unabhängiger Qualitäten ermöglicht wird, wie aus einer Äußerung der Künstlerfigur Lily in *To the Lighthouse* gefolgert werden darf. Lily nimmt in einer 'schmerzhaften Anstrengung' die abstrakten, immateriellen Qualitäten von materiellen 'Gegenständen' wahr:

> And with a painful effort of concentration she focused her mind, not upon the **silver-bossed** bark of the tree, or, upon its **fish-shaped** leaves, but upon a **phantom** kitchen table, one of those scrubbed board tables, grained and knotted, whose **virtue** seems to have been laid bare by years of muscular **integrity** which stuck there, its four legs in the air. (*LH* 23; Hervorhebungen von der Verfasserin)

Für Woolf ist für die künstlerische Kreativität die organische und spirituelle Transformation aller Reize aus der Außen- und Innenwelt des Künstlers notwendig. Damit meint sie ebenso die Vereinigung von Bewußtem (*upper mind*) und Unterbewußtem (*under mind*) wie auch von *brain* und *mind*. Sie beschreibt die künstlerische Schaffenskraft im Bild der physikalischen Energiegewinnung aus einer Fusion beider geistiger Ebenen:[232] „the creative power

---

[231] Diese Vorstellung der künstlerischen ‚Instanzen' Hirn, Wille und ‚Inneres' (*mind*) lassen sich aus Äußerungen in ihren Tagebüchern herauslesen: „So this illness has meant two weeks break [...] I was raking my brain too hard" (*D*, Vol. 3, 317); „I need the empty fields round me; [...] & animal existence. My brain is too energetic [...]" (*D*, Vol. 3, 323); außerdem: „I have the devil's own work not to be flogging my brain all the afternoon" (*D*, Vol. 3, 59).

[232] In „The Leaning Tower," *CE*, Vol. 2, 176 f. sagt sie über die *leaning tower poets*: „There was no tranquillity in which they could recollect. The inner mind was paralysed, because the surface mind was always hard at work. Yet if they have lacked the creative power of the poet and the novelist, the power - does it come from a fusion of the two minds, the upper and the under? - that creates characters that live, poems that we all remember, they have had the power which, if literature continues, may prove to be of great value in the future." Die Transmission über die Synapsen funktioniert durch das Springen eines Funken. Natürlich ist geistige Energie auch ein nicht-naturwissenschaftliches Bild.

of the poet and the novelist [...] does it come from a fusion of the two minds, the upper and the under?" („The Leaning Tower," *CE*, Vol. 2, 176 f.).

Das frühere Assoziationsmodell á la Hartley und Hume umfaßte die Vorstellung einer wirklichkeitsgetreuen Reflektion der Wirklichkeit. Das *law of association* war das Gesetz eines mechanischen Vorgangs, das nach den Prinzipien der Newtonschen Physik funktionierte und keinen freien Willen zuließ. Die Sinnesorgane waren nach diesem Modell entscheidend für das Abbild im Geist.

Es ist deshalb nicht verwunderlich, daß Woolf sich in vielen Punkten auf die Romantiker bezieht, die sich ebenfalls gegen deterministische, mechanistische Schöpfungsvorstellungen gewandt hatten. Woolf kann auf Basis der naturwissenschaftlichen Erkenntnisse anhand von Analogien zu Stoffwechsel- und Neurophysiologie ein organisches literaturtheoretisches Modell entwickeln, das die Komplexität und Varianz literarischer Schöpfung betont. Die physiologischen Transformationen können jedesmal anders verlaufen und zu einem anderen Resultat führen. Sie lassen sowohl den freien Willen als aktives Element zu als auch die Vorstellung einer individuellen Prägung des Gedächtnisses und des Unterbewußten, die ihrerseits die Umformung der äußeren Reize beeinflußt. Die Autorin betont jedoch nicht die Funktionsweise der Rezeptoren, sondern die Bedeutung der inneren Transformationen für das künstlerische Bild der Wirklichkeit:

> So on this dark winter's morning, when the real world has faded, let us see what the eye can do for us. Show me the eclipse, we say to the eye; let us see that strange spectacle again. And we see at once – but the eye is only by courtesy an eye; it is a nerve which hears and smells, which transmutes heat and cold, which is attached to the brain, and rouses the mind to discriminate and speculate [...]. („The Sun and the Fish," *CE*, Vol. 2, 178)

Das Ergebnis des Wahrnehmungsprozesses ist nicht das Abbild eines Fisches oder einer Sonnenfinsternis, sondern ein Weltbild, ein komplexes Urteil über die Wirklichkeit, das sich in Symbolen ausdrückt: „The eye shuts now. It has shown us a **dead** world and an **immortal** fish" („The Sun and the Fish," *CE*, Vol. 2, 183).

## Zweiter Teil: Analogien aus Alchemie und Chemie

## A. Alchemistische Umwandlung

### I. Transmutation als Prinzip der Alchemie

#### 1. Ursprung und Philosophie

Die Chemie ist in ihren Anfängen nicht von der Alchemie zu trennen; als eigene Wissenschaft hat sie sich erst allmählich etabliert. Als sich die modernen Naturwissenschaften und der neue wissenschaftliche 'Geist' herausbildeten, wurde die Alchemie allmählich diskreditiert und verdrängt. Dennoch befaßten sich auch Repräsentanten der neuzeitlichen naturwissenschaftlichen Bewegung intensiv mit ihr. Dazu zählen etwa Bacon[233] und Newton[234].

Die Lehren der Alchemie vermischen naturwissenschaftliche Erkenntnisse im modernen Sinn mit emotionalen, künstlerischen und religiösen Elementen. So sahen die Alchemisten die experimentellen Verfahrensweisen als Umwandlungsprozesse an, die sich nicht nur auf die Materialien erstreckten, mit denen sie operierten, sondern auch auf die innersten Gedanken und Gefühle sowie auf religiöse und ästhetische Interessen.[235]

Die Ursprünge der Alchemie liegen in der Übertragung hermetischer[236] Metaphysik auf die ägyptische Metallurgie. Unter Alchemie wird generell die Umwandlung von Grundmetallen in Gold verstanden. Die Alchemisten glaubten, daß jeder Stoff potentiell Gold sei, der vollkommenste Stoff, den die Natur hervorgebracht habe, und demzufolge mit Hilfe des Steins der Weisen als Katalysator in Gold transmutiert werden könne. Da die Natur in ihrer Lehre nach

---

[233] Vgl. Paolo Rossi, *Francis Bacon: From Magic to Science* (Chicago: University of Chicago Press, 1968) und Stanton Linden, „Francis Bacon and Alchemy: The Transformation of Vulcan," *Journal of the History of Ideas* 35 (1974): 547-60.

[234] Vgl. Morris Berrman, *Wiederverzauberung der Welt: Am Ende des Newtonschen Zeitalters* (Reinbeck bei Hamburg: Rowohlt, 1985) 123 ff.

[235] Vgl. Wren-Lewis 312.

[236] Hermes Trismegistus gab der Hermetik ihren Namen. Ihren Ursprung hat die Lehre in der Antike. Die Griechen übernahmen sie von den Ägyptern und hellenisierten sie, indem sie den ägyptischen Gott Thoth mit Hermes assimilierten. Thoth war Schreiber des Gottes Osiris und galt als Erfinder von Schrift und Sprache. Man verehrte ihn als Schutzgott der Schriftsteller. Weil Magie abhängig von Sprache ist, wurde Hermes als *Logos* oder Schöpfer aller Dinge verehrt. Vgl. Tindall: 23.

Perfektion strebte, sahen sie sich lediglich als eine diese unterstützende Kraft.[237]

Die Alchemie unterschied nicht zwischen geistigen und materiellen Phänomenen. Alle realen Ereignisse und Vorgänge fanden ihre Entsprechungen in der Psyche. So war die Alchemie als Wissenschaft von der Materie zugleich der Versuch, die Geheimnisse der Natur aufzudecken. Innerhalb der Alchemie entwickelten sich zwei Richtungen. Die spirituelle verstand die Lehren und die Experimente rein metaphysisch und erstrebte die Reinheit der Seele, während die materielle nicht über die wörtliche Ebene hinausging und als Vorläufer der Chemie experimentell versuchte, Gold herzustellen. Für einige Alchemisten konnten spirituelle und materielle Ebenen nicht getrennt werden. Sie erstrebten die Einheit von Materie und Geist.[238]

Grundlage der hermetischen wie der alchemistischen Philosophie war die *Tabula Smaragdina.* In deren Kernsatz, „das Untere ist gleich dem Oberen," spiegelte sich die Einheit von Makro- und Mikrokosmos wider.[239] Dieses Prinzip begründete einen Kosmos, in dem die Menschen und alles Irdische durch Korrespondenzen untereinander und mit allem Himmlischen (wie den Sternen und Planeten) verbunden waren. Die grundlegende Anschauungsweise der alchemistischen Weltvorstellung war also die Analogie.[240]

Die Alchemisten gingen von der Annahme einer *prima materia* aus, den vier Grundelementen, Feuer, Luft, Wasser und Erde, aus denen alle übrigen Stoffe zusammengesetzt seien. Jedes der vier Grundelemente habe zwei Eigenschaften, die gleichzeitig gegensätzlich und komplementär zueinander seien. Werde ein Merkmal zerstört, so könne ein Element in ein anderes verwandelt werden. Diese Vorstellungen umfassen eine weitere Kernvorstellung der Alchemie: Entstehung setzt Zerstörung voraus.[241]

In den Schritten des alchemistischen Prozesses kann man die Phasen der Dekomposition des menschlichen Leichnams und einen Tod-Wiedergeburt-Zyklus erkennen. Der Vorgang stellt eine Analogie zur christlichen Sicht der menschlichen Seele dar, die im sterblichen Körper gefangen ist und nach dem

[237] Vgl. Barbara Di Bernard, *Alchemism and „Finnegans Wake"* (Albany: State University of New York Press, 1980) 1 f.
[238] Vgl. Di Bernard 16 f.
[239] Vgl. William York Tindall, „James Joyce and the Hermetic Tradition," *Journal of the History of Ideas* 15 (1954): 23.
[240] Vgl. Tindall: 24.
[241] Vgl. Di Bernard 1 f.

Tod unsterblich wird. Der alchemistische Prozeß verkörpert, philosophisch gesehen, die Aussöhnung von Gegensätzen wie Grundmetall und Gold, Materie und Geist, Tod und Wiedergeburt. Weil für diese Verwandlungen der Stein des Weisen benötigt wird, lag das Hauptbestreben der Alchemisten in der Suche nach ihm.[242]

## 2. Alchemistische Verfahren und Symbole

Die Verfahren der Alchemie sind für die Analyse der Analogien zwischen alchemistischen und kreativen Prozessen wichtig, weil sie einen Großteil der Symbole liefern, mit denen Literatur auf alchemistische Transmutation verweist. Das alchemistische Motto der Verwandlung *solve et coagula* bedeutete die Rückführung ins Chaos, in eine wässrige Lösung, die dem Urzustand entsprach. Ihr folgte die Verfestigung in eine neue Struktur. Eine ganze Anzahl von Zwischenstufen wie Zersetzung, Destillation, Sublimierung und Trocknung mußten normalerweise eingesetzt werden: Zweifelsohne drückte die knappe Formel *solve et coagula* nur eine Idealvorstellung aus. Über die Reihenfolge der verschiedenen Verfahren und ihren Inhalt besteht in den verschiedenen überlieferten Schriften keine Einigkeit.[243]

Der Name 'Alchemie' kam aus dem ägyptischen *al-khem*, das 'schwarze Erde' bedeutete und sich auf die Beschaffenheit der *prima materia* bezog. Eine schwarze Substanz entsprach der Vorstellung der *prima materia*. So hoffte man in den niedrigsten Substanzen den Stein eher zu finden als in denjenigen von größerer 'Vollkommenheit.' Deshalb wurde mit allen Stoffen experimentiert, sogar mit Blut, Haaren und Exkrementen.[244]

Der erste Schritt der alchemistischen Verfahren ist die Lösung des Metalls zur *prima materia*, auf den das erneute Koagulieren der formlosen Masse folgt. Falls die Schritte richtig ausgeführt wurden, ist Gold das Resultat. Die *prima materia* wird in einem Gefäß erhitzt und dem Feuer ausgesetzt. Die zwei gegensätzlichen und doch komplementären Elemente der *prima materia* werden durch diesen Prozeß erst aufgelöst, dann verbunden und verfärben sich an-

[242] Die Wiedergeburt der Seele des Metalls im Gold impliziert die Idee ihrer Unsterblichkeit. Der an sich materielle, physische Vorgang der alchemistischen Transmutation bedeutet auf metaphysischer Ebene, daß die Seele von ihrem Körper befreit und dadurch ihre Wiedergeburt in der Reinheit des Goldes ermöglicht wird. Der Stein der Weisen wird in mystischen Beschreibungen als perfekte Vereinigung von Gegensätzen dargestellt, als Elixir, das alle Übel kurieren und Unsterblichkeit verleihen kann. Vgl. Di Bernard 3 f.

[243] Vgl. Berrman 92 f.

[244] Vgl. Di Bernard 2 f.

schließend schwarz (*nigredo*). Im nächsten Schritt wird die Substanz langsam weiß (*albedo*). Das Produkt dieses Vorgangs, der weiße Stein, ist ein Mondsymbol. Der weiße Stein wird dann solange der Einwirkung von Quecksilber ausgesetzt, bis er langsam rot wird. Weiße und rote Rosen sind ebenfalls wichtige Symbole für den alchemistischen Prozeß. Die Rosensymbolik zeigt, daß Alchemie und Okkultismus sich auf den Katholizismus beziehen, sind doch Rosen katholische Symbole für Maria. Das Endprodukt, der Stein der Weisen, kann Metalle zu Gold transmutieren und ihnen Unsterblichkeit verleihen.[245]

## 3. Bedeutung der Alchemie für die Literatur

Im Zuge der wissenschaftlichen Entwicklung trat die Alchemie in den Hintergrund und wurde als unwissenschaftlich und unseriös diskreditiert. Die Ablehnung der Alchemie als Wissenschaft fiel nach Jung mit der Unterdrückung des Unterbewußten zusammen, die er als charakteristisch für die westliche Welt seit der wissenschaftlichen Revolution ansah. Der Psychologe sagte voraus, daß sie in der Neuzeit tragische Folgen haben würde.[246]

Die Alchemie oder vielmehr die hermetische Philosophie erlebte um die Jahrhundertwende eine Renaissance in künstlerischen und intellektuellen Kreisen. Diese ist als Gegenreaktion auf die positivistische Weltanschauung und die wissenschaftliche Revolution, aber auch als Kritik an den Dogmen des Katholizismus anzusehen. Die Bewegung des Ästhetizismus war stark durch diese ‚Mode‘ von Esoterik, Spiritualismus und Magie geprägt, denn sie schöpfte aus dieser Lehre eine Vielzahl von Symbolen.[247]

Das künstlerische Interesse an der Alchemie um die Jahrhundertwende beschränkte sich auf die spirituell-metaphysische Ebene der alchemistischen Philosophie.[248] Ein Literat, der die Alchemie auf die Literatur übertrug, war William Butler Yeats. Er integrierte sie in seinem Werk *Rosa Alchemica* in seine Literaturästhetik:

> I had discovered, [...], that their doctrine was no merely chemical phantasy, but a philosophy they applied to the world, to the elements and to man himself; and that they

[245] Vgl. Robert D. Newman, „*Transformatio Coniunctionis*: Alchemy in *Ulysses*,“ ed. Robert D. Newman und Weldon Thornton, *Joyce's „Ulysses:" The Larger Perspective* (Newark: University of Delaware Press et al., 1987) 171 f.

[246] Vgl. Berrman 86 f.

[247] Vgl. dazu Craig Carver, „James Joyce and the Theory of Magic,“ *JJQ* 15,3 (1978) 201 f. und Di Bernard 5-7 sowie Tindall: 26-29.

[248] Vgl. Di Bernard 16.

> sought to fashion gold out of common metals merely as part of a universal transmutation of all things into some divine and imperishable substance; [...].[249]

Der alchemistische Prozeß ist nach Yeatsens Auffassung ein rein metaphysisch-mystischer Vorgang.[250] In der Literatur wurde die Philosophie der Alchemie zumeist auf die Idee der Verwandlung von Materie in Geist reduziert.

Die Alchemie bot insgesamt ein sowohl dem naturwissenschaftlichen Denken als auch dem katholischen Glauben entgegengesetztes Weltbild. Die Abkehr der Romanfigur Stephen Dedalus von der Kirche ist symptomatisch für die Literatur der Zeit.[251] Die Kirche betrachtete die Alchemie als häretische Lehre; Jung hingegen faßte sie als Ergänzung der christlichen Spiritualität auf. Ihm zufolge füllte sie Lücken im christlich-katholischen Glauben. Für Jung repräsentierten Katholizismus und Alchemie das Bewußte und das Unterbewußte. Die Konflikte des Bewußtseins würden unterbewußt verarbeitet und aufgelöst, so der Psychologe.[252] Der Katholizismus ist nach dieser Interpretation eine intellektuelle Form der Spiritualität, die unvereinbare Gegensätze umfaßt. Der größte Konflikt des Christentums ist Jung zufolge der Dualismus von Körper, oder vielmehr Materie, und Geist. Während die Naturwissenschaft des Newtonschen Zeitalters die Materie in den Mittelpunkt rückte, setzte die Kirche den Akzent auf die Seele.[253]

In der Figur des Hermes-Thoth verbindet sich Dichtung mit Magie, wodurch sich seine Beliebtheit als Symbol des Künstlers erklärt.[254] Vor allem das Prin-

---

[249] William Butler Yeats, *The Secret Rose: Stories by W.B. Yeats: A Variorum Edition*, ed. Phillip L. Marcus et al. (London: Cornell University Press, 1981) 126.

[250] Vgl. Tindall: 29 f., der einen guten Überblick über die Beliebtheit und die Verwendung der Alchemie als literaturisches Motiv gibt.

[251] Stephen deutet die Lehre der Trinität und der Inkarnation um. Er löst beide Elemente vom ursprünglichen Kontext des katholischen Glaubens und ästhetisiert sie.

[252] Newman untersucht in seinem Aufsatz die psychologische Komponente der alchemistischen Prozesse und faßt Jungs Interpretation zusammen. Jung sieht die *prima materia* als psychische Energie an, die das Bewußte und Unterbewußte enthalte und durch das 'Feuer der Erfahrung' verschmolzen werden müsse. Dadurch werde das bewußte Ich mit der Schattennatur des Unterbewußten schmerzhaft konfrontiert. Die Anstrengung dieser Konfrontation rufe Erschöpfung hervor, die langsam von Wiederauferstehung gefolgt werde, wenn der Prozeß der Individuation erfolgreich verlaufe. Was für den alchemistischen Prozeß der Stein der Weisen ist, stellt für die Individuation das Erlangen des Selbst dar. Für Jung ist die Alchemie mit ihrer Symbolik eine Projektion aller Archetypen und des kollektiven Unterbewußten auf die Materie. Vgl. Newman 172.

[253] Nach katholischer Lehre muß der Körpers zuerst zersetzt werden, bevor die Seele erlöst werden kann. Die Alchemie dagegen betont den Zusammenhang zwischen Materie und Geist, denn die Seele des Metalls wird in einem neuen Körper wiedergeboren.

[254] Vgl. Di Bernard 31.

zip der Herstellung von Korrespondenzen in der hermetisch-alchemistischen Philosophie hat für die Literatur eine wichtige Methode bereitgestellt.[255] Gerade die Bedeutung der Analogie in der Alchemie stellt eine Parallele zur Literatur dar.

Die 13 Sätze der Smaragdenen Tafel sind eine Art Schöpfungsbericht, der die Erschaffung aller Dinge durch einen *Logos* erklärt.[256] Der Name Trismegistus[257] betont ebenso wie die katholische Trinität das Prinzip der Dreieinigkeit.[258] Auch Hermes ist der Logos und Schöpfer aller Dinge. Er wird ebenfalls als „drei in eins" verstanden.[259] Hingegen verbindet sich in der Alchemie die Vorstellung eines männlichen, geistigen Schöpfers mit dem weiblichen kreativen Prinzip der Erde.[260] Die Alchemie stellt das verbindende Element zwischen Himmel und Erde dar.[261] Weil Jung die Alchemie als Ergänzung des Katholizismus versteht, sieht er den Stein als Gegenstück zu Christus und findet im alchemistischen Prozeß Parallelen zur christlichen Messe.[262]

Joyce zufolge entspricht das Prinzip der Eucharistie dem der Alchemie. Er nutzt die Analogie für die Diskussion des künstlerischen Schaffens- oder Transformationsprozesses. Der Vorgang der Verwandlung wird in der katholischen Begrifflichkeit 'Transsubstantiation' genannt[263], der Begriff 'Transmutation' wird hingegen in der Alchemie verwendet. Beide Termini drücken das gleiche Verfahren aus: Eine niedrige Materie wird in eine höhere transmutiert,

[255] Vgl. Tindall: 25, der Einflüsse der Hermetik unter anderem bei Blake, Coleridge, Baudelaire, Mallarmé und Yeats untersucht hat.

[256] Bei Di Bernard 32; siehe vor allem die Sätze 3 und 10 der Tafel: „3. And as all things were produced by the meditation of one Being, so all things were produced from this one thing by adaptation." und „10. Thus were all things created."

[257] Der Name ist griechisch und heißt „Dreimal Größter;" vgl. Tindall 23.

[258] Vgl. Satz 12 der Übersetzung der Tafel bei Di Bernard 23: „12. Therefore am I called Hermes Trismegistus, possessing the three parts of the philosophy of the whole world."

[259] Vgl. Tindall: 23. Er stellt fest: „This god [...] is thrice great not only because it was customary to hail highest by three identical superlatives [...], but because like the blessed Trinity itself he is three in one, a condition that helped him with Christians."

[260] Vgl. die Sätze 4 und 6 der Smaragdenen Tafel: „4. Its father is the Sun, its Mother is the Moon: the wind carries it in its belly, its nurse is the earth" und „6. Its power is perfect if it is changed into earth." Di Bernard 25.

[261] Vgl. Di Bernard 23. Der Gedanke wird in Satz 8 der *Tabula Smaragdina* ausgedrückt: „Ascend with the greatest sagacity from the earth to heaven, and then unite together the power of things superior and things inferior. Thus you will obtain the greater glory of the whole world, and all obscurity will fly far away from you."

[262] Vgl. Di Bernard 25 f.

[263] Vgl. Boyle, S.J., „The Priesthoods of Stephen and Buck," ed. Thomas f. Staley und Bernard Benstock, *Approaches to „Ulysses:" Ten Essays* (Pittsburgh: University of Pittsburgh Press, 1970) 39 f.

wie es die Sprache der Alchemie ausdrückt, oder transsubstanziiert, wie es in theologischer Terminologie heißt. In beiden Umwandlungen wird Materie mit Geist verbunden.

Die Künstlerfigur Stephen Dedalus bezeichnet die Kunst als 'Transmutation des Lebens in etwas Ewiges' („transmuting the daily bread of experience into the radiant body of everliving life" [*P* 249]). Das ästhetische Abbild sei eine ‚gereinigte' und rein geistige Abstraktion des Lebens („life purified in and reprojected from the human imagination" (*P* 242). Joyce benutzt das Verb *transmute*, das allgemeinsprachlich lediglich 'verändern' heißt, wie Yeats, Wilde und Pater in diesem speziellen Sprachgebrauch. Hier bedeutet es 'Verwandeln der Substanz oder Essenz.' Der Gebrauch dieses alchemistischen Terminus evozierte im Ästhetizismus Visionen von Alchemisten, Priestern und Magiern.[264]

Das Verb *transmute* hat allerdings auch eine eigene Geschichte im naturwissenschaftlichen Gebrauch. Lamarck verwendete es für seine Vorstellung von Evolution. Die Gründe, warum sich Darwin und andere Wissenschaftler gegen diesen Begriff entschieden, verdeutlichen den Unterschied zwischen positivistischem und ästhetizistischem Denken. Lamarck glaubte an das Prinzip der spontanen Entstehung von Organismen: Aus der Tatsache, daß es primitive Organismen gebe, ohne daß sie zu einer Perfektion oder Komplexität gelangt seien, schloß er, daß sie erst kürzlich spontan entstanden sein müßten. Was sein Verständnis der Evolution anging, neigte Lamarck eher dazu, an Wunder zu glauben, als Darwin. Lamarck war der Meinung, Organismen änderten sich durch eine Art Willen, aufgrund des Bedürfnisses der Spezies, statt aufgrund der zufälligen Variation, die Darwin als Erklärung vorschlug. Lamarcks Theorie gehörte zu der im Untergehen begriffenen 'subjektiven Wissenschaft,' während Darwins bereits zum objektiven Wissenschaftsverständnis zu zählen ist. Lamarcks Lehren von Willen und Bedürfnis, persönlicher Wahl und bewußter Absicht veranlaßten Wissenschaftler, *transmutation* als Begriff für die Veränderung der Arten zu verwerfen.[265]

Nach Darwins Evolutionstheorie ist der Mensch von den äußeren Umständen, dem Zufall der Natur, bestimmt und Wandlungen ausgesetzt. Die Idee der

[264] Vgl. Marguerite Harkness, *The Aesthetics of Dedalus and Bloom* (Lewisburg, Toronto, et al.: Bucknell University Press, Associated University Press, 1984) 46 f. Harkness führt Belege aus Walter Paters *Marius the Epicurean*, Wildes „The Decay of Lying" und Yeatsens *Mythologies* an.

[265] Vgl. Harkness 47.

magischen Verwandlung der Materie durch den Künstler ist der Vorstellung der Verwandlung des Menschen durch Naturgesetze entgegengesetzt. Daß Ästhetizisten und Symbolisten den zufälligen Charakter von Geschichte und Wandel ablehnten, den die Naturwissenschaften propagierten, wird unter anderem durch die Wahl des Terminus *transmutation* als Kernbegriff ihres Verständnisses literarischen Schaffens deutlich. In diesem Begriff steckt die radikale Ablehnung der positivistischen Erklärung historischen Wandels. Die Naturalisten und Realisten betonten den Einfluß des sozialen oder kulturellen Hintergrunds auf ihre Charaktere sowie äußere, beobachtbare Fakten und ahmten dadurch die wissenschaftliche Methode nach. Die Ästhetizisten hingegen legten bei der Gestaltung ihrer Romane und Figuren auf spirituelle, emotionale und subjektive Kontexte sowie nicht empirisch nachweisbare Wahrheiten Wert. Das Verb *transmute* erfaßt diese literaturästhetische Methode und Haltung.[266] Die Rezeption der alchemistischen Transmutation durch verschiedene Literaten zeugt also von einer Abwehrhaltung gegenüber den Naturwissenschaften, die literarisches Schaffen in Analogie zu einer magischen, alchemistischen Verwandlung sieht und Wandel als wundersam und unabhängig von natürlichem, historischen Zeitverlauf versteht.

## II. Eucharistische Transsubstantiation und alchemistische Transmutation im künstlerischen Prozeß

### 1. Transsubstantiation und Transmutation in der Ästhetik von Stephen Dedalus

Joyces Figur Stephen beschreibt in *A Portrait* den künstlerischen Prozeß ähnlich wie der Autor der *Rosa Alchemica*:

> [...] a priest of the eternal imagination, transmuting the daily bread of experience into the radiant body of everliving life. The radiant image of the eucharist united again in an instant his bitter and dispairing thoughts, their cries arising unbroken in a hymn of thanksgiving. (*P* 249)

Stephen vermischt Eucharistie und Alchemie: Er sieht sich als Priester und gleichzeitig als Magier oder Alchemist,[267] der das tägliche Brot in ewiges Leben verwandelt. Die Frage ist, welches Verhältnis dieses tägliche Brot zum unsterblichen Geist hat, in welcher Form das Leben also Grundlage der Dichtung ist. Dieses Problem stellt sich auch Stephen, und aus seiner Antwort geht her-

---

[266] Vgl. Harkness 47.

[267] Auf die Alchemie verweist das Verb *to transmute*, dessen Konnotationen oben erläutert worden sind.

vor, daß die materielle Substanz des Lebens in der Kunst völlig überwunden und durch eine 'neue, emporstrebende, unfühlbare, unvergängliche Substanz' ersetzt wird, die demnach in keiner Beziehung mehr zur Materie steht:

> What did it mean? Was it a quaint device opening a page of some medieval book of prophesy of the end he had been born to serve [...], a symbol of the artist **forging in his workshop** out of the sluggish matter of the earth a new soaring impalpable imperishable being? (*P* 195; eigene Hervorhebung)

Durch den Gebrauch des Verbs ‚schmieden' („forging") spielt Joyce auf die Alchemisten an, die sich damit beschäftigten, Metalle zu verwandeln.[268] Das Endprodukt der Umwandlung ist wie bei Yeats eine unvergängliche Substanz („imperishable"). Der Künstler nimmt diese Verwandlungen in seiner Imagination vor. Die Metapher der Werkstatt stellt zwischen dem Laboratorium des Alchemisten und der Imagination einen Bezug her. Dieses Bild betont erneut (wie *virgin womb*) die Autarkie des Künstlers, der ohne äußere Einwirkung kreativ ist. Er ist seine eigene Werkstatt und produziert nicht in der Schmiede des Lebens, sondern in der 'Schmiede seiner Seele.'[269]

Stephens Gedicht, die Villanelle, läßt die materiellen Umstände nicht mehr erkennen, die ihn dichterisch inspirierten. Es ist nicht aus einer wirklichen Erfahrung entstanden, denn zu E. C. als Person hat Stephen keinen Kontakt gesucht. Vielmehr hat er sie in ein reines Symbol verwandelt. Stephens Transmutationen sind abstrakt und spirituell. Für seine Haltung gegenüber der Umwelt ist die Angst symptomatisch, von ihr geformt und kontrolliert zu werden. Familie, Nation und Kirche sind die Netze, von denen er sich gefangen fühlt. Stephens Einstellung gegenüber der Welt ist eskapistisch, denn er will sich aus der weltlichen Existenz 'heraustransfigurieren:'[270]

> His heart trembled as in an ecstasy of fear and his soul was in flight. His soul was soaring in an air beyond the world and the body he knew was purified in a breath and de-

---

[268] Vgl. Mircea Eliade, *The Forge and the Crucible: The Origines and Structures of Alchemy*, transl. Stephen Corrin (New York: Harper, 1971).

[269] Siehe etwa die Formulierung „to forge in the smithy of my soul the uncreated conscience of my race" (*P* 282). Natürlich spielt Joyce zugleich auf Richard Wagners Figur des Siegfried als Prototyp einer Künstlerfigur an. Vgl. William Blissett, „James Joyce in the Smithy of his Soul," ed. Thomas F. Staley, *James Joyce Today: Essays on the Major Works* (Bloomington: Indiana University Press, 1966) 96-134 sowie Timothy P. Martin, „Joyce, Wagner and the Artist-Hero," *Journal of Modern Literature* 11 (1984) 66-88. In dem Aufsatz setzt sich Martin vor allem auf den Seiten 71-88 mit der Parallele zwischen Siegfried und Stephen Dedalus auseinander. Vgl. außerdem Martin, *Joyce and Wagner: A Study of Influence* (Cambridge: Cambridge University Press, 1991); insbesondere das Kapitel zwei, „The Artist Hero" (33-53) relevant für eine Betrachtung von Stephen als Künstler.

[270] Vgl. Di Bernard 28.

> livered of incertitude and made radiant and commingled with the element of the spirit. An ecstasy of flight made radiant his eyes and wild his breath and tremulous and wild and radiant his windwept limbs. (*P* 195)

Joyce beschreibt Stephens Flug aus der Welt als Fluchtversuch: Indem seine Figur alles Materielle und Körperliche überwindet, gelangt sie in einen rein geistigen Zustand. Durch den Wandel erreicht Stephen eine ‚veredelte' und von den materiellen Gegebenheiten ‚gereinigte' Seinsform: Joyce läßt ironisch alchemistische Verfahren anklingen. Aus seiner Ekstase wird Stephen jedoch jäh durch die Stimmen dieser Welt herausgerissen: „Oh cripes, I'm drowned" (*P* 195).

Transmutation, die reinigende Verwandlung der Materie zur Essenz, scheint die Transfiguration der schnöden Welt zu versprechen. Durch seine Wortwahl spielt Joyce auf den Ästhetizismus an. Die Figur, die die Kunst schafft, ist ein Priester. Der Prozeß wird als Eucharistie, Geheimnis und Reinigung beschrieben. Diese Details charakterisieren ebenso wie die dichterischen 'Endprodukte,' der Hymnus und das fleischgewordene Wort, eine ästhetische Haltung, die sich von der Kultur der bürgerlichen Masse abheben will und Logik, Rationalität und Ordnung ablehnt. Mit seiner literarischen Figur Stephen bezieht Joyce Position gegen die deskriptiven, experimentellen oder wissenschaftlichen Termini, die Realisten und Naturalisten benutzten. Der Autor löst die progressiv-lineare Zeitenfolge des wissenschaftlichen Denkmodells durch die Bezüge zur antiken und mittelalterlichen Alchemie auf. Joyce identifiziert sich allerdings nicht mit der bedingungslosen 'Zeitflucht' seiner Romanfigur, die in *A Portrait* vollständig in die zeitlose Kunst flüchtet.[271]

In *Ulysses* zeigt Joyce Stephen als schon gestürzten Icarus,[272] der sich bewußt ist, daß er der Welt nicht entfliehen kann. Der Literat macht durch die Perspektive des Icarus deutlich, daß der Künstler kein von der Welt unabhängiges Wesen ist. Joyce hat den Mythos von Daedalus und Icarus Ovids Werk über Verwandlungen, den *Metamorphosen* entnommen. Das Gestaltungsprinzip der Verwandlung verbindet Vorhandenes mit einem neuen Bestandteil, wobei kein Ausgangselement verschwindet. Ein Künstler müßte also der bestehenden Welt sein dichterisches Material entnehmen und einen Bezug zur Materie entwickeln, nicht jedoch alles Materielle durch Kunst ersetzen wollen, um schaf-

---

[271] Vgl. Harkness 49.

[272] Stephen betrachtet sich als gestürzten und von seiner Flucht zurückgekehrten Icarus: „Fabulous artificer. The hawklike man. You flew. Whereto? Newhaven-Dieppe, steerage passenger. Paris and back. Lapwing. Icarus. *Pater, ait.* Seabedabbled, fallen, weltering. Lapwing you are. Lapwing be (*U* 9.952-954).

fen zu können. Joyce zeigt auf, daß Stephen als Künstler noch lernen muß, die Materie mit Geist zu vereinigen und sie so zu transformieren.

## 2. Stephens Verhältnis zu körperlichen Transformationen

Das Prinzip der Eucharistie, Brot und Wein in Geist zu verwandeln, dient als Analogie in Stephens Ästhetik. Künstlerisches Schaffen versteht er ebenso wie die Transmutation als einen rein spirituellen Vorgang. Die Ursprünge der Eucharistie liegen in einer Entsprechung zum körperlichen Vorgang der Verdauung. Der sakrale Verwandlungsritus ist als symbolischer Akt entstanden, der die Aufnahme des göttlichen Wesens ausdrückt, die eine wundersame Wandlung in Gang setzt und den Teilnehmenden eine besondere Art der Nahrung gewährt. Die Nahrung besitzt für den Wandlungsgedanken der Eucharistie eine zentrale Bedeutung. Stephens Verständnis der Eucharistie liegt aber die Ablehnung alles Körperlichen zugrunde. Er neigt dazu, Nahrung, Verdauung und Exkremente ebenso wie alles Körperliche und Materielle einer niedrigeren Welt zuzuordnen. In dieser sind auch Hölle, Sünde und Tod angesiedelt.[273]

In der Weihnachtsmahl-Szene in *A Portrait* charakterisiert Joyce die Personen durch Nahrung. Als der Konflikt zwischen Männern und Frauen beginnt, wenden sich die Männer immer intensiver der Nahrung zu, während die Frauen wenig oder gar nichts zu sich nehmen:

> He heaped up the food on Stephen's plate and served uncle Charles and Mr Casey to large pieces of turkey and splashes of sauce. Mrs Dedalus was eating little and Dante sat with her hands in her lap. (*P* 52)

Mr Dedalus scheint das Prinzip des Geistes, das Dante und Mrs Dedalus vertreten, durch seinen Nahrungsgenuß angreifen zu wollen, während die Frauen aus genau diesem Grund die Speisen verweigern. Das Verhältnis zur Nahrung spiegelt die Beziehung zum Leben wider: Die lebensbejahenden Männer stehen den lebensverneinenden Frauen gegenüber. Eine negative Einstellung zum Essen symbolisiert eine Ablehnung des Körpers und zugleich der Welt.[274]

Auch Stephens weitere Entwicklung in *A Portrait* ist dadurch charakterisiert, daß er Essen und Nahrung zu Animalität und Körperlichkeit zuordnet:

> He ate his dinner with surly appetite and when the meal was over and the greasestrewn plates lay abandoned on the table, he rose and went to the window, clearing the thick

---

[273] Vgl. Tucker 11 ff.

[274] Indem die Frauen Nahrung verweigern, kontrollieren sie Körper und Triebe durch Verstand und Geist. Zugleich ermöglicht dieses Verhalten eine Autarkie gegenüber der Außenwelt: Der Körper nimmt nichts von außen auf. Vgl. Tucker 14.

> scum from his mouth with his tongue and licking it from his lips. So he had sunk to the state of a beast that licks his chaps after meat. This was the end; [...] his soul was fattening and congealing into a gross grease, plunging ever deaper in its dull fear [...]. (*P* 135)

Diese Szene ist im Zusammenhang der Höllenpredigt von Vater Arnall zu interpretieren, die Stephen mit dem Wertesystem der Kirche indoktriniert. Diese Predigt zeigt, daß Stephen die Mahlzeit als Bestandteil einer gegenüber der Welt des Geistes niedrigeren Welt betrachtet. Nahrung und alles Körperliche bedrohen die Reinheit seiner Seele und die höhere, geistige Ebene seiner Persönlichkeit.

Auf der Suche nach seiner geistigen Berufung und unter dem Eindruck der Höllenpredigt flüchtet sich Stephen in das einfache Leben seiner Familie, das für ihn auf materielle Aspekte reduziert ist und bis auf die Frömmigkeit seiner Mutter jeglicher Spiritualität entbehrt. In diesem für ihn rein materiellen Leben fühlt er sich jedoch wie ein Fremder. Stephen assoziiert das einfache, ungeistige Leben mit Nahrung: „He sat by the fire in the kitchen, not daring to speak for happiness. [...] White pudding and eggs and sausages and cups of tea. How simple and beautiful was life after all!“ (*P* 170).

Stephens Läuterung wird mit der Eucharistie abgeschlossen, die in der Symbolik der weißen Blumen[275] das Bild des „white pudding“ der vorhergehenden Szene fortführt. Durch diesen Bezug zwischen Altarschmuck und Wurst distanziert sich Joyce ironisch von Transsubstantiation ebenso wie von der Läuterung seiner Figur. Stephen nimmt an der Kommunion teil und empfängt das *ciborium*, eine symbolische Nahrung, die nicht wie normale Speise den Körper nährt und in den Kreislauf von Verdauung und Ausscheidung übergeht. Die Hostie verwandelt sich auf seiner Zunge in den Geist Gottes und vereinigt auch seinen gereinigten Körper mit der Unsterblichkeit alles Spirituellen:

> His hands were trembling and his soul trembled as he heard the priest pass with the ciborium from communicant to communicant. – *Corpus Domini nostri*. Could it be? He knelt there sinless and timid; and he would hold the host upon his tongue and God would enter his purified body. – *In vitam eternam. Amen.* (*P* 170 f.)

Nur Spiritualität verheißt Unsterblichkeit, und aus diesem Grund versucht Stephen während der Phase seiner Läuterung (viertes Kapitel), die äußere Welt, die er sinnlich erfaßt, unter die Kontrolle seines Willen zu bringen. Er kasteit sich, indem er hungert und sich dazu zwingt, Gerüche von Exkrementen zu

[275] Stephen mißt dem weißen Blumenschmuck des Altars eine besondere Bedeutung bei: „The altar was heaped with masses of white flowers; and in the morning light the pale flames of the candles among the white flowers were clear and silent as his own soul“ (*P* 170).

ertragen.[276] Diese Übungen bezwecken, den Geist alle Funktionen seines Körpers übernehmen und so die äußere Welt der Materie ersetzen zu lassen.

Wenn Stephen den dichterischen Prozeß beschreibt, enthält seine Sprache Vokabular aus der Nahrungs- und Körpersymbolik. Sein Versuch zu dichten wird mit Bildern der körperlichen Ausscheidung beschrieben. So charakterisiert er Lynch gegenüber die Kunst in diesen Kategorien:

> To speak of these things and to try to understand their nature and, having understood it, to try slowly and humbly and constantly to express, to press out again, from the gross earth, or what it brings forth, from sound and shape and colour which are the prison gates of our soul, an image of the beauty we have come to understand – that is art. (*P* 234)

Stephens Gebrauch des Verbs *to express* läßt auf den ersten Blick den Prozeß der Ausscheidung von Exkrementen anklingen und legt die Interpretation nahe, der Künstler solle die Materie in der Kunst darstellen. Aber die Konnotation von 'ausdrücken' ist nicht 'darstellen,' sondern eher wörtlich 'herauspressen.' Wie aus einer Zitrone der reine Saft gepreßt wird, soll aus der 'groben Erde' jede Spur von Materie entfernt und auf die rein geistigen Abstraktionen ihrer Eigenschaften Geräusch, Form und Farbe reduziert werden. Anstelle von Exkrementen preßt der Künstler Sprache aus sich heraus. Diese Sprache soll keine Spuren organischer oder körperlicher Prozesse aufweisen, wie dies in der Sprache Blooms der Fall ist.

Daß Stephen die Eucharistie als Analogie zum kreativen Prozeß verwendet, ist für seine Literaturästhetik bezeichnend. Er hat sich zwar vom Priestertum und von der Kirche abgewandt, ist aber so stark der geistigen Welt des Katholizismus verhaftet, daß er die Kunst zu einer Ersatzreligion macht und dabei alle kritischen Aspekte des katholischen auf das künstlerische Priestertum überträgt.[277]

Zur Illustration seiner Vorstellung von *creation*, wie sie aus der Schöpfung der Villanelle hervorgeht, benutzt Stephen drei Analogien theologischen Ursprungs: Trinität, Inkarnation und Eucharistie.[278] Die Analogien haben eines

[276] Vgl. beispielsweise *P* 176: „He found in the end that the only odour against which his sense of smell revolted was a stale fishy stink like that of long-standing urine; and whenever it was possible he subjected himself to that unpleasant odour. To mortify the taste he [...] observed to the letter all the fasts of the church and sought by distraction to divert his mind from the savours of different foods."

[277] Vgl. Harkness 98.

[278] Robert Boyle untersucht den Topos des Künstlers als Priester grundlegend. Er faßt die Funktion der Eucharistie-Analogie zusammen: „Stephen compares the work of literary art to the Eucharist on several bases: 1) it is made from something ordinary, daily experience, as the

gemeinsam: Sie akzentuieren die Funktion von Kunst als Ersatzreligion, indem sie die künstlerische Schöpfung über die göttliche stellen und den religiös begründeten Dualismus von Geist und Körper in eine ästhetisch motivierte Zweiteilung verwandeln. Durch die Kunst glaubt Stephen, den zeitlich bedingten Wandel alles Körperlichen überwinden zu können. Die künstlerische Schaffenskraft soll die natürlichen Prozesse kontrollieren und den Kreislauf von Werden und Vergehen überwinden. Im Grunde ist Stephens Ästhetik deshalb eine 'Anti-Transformationsästhetik.'

Das katholische Wertesystem, das Stephen verinnerlicht hat, aber ästhetisierend umdeutet, ordnet den Körper und seine Funktionen dem unteren Ende der Werteskala zu und fordert damit, alle körperlichen Bedürfnisse zu unterdrücken und zu kontrollieren. Der irische Katholizismus jener Tage lehnt einen elementaren Teil der Persönlichkeit ab und verursacht dadurch einen Konflikt zwischen Körper und Geist. Der alchemistischen Weltanschauung hingegen, in der sich die höheren und niedrigeren Ebenen verbinden, entspricht die Vereinigung von Körper und Geist. Deren oberstes Prinzip erachtet Joyce als für den Künstler und seine Kreativität notwendig.

Stephens Literaturästhetik ist dadurch gekennzeichnet, daß er die Physis ablehnt, die seine rein geistige Welt bedroht. Seine ablehnende Haltung gegenüber Nahrung zeigt, daß er sich dagegen wehrt, Erfahrungen zu verinnerlichen. Sie äußert sich insbesondere in seiner Furcht gefressen zu werden. Daß Stephens Unterbewußtes den Prozeß des 'Genährt-werdens' umkehrt, läßt sich an der Symbolik der weiblichen Figuren als Vampire und 'Aufsauger'[279] von kreativen Energien ablesen.[280]

Eucharist is made from daily bread; 2) it emerges from the spirit of man, as the Eucharist (that is, Christ) emerges from the power of the Holy Spirit; 3) it develops in and proceeds from the power of the imagination, as the Eucharist (that is, Christ) developed in and proceeded from the Blessed Virgin; 4) it gives life, selfknowledge, conscience, to those who respond to it, as the Eucharist brings divine life to the communicants. The Word-made-flesh, the Logos, is closely tied in with Joyce's use of the Eucharist image, as we have seen." Robert Boyle, S.J., „The Priesthoods of Stephen and Buck," ed. Thomas F. Staley und Bernard Benstock, *Approaches to Ulysses: Ten Essays* (Pittsburgh: University of Pittsburgh Press, 1970) 40 f.

[279] Stephen empfindet Frauen als Bedrohung und wirft ihnen vor, sie versorgten ihn mit ‚bitterer Milch' (*U* 14.377-378). In Umkehrung des Stillvorgangs saugen Frauen Stephens Kraft aus. Diesem Gedanken entsprechen die Symbole des ‚Leichenkauers' („Chewer of corpses," [*U* 1.278]) und des Vampirs (beispielsweise *U* 3.397-398 und *U* 7.524). Auch Irland wird als ‚alte Sau, die ihre Ferkel verschlingt,' (*U* 15.4583) beschrieben, die Stephen und seine Kreativität zu 'verschlingen' droht.

[280] Vgl. Tucker 3 f.

In *A Portrait* versucht der Direktor des Jesuitenkollegs, Stephen für das Priestertum zu gewinnen, indem er die Macht des Priesters als 'Transsubstantiator' der Eucharistie betont:

> No king or emperor on this earth has the power of the priest of God. No angel or archangel in heaven, no saint, not even the Blessed Virgin itself, has the power of a priest of God: [...] the authority to make the great God of heaven come down upon the altar and take the form of bread and wine. What an awful power, Stephen! (*P* 183)

Dieses Machtbewußtsein der Kirche stößt Stephen ab, aber aus seiner Definition der *postcreation* in „Oxen of the Sun" geht hervor, daß er mit der Rolle des Künstlers die Attraktivität der Macht verbindet, alles Fleisch unsterblich machen zu können. Auch in *Ulysses* sieht sich Stephen demzufolge als Priester der Kunst und verwendet die Eucharistie als eine Analogie seiner Literaturtheorie. Ebenso wie in der Villanelle benutzt Stephen in „Oxen of the Sun" die Analogien der Trinität, Inkarnation und Eucharistie, um sich als Schöpfer von Kunst darzustellen. Deutlicher wird seine ablehnende Haltung gegenüber der Kirche in den Blasphemien gegenüber der Jungfrau Maria. Wie auch die Analyse der beiden anderen religiösen Analogien zeigt, setzt Stephens Ästhetik in *Ulysses* die aus *A Portrait* bekannte fort. Joyce stellt einen sichtlich verbitterten, aber nicht wesentlich veränderten Stephen dar:

> Now drink we, quod he, of this mazer and quaff ye this mead which is not indeed parcel of my body but my soul's bodiment. Leave ye fraction of bread to them that live by bread alone. [...] His words were then as followeth: know all men, he said, time's ruins build eternity's mansions. What means this? Desire's wind blasts the thorntree but after it becomes from a bramblebush to be a rose upon the rood of time. (*U* 14.281-292)

Der Autor zeigt Dedalus als Christus beim letzten Abendmahl, der den Wein nicht als Teil seines Körpers, sondern als 'Körper seiner Seele' versteht. Stephen besitzt in seinem Selbstverständnis keine materielle, sondern eine metaphysische Konstitution. Die Flüssigkeit tritt nicht in den körperlichen Prozeß der Verdauung ein, sondern ist die Essenz seiner unsterblichen Seele, die er weitergibt.[281] Der Wein verwandelt sich in der Eucharistie bekanntlich in Geist. Deshalb zieht Stephen ihn auch dem Brot vor, das der Leib Christi wird.

Stephens Haltung gegenüber dem Brot als materieller Substanz, als Nahrung und Symbol für Körper und Materie, findet ebenso Niederschlag in der Aussage, das Brechen des Brotes solle denen überlassen werden, die vom Brot al-

[281] Vgl. Boyle, S.J., „The Priesthoods of Stephen and Buck" 47.

lein leben.[282] Stephen erhebt sich damit über die Masse, repräsentiert durch die Studenten, die nicht wie er der Welt der Materie und der körperlichen Bedürfnisse entfliehen können. Als Priester der Kunst ist Stephen Maria und Gott überlegen, da er allein Materie und Zeit wirklich überwinden und in seine unvergängliche Kunst verwandeln kann. Stephens Ideologie der Schöpfung von Kunst wird als Abwehrhaltung gegenüber den Wandlungen des Fleisches charakterisiert. „*Omnis caro ad te veniet*" (*U* 14.294) drückt den Unterschied zwischen Gott und Künstler als Verwandler des Fleisches aus. Während Gott den menschlichen Körper sterblich macht, kann die Kunst dem Menschen Unsterblichkeit verleihen.

Die Komik von Stephens Äußerungen rührt daher, daß er über den Wein der Eucharistie als spirituelle Essenz redet, aber gleichzeitig unter den körperlichen Auswirkungen des Alkohols leidet und bereits sehr angetrunken ist. Die Worte sind trotz des Alkoholeffektes als ernstzunehmende Charakterisierung Stephens zu interpretieren. Zwar ist dessen Vorstellung von dichterischem Schaffen in *Ulysses* nicht wesentlich gegenüber der aus *A Portrait* bekannten verändert, aber die Distanz, die der Autor zu sich und zum jungen Künstler einnimmt, ist erheblich größer geworden. Stephens Literaturtheorie in „Oxen" und sein Vampirgedicht in „Proteus" werden von Joyce durch zwei 'körperliche Transformationen' erzählerisch kommentiert. Mit diesem 'Kommentar' kritisiert Joyce, daß Stephen in seiner Ästhetik die Verwandlung der Materie nicht berücksichtigt sowie Materie und Geist nicht verbindet.

In „Oxen of the Sun" schildert Joyce neben der Evolution der englischen Sprache und den Veränderungen des Embryos im Verlaufe der Schwangerschaft verschiedene andere Verwandlungen. Der Autor beschreibt in „Oxen" außerdem die Transformationen von Weizen in Brot und Trauben in Wein. Er betont dadurch die Bedeutung von Brot und Wein als Grundlage der menschlichen Kultur in einem elementaren Sinn:

> And also it was a marvel to see in that how by magic they make a compost out of fecund wheatkidneys out of Chaldee that by aid of certain angry spirits that they do in to it swells up woundrously like a vast mountain. And they teach the serpents there to entwine themselves up on long sticks out of the ground and of the scales of these serpents they brew out a brewage like a mead. (*U* 14.154-159)

[282] *UA* 415 kommentiert diese Äußerung Stephens: Jesus, der in der Wildnis fastete, widerstand den Versuchungen des Teufels, der ihn mit Brot in Versuchung führte und sagte: „Man shall not live by bread alone, but by every word that proceedeth out of the mouth of God" (Matthew 4:3-4).

Aufgrund einer magischen Transformation („by magic") entsteht aus Weizenbrei durch Zersetzung, anschließende Produktion von Gas und Gährung ein aufgehender Teig, aus dem dann Brot wird.[283] Ähnlich wie in der Alchemie entsteht ein neuer Stoff (Brot) daraus, daß sich eine Substanz (Weizen) zersetzt. Die Passage fährt fort zu beschreiben, wie Trauben zu Wein verwandelt werden. Die Winzer züchten die Weinstöcke, deren Reben wie Schlangen ranken. Diese Prozesse der Wein- und Brotproduktion gehören zu den wichtigsten der menschlichen Kultur, zählen sie doch zu den ersten Transformationen, derer sich die Menschheit bewußt wurde. Außerdem legen sie die Grundlage für Kulthandlungen (Dankesfeiern für die Götter der Fruchbarkeit wie zum Beispiel Demeter oder Bachus), deren Spuren noch in der Eucharistie zu erkennen sind. Die „Oxen"-Episode erzählt also neben der Entwicklung der englischen Sprache auch die des menschlichen Fötus, der Fauna und die des Ritus.[284]

Die Transformation von Weizen und Trauben zu den beiden Grundnahrungsmitteln ist für Joyce notwendig, damit sich eine religiöse und künstlerische Kultur entwickeln kann. Dieser Transformation liegt die Vorstellung zugrunde, daß die Gottheit mit der Speise aufgenommen wird. Sie gleicht damit dem alchemistischen Konzept der Transmutation von *prima materia* zu Gold und parallelisiert so die alchemistische Idee von der Entwicklung einer Seele aus dem Körper.

Anders als seine Figur begreift Joyce, daß der Künstler Materie und Geist vereinigen muß, um Kunst schaffen zu können. Er erkennt Transformation als kreatives Prinzip. Weil Stephen nicht sieht, wie wichtig das tägliche Brot für die Kunst ist, versteht er auch nicht, daß das Leben, also Körper und Materie, in Kunst eingehen und zu Kunst umgewandelt werden. An der Figur Leopold Blooms zeigt Joyce, wie sich körperliche und geistige Prozesse verbinden lassen. Aber schon in der „Proteus"-Episode wird dieses Prinzip künstlerischen Schaffens deutlich, als Stephen sein Vampirgedicht schreibt. Die geistige Aktivität des Dichtens wird durch die körperliche Handlung des Urinierens begleitet und dadurch abgeschlossen, daß Stephen ein anderes Sekret („a piece

[283] Die Beschreibung erinnert an das Verwesen des menschlichen Leichnams und an die Verfahren der Alchemie. Sie greift dadurch den Kreislauf von Werden und Vergehen auf. Vgl. Stephens Vorstellung des Ertrunkenen in „Proteus:" „A corpse rising saltwhite from the undertow, [...] Bag of corpsegas sopping in foul brine. A quiver of minnows, fat of a spongy titbit, [...]. God becomes man becomes fish becomes barnacle gose becomes featherbed mountain" (*U* 3.472-479).

[284] Vgl. Tucker 98.

of dried snot") auf einem Felsen plaziert (*U* 3.500-501). Joyce symbolisiert irische Kunst („the snotgreen sea") durch Stephens Nasensekret und dessen Mischung aus grünem und gelbem Wasser.[285]. Joyce hingegen verbindet körperliche Ausscheidungen mit geistiger Schöpfung und experimentiert ähnlich wie in der Alchemie mit Exkrementen als *prima materia*. Er vereinigt so Materie und Geist und stellt aus 'niedrigen,' unedlen Materialien etwas 'Reines' und Unsterbliches her.

## 3. Leopold Bloom als Alchemist – Vereinigung von Gegensätzen in der Kunst

In *Ulysses* ergänzen sich alchemistische und religiöse Metaphorik. Die 'geistige' Eingangsszene ist auf diese Weise mit dem 'körperlichen' Schlußmonolog verbunden, denn in beiden Szenen steht eine Schüssel im Zentrum, die Blut enthält. Die eine ist in Buck Mulligans Parodie auf die Eucharistie und damit auf Stephens Vorstellung von dichterischem Schaffen mit dem Blut Christi gefüllt.[286]

Die zweite Schüssel enthält Mollys Blut und Urin als *prima materia*. Diese ist Symbol des kreativen Prinzips, das Molly verkörpert.[287] Beide Szenen stehen dadurch gleichzeitig in kontrastivem und komplementärem Verhältnis zueinander. Die alchemistische Schale verbindet im Transmutationsprozeß, auf den die rot-weiß-Symbolik hinweist, das körperliche, weibliche und das geistige, männliche Prinzip von Schöpfung.

Zugleich zeigt die Parodie der Eucharistie den Gegensatz zwischen ästhetizistischer und naturwissenschaftlicher Haltung. Buck Mulligan bildet als Priester der Wissenschaft einen direkten Gegensatz zu Stephen als Priester der Kunst. Buck gibt vor, die Transsubstantiation mit Hilfe von Elektrizität durchzuführen – die letzten Worte seiner 'Messe' sind „Switch off the current, will you?" (*U* 3). Joyce hat ihn als Priester der Wissenschaft konzipiert. Buck versteht die Transsubstantiation naturwissenschaftlich, denn er behauptet,

[285] Vgl. zum Beispiel die Bezeichnung des Meerwassers als grün-golden: „In long lassoes from the Cock lake the water flowed full, covering greengoldenly lagoons of sand, rising, flowing. [...]. Better get this job over quick. It flows purling, widely flowing, floating foampool, flower unfurling" (*U.* 3.453-460). Durch „flower unfurling" deutet Joyce bereits Leopold Blooms Bad in „Lotus Eaters" an, wo Bloom seinen Penis mit einer Blume vergleicht.

[286] *Ulysses* beginnt mit Buck Mulligans Parodie auf die Messe. Seine ersten Worte sind die ersten Worte der alten katholischen Meßfeier: „*Introibo ad altare* [sic] *dei.*" Er hebt den Kelch („a bowl of lather") und das Kreuz („a mirror and a razor lay **crossed**;" eigene Hervorhebung) und bietet so eine Parodie der Eucharistie dar.

[287] Vgl. Michael O'Shea, „Catholic Liturgy in Joyce's *Ulysses*," *JJQ* 21,2 (1994): 126.

durch Christi Verwandlung würden ‚Körper und Seele, Blut und Wunden' in die Rasierschüssel fließen: „For this, O dearly beloved, is the genuine Christine: body and soul and blood and ouns.[288] Slow music, please. [...] A little trouble about those white corpuscles. Silence, all" (*U* 3). Buck unterscheidet rote und weiße Blutkörperchen und betrachtet Blut also naturwissenschaftlich, nicht metaphysisch: Er tut so, als ob er Christus gleichsam Stück für Stück – Blutkörperchen für Blutkörperchen – eher quantitativ als substantiell transformiere. Mit dieser naturwissenschaftlich-sensualistischen Kommunion parodiert und verspottet Buck die Idee der wirklichen Anwesenheit Christi in der katholischen Abendmahlslehre.[289]

Als Naturwissenschaftler erkennt Buck den Begriff der Substanz nicht an, da sich hinter diesem Begriff ein philosophisches Konzept verbirgt, das die Naturwissenschaften ablehnen. Diese befassen sich nur mit materiellen Gegebenheiten und nicht mit der geistigen 'Substanz.' Buck führt die Möglichkeit einer substantiellen Wirklichkeit *ad absurdum*, die nicht sinnlich erfaßbar und nicht meßbar ist; in seiner Parodie befördert er mit Hilfe von Elektrizität die körperlichen Bestandteile und nicht den Geist Christi in den Kelch.[290]

In diesem 'Dialog' zwischen katholischer und naturwissenschaftlicher Weltsicht gibt es keine 'richtige' Denkweise. Ebensowenig wie die Kunst für Joyce Ersatzreligion sein kann, bietet die Naturwissenschaft ein brauchbares Gegenmodell zum religiösen Weltbild. Die Naturwissenschaft führt zwar dazu, daß Religion an Überzeugung verliert und als Welterklärung geradezu absurd wirkt, kann aber andererseits keine Alternative sein: Sie ist nicht in der Lage, die geistig-spirituellen Bedürfnisse der menschlichen Existenz zu befriedigen. Joyce richtet sich mit seiner Verwendung alchemistischer Analogien sowohl gegen die positivistische Naturwissenschaft seiner Zeit und die durch sie beeinflußte naturalistische Ästhetik als auch gegen den Ästhetizismus. Während er mit der Figur des Stephen den Ästhetizismus parodiert, übt er über dessen literarischen Gegenpieler Buck Mulligan Kritik an der naturwissenschaftlich-sensualistischen Ästhetik der Naturalisten.

Die Alchemie bietet außerdem eine Interpretationsebene, auf der die Beziehungen zwischen den drei Hauptpersonen gedeutet werden können. Die Figurenkonstellation ist schon in Analogie zur Trinität als dreifaltige Verkörperung

[288] Die Formulierung „blood and ouns" nimmt einen blasphemischen Schwur aus dem Mittelalter auf, der „Good's blood and Wounds" so ‚verstümmelt' hatte. Vgl. *UA* 14.
[289] Vgl. Frances L. Restuccia, „Transsubstantiating *Ulysses*," *JJQ* 21,4 (1984): 330 f.
[290] Vgl. Restuccia: 331.

der Künstlerpersönlichkeit interpretiert worden: Bloom und Stephen als Vater und Sohn, Molly als Heiliger Geist.[291] Die Alchemie ist als Metapher für psychologische Transformation zu verstehen. Die schwarze Messe in „Circe" symbolisiert die *nigredo*, in der die gegensätzlichen und doch komplementären Charaktere von Stephen und Leopold vereint werden. Die „Penelope"-Episode beendet *Ulysses* durch die heilsame Vereinigung von Mann und Frau sowie von Vergangenheit und Gegenwart. Diese wird durch eine Affirmation erweitert, die den Kreis der Episode ebenso wie des Buchs als Symbol der Ewigkeit abschließt. „Penelope" beendet *Ulysses* mit Anspielungen auf die Sonne, die den Stein der Weisen symbolisiert.[292] Vor dem Hintergrund dieser Interpretation wären Stephen und Bloom die *prima materia* des alchemistischen Prozesses. Sie gleichen zwei Substanzen, die gegensätzlich und zugleich komplementär zueinander sind. Mit Hilfe von Molly als Stein der Weisen werden sie vereint. Das Endprodukt der Transmutation wäre nicht Gold, sondern ein Künstler wie Joyce.

Für Joyces Literaturästhetik bietet die Analogie der Alchemie eine Grundlage, auf der das Verhältnis zwischen Stephen und Bloom gedeutet werden kann. Mit Leopold schafft Joyce die Figur eines physisch ausgerichteten Alchemisten als Gegengewicht zu Stephen. Bloom, der auch als Künstler bezeichnet wird, benutzt die 'niedrigsten' oder gewöhnlichsten Gegenstände für seine Kunst, er strebt eher den materiellen Nutzen als die spirituelle Vervollkommnung an.[293]

Auch Bloom ist als Künstlerfigur zu verstehen.[294] In „Ithaca" (*U* 17.410-416) wird er als kinetischer Dichter bezeichnet und als Typ eines Künstlers klassifiziert, den Stephen in *A Portrait* beschreibt und ablehnt. Blooms in „Ithaca" wiedergegebene Poesie ist für sich betrachtet ein wenig originelles Liebesgedicht. Dieses enthält jedoch Anspielungen auf Stephens Villanelle und weist so direkte Bezüge zu Stephens Literaturtheorie auf: „music sweet, divine, hymn, wine" deuten dessen Eucharistie-Hymnus an.[295]

[291] Vgl. Kapitel A. II. 3. des ersten Hauptteils dieser Arbeit.

[292] Molly erwähnt in ihrem Schlußmonolog die Sonne insgesamt siebenmal (*U* 18. 292; 611; 650; 760; 1347; 1571; 1578). Sie erinnert sich zum Beispiel daran, daß Bloom ihr auf dem Ausflug nach Howth erzählte: „[...] the sun shines for you" (*U* 18.1578). Vgl. Newman 174-185.

[293] Vgl. Di Bernard 28.

[294] Vgl. Blooms Beurteilung in *U* 10.582-583: „There's a touch of the artist about old Bloom."

[295] Vgl. Stephens dichterischen Akt in *A Portrait*, der von süßer Musik begleitet wird: „O what sweet music!" (*P* 216). Am Ende der dichterischen Inspiration wird auf die symbolische

Blooms Gedicht betont den Zusammenhang zwischen Frauen und Welt („Dearer far than song or wine, You are mine. The world is mine.") und bezeugt seinen engen Bezug zur Welt und zu Frauen.[296] Im Gegensatz zu Stephen, der die Welt durch Kunst überwinden will, stellt er die Welt und Molly über die Kunst. Stephens Villanelle ersetzt dagegen das Leben. E. C. geht nicht in das Gedicht ein, und ihre Persönlichkeit wird durch das Gedicht substituiert. Stephen will sie nicht durch seine Poesie für sich gewinnen. Sie ist für ihn nur eine notwendige Inspiration, um seine Villanelle schreiben zu können.

Alle dichterischen Schöpfungen Blooms haben ein Merkmal gemeinsam: Er hat sich selbst, in Form von Variationen seines Namens, in die Gedichte geschrieben.[297] Leopolds Gedichte erfüllen Stephens Anspruch, daß der Künstler sich in sein Gedicht transfigurieren oder transmutieren müsse und im Werk unsichtbar sein solle.[298] Dagegen bleibt Leopold Bloom in Form seines Namens in seinen Gedichten präsent.[299]

Die Bloomsche 'Kunstästhetik' verbindet künstlerisches Schaffen immer mit einer materiellen Grundlage und einem Nutzen. Wenn er seine Kunstwerke plant, geht er von ganz gewöhnlichen Materialien aus. Seine Gedankengänge kreisen ständig um seinen Körper, um Sexualität, Nahrung, Verdauung und Fäkalien. Diese Gegenstände sind die *prima materia* seiner Kunstwerke. In diesem erweiterten Sinn wird Leopold Bloom als materieller Alchemist klassifiziert. In ihm vereinigen sich Materie und Geist, da er die einfachsten und elementaren Dinge des Lebens verwandelt.

In „Calypso" plant Bloom ein vollkommen realistisches Werk, basierend auf den Kommentaren, die Molly abgibt, während sie sich ankleidet. Nachdem er *Matcham's Masterstroke* gelesen und seine Verdauung, seinen eigenen 'Meisterstreich,' erledigt hat, plant er – nicht zuletzt aus kommerziellen Gründen – gemeinsam mit Molly einen ‚Preisleckerbissen' („prize titbit") zu verfassen:[300]

> He glanced back, through what he had read and, while feeling his waters flow quietly, he envied kindly Mr Beaufoy who had written it and received payment of three

Ebene des religiösen Ritus verwiesen: „And then? Smoke, incense ascending from the altar of the world" (*P* 217).

[296] Mit dem drohenden Verlust seiner Frau infolge ihres geplanten Betrugs mit Boylan verliert Bloom auch den Bezug zur Realität und flüchtet in seine Phantasien.

[297] Das erste Gedicht, das Bloom im Alter von 11 Jahren schrieb, endet mit seinem Namen (*U* 17.399-401). Außerdem hat er ein Anagram aus seinem Namen gemacht (*U* 17.405-409).

[298] Vgl. auch Stephens Definition des Verhältnisses zwischen Künstler und Werk in *A Portrait*: „The artist passes into the narration itself" (*P* 242).

[299] Vgl. Tucker 138 f.

[300] Vgl. Di Bernard 28.

> pounds, thirteen and six. Might manage a sketch. By Mr and Mrs L. M. Bloom. Invent a story for some proverb. Which? Time I used to try jutting down on my cuff what she said dressing. (*U* 4.515-520)

Dieses Kunstprojekt entsteht in doppelter Hinsicht aus den gewöhnlichsten Materialien: aus Mollys Kommentaren und Leopolds Exkrementen. Der Fluß seiner Gedanken entsteht aus dem Fluß seines Urins.[301]

Joyce fand in der Alchemie eine geeignete Analogie für die künstlerische Transformation von Leben zu Kunst. Er gestaltet mit Bloom eine Figur, in deren Ästhetik und Weltbild, anders als bei Stephen, das Leben eine Synthese mit der Kunst eingeht und in ihr sichtbar bleibt. Dieser 'alchemistischen Kunstauffassung' liegt die Vorstellung zugrunde, daß das Leben potentiell Kunst sei, so wie in der alchemistischen Philosophie Blei potentiell Gold ist. Die Kunst soll kein Ersatz des Lebens sein, denn nur der Künstler, der vom Leben als *prima materia* ausgeht, kann Kunst schaffen. Indem Joyce die Vereinigung von Gegensätzen betont, greift er die Richtung der Alchemie auf, die es zum Prinzip erhebt, die oberen und unteren, die spirituellen und materiellen Ebenen der Welt und des Lebens zu vereinigen. Er übernimmt den alchemistischen Kosmos, der die Einheit zwischen Makro- und Mikrokosmos betont, für seine Literaturästhetik. Joyce selber glaubte nicht an die Lehren der Alchemie, sondern an die Notwendigkeit der Integration der spirituellen und der materiellen Seiten des Lebens. Seine Kunst ist demzufolge gleichzeitig wörtlich und symbolisch zu verstehen, sie verbindet das Alltägliche mit dem Archetypischen und mit dem Mythos.[302]

## III. Aldous Huxley – Alchemistische Transmutation und Tingierung

Joyce verwendet die alchemistische Transmutation als Analogie, um eine Literaturästhetik zu artikulieren, die sich einerseits gegen das ästhetizistische Ideal richtet, das Leben sei in Kunst zu verwandeln, um so das materielle Leben zu überwinden. Andererseits kritisiert der irische Literat zugleich das naturwissenschaftliche Weltbild und die von diesem geprägte naturalistische Ästhetik. Es stellt sich die Frage, wie Huxley, ein Verfechter der Idee, in der Literatur Kunst und Naturwissenschaft zu vereinen, die Transmutationsvorstellung verwendet.

Bei Huxley besitzt das Verb ‚transmutieren' in Verbindung mit dem Adverb ‚alchemistisch' eine negative Konnotation. So erklärt er den Zusammenhang

---

[301] Vgl. Stephens Dichtung in „Proteus" (*U* 3.397-398).
[302] Vgl. Di Bernard 26.

zwischen dem gegebenen 'Material' und möglichen Veränderungen durch den menschlichen Geist bei der Genese und Entwicklung der Persönlichkeit:

> There are obvious limits to what may be done in the way of building up a personality. The given materials cannot be alchemically transmuted into something else; they can only be arranged. A form may be imposed on the substance; but the substance cannot be altered. Moreover, the nature of the psychological substance conditions to a great extent the kind of form that can be given to it [...]. („Personality and the Discontinuity of the Mind" *PS* 231)

Huxley wendet sich gegen die Idee, alle gegebenen 'Materialien' vollständig zu verwandeln. Diese bilden die Substanz, die bei allen Veränderungen bestehen bleibt. Für Huxley hat die Wendung ‚alchemistisch transmutiert' also eine ästhetizistische Bedeutung, vergleichbar mit den Ideen, die Joyce seinem Stephen Dedalus in den Mund legt. Der Geist kann für Huxley jedoch nicht die Materie ersetzen:

> It must not be imagined that a man is entirely his own artist. [...] the personality is not given, but requires to be constructed by each individual (or for him by others) out of the hereditary and environmental materials at his disposal. („Personality and the Discontinuity of the Mind" *PS* 231 f.)

Der Autor bezieht sich nicht ausdrücklich auf die Kunst, aber was für die Psyche allgemein gilt, betrifft natürlich auch den Künstler. Dieser und auch seine Kunst sind ihm zufolge durch Gegebenheiten wie Erbgut und äußere Umstände vorbestimmt. Auf sie kann der Geist formend einwirken.

Diese Idee liegt auch dem Essay „Subject Matter of Poetry" zugrunde, in dem Huxley sich mit dem geeigneten Material für die Dichtung beschäftigt. Er bezieht sich auf Wordsworths „Preface to Lyrical Ballads" und benutzt die Transmutation als Analogie um darzulegen, wie der Dichter seinen aus der materiellen Welt stammenden Stoff in Kunst verwandeln kann:

> It should theoretically be possible to make poetry out of anything whatsoever of which the spirit of man can take cognizance. [...] The poets have claimed as their domain only a small part of the universe. He is speaking here of the most important and the most interesting of the subjects which may, theoretically, be made into poetry, but which have, as a matter of fact, rarely or never undergone the transmutation: he is speaking of the relations between poetry and that vast world of abstractions and ideas – science and philosophy – into which so few poets have ever penetrated. („Subject Matter of Poetry," *OM* 26 f.)

Der Begriff ‚Transmutation' scheint in dem Essay keine negative Konnotation zu besitzen. Er bezieht sich ebensowenig auf die Idee einer ästhetizistischen, essentiellen Verwandlung. Vielmehr muß der Künstler laut Huxley das vorgefundene Material 'transmutieren,' bevor er ein Kunstwerk schaffen kann:

> The subject must somehow be involved in the poet's intimate being before he can turn it into poetry. It is not enough, for example, that he should apprehend it merely through his senses. [...] It is not enough, [...], if he apprehends his subject in a purely intellectual manner. An abstract idea must be felt with a kind of passion, [...]. Wordsworth's criticism helps us to understand why so few subjects have ever been made into poetry when everything under the sun, and beyond it, is theoretically suitable for the transmutation into a work of art. („Subject Matter of Poetry," *OM* 28 f.)

Huxley versteht ‚Transmutation' also als eine Art *coniunctio oppositorum*, die im Innern des Künstlers wie in einer 'alchemistischen Werkstatt' vollzogen wird. Jedes Material wird zu Kunst, wenn es dort mit Gefühlen zusammengebracht wird. Schon existierende Materialien sind in einen anderen Zustand umzuwandeln; der Autor vergleicht diesen Vorgang mit der alchemistischen Transmutation. Im folgenden setzt er sich genauer mit der Art dieser Gefühle auseinander und unterscheidet zwischen Naturwissenschaftlern, Philosophen und Künstlern. Natürlich müsse ein Künstler, der in der Lage sein will, bestimmte, naturwissenschaftliche Gegenstände mit Gefühlen zu verbinden und so in Kunst zu 'transmutieren,' Wissenschaft und Dichtung in idealer Weise verbinden. Die abstrakten Ideen der Naturwissenschaften sind in diesem Fall die Materialien, die mit ‚primären Emotionen' und ‚elementaren persönlichen Geheimnissen' zusammengeführt werden müssen – zusammen bilden sie den Urstoff der Dichtung („Subject Matter of Poetry," [*OM* 29]). Um den Anspruch zu erfüllen, die Naturwissenschaften als Stoff in die Kunst einzubringen, fordert Huxley die Transmutation als produktiven Fusionsprozeß, der seine Komponenten bereits enthält und auch erhält. Als Beispiele für solche Dichter, die aber nicht in der Gegenwart anzutreffen sind, nennt er unter anderem Lucrez, Dante und Goethe.[303]

Huxley verwendet weiterhin das Tingieren als Analogie, um seine literaturästhetischen Vorstellungen zu verdeutlichen. Das Verfahren bezeichnet bei der alchemistischen Goldgewinnung das Überziehen von Metallen durch edlere Metalle. Gold- und Silberschichten entstehen, wenn Elektronen zum negativ geladenen Ion des zu überziehenden Metalls wandern. Durch eine beide Metalle verbindende Flüssigkeit diffundieren die Elektronen und lagern sich am unedleren Metall als Schicht ab.

In seinem Essay „Integrate Education" befaßt sich Huxley mit dem Problem, wie der Schriftsteller Ergebnisse der Naturwissenschaft in die Kunst integrieren könne. Er vertritt die Ansicht, daß sie 'etwas mehr als reine Abstraktionen' werden müßten, um sie zu 'Tatsachen direkter Erfahrung' machen zu können:

---

[303] Vgl. Huxley, „Subject Matter of Poetry," *OM* 33 f.

> [...] facts which have an emotional content [...] while it is quite clear that the facts of science cannot become suitable **material** for poetry and literary art in general until they become **emotionally tinged,** and involve us as persons, it is also clear that they are unlikely to become so **emotionally tinged,** and involved in the general feeling tone of humanity, until they have already been expressed in artistic form – for it is the function of the artist to make available for the rest of the community large areas of value and meaning. („Integrate Education" *HS* 3 f.; eigene Hervorhebungen)

Die Fakten der abstrakten, wissenschaftlichen Welt sollten im Idealfall mit Emotionen 'überzogen' werden. Die Emotionen werden dabei auf höherer Ebene Teil der Fakten, die sie gleichsam mit Glanz überziehen. Wichtig ist aus Huxleys Sicht, daß diese 'Tingierung' wiederum nur durch das Medium der Literatur möglich ist. Der Eingriff des Künstlers als 'Alchemisten' ist notwendig, um die Fakten ästhetisch so zu verwandeln, daß sie sich auch mit den Emotionen des Rezipienten verbinden können:

> You can say that in a sense the emotion and value patterns of people's lives are largely created by the artist, who finds expression and form of words suitable for making known and interesting what was previously either unknown or uninteresting. Thus we are on the horns of this dilemma: we need to have the **facts of science tinged with emotion** before they can become fully valuable for us in emotional terms. („Integrate Education" *HS* 4; eigene Hervorhebungen)

Huxley hebt Gefühle als unabdingbar für die Produktion und Rezeption von Literatur hervor: Naturwissenschaftliche Fakten müssen mit Emotionen 'tingiert' werden. Erst durch die künstlerische 'Tingierung' können Fakten auf höherer Ebene Teil des Endprodukts, des Kunstwerks, werden.

Diesen Ansatz verfolgt Huxley auch in seinem Essay „Subject Matter of Poetry." Er bewundert das Werk Conrad Aikens insgesamt wenig und kritisiert im allgemeinen Aikens Gefühle, indem er sie als ‚eine Art intellektueller Sentimentalität' abklassifiziert („a kind of intellectual sentimentality, which expresses itself only too easily in his prodigiously fluent, highly coloured verse"). Gleichwohl lobte er dessen Fähigkeit, naturwissenschaftliche Fakten zum Bestandteil der Kunst zu machen. Die durch Fakten veredelten Gefühle Aikens, so Huxley, seien ‚mit Ideen tingierte Emotionen' („Subject Matter of Poetry," *OM* 37).

Huxley zufolge ist jemand, der völlig emotionslos und rational schreibt, ein Naturwissenschaftler, der nur informieren will. Dieser äußert sich 'nicht mit Leidenschaften tingiert.' Literatur hingegen versteht er als Kunst, die bewegen will; der Literat gilt ihm als 'Spender ästhetischer Emotionen.' In der Literatur werden demzufolge Tatsachen auf höherer Ebene Teil der Kunst, indem sie mit Emotionen verbunden und veredelt werden. Wenn *pleasure* fehlt, können naturwissenschaftliche Fakten weder rezipiert noch veredelt werden.[304]

Der alchemistischen Transmutationsvorstellung bei Huxley liegt neben dem mystisch-magischen Gehalt und einem bewußten Rückgriff auf ein literarisches Motiv die Idee zugrunde, daß eine Substanz sich durch Tingieren lediglich optisch verändere, aber essentiell erhalten bleibe. Wenn Huxley davon spricht, daß wissenschaftliche Fakten mit Emotionen tingiert werden sollen, so bedeutet dies, metaphorisch gesehen, daß Fakten in die Kunst eingehen können, weil sie sich mit Emotionen verbinden und veredelt werden, da sie auch der Kategorie *pleasure* genügen.

Huxley verwendet mit ‚tingiert' bewußt einen Begriff aus der alchemistischen Tradition, der im neuenglischen Wortschatz zwar färben bedeutet, aber in literarischer Verwendung immer noch mit der alchemistischen Konnotation behaftet ist. Diese akzentuiert den mystisch-magischen Aspekt der Vereinigung von Gegensätzen. Wenn Huxley also von ‚mit Emotionen tingierten wissenschaftlichen Fakten' („Integrate Education," *HS* 4) spricht, so meint er nicht, daß Gefühle abstrakte Ideen einfärben, sondern daß diese jene durchdringen und mit ihnen eine untrennbare Einheit bilden sollen. Damit unterstreicht Huxley seine Grundidee, daß die Literatur naturwissenschaftliche Ideen aufzunehmen habe.

## B. Umwandlungsverfahren der Chemie – Herstellung einer 'reinen' Literatur

### I. Absorption

Die Bedeutung der Chemie als Disziplin, die sich systematisch mit der Transformation von Materialien befaßt, ist für die menschliche Kreativität und Kultur nicht zu unterschätzen. Dies zeigt die technische Entwicklung der Zivilisation im vierten Jahrtausend vor Christi Geburt. Zu dieser Zeit entdeckten die Menschen zuerst das primitivste aller chemischen Verfahren, das Härten von Lehm im Feuer, um zunächst Ziegelsteine und später Gefäße sowie andere Gebrauchsgegenstände zu fertigen. Mit dieser Entdeckung der chemischen Transformation von Lehm kam die Erkenntnis, daß es möglich war, vollkommen neue Materialien herzustellen. In der folgenden Geschichte der Zivilisation wurde diese Entdeckung beständig erweitert. Aus der handwerklichen Trans-

[304] Vgl. Huxley, „T.H. Huxley as a Literary Man," *OT* 52 f.

formation verschiedener Materialen entwickelten sich allmählich auch systematische Lehren wie die Alchemie.[305]

Auch die Transformationen der modernen Chemie bieten eine metaphorische Quelle, um die menschliche Kreativität zu beschreiben. Huxley vergleicht schöpferische Prozesse häufig mit experimentellen Verfahren der Chemie. Diese werden als weitere Ebene genutzt, um den künstlerischen Transformationsprozeß, die Verwandlung von Realität in Kunst, in Anlehnung an den Vorgang des Wandels eines chemischen Stoffs im Experiment zu beschreiben. So entwickelt Huxley in „Tragedy and the Whole Truth" das Bild der 'chemischen Reinheit' der Tragödie:

> For among the things they don't shirk are the **irrelevancies** which, in actual life, always temper the situations and characters that writers of tragedy insist on keeping **chemically pure**. Consider, for example, the case of Sophie Western, [...] But in spite of his adoration, he [Fielding] refused to turn her into one of those **chemically pure** and, as it were, focussed beings who do and suffer in the whole world of tragedy. („Tragedy and the Whole Truth," *MN* 8 f.; eigene Hervorhebungen)

Huxley beschreibt die Tragödie als ein Genre, das das 'wirkliche Leben' in sich aufnehme, nachdem es einen gewissen Prozeß der 'chemischen Reinigung' durchlaufen habe. Die Schriftsteller, die wie Fielding alle Fakten in ihre Kunst eingehen ließen, schafften hingegen Werke, die vollständige Wahrheit („Whole Truth") vermittelten und nicht tragisch seien. Fielding habe mit Sophie Western eine Figur geschaffen, die deshalb als nicht tragisch zu beurteilen sei, weil sie nicht durch einen 'Reinigungsprozeß' von den Belanglosigkeiten („irrelevancies") befreit sei. Huxley führt diesen Gedanken weiter aus und diskutiert im Bild der Absorption, ob Elemente des 'wirklichen Lebens' in die Kunst aufgenommen werden könnten. Er widerspricht den von I. A. Richards' in *Principles of Literary Criticism* vertretenen Thesen, denen zufolge die Tragödie Ironie und Nebensächlichkeiten 'absorbieren' könne: „Indeed, he seems to make of this capacity to absorb the untragical and the anti-tragical a touchstone of tragic merit" („Tragedy and the Whole Truth," *MN* 10).

Die chemische Absorption ist ein Prozeß, bei dem eine Substanz durch einen anderen Stoff, den Absorber, aufgenommen und dabei an dessen Oberflächenstruktur angelagert wird. Die aufgenommene Substanz muß zu der Oberflächenstruktur des Absorbers passen. Die Absorption ist ein mechanischer Vor-

[305] Vgl. John Wren-Lewis, „Chemistry," ed. C. B. Cox und A. E. Dyson, *The Twentieth Century Mind: History, Ideas, and Literature in Britain.* Vol. 1 (London et al.: Oxford University Press, 1972) 311 f.

gang, der keine Wandlung bewirkt. Vielmehr wird durch die oberflächliche Anlagerung die Struktur der Stoffe nicht verändert und auch keine wirkliche Verbindung eingegangen. Es geht Huxley bei der Übertragung des Absorptionsverfahrens auf die Tragödie um die Frage, ob Ironie und 'Nebensächlichkeiten' zum Charakter (im Bild des chemischen Verfahrens, zur Oberflächenstruktur) der Tragödie passen. Richards zufolge sei dies der Fall. Für das Denkmodell der chemischen Analogie heißt dies, daß genrefremde Elemente in die Struktur eingepaßt und durch die Bindung unschädlich gemacht würden, da sie nicht mehr frei agieren könnten. Huxley hingegen meint, daß längst nicht alle Elemente oder 'Stoffe' zur Struktur der Tragödie passen würden:

> For the fact is that tragedy and what I have called the Whole Truth are not compatible; [...]. There are things which even the best, even Shakespearean tragedy, cannot **absorb** into itself. To make a tragedy, the artist must **isolate a single element** out of the totality of human experience and use that exclusively as his **material**. („Tragedy and the Whole Truth," *MN* 12 f.; eigene Hervorhebungen)

Der Literat konstruiert eine Analogie zwischen chemischen Verfahren und der Produktion von Tragödien. Er betont auf diese Weise den Gedanken, daß gewisse Bestandteile des wirklichen Lebens aus diesem Genre entfernt und isoliert werden müßten. Huxley plädiert jedoch nicht für die Tragödie, sondern für die Literatur der 'vollständigen Wahrheit' (*Whole Truth*). Der Künstler, der diesem Ideal gerecht werden wolle, müsse bestimmte, aus der Realität stammende 'Stoffe' in seiner Literatur zulassen.

## II. Destillation

Das chemische Verfahren der Destillation bietet der Literatur rund um die Begriff der Essenz eine Metaphorik, die sowohl Huxley als auch Woolf in ihr Analogiedenken integriert haben, um zu beschreiben, wie aus der Wirklichkeit geistige Essenzen gewonnen werden.

- **Der Prozeß der Destillation bei Huxley**

Das Entfernen überflüssiger oder 'unreiner' Stoffe beschreibt Huxley in Analogie zum chemischen Verfahren der Destillation: „Tragedy is something that is separated out of the Whole Truth; distilled from the living flower" („Tragedy and the Whole Truth," *MN* 13). Die Tragödie ist einem Destillat vergleichbar, das durch Erhitzen einer Flüssigkeit gasförmig geworden ist und sich von der Flüssigkeit getrennt hat, weil diese Substanz einen niedrigeren Siedepunkt als die übrigen hat. Das Destillat, das anschließend durch Kühlung wieder flüssig wird, ist für Huxley die Essenz des ursprünglichen Materials. Die Tragödie ist das genaue Gegenteil einer alles in sich aufnehmenden

Substanz: Sie ist vielmehr die Quintessenz, das Elixier der Literatur. Das Destillat ist auf die Literatur übertragen in produktionsästhetischer Hinsicht die aus der Gesamtheit der menschlichen Erfahrungen herausdestillierte und von allen Trivialitäten der alltäglichen Existenz befreite, wesentliche Substanz. Damit widerspricht der Schriftsteller der Argumentation von Richards und prägt den Ausdruck einer 'chemisch reinen' Literatur:

> Tragedy is chemically pure. Hence its power to act quickly and intensely on our feelings. Thus, chemically pure pornography [...] is a quick-acting emotional drug of incomparably greater power than the Whole Truth about sensuality, or even [...] than the tangible and carnal reality itself. It is because of its chemical purity that tragedy so effectively performs its function of catharsis. It refines and corrects and gives a style to our emotional life and does so swiftly, with power. („Tragedy and the Whole Truth," *MN* 13)

In rezeptionsästhetischer Hinsicht bewirkt die in der Tragödie aufbereitete Essenz der Wirklichkeit eine Katharsis beim Leser, die Huxley mit der Wirkung eines Parfüms vergleicht. Das Parfüm ist das Destillat einer Pflanze und enthält in konzentrierter Form deren Wesen, den Duft. Ebenso wie eine Blütenessenz stärker duftet und wirkt als die Blume selbst, wirkt auch der von der Gesamtheit menschlicher Erfahrung isolierte und in der Kunst aufbereitete Bestandteil stärker als die Wirklichkeit.

Allerdings erhebt Huxley die 'chemische Reinheit' oder die Entfernung alltäglicher Materialien aus der Kunst nicht zum Ideal seines Schaffens. Er bewertet vielmehr neben der Intensität auch die Dauer der Wirkung von Kunst. Er bleibt weiterhin im Bild des Destillats:

> Being **chemically impure**, Wholly-Truthful literature cannot move us as quickly and intensely as tragedy or any other kind of **chemically pure** art. But I believe that the **effects are more lasting**. The exultations that follow the reading or hearing of a tragedy are in the nature of temporary **inebriations**. Our being cannot long hold the pattern imposed by tragedy. [...] There is no reason why the two kinds of literature – the **Chemically Impure and the Chemically Pure**, the literature of the Whole Truth and the literature of Partial Truth – should not exist simultaneously, each in its separate sphere. („Tragedy and the Whole Truth," *MN* 16-18; eigene Hervorhebung)

Ebenso wie das Destillat Bestandteil eines Stoffs ist, der am einfachsten in den gasförmigen Zustand überführt werden kann, verfliegt laut Huxley auch der Effekt der Tragödie vergleichsweise schnell. So vergleicht er ‚chemisch reine Literatur' mit einem hochprozentigen Alkohol, der einen kurzfristigen Rauschzustand erzeugt. Huxley führt als zweite Kategorie ‚chemisch unreine Literatur' ein, die er zugleich als ‚vollständig wahrheitsgetreu' bezeichnet, weil sie möglichst der Wirklichkeitserfahrung des Menschen entsprechen solle. Diese

Literatur erzeuge nachhaltigere Wirkungen beim Leser. Der Literat plädiert für ein Nebeneinander beider Kategorien von Literatur.[306]

Huxley verwendet die Analogie der chemischen Destillation häufiger, um einen Prozeß der Transformation von Wirklichkeit in Literatur zu bezeichnen. In „Tragedy and the Whole Truth“ beschreibt er die Tragödie als Quintessenz menschlicher Erfahrung, die durch ein der Destillation ähnliches Verfahren aus der Wirklichkeit herausgelöst werde. Ebenso spricht er in seinem Essay „On the Absence of Painters in the Tropics“ davon, daß die Essenz der Tropen gewonnen und dann in Kunstwerke eingebracht werden müsse: „But the artistic essence of the tropical Orient remains to be distilled. [...] What the tropics are really like, would be to distill them into the pictures“ („On the Absence of Painters in the Tropics“ *OAA* 262 f.). Erneut unterstreicht Huxley den Gedanken, daß der künstlerische Prozeß das Wesentliche aus der Wirklichkeit herauslösen müsse, um es dann in der Kunst von allem Überflüssigen befreit besser vermitteln zu können.

Der Gebrauch dieser Analogie zieht sich durch Huxleys Werk. Sie ist etwa in *Point Counter Point* zu finden, wo Walter Bidlake das Verhältnis von Dichtung und Leben betrachtet. Er sieht den Grund für das Scheitern seiner Beziehung zu Marjorie darin, daß er die Liebe zu stark an die Dichtung (Shelleys „Epipsychidion) als Ideal angleichen wollte. Bidlake erinnert sich an die Einstellung seines Schwagers Philip Quarles, der die Meinung vertreten hatte, daß Liebe in der Dichtung einem Destillat gleiche:

> It's apt to be too true. **Unadulterated** like **distilled** water. When truth is nothing but the truth, it's **unnatural**, it's an **abstraction** that resembles nothing in the real world. In nature there are always so many other irrelevant things mixed up with the **essential** truth. (*PCP* 10; eigene Hervorhebungen)

Die Begriffe ‚verfälscht‘ und ‚unverfälscht‘ bilden literaturästhetische Kategorien, die ähnlich wie ‚unrein‘ und ‚rein‘ Kriterien für die Qualität von Literatur

---

306 Wie der letzte Entwurf seines Romans *Island* zeigt, setzt sich Huxley auch in der Spätphase seines literarischen Lebenswerks mit dem Gegensatz zwischen einer ‘bereinigten’ Literatur, der Tragödie, und einer Literatur, die sich der Wahrheit des gesamten Lebens annähert, auseinander. Das von der Inselbewohnerin Susila vertretene dichterische Modell läßt Huxleys integratives ästhetisches Ideal erkennen, da sie fordert, alle literarischen Gegensätze in einem harmonischen Ganzen zusammenzuführen. Dieses Nebeneinander literarischer Ausdrucksmöglichkeiten entspricht dem Ziel, das Leben in seiner Ganzheit (*Whole Truth)* abzubilden. Die Tragödie wird dagegen als zu dualistisch abgelehnt. Vgl. Bernfried Nugel, „Aldous Huxley's Revisions in the Final Typescript of *Island*,“ ed. Bernfried Nugel, *Now More than Ever: Proceedings of the Aldous Huxley Symposium Münster 1994* (Frankfurt a.M. et al.: Peter Lang, 1995) 239 f.

sind, die durch das Verhältnis von Kunst und Wirklichkeit bestimmt wird. Gefühle sind in der Dichtung von 'Überflüssigem' wie bei einem Destillationsvorgang bereinigt. Das Produkt dieses Umwandlungsvorgangs ist allerdings dadurch 'zu wahr' und unnatürlich. Eine Literatur, die *chemically pure* ist, wurde von Stoffen bereinigt, die notwendig sind, um eine Beziehung zwischen Kunst und Wirklichkeit zu erhalten:

> That's why art moves you – precisely because it's **unadulterated** with all the irrelevancies of real life. Real orgies are never so exciting as pornographic books [...] Art gives you the **sensation, the thought, the feeling quite pure – chemically pure** [...] not morally." „But 'Epipsychidion' isn't pornography," Walter objected. „No, but it's equally pure from the chemist's point of view. (*PCP* 10 f.; eigene Hervorhebungen)

Das Destillat ist die rein geistige Essenz der Realität, darum wirkt Dichtung - einem hochprozentigen Alkohol vergleichbar - stärker als die Wirklichkeit. Liebe in der Dichtung wirkt deshalb auf den Rezipienten stärker als 'wirkliche' Liebe, kann aber umgekehrt nicht als Richtschnur für das Leben dienen.

In „Music at Night" sieht Huxley in der Musik des *Benedictus* die Quintessenz der Nacht: „The *Benedictus.* [...] It is the equivalent of the night in another mode of being as an essence is the equivalent of the flowers from which it is distilled" („Music at Night" *MN* 44). Die Schöpfung von Kunst gleicht teilweise dem Prozeß geistiger Abstraktion, der wie im chemischen Verfahren der Destillation eine Substanz – die Quintessenz – aus einem Stoff herauslöst. Die Kunst entspricht demzufolge in der Struktur dem Leben als Ausgangsstoff, ist lediglich 'hochprozentiger' und von Überflüssigem bereinigt. Die Wirklichkeit wird in der Literatur veredelt und in ihrer transformierten Gestalt auch besser rezipiert; dadurch entfaltet sie eine stärkere Wirkung.

Die mit chemischen Verfahren verglichene künstlerische Transformation beschreibt Huxley am ausführlichsten in *Literature and Science.* Er führt den in vielen Essays entwickelten Gedanken einer von Irrelevantem bereinigten Literatur weiter aus und fordert eine 'reine' Sprache nach dem Vorbild Mallarmés:

> Every literary artist must therefore invent or borrow some kind of uncommon language capable of expressing, at least partially, those experiences which the vocabulary and syntax of ordinary speech so manifestly fail to convey. *Donner un sense plus pur aux mots de la tribu* – that is the task confronting every serious writer; for it is only by an unusual combination of purified words that our most private experiences in all their subtlety, their many-faceted richness, their unrepeatable uniqueness can be, in some sort, re-created on the symbolical level and so made public and communicable. (*LS* 11)

Huxley betont die Schwierigkeit, Wirklichkeitserfahrung in angemessener Sprache literarisch zu vermitteln. Die Aufgabe des Schriftstellers bestehe darin, den einzigartigen Erfahrungen auch in der Sprache zu entsprechen und dafür die Alltagssprache durch ungewöhnliche Kombinationen so zu verändern, daß auch sie einzigartig werde. Diese Verwandlung der Sprache bezeichnet Huxley unter Berufung auf Mallarmé als *Donner un sense plus pur aux mots de la tribu.* Er will eine Reinheit erreichen, indem er Elemente hinzufügt, nicht dadurch, daß er sie entfernt: „[...] the literary artist [...] **purifies**, not by simplifying and jargonizing, but by **deepening and extending, by enriching** with allusive harmonics, with overtones of association and undertones of sonorous magic" (*LS* 14; eigene Hervorhebungen). Indem Huxley den 'Reinigungs-' und 'Transformationsprozeß' beschreibt, begründet er auch die Notwendigkeit von Analogien, fügen sie doch 'Untertöne' und Magie hinzu. Diesen Anspruch bemüht sich der Autor durch Korrespondenzen aus der Alchemie oder der fernöstlichen Philosophie und Mystik zu erfüllen.

Huxley formuliert sein Verständnis der 'Reinigung' als Paradoxon; er will Sprache anreichern, indem er sie von Bestandteilen befreit. Außerdem kann dieses Verfahren, Sprache anzureichern und vom Gewöhnlichen zu bereinigen, dadurch gelingen, daß er bekannte Elemente mit neuen Kontexten kombiniert oder anders anordnet, indem er also die Alltagssprache weiteren Transformationen unterzieht:

> In the works of literary art [...] **common speech is treated in a very different kind of purification**. Eschewing technical jargon, the man of letters takes the words of the tribe and, by a **process of selection and novel arrangement, transforms them into another, purer language** – [...]. (*LS* 16; eigene Hervorhebungen)

Eine reinere Sprache heißt bei Huxley eine individuellere, einzigartige Sprache, die vom Gewöhnlichen,[307] von der Lexikonbedeutung,[308] zu befreien ist. Nur so kann sie neue Ausdrucksmöglichkeiten erhalten:

> Many other devices are employed by men of letters in their constant struggle to **purify, and in purifying to enrich,** the language of the tribe – devices which, because they work on that obscure region lying between consciousness and physiology, have often been qualified as **magic**. (*LS* 29; eigene Hervorhebungen)

[307] In seinem Essay „Famagusta or Paphos" führt Huxley genauer aus, was er unter Unwichtigkeiten versteht: „[...] these are all **chemically pure, uncontaminated** by those grotesque or horrible irrelevances (sic) which Mallarmé called „blasphemies" and which are the very stuff and substance of real life in a body" (*AA* 219; eigene Hervorhebungen). Erneut wird der bei Huxley konstante Zwiespalt hinsichtlich der Akzeptanz des Körpers ersichtlich.

[308] Huxley erkärt die 'Sprachreinigung' als ein Verfahren, Worte zu verfremden oder von der Lexikonbedeutung zu befreien: „Yeats is **purifying** the words of the tribe by breaking their traditional chains of dictionary meaning, syntactical and logical order" (*LS* 33; eigene Hervorhebung).

Der Aspekt der Magie gewinnt eine besondere Bedeutung, und auch in der folgenden Passage gebraucht Huxley ‚magisch' dreimal. Magie dient als Mittel, um der Alltagssprache entlehnte Begriffe aufzuwerten und anzureichern, um sie für die Literatur zu gewinnen und um Geist und Materie („consciousness and physiology") verbinden zu können.

Die auf diese Weise 'gereinigte' Sprache kommt der Idee am nächsten, sie lenkt also am wenigsten von der zu vermittelnden Erfahrung ab und macht sie kommunizierbar. Dadurch ermöglicht die Rezeption solcher Sprache und Literatur das unmittelbare mystische Erleben der Erkenntnis.[309] Diese ideale Sprache verliert den Charakter eines unzulänglichen Hilfsmittels, um eine Idee auszudrücken. Huxley bezeichnet sie deshalb als mysteriöses Objekt, das nicht mehr nur Mittel zum Zweck sei, sondern der Kunst erst zu den Kategorien *beauty* und *pleasure* verhelfe, durch die sich literarische von rein informativen Texten unterschieden.[310]

Der Autor verwendet Absorption und Destillation, um eine von Irrelevantem befreite einer 'unreinen' Literatur gegenüberzustellen, deren Wirkungsweise langsamer eintritt, dafür aber langanhaltend ist. Er lehnt die reine Literaturform als zu eingeschränkt ab, da sie nur auf bestimmte Aspekte der menschlichen Existenz blickt. Außerdem erklärt Huxley in Anknüpfung an Mallarmés Idee des *donner un sense plus pur aux mots de la tribu* 'rein' als 'frei von der Lexikonbedeutung,' also angereichert mit magischen und anderen, der ursprünglichen Bedeutung fremden Konnotationen. Die chemische Analogie bezeichnet also ein Verfahren, wie der der Künstler die Allgemeinsprache zu einem literarischen Medium 'transformieren' kann.

- **Woolfs Verwendung der Destillationsanalogie**

Auch Woolf benutzt Begriffe, die Anklänge an das chemische Verfahren der Destillation aufweisen. In *To the Lighthouse* abstrahiert die Künstlerfigur Lily die Essenz der Wirklichkeit und versucht, sie in Kunst umzusetzen. Die Malerin drückt komplexe Beziehungen und Gefühle in geometrischen Formen und in Farben aus. So gibt Lily die Beziehungen zwischen Mutter und Kind in

[309] Huxley faßt diesen Gedanken in *LS* 37: „At its most **magical, the purified** language of literature can evoke experiences comparable to the premystical or fully mystical apocalypses of pure receptivity of the non-verbal level. The Not-Thought that is in thoughts, the *Istigkeit* or Essential Suchness of the world [...]" (eigene Hervorhebung).

[310] Diesen Gedanken entwickelt Huxley in *LS* 38: „The **purified** language of literary art is not the means to something else; it is an end in itself, a thing of intrinsic significance and beauty, a **magical** object, endowed [...] with **mysterious** powers" (eigene Hervorhebungen).

ihrem Bild als ‚dreieckige purpurne Form' (*LH* 46) wieder[311] oder versucht am Ende des Romans die Essenz ihrer Erinnerung von Mrs Ramsay herzustellen: „that essence which sat by the boat, that abstract one made of her, that woman in grey" (*LH* 152).[312] Das Wesen der Person macht für die Künstlerin die Essenz aus.

Woolf verwendet den Begriff 'Essenz' für das 'Destillat,' das der Künstler aus einer Vielzahl von Eindrücken herstellt. Er transformiert diese so in ein künstlerisches Produkt, das das 'Wesen' der Wirklichkeit enthält, die zugrundeliegende Idee oder Emotion. Für Woolf sind diese Essenzen in Kunst destillierte Gefühle.

Als Lily Mr Ramsays Philosophie und ihre Haltung gegenüber seinem Denken („her profound respect for Mr Ramsay's mind") in das Symbol eines 'Phantom-Küchentischs' verwandelt, den sie in ihrer Vorstellung mit den Füßen nach oben in einem Birnenbaum plaziert, reflektiert sie über Mr Ramsays geistige Tätigkeit: „this seeing of angular **essences, this reducing** of lovely evenings [...] to a white deal four-legged table [...]" (*LH* 23; eigene Hervorhebung). Die Essenz ist für Lily entscheidender Qualitäten beraubt und enthält nicht die anzustrebende wesentliche Wahrheit. Diese liegt vielmehr in den anderen Bestandteilen, aus denen der Gesamteindruck von „lovely evenings" entsteht. Mrs Ramsays Welt besteht aus dieser Fülle von – in Huxleys Worten – Irrelevantem, das Woolf mit dem Bild der ‚Flamingo-Wolken' zu umschreiben versucht.

Die Schriftstellerin drückt ebenso wie Huxley in der Destillationsanalogie das Bemühen der Literatur aus, das Wesen der Wirklichkeit in der Kunst sichtbar zu machen. Dafür muß Unwichtiges aus der Literatur herausgehalten werden. Andererseits sind Magie, Gefühle und 'Irrelevantes' unbedingt notwendig, um geistige und emotionale Wirklichkeit auch literarisch verarbeiten zu können. Kunst geht über die naturalistische, quasi-naturwissenschaftliche Abbildung der Wirklichkeit hinaus. Beide Autoren weisen mit der Destillationsanalogie auf unterschiedliche Weise auf literarische Verfahren hin, mit denen ‚Nebentöne' und abseits der Fakten gelege Bereiche des Lebens ‚herausdestilliert' und in die Kunst eingebracht werden können.

[311] Vgl. *LH* 46 f.

[312] Vgl. Harvena Richter, *Virginia Woolf: The Inward Voyage* (Princeton: Princeton University Press, 1970) 187. Auch Richter verweist auf den Bezug von 'Essenz' zur Lexikonbedeutung 'Destillat.'

## C. Organische Chemie

### I. Kohlenstoff-Verbindungen als Basis für alles organische Leben

Sogar gebildeten Laien schien es zu Beginn des neunzehnten Jahrhunderts noch selbstverständlich, daß die Prinzipien von Leben und Gesundheit sich der wissenschaftlichen Analyse entzögen. Mitte des neunzehnten Jahrhunderts begann sich die Chemie entscheidend fortzuentwickeln. Die 'organische' Chemie trat in die Wissenschaft ein, denn die Chemiker hatten herausgefunden, daß eine Analyse 'lebender' Stoffe diese ebenso in gewöhnliche chemische Elemente zerlegen konnte wie Mineralien. Dennoch schienen von Lebewesen stammende Substanzen etwas Mysteriöses zu sein, weil ihre Zusammensetzung sich als sehr komplex herausstellte, obwohl die meisten von ihnen nur wenige Grundelemente enthielten (hauptsächlich Kohlenstoff, Wasserstoff, Sauerstoff und Stickstoff sowie einige Elemente, die nur gelegentlich vorkamen). Berzelius formulierte die unter Chemikern des frühen neunzehnten Jahrhunderts verbreitete Ansicht, daß die Wissenschaft wahrscheinlich zwei voneinander unabhängige Zweige entwickeln werde, die organische und die anorganische Chemie.[313]

Die chemische Sprache der organischen Chemie beruhte auf zwei entscheidenden Ideen. Wöhler, Liebig und Berzelius sahen Gruppen von Atomen als 'Atomverband' an, auch wenn sie keine Moleküle waren, die selbständig existieren konnten. Weiterhin ging man in der chemischen Sprache dazu über, Formeln als räumliche Diagramme zu schreiben. Dies wurde sehr wichtig, sobald man erkannt hatte, daß Atome sich in Ketten oder Ringen zusammenschließen konnten. Millionen verschiedener Stoffe können allein durch die unterschiedliche Verbindung von Kohlenstoff und Wasserstoff hergestellt werden.[314]

Der populärwissenschaftliche Autor machte die philosophischen Implikationen der organischen Chemie einem breiteren Publikum zugänglich. In seinem *The Mysterious Universe* beschreibt er die Bedeutung des Kohlenstoffatoms für die Genese von Leben auf der Erde. Ihm zufolge müssen nach der Entstehung der Erde bereits alle Atome vorhanden gewesen sein, aus denen

[313] Die 'anorganische' Chemie werde sich mit relativ simplen Kombinationen beschäftigen, die im Labor hergestellt werden könnten, so Berzelius. Die 'organische' Chemie hingegen werde mit den komplexen Stoffen der lebendigen Welt umgehen, wie zum Beispiel mit Ölen, Wachsen, Fetten und Zucker, welche ein Chemiker wohl zu analysieren, aber niemals herzustellen vermag. Vgl. Wren-Lewis 315 f.

[314] Vgl. Wren-Lewis 318.

sich Leben bilden konnte, denn dieses setzte sich aus ganz gewöhnlichen Atomen zusammen.[315]

Zwar bestehe lebende Materie aus relativ gewöhnlichen Atomen, diese besäßen jedoch eine besondere Fähigkeit, in außergewöhnlich großen Ansammlungen oder Molekülen zu 'koagulieren.' Jeans mißt dem Kohlenstoff also eine besondere Bedeutung für die Entstehung lebender Materie bei, denn die meisten Atome besitzen diese Eigenschaft nicht:

> But the further addition of carbon completely transforms the picture; the atoms of hydrogen, oxygen, nitrogen *and carbon* combine to form molecules containing hundreds, thousands, and even ten thousands, of atoms. It is of such molecules that living bodies are formed. Until a century ago it was commonly supposed that some **„vital force"** was necessary to produce these and the other which entered into the composition of the living body.[316]

Das Kohlenstoffatom tritt für den Populärwissenschaftler an die Stelle des Bergsonschen *élan vital*, der aus unbelebter belebte Materie werden läßt. Eine chemische Substanz erhält so die Eigenschaften einer philosophischen Determinante. Wöhler gelang es, mit Urea oder Harnstoff ($CO(NH_2)_2$) das erste organische Produkt durch chemische Synthese in seinem Labor herzustellen. Dadurch erkannte man, daß Stoffe, die bislang zur Gattung der unproduzierbaren, lebenden oder 'organischen' Stoffe gerechnet worden waren, nicht einer mysteriösen ‚vitalen Kraft' zuzuschreiben waren, sondern genau wie 'unorganische' Stoffe aus chemischen Zusammensetzungen bestanden.[317] Wöhlers Begriff 'organische Chemie' hat dennoch überlebt, da er die andersartige Denkweise bezeichnet, in der das Verständnis der immensen Vielfalt und Komplexität der Verbindungen zum Ausdruck kommt, die mit dem Kohlen-

---

[315] Vgl. Jeans, *The Mysterious Universe* (Cambridge: C. University Press, 1945; Nachdruck von 1930) 5. Woolf benutzt Jeans als Quelle naturwissenschaftlicher Theorien. In der vorliegenden Arbeit sollen die physikalischen und chemischen Theorien für den Leser in der Form aufgearbeitet werden, wie sie auch den Schriftstellern aller Wahrscheinlichkeit nach zugänglich waren. Jeans ist in dieser Hinsicht einer der wichtigsten Informanten. Seine Darstellungen der naturwissenschaftlichen Theorien sind bereits popularisiert und mit philosophischen Deutungen verknüpft. Sie geben deshalb aus physikalischer oder chemischer Sicht keine wissenschaftliche Quelle ab. Dennoch werden hier vorwiegend die Werke von Jeans zugrunde gelegt, um die naturwissenschaftlichen Grundlagen aufzuarbeiten und auch um die Rezeption dieser Theorien durch Literaten darzustellen. Die philosophische Aufbereitung der Physik ist für die Untersuchung der geistesgeschichtlichen Konsequenzen der physikalischen Revolution wichtiger als die wissenschaftlichen Publikationen selbst.

[316] Jeans, *The Mysterious Universe* 6 (eigene Hervorhebung).

[317] Vgl. Jeans, *The Mysterious Universe* 7.

stoff eingegangen werden können.[318] Jeans betont die kreative Kraft des Kohlenstoffs, Leben zu zeugen:

> [...] what specially distinguishes the matter of living bodies is the presence not of a „vital force," but of the quite commonplace element carbon, always in conjunction with other atoms with which it forms exceptionally large molecules. If this is so, life exists in the universe only because the carbon atom possesses certain exceptional properties.[319]

Der populärwissenschaftliche Autor hebt die Bedeutung der Zahl Sechs im Zusammenhang mit der besonderen kreativen Kraft des Kohlenstoffatoms hervor.[320] An diesem Punkt überschneiden sich die Charakteristika des Benzolrings als einer der bedeutendsten Kohlenstoffverbindungen und des Kohlenstoffatoms an sich. Wie Jeans verwendet Woolf den Benzolring und das Kohlenstoffatom als Beispiel für kreative Energien. Der Physiker stellt das Kohlenstoffatom in Anlehnung an das Rutherfordsche Planetenmodell als Kern mit sechs um diesen kreisenden Elektronen vor. Es unterscheide sich von seinen Nachbarn in der Tabelle der chemischen Elemente lediglich durch ein Elektron mehr oder weniger: „Yet this slight difference must account in the last resort for all the difference between life and the absence of life."[321]

Chemiker erkannten, daß auf dem Kohlenstoff die gesamte Komplexität der Natur und der Lebensprozesse beruhte und daß die besondere Kreativität der Kohlenstoffverbindungen in der Struktur ihrer ketten- oder ringförmigen Zusammenschlüsse lag.[322] Die wichtigste Verbindung dieser Art ist der Benzolring, der als Symbol der organischen Chemie so bekannt ist, daß er häufig als

[318] Vgl. Wren-Lewis 316.

[319] Jeans, *The Mysterious Universe* 7.

[320] Jeans beschreibt das Kohlenstoffatom als sechs Planeten, die um eine Sonne kreisen: „The carbon atom consists of six electrons revolving around the appropriate central nucleus, like six planets revolving around a central sun; it appears to differ from its two nearest neighbours in the table of chemical elements, [...], only in having one electron more than the former and one electron fewer than the latter. Yet this slight difference must account in the last resort for all the difference between life and the absence of life." Jeans, *The Mysterious Universe* 7.

[321] Vgl. Jeans, *The Mysterious Universe* 7. Allerdings wird dem Kohlenstoffatom in heutigen Tabellen des Periodensystems der Elemente eine Wertigkeit von vier zugeschrieben. Für die vorliegende Untersuchung ist es allerdings nicht relevant; es zählt allein die Tatsache, daß Jeans als Woolfs Quelle für die chemischen Erkenntnisse ihrer Zeit die Zahl sechs in diesem Zusammenhang hervorhebt.

[322] Die Entdeckung des Benzolrings läutete eine neue Phase in der Chemie ein, in der Chemiker die Möglichkeiten des Kohlenstoffs, Ringverbindungen (neben Kohlenstoffketten) einzugehen, vor allem industriell ausschöpften und unzählige Molekülverbindungen synthetisch herstellten. Vgl. Wren-Lewis 322.

sechseckige Struktur mit einem Kreis in der Mitte abgebildet wird, ohne die Atome einzutragen.[323]

Die sechs Kohlenstoffatome sind abwechselnd mit einfachen und doppelten Bindungen verbunden, die mit zwei Valenzen[324] verknüpft sind. Solche Doppelbindungen sind allerdings nicht doppelt fest. Sie sind vielmehr Anzeichen eines Spannungszustands, in dem die Atome besonders geneigt sind, eine Bindung aufzugeben und sich mit anderen 'herumirrenden' Elektronen zu verbinden. Aus diesem Grunde bezeichnet man chemische Verbindungen, die doppelbindige Kohlenstoffatome enthalten, als 'unsaturierte' Verbindungen.[325]

Doppelte Bindungen sind aber noch aus einem anderen Grund etwas Besonderes: Allmählich erkannte man, daß der 'unsaturierte' Benzolring wie ein Karussell aufgebaut war, in dem die doppelten Bindungen innerhalb des Rings immer wechseln.

**Anordnung der sechs Kohlenstoffatome im Benzol**

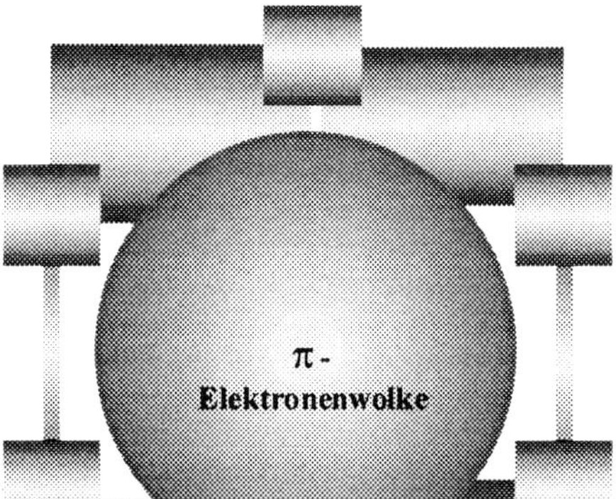


[323] Vgl. Wren-Lewis 319.

[324] Charakteristisch für die neue chemische Sprache war es, davon zu sprechen, daß Atome spezielle Valenzen besäßen, um sich mit anderen Atomen zu verbinden. Die Valenz eines Atoms ist durch die Anzahl der Wasserstoffatome definiert, mit denen es Verbindungen eingeht, weil Wasserstoff das einfachste aller Elemente ist. Vgl. Wren-Lewis 314.

[325] Vgl. Wren-Lewis 319 f.

So ähnelt der Benzolring einem stabilen schwingenden System, das im Zentrum eine höhere Elektronendichte und einen Energiemittelpunkt besitzt.[326] Dieser besteht aus einer oberhalb und unterhalb des Rings angesiedelten Elektronenwolke, die man neben den sechs Kohlenstoffatomen als siebten wesentlichen Bestandteil des Moleküls ansehen kann.

Im Vorfeld der Untersuchung von Analogien zu einer so komplexen und abstrakten Lehre der modernen, physikalischen Chemie stellt sich die Frage, ob die Schriftstellerin diese gekannt haben kann.

Woolf las zahlreiche naturwissenschaftliche Werke, vor allem während sie *The Waves* überarbeitete. Von Dezember 1930 bis Dezember 1931 enthielt Virginia Woolfs Leseliste folgende naturwissenschaftliche Lektüre: James Jeans, *The Mysterious Universe* (1930); Gerald Heard, *The Emergence of Man* (1931); Julian Huxley, *What Dare I Think? The Challenge of Modern Science to Human Action and Thought* (1931); Bertrand Russel, *The Scientific Outlook* (1931); H.G. Wells, *The Science of Life* (1931).[327]

Bereits in den zwanziger Jahren las Woolf Alfred North Whiteheads philosophische Auseinandersetzung mit der modernen Physik, *Science and the Modern World*. Dieser schrieb über die Relativitätstheorie und erläuterte, warum und auf welche Weise die moderne Physik gegen die Newtonschen Konzeptionen von Zeit und Raum rebellierte. In den Werken von Wells, Heard und Jeans, könnte sie vom Zweiten Thermodynamischen Gesetz und dem vorausgesagten Wärmetod des Universums gelesen haben, von der statistischen Analyse der Natur durch die Quantenmechanik, der Welle-Partikel Dualität, der Unschärferelation und der Darwinschen Revolution sowie der Anwendung dieser Lehren auf das moderne Weltbild und soziale Organisationen.[328]

In den gemeinsamen Bibliotheken von Leonard und Virginia Woolf in Monk's House und Victoria Square wurden folgende Werke mit naturwissenschaftlichen oder naturwissenschaftlich-philosophischen Inhalten erfaßt: A. Holmes, *The Age of the Earth* (1927); G. P. Thomson, *The Atom* (1930); *Cambridge Readings in the Literature of Science* (1924); Julian Huxley, *Essays in Popular Science* (1937); Sir Frederick Maurice, *Haldane 1856-1928* (1937, 1939); Bertrand Russels, *Icarus, or the Future of Science* (1924); W. J. Dakin,

[326] Vgl. Wren-Lewis 321.
[327] Vgl. Killen 38 f.
[328] Vgl. Killen 39 f.

*An Introduction to Biology* (1928); J. B. Haldane, *The Marxist Philosophy and the Sciences* (1935); J. Rice, *Relativity* (1927); G. Forbes, *The Stars* (1927).[329]

Allein diese Liste naturwissenschaftlicher Lektüre belegt, daß Woolf alles andere als eine rein metaphysisch interessierte und weltfremde Literatin war, sondern die Diskussionen in den modernen Naturwissenschaften aufmerksam verfolgte.

## II. Ringstruktur der Figurenkonstellation in *The Waves*

Schon die ersten Worte, die die Figuren in *The Waves* sprechen, enthalten das Symbol des Rings. Dieses prägt als Leitmotiv den gesamten Roman und nimmt dabei auch die Gestalt von Schleifen (*loops*), Kreisen, Rädern oder Kugeln an.[330]

Woolf beschreibt die Beziehungen der Romanfiguren zueinander häufig als Ringkonstellation, wobei Rhoda, Jinny, Susan, Bernard, Louis und Neville einen Ring um Percival als Energiezentrum bilden.[331] Hier soll die Hypothese untersucht werden, daß die Figurenkonstellation in *The Waves* darauf zurückzuführen ist, daß Jeans, Woolfs naturwissenschaftliche Quelle, die Ringstruktur des Benzolrings mit dem Modell des Kohlenstoffatoms verbindet. In der Zahl sechs als Symbol für die Verbindung der Freunde zu einer ringförmigen Struktur vermischt sich die Anzahl der Kohlenstoffatome in einem Benzolring

---

[329] Vgl. Killen 40; Killen bezieht sich auf den *Catalogue of Books from the library of Leonard and Virginia Woolf: Taken from Monks House, Rodmell, Sussex and 24 Victoria Square, London and Now in the Possession of Washington State University, Pullman USA* (Brighton: Holleyman and Treacher, 1978) 289-290.

[330] Vgl. Marilyn Tanger, „Looking at *The Waves* Through the Symbol of the Ring," *VWQ* III, 4 (1974): 241. Die Autorin untersucht die Ringsymbolik ausführlich, allerdings konzentriert sie sich dabei auf die Gestaltung der Charaktere und läßt die literaturästhetische Ebene aus ihrer Betrachtung heraus. Tanger sieht keine naturwissenschaftlichen Parallelen zur Ringstruktur; lediglich an einer Stelle (Seite 250) erwähnt sie, daß die Assoziation von Elektronenwolken geweckt wird: „These circles are in no way static but might be likened to electron clouds in which the particles are in constant motion and in which the circles represent various energy levels." Sie bezieht sich auf Bernards Äußerung „The being grows rings," die in der vorliegenden Arbeit unter dem Aspekt des organischen Wachstums betrachtet wird. Vgl. Kapitel B.III.3 des ersten Hauptteils.

[331] Daß dieses Symbol einen naturwissenschaftlichen Hintergrund haben könnte, ist bislang erst von Judith Killen entdeckt worden, die schon Jeans als mögliche Inspirationsquelle anführt. Vgl. Killen 105 ff. Killen versteht die sechs Charaktere als die sechs Elektronen des Kohlenstoffatoms und Percival als Atomkern. Diesen Ansatz untersucht die vorliegende Arbeit im Physik-Teil. In der bisherigen Forschungsliteratur ist die Parallele zwischen dem Benzolring und dem Ringsymbol bei Woolf bislang noch nie gesehen worden.

mit der Anzahl der im Kohlenstoffatom um den Atomkern schwingenden Elektronen.[332]

Kein Leser muß sich jedoch zwischen den beiden Symbolen entscheiden, da Woolf nicht die Absicht hat, ihre Analogien klar voneinander abzugrenzen. Es gehört vielmehr zu einem ihrer ästhetischen Prinzipien, verschiedene bildliche Ebenen zu überlagern, damit die von ihr angestrebte Vielschichtigkeit entsteht.[333] So verwebt sie in der Figurenkonstellation von *The Waves* verschiedene Analogieebenen wie Metamorphose, Kohlenstoffatom und aromatische, 'organische' Benzolverbindung: Jede Ebene fügt wieder neue Dimensionen hinzu. Ebenso wie Joyce erreicht Woolf durch das stetige Wiederaufgreifen von Symbolen und Verbindungen mit anderen Kontexten und Analogieebenen eine oszillierende Bildsprache, die einen denkbar großen Kontrast zur systematischen Sprache der Wissenschaft bildet.

Louis, auch eine Romanfigur mit poetischen Ambitionen, verweist auf die Bedeutung der Ringstruktur für das Beziehungsgeflecht der sieben Figuren ebenso wie für die Literaturästhetik:

> Now let me try [...] to **fix the moment** in one moment of supreme endeavour. [...] This will **endure** [...]. I take the trees, the clouds, to be witness of **my complete integration**. [...] Here on this **ring** of grass we have sat together, **bound by the tremendous power of some inner compulsion**. [...] grass and trees, [...] and **our ring here, sitting with our arms binding our knees, hint at some other order, and better, which makes a reason everlasting**. (*W* 28 f.; eigene Hervorhebungen)

Das ringförmige Molekülmodell bedeutet vor allem eine dauerhafte Verbindung, die ungeordnet dahinströmende Stoffe in eine Struktur überführt. Die Kohlenstoffatome werden durch immaterielle Bindungen zusammengehalten, die elektrostatischen Kräfte. So bestimmt Energie die Beschaffenheit der Substanz. Ähnlich sind die Freunde durch 'die unermeßliche Kraft eines inneren Zwangs' verbunden. Deshalb deutet eine durch immaterielle Kräfte bestimmte organische Substanz auf eine höhere, jenseits der materiellen Welt bestehende Ordnung hin. Dieser Energiegehalt ist unvergänglich und überdauert die Materie: Löst sich die eine Verbindung auf, geht die freigewordene Energie nur in einen anderen Energiezustand über. Dieser physikalische Sachverhalt läßt sich auf die menschlichen Beziehungen übertragen, und Neville transferiert ihn auch auf die Dichtung:

---

[332] Allerdings besitzen nur die vier Elektronen auf den äußeren Schalen Valenzen. Deshalb hat das Kohlenstoffatom vier freie Bindungen.

[333] In Kapitel C.III. des zweiten Hauptteils wird dieses ästhetische Prinzip analysiert, das die Schriftstellerin 'saturieren' nennt.

> This I see for a second, and shall try tonight to **fix in words, to forge in a ring of steel**, though **Percival** destroys it, as he blunders off, crashing the grasses, [...]. Yet it is Percival I need; for it is **Percival who inspires poetry**. (*W* 28)

Dichtung wird in Analogie zum Benzolring als dauerhafte Verbindung verschiedener Elementen verstanden, die durch die geistige Kraft zusammengehalten wird. Die Begriffe „forge“ und „ring of steel“ spielen auf die Schmiedekunst oder Metallurgie an, die als Analogie aus der Alchemie magische Assoziationen besitzt. Die Bedeutung Percivals als energetisches Zentrum der Figurenkonstellation, das die Bindungsenergien bündelt, ist mit der dichterischen Schöpfungskraft verknüpft. Ohne diese Kräfte haben die einzelnen Elemente keinen Zusammenhalt – weder die Kohlenstoffatome ohne Ladungsstruktur noch die Freunde ohne emotionale Bindungen noch die literarischen Elemente ohne Imagination:

> ‚But here and now we are together,' said Bernard. 'We have come together, at a particular time, to this particular spot. **We are drawn into this communion by some deep, some common emotion.** Shall we call it, conveniently, **'love'**? Shall we say 'love of Percival' because Percival is going to India? (*W* 90 f.; eigene Hervorhebungen)

Daß die Figuren als eine Substanz, bestehend aus verschiedenen Elementen, interpretiert werden können,[334] artikuliert am häufigsten Bernard: „then it becomes clear that I am not one and single but complex and many“ (*W* 55). Nur in einer Verbindung wird aus dem einzelnen Teilchen eine organische Substanz, also belebte Materie. Diese entsteht in Analogie zur Urschöpfung aus dem Chaos: „I think of people to whom I could say things: Louis, Neville, Susan, Jinny and Rhoda. With them I am manysided. They retrieve me from darkness“ (*W* 83).

Die Zusammensetzung der Figuren oder Elemente – das Molekül – wird im Roman auch mit einer 'siebenseitigen' Nelke verglichen:

> A single flower as we sat here waiting, but now a seven-sided flower, many petalled, red, puce, purple-shaded, stiff with silver-tinted leaves – a whole flower to which every eye brings its own contribution. (*W* 91)

Die sechs Elemente verbinden sich mit Percival, der die siebte Seite der 'Blume' ist. Legt man die Vorstellung des Benzolrings zugrunde, so kann Per-

[334] Da diese Untersuchung aufgezeigt hat, daß die Figuren als Aspekte der Künstlerpersönlichkeit zu verstehen sind, soll zunächst der Bezug zur Figurenebene analysiert werden. Anschließend werden die Ergebnisse auf die Ebene der Literaturtheorie übertragen und die analogen Implikationen der Ringstruktur für die ästhetischen Vorstellungen Woolfs eingehender untersucht.

cival als das energetische Zentrum gedeutet werden, in dem die Energie der sechs Elektronen, oder vielmehr der übrigen Personen, sich bündelt. Er wäre die Elektronenwolke, die neben den sechs Kohlenstoffatomen einen siebten Bestandteil der Ringstruktur bildet. Diese kann sich aber auch nach außen in Form einer aufgelösten Doppelbindung öffnen und andere Elemente integrieren. Wenn man „eye" durch 'I' ersetzt, entsteht die Aussage, daß jedes der Elemente oder Individuen eigene Beiträge für die Verbindung leistet und für die Bildung einer organischen Substanz, also von Leben, gleich wichtig ist.

Ähnlich wie beim Benzolring sind in der Figurenkonstellation die Bindungen am wichtigsten, die zwischen den einzelnen Elementen bestehen und eine Substanz schaffen können. So betonen die Figuren des Romans immer wieder die Bedeutung ihrer Bindungen: „**Life will divide us**. But we have **formed certain ties**. Our boyish, our irresponsible years are over. But we have **forged certain links**" (*W* 42; eigene Hervorhebungen). Die Bindungen innerhalb des Sextetts sind relativ stabil, aber zusätzlich können andere Elemente von außen aufgenommen werden, die die ungesättigte Konstellation saturieren oder substituieren: „There is no stability in this world [...]. All is experiment and adventure. We are forever mixing ourselves with unknown quantities" (*W* 84). Auf Dichtung übertragen, ist an die Bedeutung der Integration äußerer Einflüsse in die organische Substanz eines Kunstwerkes zu denken:

> 'The flower,' said Bernard, 'the red carnation that stood in the vase on the table of the restaurant when we dined together with Percival, is become a six-sided flower; made of six lives.' 'A mysterious illumination,' said Louis, 'visible against the yew trees.' 'Built up with much pain, many strokes,' said Jinny; town and country; children and that all; **a many-sided substance cut out of this dark**; a many-faceted flower. Let us stop for a moment; let us behold **what we have made.** Let it blaze against the yew trees. **One life. There. It is over.** Gone out.' (*W* 162; eigene Hervorhebungen)

Nach Percivals Tod ist die Nelke nur noch 'sechs-seitig' und nicht mehr stabil. Die Freunde beziehen das Symbol der Blume auf sich selbst und auf ihre Verbindung untereinander. Jinny erklärt, daß sie durch gemeinsames Leiden und durch Gefühlsbande eine von ihr als 'Substanz' bezeichnete Verbindung geschaffen haben. Diese ist die Einheit eines Lebens, das sich von dem Dunkel des umgebenden Chaos abhebt. Die 'Substanz' ist aber ohne Percival als Energiezentrum nicht mehr stabil genug und zerfällt.

Nachdem die Verbindung aufgelöst ist, sind die einzelnen Elementatome für neue Kombinationen frei: „Was this then, this streaming away mixed with Susan, Jinny, Neville, Rhoda, Louis, a sort of death? A new assembly of elements?" (*W* 198). Die ewige Transformation chemischer Elemente im Universum besteht darin, Verbindungen zu bilden, sie aufzulösen und sich neu zu formieren. Weder die Energien noch die Elemente gehen verloren, sondern wechseln im Zuge der Transformationen nur die Gestalten und Zustände.

Die Figuren können als Analogie zu den sechs Kohlenstoffatomen des Benzolrings verstanden werden. Die Verbindungen innerhalb des Moleküls kommen durch gegensätzliche elektrische Ladungen zustande. Ebenso werden die Verbindungen der sechs Freunde untereinander von Gegensätzlichkeiten bestimmt. Die offensichtlichste ist die von männlich und weiblich: Die drei Frauen und drei Männer werden zu einem einzelnen androgynen Wesen.

Jedes Kohlenstoffatom besitzt außerdem die Neigung, andere Atome in die Ringstruktur einzubeziehen. Der Benzolring ist so stabil, daß er bestrebt ist, dieses Kohlenstoffgerüst beizubehalten, aber unter Einfluß der Elektronenwolke Wasserstoffatome durch andere auszutauschen (Substitution), so daß auf diese Weise weitere Atome in die Verbindung einbezogen werden können. Durch das kreative Prinzip des Benzolrings können stets neue Substanzen entstehen. Ähnlich steht jeder der sechs Freunde für die Integration anderer Elemente in die Struktur ihrer Verbindung.

Jinny bindet den Körper ein und repräsentiert das körperliche Prinzip von Kreativität: „My imagination is the body's“ (*W* 156). Sie sucht Verbindungen zum anderen Geschlecht und benutzt Bernards Tropfen-Metapher, um diese sexuellen Bande zu umschreiben:

> [...] so fluid has my body become, forming even at the touch of a finger into a full **drop,** which fills itself, which quivers, which flashes, which falls in ecstasy. [...] I am **volatile for one, rigid for another, angular** as an icicle or **voluptuous as a candle flame** in gold. (*W* 157; eigene Hervorhebungen)

Jinny bedient sich ihres Körpers, um sich mit einer Kette von Liebhabern zusammenzuschließen. Als sie und Louis sich küssen, sagt sie: „I am thrown over you like a net of light. I lie quivering flung over you“ (*W* 9). Jinny selbst und die anderen stellen ihre Fähigkeit fest, körperlich Ringe zu bilden:[335]

> But my imagination is the body's. I can imagine nothing beyond the circle cast by my body. My body goes before me like a lantern down a dark lane, bringing one thing after another out of darkness into a ring of light. I dazzle you; I make you believe that this is all.' (*W* 92)

Dagegen sucht Susan ihre Verbindungen in der Natur und nimmt dort Ringstrukturen wahr. So ist eines ihrer ersten Symbole eine grüne Raupe, die zum

[335] Vgl. Tanger: 241 f.

Ring gekrümmt ist. Sie empfindet die Natur als zyklisch und unterwirft sich diesen Zyklen. So integriert sie die Natur in die Ringverbindung der Freunde.[336]

In einer der wenigen Szenen, in denen alle sechs Figuren auftreten, verabschieden sie Percival bei einem Essen. Dieser erscheint in der Szene nicht 'materiell' als sprechende Figur, sondern nur 'immateriell' im Bewußtsein der anderen, die ihn als alle zusammenhaltende Energie bezeichnen. Durch die Liebe zu ihm kommt die Bindung zwischen allen zustande, die sie eine ring- oder kugelförmige Substanz werden läßt. Die Figuren erheben ihre Stimmen eher wie in einem mehrstimmigen Monolog als in einem Gespräch:

> I had not seen them before. Everything is now set; everything is fixed. Bernard is engaged. Something irrevocable has happened. A **circle** has been cast on the waters; a **chain** is imposed. We shall never **flow freely** again. 'For one moment only,' said Louis. 'Before the **chain breaks, before disorder returns, see us fixed**, see us displayed, see us held in a vice. 'But now the **circle breaks**. Now the current flows. Now we run faster than before. Now passions that lay in wait down there in the dark weeds which grow at the bottom rise and pound us with their waves. [...] The **circle** is destroyed. We are thrown asunder.' (*W* 102; eigene Hervorhebungen)

Die Gemeinschaft der Freunde wird ähnlich wie eine aromatische Kohlenstoffverbindung als momentane Struktur beschrieben, die nur für kurze Zeit dem Fließen aller Elemente, dem Chaos, abgerungen worden ist. Chemische Verbindungen sind nicht von ewiger Dauer, auch wenn sie wie der Benzolring relativ stabil sind. Denn Bindungen können aufgelöst, die Bindungsenergien freigesetzt werden, und Elemente können neue Verbindungen eingehen. Die Freunde beobachten die Schwingtür im Restaurant, um zu sehen, wann Percival eintrifft. Die sich öffnende Schwingtür symbolisiert die Verbindung nach außen, die möglicherweise 'Elemente' eintreffen läßt, die die vorhandene Konstellation verändern können:

> 'Now once more,' said Louis, 'as we are about to part, having paid our bill, **the circle in our blood**, broken so often, so sharply, for we are so different, **closes in a ring**. Something is made. Yes, as we rise and fidget, a little nervously, we pray, holding in our hands this common feeling, ‚Do not move, do not let the swing door cut to pieces the thing that we have made, that **globes** itself here, among these lights, these peelings, this litter of bread crumbs and people passing. Do not move, do not go. Hold it for ever.' (*W* 104; eigene Hervorhebungen)

Die Verbindung – als ‚Ring,‘ Kreis,‘ ‚Kugel,‘ oder auch ‚Kette‘ bezeichnet – wird schon ohne Percivals körperliche Präsenz durch den Gedanken an ihn und die Liebe zu ihm zusammengehalten. Deshalb sagt Jinny auch:

[336] Vgl. Tanger: 242.

> 'Let us hold it for one moment,' said Jinny; ,love, hatred, by whatever name we call it, **this globe whose walls are made of Percival**, of **youth and beauty**, and something so deep sunk within us that **we shall never make this moment out of one man again**.' (*W* 104; eigene Hervorhebungen)

Die Energien, die Percival repräsentiert, wirken als bindende Kraft zwischen den Freunden. Analog verhält es sich in der Kohlenstoffverbindung: Die 'chemische Substanz' ist in ungesättigtem Zustand relativ unstabil, das heißt sehr geneigt, doppelte zugunsten von einfachen Bindungen mit anderen Elementen aufzugeben, die so in die Substanz gelangen können. Die Parallele zur organischen Chemie drängt sich weiterhin auf, wenn Rhoda die Elemente aufzählt, die in dieser 'Kugel' enthalten sind:

> ,Forests and far countries on the other side of the world,' said Rhoda, 'seas and jungles; the howlings of jackals and moonlight falling upon some high peak where the eagle soars.' 'Happiness is in it,' said Neville, 'and the quiet of ordinary things. A table, a chair, a book with a paper knife stuck between the pages. And the petal falling from the rose, and the light flickering [...].' 'Week-days are in it,' said Susan, 'Monday, Tuesday, Wednesday; the horses going up to the fields, and the horses returning; the hooks rising and falling, and catching the elm-trees in their net, whether it is April, whether it is November.' (*W* 104; eigene Hervorhebungen)

Die Aufzählung umfaßt neben phantastischen Orten und außergewöhnlichen Sinneseindrücken („the howlings of jackals and moonlight falling upon some high peak where the eagle soars") sowie Gefühlen auch Dinge des täglichen Lebens. Es bietet sich an, diese ,Gegenstände' auf Woolfs Literaturästhetik zu übertragen: Sie hat das Ziel zu ihrer literarischen Maxime erhoben, das Leben – „the life of Monday and Tuesday" („Modern Fiction," *CE*, Vol. 2, 106) – in ihre Kunst zu integrieren. All das, was die Figuren aufzählen, postuliert Woolf in ihren Essays als Inhalte von Literatur. So kann man das Motiv „the hooks rising and falling, and catching the elm-trees in their net" in dem Essay „The Death of the Moth" wiederfinden.[337] Die Autorin verwandelt auch die Dinge des alltäglichen Lebens in Symbole und gewinnt sie als Ausdrucksmöglichkeiten für emotionale und metaphysische Inhalte.[338] Auf diese Weise verbindet sie Außergewöhnliches, Phantastisches und Metaphysisches mit dem Alltäglichen und Materiellen in ihrer Kunst zu einer 'organischen Substanz.'

---

[337] Dort beschreibt Woolf einen Vogelschwarm als ein riesiges Netz mit Tausenden von schwarzen Knoten: „The rooks too were keeping one of their annnual festivities; soaring round the tree tops until it looked as if a vast net with thousands of black knots in it had been cast up into the air; [...]" („The Death of the Moth," *CE*, Vol. 1, 359).

[338] Die kreisenden Vögel benutzt sie als Metapher für die kreative Energie des Universums. Vgl. dazu nähere Untersuchungen im Physik-Teil.

## III. Ringstruktur als Symbol für künstlerische Transformation

Woolf verwendet den aus der organischen Chemie stammenden Begriff der ‚Saturierung,' um das Resultat des künstlerischen Prozesses zu bezeichnen. In ihren Tagebuchaufzeichnungen aus der Zeit der Niederschrift von *The Waves* verwendet sie die Analogie zum chemischen Prozeß der Sättigung von Kohlenstoffverbindungen, um den Transformationsprozeß ihres literarischen Schaffens zu beschreiben:

> The idea has come to me that what I want to do is to **saturate every atom**. I mean to eliminate all waste, deadness, superfluidity: to **give the moment whole**; whatever it includes. Say that the moment is a **combination of thought; sensation; the voice of the sea**. Waste, deadness, come from the inclusion of things that don't belong to the moment: this appalling narrative business of the realist: getting on from lunch to dinner: it is false, unreal, merely conventional. Why admit anything to literature that is not poetry – by which I mean **saturated**? Is that not my grudge against novelists – that they select nothing? The poets succeeding by simplifying: practically everything is left out. **I want to put practically everything in; yet to saturate.** That is what I want to do in The Moths. I must include nonsense, fact, sordidity: but made transparent. (*D*, Vol. 3, 209 f.; eigene Hervorhebungen)

Die Autorin schildert die Aufnahme von Material in die Dichtung in Analogie zur Saturierung von Kohlenstoffverbindungen, die Sinnbilder für besondere Kreativität sind. Ihr ästhetisches Ideal drückt Woolf im Bild der gesättigten Verbindung aus, die jede mögliche Elektronenvalenz mit Bindungen zu verschiedenen Elementen belegt hat. Die Verbindung bildet auf diese Weise eine dauerhafte und organische Substanz, die keine Tendenz hat, sich weiter zu verbinden. Die einzelnen Atome ungesättigter Verbindungen können sich mit Atomen anderer Elemente zusammenschließen. Dies ist allerdings nicht mit jedem beliebigen möglich, sondern nur mit solchen, die sich in die vorhandene elektronische Struktur einfügen lassen und so eine neue Substanz ergeben. Diese chemischen Prinzipien umschreiben, auf die Kunst übertragen, Woolfs Ideal einer Literatur, die die 'Elemente' aus dem täglichen Leben zu einer 'organischen,' strukturierten Einheit zusammenzufügt. In einer solchen Literatur ist jedes Element notwendig und am richtigen Platz in die Struktur eingebunden.

Woolfs Literaturvorstellung wendet sich wie die von Joyce ausdrücklich gegen die Realisten. Sie kritisiert diese Literaten, weil sie nicht streng genug selektieren und zu viel Alltägliches in ihre Literatur einbinden wollen. Woolf plädiert für die Integration von nur so vielen Bestandteilen des 'materiellen Lebens,' wie sich mit der vorhandenen Struktur und den übrigen Elementen vereinbaren läßt. Anders als Joyce kann Woolf ihre Kritik im Bild naturwissenschaftlicher

Prinzipien äußern, da die Naturwissenschaften ihrer Zeit sich den Geisteswissenschaften bereits angenähert haben, sich mit ähnlichen Fragestellungen beschäftigen und die Möglichkeit eindeutiger Antworten bereits angezweifelt haben.

Während ihrer Arbeit an *The Waves* waren der Autorin die organischen Kohlenstoffverbindungen als Parallele zu literarischer Schöpfung stets präsent. So beschreibt sie das Ideal ihres Schaffens: „I want to avoid chapters; that indeed is my achievement, if any here: a **saturated, unchopped, completeness**; changes of scene, of mood, of person, done **without spilling a drop**" (*D*, Vol. 3, 343; eigene Hervorhebungen).

In Analogie zu den chemischen Gesetzen der organischen Verbindung soll ihr Roman den Prinzipien von Fülle und Sparsamkeit gleichermaßen genügen und bestimmte Elemente des Lebens in Fülle enthalten, aber dennoch nichts Überflüssiges aufweisen, das die Struktur beeinträchtigen würde. Als 'saturiert' beschreibt sie in einem Brief an Roger Fry auch den Effekt, den Prousts Stil auf sie ausübt:

> Oh if I could write like that! I cry. And at the moment such is the astonishing vibration and **saturation** and intensification that he procures – there's something sexual in it [...]. (*L*, Vol. 2, 525; eigene Hervorhebung)

Dieser Idealvorstellung zufolge ist ein Autor allgegenwärtig und durchdringt alles, weil er sich durch Stil und nicht durch Handlung ausdrückt. Der Begriff ‚Saturierung' wird durch den Kontext von ‚Vibration' und ‚Intensivierung' als Ausdruck für gefühlsmäßige Erregung und Intensität geprägt. Die literarische Gestaltung von Sprache, der Stil mit seinen erhöhten Sinneswahrnehmungen bewirkt idealerweise Erregung ohne Klimax.

Woolf artikuliert durch ‚Sättigung' gleichzeitig ihre Vorstellung von Fülle und gefühlsmäßiger Intensität, die sie durch sprachliche Gestaltung einerseits und die Integration bestimmter Elemente aus dem 'gewöhnlichen Leben' in die Kunst andererseits erreichen wollte.

Diese Vorstellung künstlerischer Transformation steht auch in *The Waves* hinter Bernards Äußerungen, der die Figuren als schöpferische Elemente deklariert und den geschaffenen Moment als 'bis auf den letzten Tropfen' saturierte Lösung beschreibt:

> 'What is to come is in it,' said Bernard. 'That is the last drop and the brightest that we fall like some supernal quicksilver into the swelling and splendid moment created by us from Percival. [...] We too are creators. We too have made something that will join the innumerable congregations of past time. We too, [...], stride not into a chaos, but

into a world that our force can subjugate and make part of the illumined and everlasting road.' (*W* 104 f.)

Woolfs erklärter Anspruch ist, den einzelnen, vergänglichen Moment literarisch festzuhalten. Dieses Ideal ihres künstlerischen Schaffens formuliert sie auch in ihrem Tagebuch: „to give the moment whole; whatever it includes. Say that the moment is a combination of thought" (*D*, Vol. 3, 209 f.). Ihr Ziel ist es, alles, was sie in diesem Moment erkennt und fühlt, in der Kunst auszudrücken und damit aus dem vergänglichen Fluß der Zeit zu 'retten.' Die Künstlerin benötigt schöpferische Energie, um die verschiedenen Elemente zu einem Ganzen zusammenzufügen und eine Struktur aus dem Chaos zu bilden.[339] Sie muß über die Kraft verfügen, aus dem Chaos der Welt Ordnung zu schaffen und dadurch die freien, zerstreuten Elemente in ein Kunstwerk einzubinden und einer Struktur zu 'unterwerfen.'

Die schöpferische Energie ist in Analogie zu den Bindungen eines Kohlenstoffrings als Zentrum der aus verschiedenen elektrischen Ladungen einzelner Atome zusammenkommenden Energien zu verstehen. Für die Künstlerpersönlichkeit heißt dies analog: Sie setzt sich aus verschiedenen Teilaspekten zusammen, die in der Imagination als kreativem Energiezentrum zusammenfließen. Dabei ist die Konstellation wie ein Karussell in ständiger Bewegung. Man muß sie sich deshalb als Elektronenwolke vorstellen, ähnlich wie die Schalen des Bohrschen Atommodells.

Percival symbolisiert diese kreative Energie und nicht etwa ein siebtes Element. Deshalb muß die Verbindung sich ohne ihn auflösen: „now Percival goes. What can we do to keep him? How bridge the distance between us? How fan the fire so that it blazes for ever?" (*W* 105) In einer chemischen Verbindung sind elektrische Ladungen unabdinglich, um die Entfernung zwischen den einzelnen Elementen zu überbrücken und eine dauerhafte Verbindung herzustellen. In Analogie zu solcher elektromagnetischer Ladung beschreibt Bernard die Kraft, die die Energien der anderen Elemente auf ihn ausüben und dadurch große Entfernungen überbrücken:

> In a moment, **when I have joined them, another arrangement will form, another pattern**. What now runs to waste, forming scenes profusely, will be checked, stated. I am reluctant to suffer that compulsion. **Already at fifty yard distance I feel the or-**

[339] Dieser Ansatz bestimmt auch die Gestaltung der Figuren in *The Waves*. Die einzelnen Personen stellen Aspekte des Künstlers dar, die sich idealerweise im künstlerischen Moment zu einer Persönlichkeit verbinden sollen: „we shall perhaps never make this moment out of one man again" (*W* 104).

> **der of my being changed**. The tug of the **magnet** of their society tells upon me. (*W* 149)

Die inneren, immateriellen Aspekte der Künstlerpersönlichkeit sorgen immer wieder für Verschiebungen in der Struktur der Gesamtheit. Das Muster ändert sich ständig, ist unablässigen Verwandlungen ausgesetzt.

Bernard beschreibt im Bild der Ringstruktur die Schwierigkeit des Künstlers, das beständige Pulsieren des inneren wie äußeren Lebens zu fixieren. Das Medium des Künstlers, die Sprache, ist dabei das Mittel, um Ordnung und Struktur zu schaffen: „Ideas break a thousand times for once that they globe themselves entire. They break; they fall over me. Line and colours they survive, therefore ...“ (*W* 112). Bernard sucht stets durch Sätze Verbindungen herzustellen: „'But when we sit together close,' said Bernard, 'we melt into each other with phrases. We are edged with mist. We make an unsubstantial territory'“ (*W* 11).

Seinen künstlerischen Schaffensprozeß beschreibt Bernard in Analogie zu einer ungesättigten Kohlenstoffverbindung. Während Louis und Neville bereits 'absorbiert' sind, ist er stets 'bindungsfreudig':

> Louis and Neville [...] both are absorbed. [...] But if I find myself in company with other people, words at once make smoke rings – see how phrases at once begin to wreath off my lips. It seems that a match is set to a fire; something burns [...] I do not belive in separation. We are not single [...] My book will certainly run to many volumes [...]. I fill my brain with whatever happens to be the content of a railway carriage as one fills a fountain-pen or an inkpot. [...] A smoke ring issues from my lips (about crops) and circles him, bringing him into contact. (*W* 49)

Bernard beschreibt sich als aufnahmebereit für äußere Einflüsse, die er nach dem kreativen Prinzip des ungesättigten Benzolrings in seine Dichtung integrieren und so transformieren will, um neue Substanzen zu kreieren – die vielen Bände seines literarischen Werks. Mit Hilfe der Sprache integriert er äußere Eindrücke und andere Menschen in die Ringstruktur („to circle in,“ „to bring into contact“).

Louis verkörpert ebenfalls die dichterische 'Bindungsenergie.' Er verfolgt wie Bernard das Ziel, Ordnung aus dem Chaos zu schaffen und wählt dafür auch die Sprache als Medium, um dieses Ziel zu verwirklichen: „If I press on, from chaos making order, I shall find myself where Chatham stood, and Pit, Burke and Robert Peel. [...] I shall asssemble a few words and forge round as a hammered ring of beaten steel“ (*W* 119 f.). Allerdings beschreibt Woolf seine Bemühungen in Bildern von stähleren Ringen, die die mechanische und 'verkrampfte' Natur seiner Bemühungen ausdrücken: „efforts to make a steel ring of clear poetry that shall connect“ (*W* 92). Die Dinge, die er durch Dichtung zu verbinden sucht, sind nur Objekte und Wesen der äußeren Welt. Er kann nicht Äußeres und Inneres verbinden. Seine Orientierung an Lukrez ist pretentiös und eitel: „as I see them when I take my luncheon and prop my poet – is it Lucretius? – against a gruet and the gravy-splahed bill of fare“ (*W* 92). Louis ist zu sehr auf seinen gesellschaftlichen Erfolg fixiert und der Objektwelt verhaftet.

Wenn man diesen Gedanken auf die These überträgt, daß Woolf ihre Figuren als die verschiedenen Aspekte einer Künstlerpersönlichkeit gestaltet, repräsentiert Louis die künstlerische Eitelkeit und Erfolgsorientierung, die ein hinderliches Element sein kann. Er ist zu sehr auf sich selbst bezogen, um im Sinne der chemischen Analogie 'bindungsfreudig' sein zu können. Deshalb sind seine Anstrengungen vergeblich, Elemente von außen in die Struktur zu integrieren:

> I will read in the book that is propped against the bottle of Worcester sauce. It **contains some forged rings, some perfect statements**, a few words, but poetry. You, all of you ignore it. What the dead poet said, you have forgotten. And I cannot translate it to you so that **its binding power ropes you in**, and makes clear to you that you are aimless; [...]. (*W* 68; eigene Hervorhebungen)

Louis richtet sich an den Addressaten von Literatur. Die Wirkung, die Literatur und literarische Sprache auf die Leserschaft ausüben kann, wird im Bild der organischen Verbindung als ‚bindende Kraft‘ bezeichnet und so mit der kreativen Kraft des Kohlenstoffs verglichen. Im Idealfall bindet Literatur Leser und Leserinnen in das Kunstwerk ein.

Woolf setzt in ihrem Roman *The Waves* das Prinzip ihrer Literaturästhetik konsequent um, das in dieser Untersuchung als Analogie zur organischen Kohlenstoffverbindung gedeutet wird. Die Figuren ihres Romans verkörpern Aspekte der Künstlerpersönlichkeit, die jeweils andere Elemente des 'alltäglichen Lebens' in die Kunst zu integrieren und damit zu saturieren helfen. Die organische Chemie stellt eine von verschiedenen Analogieebenen dar, und genügt Woolfs sprachlichem Ideal einer 'Saturierung' von Symbolen. Wörter verbinden sich mit immer neuen Kontexten und werden so wie eine aromatische Verbindung angereichert.

## Dritter Teil: Analogien aus der Physik

### A. Paradigmenwechsel vom Newtonschen zum dynamischen Weltbild

### I. Kritik am Newtonschen Weltbild – Joyce und das Gravitationsgesetz

#### 1. Gesetze der fallenden Körper als Parodie auf den biblischen Sündenfall

Als Isaac Newton die Natur zu untersuchen begann, konnte er bereits auf das von René Descartes für das Universum entwickelte Bild des Mechanismus zurückgreifen. Newton formulierte die Gesetze, denen die ‚große Maschine' gehorchte und entdeckte in der Natur Prinzipien, durch die er weitläufige Erfahrungsbereiche zu einem System zusammenführte.[340] Drei Jahrhunderte lang entwickelten die Physiker eine Wissenschaft, die die Aufgabe hatte, die Funktionsweise des Mechanismus zu erklären.[341]

Newtons erste große Entdeckung waren die Bewegungsgesetze,[342] seine zweite das Gesetz der Schwerkraft. Er widerlegte die bis dahin geltende Auffassung, daß zwischen irdischen und kosmischen Phänomenen ein wesentlicher Unterschied bestehe, und zeigte mit Hilfe mathematischer Berechnungen, daß dieselbe Kraft für beide Bereiche galt. Auf der Grundlage seiner Erkenntnisse gelang es ihm, eine rationale Himmelsmechanik zu konstruieren. Newtons Gesetz der Schwerkraft erfaßte jedoch lediglich mittels eines strenggegliederten mathematischen Systems die Wirkungen der Gravitation, ohne diese zu erklären.[343]

Die Bewegungsgesetze beschrieben nicht nur die Bewegung eines Objekts, sondern ermöglichten es auch, die Zukunft eines sich bewegenden Gegen-

---

[340] Newton löste nicht nur in der Physik eine Art Revolution aus. Die Wende in der Physik wurde von einem weltgeschichtlichen Paradigmenwechsel begleitet. Vgl. zur Newtonschen Physik und ihren geistesgeschichtlichen Implikationen die Arbeiten von Ierome Bernard Cohen, *Introduction to Newton's „Principia"* (London: Cambridge University Press, 1971) sowie *The Newtonian Revolution: With Illustrations of the Transformation of Scientific Ideas* (Cambridge et al.: Cambridge University Press, 1980). Vgl. außerdem Richard S. Westfall, *Isaac Newton* (Heidelberg et al.: Spektrum, 1996).

[341] Vgl. Zukav 40.

[342] Nach dem Trägheitsgesetz wird ein Objekt, das sich in gerader Linie bewegt, seinen Weg bis ins Unendliche fortsetzen, sofern nicht eine Kraft auf das Objekt einwirkt. Dann allerdings werden Richtung und Geschwindigkeit in Abhängigkeit von Größe und Richtung der Kraft verändert. Nach dem Wechselwirkungsprinzip wird jede Aktion von einer gleich großen, entgegengesetzten Reaktion begleitet. Vgl. Zukav 36.

[343] Vgl. Zukav 39.

stands voraussagen, wenn genügend Informationen über seinen Anfangszustand vorlagen. Da auch dessen Geschichte auf diese Weise erschlossen werden konnte, war es nach der klassischen, das heißt Newtonschen Physik, möglich, die Entwicklung eines Ereignisses genau vorauszusagen. Diese Verfahren bedeuteten einerseits eine ungeheure Macht, andererseits auch eine bedrückende Logik. Nach dem Newtonschen Weltbild war zum Zeitpunkt, als die Maschine Universum erschaffen wurde, bereits alles vorherbestimmt, was darin geschah. In einem solchen Universum konnte es keinen Platz für den freien Willen des Menschen und seine Fähigkeit geben, durch sein Eingreifen den Verlauf aktiv und kreativ zu beeinflussen.[344]

In *Ulysses* kommen die meisten Anspielungen auf die klassische Physik in den Gedankenströmen Leopold Blooms vor. Allerdings spiegeln sie das im naturwissenschaftlichen Sinne nicht immer korrekte Verständnis Blooms wider. Häufig sind dessen Äußerungen über Physik mit theologischer oder metaphysischer Symbolik verknüpft, wodurch sie Rückschlüsse auf Joyces Weltbild und Ästhetik zulassen. Der Autor wandelt das physikalische Phänomen der Gravitation auf diese Weise zu einer Analogie für Metaphysik um und entfernt es diametral von den Vorstellungen, die in der Newtonschen Physik mit diesem Gesetz verbunden waren.

In „Lestrygonians" verknüpft Joyce das Gravitationsgesetz mit dem Propheten Elija.[345] Bloom erhält einen Handzettel, der die zweite Ankunft des Propheten Elija proklamiert und bezieht die Botschaft zunächst auf sich selbst:

> Bloo.... Me? No.
>
> Blood of the Lamb.
>
> His slow feet walked him riverward, reading. Are you saved? All are washed in the blood of the lamb. God wants blood victim. Birth, hymen, martyr, war, foundation of a building, sacrifice, kidney burntoffering, druids' altars. Elijah is coming. (*U* 8.8-13)

---

344 Vgl. Zukav 40 ff.

345 Joyce spielt auf die Schlußworte des Alten Testaments (Maleachi 3:23-24) an: „Siehe, ich will euch senden den Propheten Elija, ehe der große und schreckliche Tag des Herrn kommt. Der soll das Herz der Väter bekehren zu den Söhnen und das Herz der Söhne zu den Vätern, auf daß ich nicht komme und das Erdreich mit Bann schlage." Diese Passage ist zur schriftlichen Grundlage für die jüdische Überlieferung geworden, nach der die zweite Ankunft des Propheten Elija das Kommen des Messias ankündigt (nach christlicher Überlieferung die Wiederkehr Christi). Bei der Feier des Paschafestes ist es in jüdischen Haushalten Brauch, für den Fall einer Wiederkehr Elijas einen Platz für ihn am Tisch freizuhalten und zu decken. Vgl. *UA* 157.

Bloom sieht sich als 'gefallen' an und versteht die Zubereitung der Nieren für Molly am Vormittag als Opferhandlung, die der erzürnte Gott verlangt, um Erlösung und Vergebung für seine Sünden zu gewähren.

Wenig später veranlaßt ihn der Anblick hungriger Möwen, den Handzettel mit der Ankündigung von Elijas Wiederkehr zu einem Ball zusammenzurollen und den Möwen zuzuwerfen. Er will sehen, ob er diese täuschen kann, so daß sie den Ball für Futter halten. Der Fall des Handzettels weckt die Assoziation des Gravitationsgesetzes: „Elijah thirtytwo feet per sec is com" (*U* 8.57-58). Die Vorstellung des unter Einwirkung der Gravitation fallenden Propheten besitzt ebenfalls Komik, unterliegt dieser doch offensichtlich irdischen Gesetzmäßigkeiten und verliert sein Pathos. Das physikalische Gesetz eignet sich offensichtlich nicht für die Klärung metaphysischer Fragen. Indem Joyce das Gravitationsgesetz auf die Ankunft des Erlösers anwendet, parodiert er sowohl den Sündenfall und den Erlösungsgedanken als auch das physikalische Gesetz.

In Joyces Parodie des Falls vertreten die Möwen die gefallenen Menschen, während Bloom sich in seiner Phantasie als Gott sieht, der den Propheten Elija in Form eines Papierballs zu den Menschen schickt und den Hunger seiner Geschöpfe beobachtet. Sie inspirieren ihn, ein zweizeiliges Gedicht zu verfassen: „*The hungry famished gull. / Flaps o'er the waters dull*" (*U* 8.62-63). Er schließt ästhetische Überlegungen an, die bereits das Thema der Vaterschaft vorwegnehmen, anhand dessen Stephen in „Scylla and Charybdis" seine Dichtungstheorie vorträgt:

> That is how poets write, the similar sounds. But then Shakespeare has no rhymes: blank verse. The flow of the language it is. The thoughts. Solemn.
>
> *Hamlet, I am thy father's spirit*
>
> *Doomed for a certain time to walk the earth.* (*U* 8.64-68)

Daß Bloom sich nicht nur durch seine eigene Verskomposition, sondern auch durch seinen unhaltbaren Shakespeare-Kommentar mit dem berühmten Dichter auf eine Ebene stellt, deutet auf Joyces ironische Distanz gegenüber seinem 'Helden' als Künstlerfigur hin. Andererseits ist der Bezug zur Konsubstantialität ein Hinweis darauf, daß auch Bloom vom 'Geiste' der ästhetischen Konzepte seines 'Vaters' Joyce getragen ist.

Als Bloom eine Apfelfrau bemerkt, kauft er nicht Äpfel, wie es der Parodie auf den Sündenfall eher entsprochen hätte, sondern Kuchen für seine hungrigen Geschöpfe: „Aware of their greed and cunning he shook the powdery crumb from his hands. They never expected that. Manna" (*U* 8.77-79). Bloom stellt die Gier und Gerissenheit seiner Geschöpfe fest und empfindet trotzdem Mitleid. Diese beiden Eigenschaften erinnern an die Beschreibung des Sündenfalls, wo ‚Gier und List' ebenfalls die Verführung und damit den Fall bewirken. Bloom belohnt 'seine' Kreaturen mit Kuchen, sogar als sie fallen: „ The gulls swooped silently two, then all, from their heights" (*U* 8.76-77).[346]

Der Kuchen, der Bloom an *Manna* erinnert, spielt erneut auf Gottes Milde gegenüber seinen gefallenen Geschöpfen an.[347] Als Bloom die Möwen füttert beschäftigt er sich mit der Transformation von Nahrung, die in körpereigene Substanz umgewandelt wird. Sie beeinflußt demnach die Beschaffenheit des Körpers, ohne sie jedoch zu determinieren: „If you cram a turkey say on chestnutmeal it tastes like that. Eat pig like pig. But then why is it that saltwater fish are not salty? How is that?" (*U* 8.85-87). Anschließend verbindet Bloom seinen Umwandlungsgedanken mit philosophischen Überlegungen über den Strom des Lebens: „How can you own water really? It's always flowing in a stream, never the same, which in the stream of life we trace. Because life is a stream" (*U* 8.51-95). So kommt er, ausgehend von einer Mischung aus physikalischen Überlegungen, religiösen, philosophischen und ästhetischen Betrachtungen, zu dem allgemeinen Schluß, daß das Leben ständigen Veränderungen und Wandlungen unterliege. Er verbindet Physik, Philosophie, Religion und Ästhetik im Leitgedanken der Transformation und formuliert auf dieser Grundlage Gesetzmäßigkeiten des menschlichen Körpers und Geistes.

## 2. Gesetze der fallenden und schwebenden Körper

Ausgehend von seinen Phantasien über den Orient assoziiert Bloom in „Lotus Eaters" einen im Toten Meer schwebenden Körper und antizipiert so sein Bad, auf das er sich am Ende der Episode freut. In seinen Vorstellungen verbindet er das Gravitationsgesetz der fallenden mit den Prinzipien der schwebenden Körper:

> Ah yes, in the dead sea floating on his back, reading a book with a parasol open. Couldn't sink if you tried: so thick with salt. Because the weight of the water, no, the weight of the body in the water is equal to the weight of the what? Or is it the volume is equal to the weight? It's a law something like that. [...] The college curriculum. Cracking curriculum. What is weight really when you say the weight? Thirtytwo feet per second per second. Law of falling bodies: per second per second. They all fall to the ground. The earth. It's the force of gravity of the earth is the weight. (*U* 5.38-46)

[346] Vgl. Diane Tolomeo, „Leopold Bloom and the Law of the Falling Bodies: Joyce's Use of the Fall in *Ulysses*," *English Studies in Canada* 5, 3 (1979): 304.

[347] In Exodus 16 sendet Gott seinen Kindern, als sie hungrig durch die Wildnis wandern und gegen Moses murren, Manna, ein wunderhaftes Brot, um sie zu füttern. Vgl. *UA* 159.

Bloom verknüpft das Gravitationsgesetz mit dem Effekt der Salzwasserkonzentration im Toten Meer und dem Gesetz des Archimedes über die Wasserverdrängung. Da das Wasser des Toten Meeres ungefähr 25% Salz enthält, ist die Dichte dieses Wassers höher als die des Süßwassers, und ein menschlicher Körper fühlt sich dort leichter an.[348]

Das Gesetz, an das sich Bloom nur vage erinnern kann, ist das Prinzip des Archimedes: Ein fester Körper, der in eine Flüssigkeit getaucht ist, erfährt infolge des Auftriebs einen scheinbaren Gewichtsverlust, der gleich dem Gewicht der verdrängten Flüssigkeit ist.[349] Weil Salzwasser schwerer als Süßwasser ist, erhält ein Körper im Schwarzen Meer gegenüber einem sich in Badewasser befindenden einen höheren Auftrieb und einen höheren scheinbaren Gewichtsverlust.

Bloom kann sich nur noch vage an dieses Gesetz erinnern, aber er verknüpft richtig das Gesetz des Archimedes mit dem Gravitationsprinzip. Die Auftriebskraft wirkt der Gravitationskraft entgegen, von der Bloom ebenfalls einiges weiß: die Fallgeschwindigkeit von Körpern auf der Erde[350] und den Zusammenhang zwischen der Gravitationskraft und dem Gewicht eines Körpers.[351] Zwar sind seine Kenntnisse verschwommen und vereinfacht, aber sein Verständnis der physikalischen Prinzipien reicht aus, um den für seine Überlegungen wichtigen Zusammenhang der beiden Kräfte zu erkennen: Die Auftriebs- wirkt der Gravitationskraft entgegen.

Das Thema des Falls ist als Symbol für den biblischen Sündenfall zu verstehen, der die be'schwer'lichen Lebensbedingungen des Menschen auf der Erde bedingt. So verknüpft Joyce den Fall des Apfels, der Newton zu seinen Theorien über die Schwerkraft anregte, mit dem biblischen Fall des Menschen, der durch einen Apfel eingeleitet wurde. Durch diesen Umstand ist die Menschheit dem Gesetz ihrer 'gefallenen' Natur unterworfen.[352]

---

[348] Vgl. *UA* 85.

[349] Vgl. *UA* 85. Vgl. auch Mario Salvadori und Myron Schwartzman, „Musemathematics: The Literary Use of Science and Mathematics in Joyce's *Ulysses*," *JJQ* 29,2 (1992): 351 f.

[350] „Thirtytwo feet per second per second": Gewicht ist auf der Erde tatsächlich eine erdwärts gerichtete Kraft, die die Erde auf den Körper ausübt, die sogenannte Gravitationskraft, die bei einem freien Körper eine Abwärtsbeschleunigung von ungefähr 32 Fuß pro Sekunde bewirkt. Vgl. *UA* 85.

[351] „It's the force of gravity of the earth is the weight:" Dies ist eine starke Vereinfachung von Newtons Gesetz, das besagt, daß das Gewicht eine Funktion der Beziehung zwischen der Masse der Erde und des jeweiligen Körpers ist. Vgl. *UA* 85.

[352] Vgl. Tolomeo: 302 f.

Das Gravitationsgesetz beschäftigt Bloom weiterhin. Als er das Postamt betreten will, entdeckt er einen Doppelsinn des Verbs *to drop*, das er physikalisch versteht: „Careless air: just drop in to see. Per second per second. Per second for every second it means“ (*U* 5.50-52). Bloom beschließt, sich unauffällig zu verhalten (*to put on a „Careless air“*) und scheinbar zufällig hereinzuschauen. Bloom verschiebt die Bedeutung von ‘zufällig vorbeischauen’ auf ‘fallen.’ Diese zweite Bedeutung von *drop* ruft die Assoziation des ‘Gesetzes der fallenden Körper’ hervor. Bloom, der sich seines physikalischen Wissens nie ganz sicher ist, bekräftigt seine vage Vorstellung durch die Erläuterung der Bedeutung von „per second.“[353]

In seinen Assoziationen stellt Bloom anhand physikalischer Gesetzmäßigkeiten weiterführende Synthesen von Gegensätzlichkeiten her, indem er ‚schwebende und fallende Körper‘ verbindet. Er geht so über das hinaus, was die Newtonsche Physik leistet (vor allem, wie sie in den Curricula der Schulen vermittelt wird), und gelangt am Ende der Episode, im Wasser seiner Badewanne schwimmend, schließlich zu philosophischen und ästhetischen Betrachtungen. Diese Situation nimmt er gedanklich schon zu Beginn der Episode vorweg, als er über ‚schwebende und fallende Körper‘ sinniert:

> Heatwave. Won’t last. Always passing, the stream of life, which in the stream of life we trace is dearer thaaan them all. Enjoy a bath now: clean trough of water, cool enamel, the gentle tepid stream. This is my body. He foresaw his pale body reclined in it at full, naked, in a womb of warmth, oiled by scented melting soap, softly laved. He saw his trunk and limbs riprippled over and sustained, buoyed lightly upward, lemonyellow: his navel, bud of flesh: and saw the dark tangled curls of his bush floating, floating hair of the stream around the limp father of thousands, a languid floating flower. (*U* 5.563-572)

Joyce führt im Symbol des ‚schwebenden Körpers‘ die physikalische Analogie mit Entsprechungen für künstlerische Transformation zusammen: Transsubstantiation, Strom des Lebens und Fortpflanzung.

Die Vorstellung der ‘Hitzewelle’ ist mit der Metapher des Lebensstroms verbunden. Um die Jahrhundertwende war unter Physikern die Erkenntnis des Wellencharakters von Licht, Wärme und Akustik weit verbreitet und führte zu der These, daß alle Materie aus Energiewellen bestehe. Es mußte ein Medium für diese Wellen geben: den Äther. Der Wellencharakter, auf den Bloom in seinem Symbol des Lebensstroms hinweist, umfaßt die Idee des beständigen Wandels aller Materie. Bloom als Wasserfreund liebt vor allem die Wand-

[353] Vgl auch Mario Salvadori und Myron Schwartzman, „Musemathematics: The Literary Use of Science and Mathematics in Joyce’s *Ulysses*,“ *JJQ* 29,2 (1992): 351.

lungsfähigkeit des Wassers und genießt im folgenden die Vorstellung des baldigen Bades.[354]

In seiner Phantasie sieht er seinen Körper im Wasser schweben. Die Formulierung „This is my body“ spielt auf die Euchariestie an: „Und er nahm das Brot, dankte und brach's und gab' ihnen und sprach: Das ist mein Leib, der für euch gegeben wird; das tut zu meinem Gedächtnis“ (Lukas 22:19). Diese Bibelstelle ist Grundlage für die Eucharistiefeier, in der die Transsubstantiation von Brot in den Leib Christi zelebriert wird.[355] Die Eucharistie[356] oder Transsubstantiation als zentrale Analogie für Stephens literarische Schaffensvorstellungen bildet einen Gegensatz zu Blooms Version. Während Leopold seinen Körper zur Grundlage seiner Transformationsvorstellungen macht, umfaßt Stephens 'Anti-Transformationsästhetik' eine Substitution des Körpers durch die Kunst.[357]

Joyce transformiert oder 'transsubstanziert' den Körper Blooms, der im Roman als *Mr Everybody* (‚Körper von Jedermann‘) Sinnbild für den 'gefallenen' Zustand des Menschen ist, im Medium der Kunst. Der Narzißmus, den Blooms wohlwollende Betrachtung des eigenen Körpers impliziert, bewirkte im Garten Eden den Sündenfall des unschuldigen Menschen. So wie der Effekt des Gesetzes von Archimedes das Gesetz der Schwerkraft teilweise aufhebt, bedeutet das Bad eine Art Taufe und Wiedergeburt, die die Auswirkung des Sündenfalls auslöscht.[358]

Der schwebende Bloom überwindet die Schwerkraft des fallenden Körpers. Die Ästhetik der Transformation verhilft ihm nicht zu einer Erlösung, aber zu einer schöpferischen Verwandlung: Sein weißer Körper wird in der Imagination zu einer Blume,[359] sein Nabel zur Knospe („bud of flesh“). Bloom wird so

[354] Die Energiewellen und Metamorphosen des Wassers werden in Punkt III.2. dieses Hauptteils ausführlich behandelt.

[355] Vgl. *UA* 100.

[356] Diane Tolomeo weist darauf hin, daß Joyce in dem „Linati-Schema“ als zwei Symbole der Episode „the penis in the bath“ und „Eucharist“ nannte. Außerdem habe Joyce gegenüber seinem Bruder Stanislaus die Bedeutung der eucharistischen Transsubstantiation für seine Kunstvorstellung betont: Er wolle in seiner Literatur den Lesern intellektuelles Vergnügen bereiten, indem er das Brot des Lebens in etwas verwandele, was ein dauerhaftes, künstlerisches Eigenleben besäße. Vgl. Tolomeo: 303.

[357] Vgl. zu dieser Analogieebene die Ausführungen in Kapitel A des zweiten Hauptteils.

[358] Im „Linati-Schema“ hat Joyce als 'Sinn' von „Lotus Eaters,“ „The Seduction of the Faith“ genannt. Die Technik, mit der er dieses künstlerisch umsetzen wollte, bezeichnete er als Narzißmus. Beide Elemente implizieren die Bedeutung von Bloom als 'gefallener' Mensch. Vgl. Tolomeo: 303.

[359] Vgl. *UA* 100. Nach der Pflanze *Saxifraga stolonifera*, genannt „mother of thousands.“

zum humanen Sinnbild der Kreativität, nämlich zum zwar schlaffen aber dennoch potentiellen „father of thousands." Eine enge Verbindung zwischen dem Fall des Fleisches und dessen Transformation in einen erlösten Körper durch die Kunst deutet sich an. Indem Joyce das Gesetz der fallenden mit dem Prinzip der schwebenden Körper verknüpft, symbolisiert er das Auffangen des 'gefallenen' Menschen im Medium der Kunst.[360]

Das Motiv des Falls besitzt eine Dimension, die sich direkt auf ästhetische Kategorien bezieht, nämlich auf die künstlerische Transformation der physikalischen Gesetzmäßigkeiten unterliegenden Materie in Kunst. Mit den Gesetzen der fallenden und schwebenden Körper weist Joyce auf die Möglichkeit hin, die die Kunst dem Menschen bietet, sich sowohl von der religiösen als auch von der naturwissenschaftlichen Determination zu befreien. Das Bild Blooms, der als ‚schlaffe, schwebende Blume' die Schwerkraft aufhebt und auf dem Wasser als Sinnbild der beständigen Verwandlung schwebt, symbolisiert zugleich die Beständigkeit der Kunst.

### 3. Verwendung des Gravitationsgesetzes als Kritik am Newtonschen Weltbild

In „Ithaca," der wissenschaftslastigsten Episode in *Ulysses*, die zugleich eine Synthese des Romans bietet,[361] wird das Gravitationsgesetz ebenfalls behandelt. Auf die Frage, wie Bloom ohne Schlüssel in sein Haus gekommen sei, antwortet der Erzähler:

> Resting his feet on the dwarf wall, he climbed over the area railings, [...] and allowed his body to move freely in space by separating himself from the railings and crouching in preparation for the impact of the fall. (*U* 17.84-89)

Die Frage, ob Bloom gefallen sei, wird nicht beantwortet. Statt dessen wird sein Körpergewicht angegeben, das auf diese Weise mit der Geschwindigkeit des Falls verknüpft wird. Leopold wurde allerdings zu einem Zeitpunkt gewogen, der zwar ausführlich nach verschiedenen Kalendern angegeben wird, aber dennoch bereits zwei Monate zurückliegt:

> By his body's known weight of eleven stone and four pounds in avoirdupois measure, as certified by the graduated machine for periodical selfweighing in the premises of Francis Froedman, pharmaceutical chemist of 19 Frederick street, north, on the last feast of the Ascension, to wit, the twelfth day of May of the bissextile year one thousand nine hundred and four of the christian era (jewish era five thousand six hundred

[360] Vgl. Tolomeo: 303.

[361] In den Fragen und Antworten rekapitulieren sowohl Handlungen als auch Leitmotive des gesamten Romans.

> and sixtyfour, mohammadan era one thousand three hundred and twentytwo), golden number 5, epact 13, solar cycle 9, dominical letters C B, Roman indiction 2, Julian period 6617, MCMIV. (*U* 17.91-99)

Die scheinbar wissenschaftliche und vollständige Angabe des Gewichts ist also ungenau. Sie ist darüber hinaus auch überflüssig, da, wie bereits Galilei nachwies, das Gewicht eines Körpers keinen Einfluß auf die Fallgeschwindigkeit ausübt, beträgt diese doch stets 32 Fuß pro Sekunde.[362]

Der wissenschaftliche Sprachduktus und das Anführen von Gesetzen, Maßen, Daten und Zahlen erwecken den Anschein, als sei die Wirklichkeit wissenschaftlich zu erfassen. Die Vertreter der Newtonschen Physik waren bis zum neunzehnten Jahrhundert überzeugt, sie könnten eine objektive Erkenntnis der Realität ermöglichen, indem sie immer mehr Naturprinzipien erforschten und Daten bereitstellten. Um die Jahrhundertwende und spätestens seit Albert Einstein – also bereits zu einer Zeit, in der Joyce *Ulysses* schrieb – entstanden immer stärkere Zweifel an den Erkenntnismöglichkeiten der Naturwissenschaften. Vor allem die Forschungen Einsteins und anderer Physiker verstärkten diese Tendenz, indem sie nachwiesen, daß die Realität auf keinen Fall nach solch statischen, mechanischen und deterministischen Prinzipien funktioniert. Joyce macht durch seine Anspielungen auf physikalische Gesetzmäßigkeiten darauf aufmerksam, daß die Physik zu unzulänglich und zu ungenau sei, um die objektive Erkenntnis und wirklichkeitsgetreue Beschreibung einer dynamischen Realität zu ermöglichen. Die wichtigsten Fragen des Menschen kann die positivistische Newtonsche Naturwissenschaft nicht beantworten.

Joyce greift in *Ulysses* das von Newton aufgestellte Gravitationsgesetz auf und verwendet es als Parodie auf den biblischen Sündenfall. Seine Verweise auf die klassische Physik kritisieren das durch diese Gesetze verkörperte mechanistische Weltbild. Der Schriftsteller 'transformiert' die Newtonschen Gesetze zu sehr menschlichen und daher unberechenbaren Prinzipien, die sein eigenes Weltbild ausdrücken. Er schöpft das ästhetische Potential des 'Falls' aus, indem er zeigt, wie das menschliche Fleisch vom spirituellen Medium der Kunst aufgefangen werden kann und wie Newtons mechanistische Gesetze in künstlerische Transformationsprinzipien überführt werden können. Joyce geht von einer sich ständig verwandelnden Welt aus, der die Metapher des Lebensstroms gerecht wird. Seine Kunst macht Transformation zu ihrem Schaffens-

[362] Vgl. Patrick A. McCarthy, „Joyce's Unreliable Catechist: Mathematics and the Narration of ‚Ithaca'," *ELH* 51 (1984): 612.

prinzip und sucht zugleich etwas Beständiges zu schaffen, das gleichsam auf dem Strom des Lebens schwebt.

Joyce verwendet Analogien aus der Newtonschen Physik, um sie 'auszuhöhlen,' in den Dienst seiner Kunstvorstellung zu stellen und zu Ausdrucksmitteln eines ganz anderen Weltbilds zu transformieren, das bereits auf die hinter der modernen Physik stehende Philosophie verweist. Sowohl Künstler und Philosophen als auch Naturwissenschaftler suchten in ihrem Bereich und auf ihre Weise nach Antworten auf Fragen, die die Physik bisher nicht klären konnte.

## II. Anwendung der Erhaltungs- und Umwandlungssätze von Energie als universale Gestaltungsprinzipien

### 1. Übertragung der Energiegesetze auf die Literatur

In einem physikalischen System, dem Energie weder in irgendeiner Form entnommen noch zugeführt wird, bleibt nach dem Energieprinzip die Energie konstant. Sie kann weder aus nichts erzeugt werden, noch in nichts vergehen. Sie kann sich allerdings von einer Erscheinungsform in eine andere umwandeln. Da ein sich von der Erdoberfläche nach oben bewegender Körper durch die Schwerkraft gebremst wird, verliert er seine kinetische Energie nach und nach. Dafür gewinnt er aber im gleichen Maß 'Energie der Lage,' denn die Position hoch über der Erdoberfläche versetzt ihn in die Lage, frei zu fallen, dabei zu beschleunigen und kinetische Energie wiederzugewinnen. Diese Energie wird als 'potentielle Energie' bezeichnet. Die mechanische Energie eines Körpers, die die Summe aus kinetischer und potentieller Energie ist, bleibt während der ganzen Dauer seines Bewegungszyklus auf einem konstanten Niveau. Die kinetische und die potentielle Energie wandeln sich dabei im Laufe der Bewegung fortwährend ineinander um.[363]

Das Konzept der Energieumwandlung in verschiedene Formen bei Erhaltung der Gesamtenergie[364] vereint die auch literatuästhetischen Prinzipien von Kontinuität und Wandel. Zugleich steht das Konzept von Energie als immaterieller Erscheinungsform, die materiell erzeugt wird, einer Literaturästhetik nahe, die Materie und Geist im Prinzip der Transformation zu vereinen sucht. Entsprechend finden sich bei Joyce Begriffe wie 'kinetisch' oder 'potentiell,' die auf physikalische Energie als literarische Analogie hinweisen.

---

[363] Vgl. E. Schmutzer, „Energie," ed. Hörz, Liebscher et al. 238-242.

[364] Vgl. zu den philosophischen Auswirkungen des Satzes von der Erhaltung der Energie in der Physik von Weizsäcker, *Zum Weltbild der Physik* 51-77.

In seiner literaturtheoretischen Diskussion mit Lynch diskutiert Stephen den Begriff 'kinetisch' als Gegenbegriff zu 'statisch':

> The tragic emotion, in fact, is a face looking two ways, towards terror and towards pity, both of which are phases of it. You see I use the word **arrest**. I mean that the **tragic emotion is static**. Or rather the **dramatic emotion** is. The **feelings excited by improper art are kinetic, desire or loathing. Desire urges us to possess, to go to something; loathing; loathing urges us to abandon, to go from something. These are kinetic emotions.** The arts which excite them, pornographical or didactic, are therefore improper arts. The esthetic emotion (I use the general term) is therefore **static**. The mind is **arrested and raised above desire and loathing**. [...] But we are just now in the mental world, Stephen continued. The desire and loathing excited by improper esthetic means are really not esthetic emotions not only because they are kinetic in character but also because they are **not more than physical**. (*P* 232 f.; eigene Hervorhebungen)

Stephen lehnt eine Kunst ab, die Gefühle hervorruft und in Analogie zu kinetischer Energie den Leser zu etwas bewegen will. Er stellt diese Form von literarisch erzeugten Gefühlen mit rein körperlichen, neurophysiologischen Reizen auf eine Stufe. Kinetische Energie resultiert auf makroskopischer Ebene aus der mechanischen Bewegung von Objekten. Unbewegte Gegenstände sind statisch, daher ist der Gegenbegriff konsequent gewählt. Ein ideal-statischer Körper befindet sich im vollkommenen Gleichgewicht der Kräfte, es können keine Energieumwandlungen stattfinden. Die Literatur, die Stephen zum Ideal seiner Ästhetik erhebt, ist über die Energieumwandlungen vollkommen erhaben, die die physikalische Welt der bewegten Körper bestimmen. Seine Dealvorstellung kommt der immateriellen, körperlosen Welt also sehr nahe.

In *Ulysses* bildet die Bezeichnung 'kinetisch' ein Begriffspaar mit 'potentiell.' Diesen Begriffen liegt die Vorstellung der Transformation kinetischer in potentielle Energie und umgekehrt zugrunde. In „Ithaca" werden Stephen und Bloom als Repräsentanten beider Temperamente, des wissenschaftlichen sowie des dichterischen bezeichnet: „What two temperaments did they individually represent? The scientific. The artistic" (*U* 17.559-560). Joyce meint damit nicht, daß jeder ein unterschiedliches Temperament vertritt, sondern jeweils beide repräsentiert.

Leopold Bloom tritt schon in früher Jugend als Poet auf und zwar als 'potentieller' Dichter, als er anläßlich eines Preisausschreibens ein Gedicht verfaßt:

> What lines concluded his first piece of original verse written by him, **potential poet**, at the age of 11 in 1877 on the occasion of the offering of three prizes of 10/-, 5/- and 2/6 respectively for competition by the *Shamrock*, a weekly newspaper?
>
> [...] *The name of yours truly, L. Bloom.* (*U* 17.392-401; eigene Hervorhebung)

Später schreibt er auch für Molly ein Gedicht, das ihn als kinetischen Dichter ausweist, da er damit um sie wirbt:

> What acrostic upon the abbreviation of his first name had he (kinetic poet) sent to Miss Marion (Molly) Tweedy on the 14 February 1888?
>
> ***P**oets oft have sung in rhyme*
>
> ***O**f music sweet their praise divine.*
>
> ***L**et them hymn it nine times nine.*
>
> ***D**earer far than song or wine.*
>
> ***Y**ou are mine. The world is mine.* (*U* 17.410-416)

Blooms Gedichte sind offensichtlich keine Meisterwerke der Dichtkunst. Man darf ihn dennoch als Künstler bewerten und für die Analyse von Joyces Literaturvorstellungen heranziehen, der nicht nur Blooms, sondern auch Stephens Dichtungsversuche mit Augenzwinkern schildert und seinen Figuren gegenüber amüsierte Distanz einnimmt.[365] Unverkennbar ändert sich Leopold als Dichter, ohne zugleich einen Fortschritt zu erreichen. Er wandelt vielmehr seine dichterischen Fähigkeiten ständig von einer potentiellen in eine kinetische Form um. So beschreibt Joyce, wie Bloom seinem Gast lauscht und dessen Erzählung durch die Analogie zur Energietransformation kommentiert sowie auf die literaturästhetische Ebene bezieht:

> Did he depict the scene verbally for his guest to see?
>
> He preferred himself to see another's face and listen to another's words by which **potential narration was realised** and **kinetic temperament relieved**. (*U* 17.636-638; eigene Hervorhebung)

Sprachliches Schaffen (hier eine Erzählung) wird analog zu einer Transformation verschiedener Energieformen gesehen. So wird bei der Umsetzung potentieller Erzählung – also Imagination – in Worte kinetische Energie freigesetzt. Der Vorgang des Dichtens kann also als Umwandlung von Imagination oder potentieller Kunst als einer geistigen Form in eine andere geistige Form, nämlich Sprache, gedeutet werden. Der Umstand, daß dabei 'kinetisches Temperament' freigesetzt wird, bedeutet nach Stephens Definition (*P* 232-234), daß der Autor eine Absicht verfolgt und Emotionen freisetzt, die er durch die 'Bewegung' der Seele erzeugt.

Die Quadratur des Kreises ist für Bloom ein wichtiger symbolischer Akt, der für ihn 'Bewegungsenergie' geistiger Art bedeutet. Er versteht diese nicht nur

[365] Molly, Bloom und Stephen werdenin dieser Arbeit in Analogie zum dreieinigen Gott als Persönlichkeitsaspekte des Künstlers Joyce interpretiert, zu denen er in kritische Distanz tritt.

aufgrund seiner vagen mathematischen und geometrischen Kenntnisse als Metapher für die spirituellen Bestrebungen und geistigen Energien des Menschen:

> Why did he not elaborate these calculations to a more precise result?
>
> Because some years previously in 1886 when occupied with the problem of the quadrature of the circle he had learned of the existence of a number computed to a **relative degree of accuracy** to be of such magnitude and of so many places, e.g., the **9th power of the 9th power of 9**, that, the result having been obtained, 33 closely printed volumes of 1000 pages each of innumerable quires and reams of India paper would have to be requisitioned in order to contain the complete tale of its printed integers of units, tens, hundreds, thousands, tens of thousands, hundreds of thousands, millions, tens of millions, hundreds of millions, billions, **the nucleus of the nebula of every digit of every series containing succinctly the potentiality of being raised to the utmost kinetic elaboration of any power of any of its powers.** (*U* 17.1070-1082; eigene Hervorhebung)

Die Doppeldeutigkeit von „power" regt an, den mathematischen Terminus 'Potenz' assoziativ auf physikalische Energie und schließlich auf Denkvermögen zu übertragen. Woran Bloom sich vage erinnert, ist eine numerologische Übung, die in esoterischen Kreisen mit dem Priestertum des antiken Ägypten und Babylons assoziiert wurde.[366] Hinter den Bemühungen, das Problem der Quadratur des Kreises zu lösen, steckt die potentielle Energie des Seins, also die Essenz des Geistes, die transformiert und dabei zur äußersten geistigen Bewegung oder Leistung erhöht wird. Sie führt zur höchsten Umsetzung der geistigen Potentiale in die Anstrengung oder (in physikalischer Terminologie) 'Arbeit' des Verstehens aller geistigen und spirituellen Existenz.

Dieses Verständnis von geistiger 'Arbeit' als Transformation geistiger Potentiale in geistige Produkte muß bei der Interpretation der Analogien zwischen Energieprinzip und Literaturschaffen berücksichtigt werden. Die Begriffe 'potentiell' und 'kinetisch' deuten an, daß Joyce dichterisches Schaffen als ständige Bewegung versteht, die dafür sorgt, daß sich dichterische Energien in Arbeit umwandeln. Der Autor distanziert sich vom Stasisideal seiner Figur Stephen als einer zu eingeschränkten, statischen Sicht von Literaturschaffen.

---

[366] Die Übung umfaßte die Ausführung einer unendlichen Serie von $9^9 \times 9^9 \times 9^9$ ... . Jede Vollendung eines Zyklus würde verschiedene Generationen von Priestern benötigen und die Klimax einer Ära bedeuten sowie den Beginn einer neuen einleiten. Der mystische Gehalt der Übung wurde von der Überzeugung getragen, daß die Neun die perfekte Zahl sei, die aus drei Dreien bestehe, den drei unzerbrechlichen Dreiecken, die wiederum ein Dreieck bildeten. Die unendliche Bemühung, die Verzweigungen von neun auszuschreiben, implizierte eine Ausdehnung zur Unendlichkeit der göttlichen Ordnung, die in der Zahl neun enthalten sei. Vgl. *UA* 582.

In Joyces Verständnis dichterischen Schaffens wandeln sich schöpferische Potentiale in künstlerische Tätigkeit um, ohne dabei 'verbraucht' zu werden. Dichterische Bewegung wird nach und nach gebremst und verliert sich allmählich. Dafür wird aber im gleichen Maß potentielle Energie gewonnen und der Künstler in die Lage versetzt, erneut zu schaffen. Schaffenskraft entsteht oder vergeht also für Joyce nicht, sondern ist in einen Zyklus ständiger Energieumwandlung eingebunden, dem die Prinzipien von Kontinuität und Wandel ebenso zugrunde liegen wie die Vereinigung materieller und spiritueller Aspekte, da dichterische Energie als geistige Kraft materiell erzeugt wird.

## 2. Thermodynamik und Entropie – Grenzen der Newtonschen Mechanik

Wenn das Energieprinzip auf Wärmeenergie[367] angewandt wird, spricht man von einer speziellen physikalischen Disziplin, der Thermodynamik. Diese berücksichtigt, daß der Wandel von kinetischer und potentieller Energie mit der Freisetzung von Wärme verbunden ist. Die Thermodynamik wird von zwei Prinzipien bestimmt, die durch die beiden Hauptsätze der Wärmelehre definiert werden und das Verhältnis von Energieerhaltung und -transformation betreffen.

Nach dem ersten Hauptsatz der Wärmelehre, dem Energieerhaltungssatz, kann Wärme in andere Energieformen umgewandelt werden und umgekehrt.[368] Allerdings verliert sich ein Teil durch Faktoren wie Reibung oder Luftwiderstand. Das Energieerhaltungsprinzip trifft nur unter Berücksichtigung der Abwärme zu, denn alle 'verlorene' mechanische Energie wandelt sich in Wärme um. Bei keinem physikalischen Prozeß wird demzufolge neue Energie geschaffen oder alte Energie verloren.[369]

Der zweite Hauptsatz der Wärmelehre zeigt die Grenzen der Newtonschen Mechanik auf. Während Arbeit jeder Art vollständig in Wärme umgesetzt werden kann, gilt umgekehrt nicht das gleiche. Das Verhältnis zwischen dem Arbeitspotential eines Systems, also seiner freien Energie, und dem Teil der

[367] Neben der kinetischen und der potentiellen Energie unterscheidet man unter anderem folgende Energieformen: chemische, elektrische, magnetische Energie, Licht-, Schall-, Gravitations- und Wärmeenergie.

[368] In einem abgeschlossenen System bleibt die Summe aller Energiearten während des gesamten Zyklus konstant, so auch die mechanische Energie, die Summe aus der kinetischen und der potentiellen Energie.

[369] Vgl. Isaac Asimov, *Die exakten Geheimnisse unserer Welt*, transl. Karl Heinz Silber (München: Droemer Knaur, 1985) 360.

Energie, der als Abwärme verloren geht, wird in einem Parameter ausgedrückt, den man nach Rudolf Clausius die 'Entropie' des Systems nennt.[370]

Der Begriff 'Entropie' ist die griechische Übersetzung von Transformation und beschreibt die Tendenz zu unwiderruflicher Verwandlung. Der Begriff wird als Maß für den Grad der homogenen Verteilung von Wärme in einem geschlossenen System eingeführt, um die offensichtlichen Widersprüche zwischen der Mechanik und der Thermodynamik aufzulösen.[371]

Der zweite Hauptsatz der Thermodynamik weist darauf hin, daß die Entropie des Systems Universum beständig zunimmt. Er wird deshalb manchmal auch als der Satz vom 'Wärmetod des Universums' bezeichnet.[372] Die beiden thermodynamischen Gesetze betonen also zwei gegensätzliche Prinzipien von Transformation. Während das erste die Konstanz der Energie innerhalb eines geschlossenen Systems hervorhebt, beschreibt das zweite eine Tendenz zu wachsender Verwandlung und Unordnung.[373]

Zahlreiche Interpretationen des Entropiegesetzes betreffen Grundgesetze von Wandel, wie Chaos und Ordnung, Wahrscheinlichkeit und die Zeitdimension von Veränderung. Das Entropiegesetz wird auch als Gesetz der Wahrscheinlichkeit verstanden, demzufolge bei spontaner Transformation unwahrscheinliche Ordnung wahrscheinlicherer Unordnung weicht.[374] Die Einbindung von Entropie in ein metaphysisches Weltbild wird auch als Entropismus bezeichnet.[375]

Blooms Verhalten wird in „Ithaca" in Analogie zu den zwei Hauptsätzen der Thermodynamik beschrieben:

---

[370] Um 1850 stellte Clausius als Gesetzmäßigkeit fest, daß Hitze unmöglich von einem kühleren auf einen heißeren Körper übertragen werden könne. Vgl. Asimov 360 f.

[371] In der Mechanik ist jeder Vorgang umkehrbar, in der Thermodynamik hingegen wird Wärme zwar als mechanische Bewegung verstanden, Energietransformationen werden aber als irreversibel aufgefaßt. Vgl. Eric Zencey, „Entropy as Root Metaphor," ed. Joseph W. Slade und Judith Yaross Lee 189 sowie Beer, „Wave Theory and the Rise of Literary Modernism" 196.

[372] Vgl. Asimov 360 f.

[373] Vgl. Beer, „Wave Theory and the Rise of Literary Modernism" 196.

[374] Vgl. Zencey 188 ff. und Dennis Bohnenkamp, „Post-Einsteinian Physics and Literature: Towards a New Poetics," *Mosaic* 22 (1989): 27.

[375] So definiert Zencey 193: „Entropism, as a metaphysical hypothesis or faith, is a world perspective that takes Maxwell's demon as an archetypal image. [...] The entropy metaphor suggests that we live in a state of ontological anomie, that we are embattled residents of a universe that marches toward heat death, that all we accomplish is a temporary and local reversal of a natural disorder that awaits us and is near at hand as the closest rusty tool, the nearest dilapidated building."

> Why was the host (reluctant, unresisting) still?
>
> In accordance with the **law of the conservation of energy**.
>
> Why was the host (secret infidel) silent?
>
> He weighed the possible evidences for and against ritual murder: the incitations of the hierarchy, the superstition of the populace, the propagation of rumour in continued fraction of veridicity, the envy of opulence, the influence of retaliation, the sporadic reappearance of atavistic delinquency, the mitigating circumstances of fanaticism, hypnotic suggestion and somnambulism.
>
> From which (if any) of these **mental or physical disorders** was he not totally immune? (*U*17.841-851; eigene Hervorhebungen)

Äußerlich verhält sich Bloom ruhig, innerlich laufen hingegen verschiedene geistige Prozesse ab, wie aus der nachfolgenden Aufzählung seiner Erwägungen hervorgeht. Im Einklang mit dem Energieerhaltungssatz bleibt die Summe von Bewegungsenergie und Energie der Lage konstant. Die potentielle Energie von Blooms äußerlich ruhiger Haltung ermöglicht die Verrichtung geistiger 'Arbeit.'[376]

Geistige Tätigkeit wird analog zum zweiten Hauptsatz der Thermodynamik beschrieben, da die Summe von potentieller und kinetischer Energie nur konstant bleibt, wenn man den Verlust von Energie in Abwärme berücksichtigt, gemessen durch eine Größe, die als Entropie bezeichnet und als zunehmende Unordnung verstanden wird. Gewisse 'mentale und physische Desorganisationen' werden als eine solche 'Abwärme' interpretiert, unterliegen sie doch den Prinzipien der Unordnung und Auflösung und stehen nicht der produktiven Nutzung zur Verfügung.

Joyce deutet die in Blooms Phantasie auftauchenden Aktionen als ‚mentale oder physische Unordnungen,' also als Energien, die in vollkommen nutzlose und auf zunehmendes Chaos hinauslaufende Aktivitäten münden. Allerdings werden rein geistigen Geschehnisse aufgezählt, die zu keinerlei tatsächlicher, mechanischer Bewegung führen; dagegen ist Bloom 'vollständig immun.' Es handelt bei seinen geistigen Vorgängen also um unwiderruflich verlorengegangene Energie, um Entropie.

Die thermodynamischen Gesetze, die Prinzipien von Energieerhaltung und Entropie lieferten der Literatur mit den neuen Einsichten in die Naturvorgänge zugleich ein Argument gegen den mechanischen Materialismus, der alle

[376] Die Erläuterungen, die Gifford und Seidmann, *UA* 580, zum Energieerhaltungsgesetz geben sind ungenau und wenig hilfreich: „In 1904 that 'law,' as established in the course of the nineteenth century, held that mechanical work and the heat produced by that work can be compared as equivalent."

Bewegung vereinfachend auf Ortsveränderung zurückzuführt. Bewegung, also auch geistige Aktivität, ist Veränderung überhaupt. Sie ist die Daseinsweise der Materie und daher weder erschaff- noch zerstörbar. Quantitative Konstanz und qualitative Verwandlung charakterisieren diese Veränderbarkeit.

Geistige Vorgänge können demnach nicht wie in einem ewig gleichen Zyklus in künstlerische Produkte oder andere nützliche und produktive Arbeiten umgewandelt werden. Auch geistige Energien gehen irreversibel verloren. Die beiden Hauptsätze der Thermodynamik verweisen so auf Gesetzmäßigkeiten geistiger 'Arbeit' und betonen dabei zugleich das Prinzip der Kontinuität der Energie eines Systems sowie dessen Tendenz zu wachsender Transformation.[377] Analog verwandelt der Künstler unter Freisetzung von geistigen Energien seine konstant bleibenden künstlerischen Potentiale in stets andersartige Kunstwerke.

## III. Transformation von Stoffen als Folge kinetischer Energieumwandlungen

### 1. Kinetische Gastheorie – Materie als Verbund von Molekülen und Atomen

In „Ithaca" wird beschrieben, wie Bloom Wasser erhitzt. Dabei steht die molekulare Erzeugung oder Transformation von Wärmeenergie im Mittelpunkt:

> Heat (convected), a mode of motion developed by such combustion, was constantly and increasingly conveyed from the source of calorification to the liquid contained in the vessel, being radiated through the uneven unpolished dark surface of the metal iron, in part reflected, in part absorbed, in part transmitted, gradually raising the temperature of the water from normal to boiling point, a rise in temperature expressible as the result of an expenditure of 72 thermal units needed to raise 1 pound of water from 50° to 212° Fahrenheit.
>
> What announced the accomplishment of this rise in temperature?
>
> A double falciform ejection of water vapour from under the kettlelid at both sides simultaneously. (*U* 17.263-274)

Das zweite thermodynamische Gesetz besagt, daß bei jeder Transformation von Energie, bei der Wärme im Spiel ist (wie bei der beschriebenen Umwandlung von Kohle über Feuer zu Hitze und der Verwandlung von Wasser zu Wasserdampf), ein Teil der Energie unwiderruflich verloren geht. Dies geschieht, indem Hitze zum Beispiel reflektiert oder absorbiert wird und nur teilweise zur Verrichtung der 'Arbeit' weitergeleitet wird. Diese Energie ver-

[377] Vgl. Beer, „Wave Theory and the Rise of Literary Modernism" 196.

schwindet jedoch nicht, sondern wird nach dem ersten thermodynamischen Gesetz transformiert.[378]

Joyce beschreibt Wärme und deren Strömung (Konvektion) als Bewegung. Wenn Wärme als solche verstanden wird, so wird sie als das Ergebnis molekularer Schwingungen aufgefaßt. Der Übertragungsvorgang von Wärme durch Konvektion ist an einen Materietransport bei Gasen oder Flüssigkeiten gebunden. Die Teilchen in der Nähe der Wärmequelle erhalten eine höhere kinetische Energie, wodurch Dichteunterschiede auftreten und Moleküle transportiert werden. Wasser wird durch Wärmeübertragung erhitzt, indem die bei der Verbrennung von Kohle gewonnene Wärmeenergie auf den Wasserkessel und das darin befindliche Wasser übertragen wird.

Erst mit der Erforschung der atomaren Struktur der Materie wurden die Voraussetzungen für ein klares Verständnis dessen geschaffen, was Wärme eigentlich ist. Atome stoßen untereinander zusammen und gegen die Wände ihres Behälters. Wärme wurde als eine Folge der kinetischen Energie der Atome oder Moleküle erkannt, die also mechanischen Ursprungs ist. Die Moleküle, aus denen ein Gas besteht, befinden sich in ständiger Bewegung. Bei Gasen und Flüssigkeiten sorgt die Bewegung mobiler Moleküle, bei festen Stoffen die Vibrationsbewegung oder Eigenschwingung stationärer Moleküle für Wärme.[379]

Materie wird keineswegs mehr als feste Substanz oder 'Materieblock,' sondern als ein Verbund sich bewegender und verändernder Moleküle und Atome gedeutet. Materie wandelt sich und unterliegt Transformationen, weil die einzelnen Moleküle ständig in Bewegung sind. Durch Zufuhr von Energie können die Bewegungen beschleunigt und die Verbindungen zwischen den Molekülen aufgelöst werden, so daß aus Wasser Dampf entsteht. Ein solches Verständnis der Materie wirkte sich auf das Weltbild aus: Das Universum schien bewegt und veränderlich zu sein.

Huxley entdeckt die Bewegung von Molekülen als Analogie für geistige Energien. Er betont in „The Individual Life of Man" mit Hilfe dieser Korrespondenz den Gegensatz zwischen mikro- und makrokosmischen Vorgängen:

> In this lecture I shall discuss the relationship between man on the macroscopic level and man on the microscopic or individual level. [...] The analogy I want to use is a very simple one: **the analogy of gases and the individual molecules which compose them.** („The Individual Life of Man," *HS* 108; eigene Hervorhebung)

[378] Vgl. Zencey 188.
[379] Vgl. Asimov 361.

Die Betrachtung der Materie als Verbund von Molekülen zeigt, daß die scheinbar homogene sichtbare und sinnlich erfaßbare Welt in Wirklichkeit in unsichtbare Teilchen zerteilt ist. Neue ganzheitliche Perspektiven für die Deutung von Realität eröffnen sich oder werden vielmehr notwendig, da die Betrachtung der ‚molekularen' Fragmente nicht die Erkenntnis der übergreifenden Einheit ermöglicht: „[...]: most of us are concerned only with the facts of our private lives, [...]. We are involved only in the life of the molecule, not in the life of the gas" („The Individual Life of Man," *HS* 120).

Der Autor benutzt Moleküle als Metapher für die unsichtbaren Komponenten, die als interdependenter Verbund eine Gesamtheit wie die Gesellschaft ausmachen. Er betont wie notwendig es ist, die molekulare Zersplitterung zu kompensieren, indem die Mikroteilchen in das Ganze eines Makrokonzepts eingebettet werden. Der einzelne Mensch hat sich in das Gefüge der Gesellschaft einzuordnen, ähnlich wie die Teilchen und ihre Lebensbedingungen von den interdependenten Faktoren des Rahmenkonzepts abhängig sind. Ebenso werden die sich aus Molekülen zusammensetzenden Gase von ‘einer Interdependenz des Volumens, des Drucks und der Temperatur' bestimmt, obwohl diese Gesetze nicht für die Teilchen allein gelten, sondern nur für die übergeordnete Verbundstruktur (Vgl. „The Individual Life of Man," *HS* 109).

Die Beziehung zwischen Gas und Molekülen soll das komplexe und widersprüchliche Zusammenspiel von Teil und Ganzem, Individuum und Gesellschaft verbildlichen. Weil eine Kluft zwischen den Gesetzen des Moleküls und denen des Gases besteht, bewertet Huxley es als die große Leistung Bolzmanns, trotzdem verallgemeinernde Gesetze für Gase formuliert zu haben, die es ermöglichten, das durchschnittliche Verhalten des Teilchens vorherzusagen (Vgl. „The Individual Life of Man," *HS* 110). In Analogie zu den Gasgesetzen fordert Huxley, auf geistiger Ebene die Auflösung der Wirklichkeit in Fragmente auszugleichen und die Einzelbestandteile in einen Verbund einzubetten. Der Mensch müsse dabei die schwierige Aufgabe bewältigen, aus beiden Welten das beste zu machen: aus der individuellen-molekularen Existenz und der gesellschaftlichen. Beide Welten sind gegensätzlich aber ergänzen sich so, daß sie nicht unabhängig voneinander gedacht werden können (Vgl. „The Individual Life of Man," *HS* 121).[380]

---

[380] Um diesen Gedanken bildlich zu unterstützen, wählt Huxley zusätzlich zur Gasanalogie erneut die Metapher der Amphibie: „This state of amphibiousness between society and the individual, between history and biography is an odd and uneasy kind of existence. But we have to accept it, and in any process of education we have to prepare young people to live in both worlds – to live as best as they can in their individual world and if possible, to take an intelli-

## 2. Erzeugung künstlerischer Energie durch die Transformation molekularer Strukturen

Mit den neuen Erkenntnissen über Energie und Wärme im neunzehnten Jahrhundert entstand zugleich eine neue Vorstellung von Materie. Das statische Newtonsche Weltbild machte allmählich einer neuen Kosmologie Platz. Deren Vertreter begrüßten nicht nur die Idee des kreativen Prinzips der Transformation, sondern beklagten zugleich die Vorstellung des Zerfalls und der zunehmenden Unordnung, wie sie der zweite Hauptsatz der Thermodynamik implizierte. Ebenso regte die Vorstellung der molekularen oder atomaren Natur der Materie Philosophie und Literaturästhetik nicht nur an, sondern bedrohte sie zugleich.[381]

Wie aus der „Ithaca"-Episode hervorgeht, sieht Joyce den molekularen Mikrokosmos als eine fragmentarische Welt, der die Leere des Weltraums auf makrokosmischer Ebene entspricht:

> Were there obverse meditations of involution increasingly less vast?
>
> [...] of the incalculable trillions of billions of millions of imperceptible molecules contained by cohesion of molecular affinity in a single pinhead: of the universe of human serum constellated with red and white bodies, themselves universes of void space constellated with other bodies, each, in continuity, its universe of divisible component bodies of which each was again divisible in divisions of redivisible component bodies, dividends and divisors ever diminishing without actual division till, if the progress were carried far enough, nought nowhere was never reached. (*U* 17.1057-1069)

Wenn man „involution" als Antonym von Evolution deutet, dann bezeichnet es die Gegenrichtung der Entwicklung zu immer komplexeren Strukturen bei organischen oder kosmischen Gebilden. Aus der Antwort geht hervor, daß der Begriff die immer weitere Zerteilung von Organismen oder Strukturen meint. Die Leser und Leserinnen werden auch auf die 'Schattenseite' der wissenschaftlichen Untersuchung und Erfassung der komplexen biologischen Welt aufmerksam gemacht. Diese wird in stetig wachsendem Maße in immer klei-

gent interest in the historical one. [...] For this is always the problem of human beings – to realize amphibiousness and to know that they must make the best of this world and of that" („The Individual Life of Man," *HS* 121).

[381] In diesem Kapitel überschneiden sich teilweise Aspekte der Physik und Chemie. Der Energiegehalt, der in den Verbindungen zwischen Atomen steckt, ist wichtiger Untersuchungsgegenstand der Thermodynamik. Diese ist ein Bereich der physikalischen Chemie, die wiederum ein Bindeglied zwischen Physik und Chemie bildet. Wenn, wie bei der Wandelbarkeit des Wassers, der physikalische Zustand eines Stoffes beschrieben wird, liegt eine physikalische Betrachtung vor.

nere Einheiten zerlegbar und dadurch fragmentarischer. Was die biologische Evolution oder die des Weltraums über lange Zeiträme im Sinne des Fortschrittes zu immer komplexeren Einheiten geformt hat, wird im mikroskopischen Blick 'zurückgebildet.'

Bloom 'meditiert' über Moleküle, aus denen die Materie zusammengesetzt ist, die aber solch kleine Partikel sind, daß sie mit dem bloßen Auge nicht mehr erfaßt werden können. Es geht also um Phänomene, die eher dem Bewußtsein und der Imagination als der sinnlich wahrnehmbaren Welt angehören. Ebenso wie der unendliche Weltraum besteht der menschliche Organismus aus Fragmenten, deren einzelne Bestandteile unendlich weit voneinander entfernt sind – zumindest im Verhältnis zur Partikelgröße selbst.[382] Diese Zerteilung der Materie in immer kleinere Bestandteile mit immer mehr Zwischenräumen kann bis zur Unvorstellbarkeit fortgesetzt werden, bis man zu der Erkenntnis gelangt, daß Materie aus fast nichts außer aus diesen Zwischenräumen besteht.

Wenn Materie also nicht mehr als einheitlicher Block, sondern als Zusammenschluß von Atomen und Molekülen verstanden wird, dann tritt die Frage nach den Verbindungen zwischen den einzelnen Partikeln in den Vordergrund. Es stellt sich die Frage, wie man sich die Wandelbarkeit der molekularen Materie vorzustellen hat, die doch zumindest von den Sinnen als einheitliche und zusammenhängende Substanz wahrgenommen wird.

Chemische Verbindungen bilden ein Reservoir an Energie, die in den zwischen den beiden benachbarten Atomen oder Molekülen herrschenden Bindungskräften steckt. Wenn diese Bindungen aufgebrochen und durch neue, weniger starke ersetzt werden, wird die überschüssig gewordene Energie in Form von Wärme oder Licht freigesetzt – in manchen Fällen tritt in kürzester Zeit soviel Energie aus, daß der Vorgang explosionsartig ist.[383]

---

[382] Vgl. *UA* 582. Nach den Forschungen der Molekular-Physiker zu Beginn des zwanzigsten Jahrhunderts sind die Räume zwischen Molekülen und den Atomen und Partikeln, aus denen sie zusammengesetzt sind, unendlich viel größer als die tatsächliche Materie, die diese Partikel bildet. Die Physiker nahmen an, daß die Zwischenräume zwischen den Partikeln mit Äther gefüllt seien. Auf das Ätherkonzept soll im folgenden noch eingegangen werden.

[383] Für jede Substanz läßt sich berechnen, wieviel Energie sie enthält und wieviel Wärme bei einer bestimmten chemischen Reaktion freigesetzt werden muß. Wenn Kohle verbrannt wird, so heißt dies nichts anderes, als daß die Bindungen zwischen den Kohlenstoffatomen der Kohle einerseits und die Bindungen zwischen den Atomen der Luftsauerstoff-Moleküle andererseits (mit denen sich die Kohlenstoffatome dann verbinden) aufgebrochen werden. Vgl. Asimov 361.

Daß Joyce Materie als Energiepotential betrachtet, kommt in „Ithaca“ zum Ausdruck:

> What did Bloom do?
>
> He extinguished the candle by a sharp expiration of breath upon its flame, [...] composed in the grate a pyre of crosslaid resintipped sticks and various coloured papers and irregular polygons of best Abram coal [...], kindled it at three projecting points of paper with one ignited lucifer match, **thereby releasing the potential energy contained in the fuel by allowing its carbon and hydrogen elements to enter into free union with the oxygen of the air.** (*U* 17.123-133; eigene Hervorhebung)

Bloom führt der Kohle Energie in Form von Feuer zu, das die chemischen Verbindungen des Brennstoffs auflöst und der potentiellen Energie erlaubt, frei zu werden. Die Bindungen, die die bei dem Vorgang entstehende neue Substanz aus Wasserstoff, Kohlenstoff und Sauerstoff konstituieren, repräsentieren ein geringeres Energieniveau als die Bindungen im Innern der beiden Ausgangsstoffe. Diese Differenz, die man messen kann, macht sich in der Erzeugung von Wärme und dem Licht des Feuers bemerkbar.[384] Bei dem gesamten Vorgang wird der molekulare Aufbau der Materie neu strukturiert und transformiert. Die immateriellen Energien werden dabei für andere Zwecke zur Verfügung gestellt.

Stoffe verändern aufgrund ihrer molekularen Struktur ständig ihre Gestalt. Führt man Wärmeenergie zu, zerreißen die Bindungen und die Moleküle werden zu eigenständigen Einheiten. So treten vorher feste Substanzen in den flüssigen Zustand, wo sich die Moleküle frei gegeneinander bewegen. Wird die Flüssigkeit weiter erhitzt, so gewinnen die Moleküle immer mehr Bewegungsenergie, bis sie schließlich in der Lage sind, sich aus dem Flüssigkeitskörper zu lösen – die Flüssigkeit kocht oder siedet.[385]

Aufgrund der beschriebenen molekularen Zusammensetzung bewegt und wandelt sich die Materie ständig. Die besondere Tendenz des Wassers, seinen Aggregatzustand zu verändern, zeichnet die Substanz aus; wegen dieser Eigenschaft liebt der ‘hydrophile’ Bloom im Gegensatz zum ‘hydrophoben’ (Vgl. *U* 17.237 ff.) Stephen die Flüssigkeit. In „Ithaca“ (*U* 17.183 ff.) wird die Frage nach den Gründen für diese Hydrophilie ausführlich beantwortet. Insgesamt macht die Vielzahl von Eigenschaften, die aus sich ergänzenden Gegenteilen bestehen (zum Beispiel zerstörende Kraft im Gegensatz zu formenden, heilen-

[384] Vgl. Asimov 361.

[385] Auch die Höhe des Siedepunkts hängt von der Stärke der intermolekularen Bindungen ab. Wird ein fester Stoff flüssig, wird die gesamte dem System zugeführte Energie darauf verwendet, die intermolekularen Bindungen auseinanderzureißen. Vgl. Asimov 361.

den oder nährenden Eigenschaften), die unendliche Wandlungsfähigkeit des Wassers und zugleich seine Gegensätzlichkeit aus. Joyce bezeichnet das Wasser als „neverchanging everchanging," weil es seit Urzeiten konstant existiert, aber sich ständig verwandelt. Das Meer wird als besonders bewegt und wandelbar beschrieben:

> [...] the **restlessness of its waves and surface particles** visiting in turn all points of its seaboard: the **independence of its units**: the **variability** of states of sea: its hydrostatic quiescence in calm: its hydrokinetic turgidity in neap and spring tides: [...]. (*U* 17.188-191; eigene Hervorhebung)

Die materielle Struktur des Wassers zeichnet sich durch eine simple Molekülzusammensetzung aus; die intermolekularen Bindungen sind einfach aufzubrechen: „the simplicity of its composition, two constituent parts of hydrogen with one constituent part of oxygen" (*U* 17.211 f.). Daher ist das Wasser besonders 'verbindungsfreudig' und in seiner Zusammensetzung wandelbar: „[...] its capacity to dissolve and hold in solution all soluble substances including millions of tons of the most precious metals: [...]" (*U* 17.196 f.). Wasser neigt aber zu Gestaltwandel, das heißt zu Veränderungen seines Aggregatzustands: „[...] **saturation of air, distillation of dew**: [...] its **metamorphoses** as vapour, mist, cloud, rain, sleet, snow, hail: [...] **its solidity** in glaciers, icebergs, icefloes: [...]" (*U* 17.211-220; eigene Hervorhebung). Die Energie, die in den thermodynamischen Prozessen frei wird, wenn Wasserdampf zu Wasser verwandelt wird, kann der Mensch sich auf verschiedenste Weise zu Nutze machen. Das gleiche gilt für die Energie, die frei wird, wenn die potentielle Energie des Wassers beim freien Fall in Wasserkraftwerken in kinetische Energie umgewandelt wird: „its **docility** in working [...] its potentiality derivable from harnessed tides or watercourses falling from level to level: [...]" (*U* 17.220-224; eigene Hervorhebung).

Wasser wird zum Sinnbild der Transformation, wie auch in der „Oxen of the Sun"-Episode betont wird:

> But as before the lightning the serried stormclouds, heavy with preponderant excess of moisture, in swollen masses turgidly distended, compass earth and sky in one vast slumber, impending above parched field and drowsy oxen and blighted growth of shrub and verdure till in an instant a flash rives their centres and with the reverberation of the thunder the cloudburst pours its torrent, so and not otherwise was the **transformation**, violent and instantaneous, upon the utterance of the word. (14.1383-1390; eigene Hervorhebung)

Die elektrische Ladung des zu Wolken kondensierten Wassers sorgt für eine Entladung, bei der in kurzer Zeit so viel Energie freigesetzt wird und als Licht in Erscheinung tritt, daß sie sich als Explosion darstellt. Das Wasser verwandelt sich in einen anderen Aggregatzustand, das heißt, es fällt Regen auf die Erde. Eine solche Transformation findet nach dem Anstoß durch die Artikulation des Wortes statt, das das künstlerische Medium ist. Materie und Geist stehen in keinem krassen Gegensatz mehr zueinander, sondern sind durch das durch Energie bedingte Transformationsprinzip verknüpft: Energie hält die materiellen Bestandteile – Moleküle oder Atome – zusammen. Physikalische Transformation wird zur Analogie für schöpferische Energie und künstlerisches Schaffen. Joyce sieht in der durch die Naturwissenschaften nachgewiesenen Beschaffenheit der Materie ein Sinnbild für die geistigen und künstlerischen Aktivitäten des Menschen.

## 3. Molekulare Transformation als Analogie für künstlerisches Schaffen

Die Erkenntnisse molekularer Bewegungen veränderten das Verständnis der Materie und wirkten sich auf Philosophie und Literatur aus. Auch Joyce berücksichtigt sie in *Ulysses* und zeigt anhand seiner Figur Stephen Dedalus die Bedeutungen für die Literaturästhetik auf:

> Wait. Five months. Molecules all change. I am other I now. Other I got pound. Buzz. Buzz. But I, entelechy, form of forms, am I by memory because under everchanging forms. I that sinned and prayed and fasted. A child Conmee saved from pandies. I, I and I. I. (*U* 9.205-212)

Stephen verknüpft das molekulare Materieverständnis mit Aristotelischer Philosophie. Seine Bemerkung, daß Materie ständigem Wandel unterliege, wird von dem auf Aristoteles gestützten Einwand gefolgt, daß die Transformation sich nur auf Materie beziehe, daß heißt auf das körperliche Ich. Entelechie ist nach Aristoteles einerseits die formgebende Kraft, die konstant und unveränderlich ist. Die von dieser Kraft sukzessiv geschaffene Aktualität wird andererseits auch als Entelechie bezeichnet. Entelechie in diesem Sinne ist das der Materie innewohnende *Telos*, das in Wachstumsprozessen bewirkt, daß die Materie sich beständig ihrem Ziel nähert. Sie bezeichnet das in der veränderlichen Materie wirksame Prinzip, das, wie bei Pflanzen, Tieren und Menschen, ebenfalls wieder Aktualitäten derselben Daseinsform schaffen kann.[386] Die formgebende Kraft ist nach Aristoteles mit der Seele gleichzusetzen, die die 'Form aller Formen' ist. Demnach ist das Denken der Ursprung allen materiellen Seins.[387]

[386] Vgl. *UA* 206.

[387] Bei Aristoteles *Über die Seele* 3:432 heißt es: „As the hand is the instrument of instruments, so the mind (nous, soul) is the form of forms and sensation the form of sensibles." (*UA* 32) In seiner *Metaphysik* argumentiert Aristoteles, daß der Ursprung allen Seins im Denken liege.

Ebenso wie die Energie für die Bewegung der Moleküle sorgt, jedoch nach dem Energieerhaltungssatz auf gleichem Niveau bleibt, ist die Identität eines sterblichen Menschen bei aller Veränderung seiner materiellen Konsistenz doch stets dank der geistigen Kraft seiner Seele konstant. Das Gedächtnis erkennt unter den Veränderungen das Prinzip der Konstanz wieder. Stephens Identität, sein 'Ich' besteht also sowohl aus der aristotelischen Kontinuität der unveränderlichen Seele („I") als auch aus der Diskontinuität („I and I") des Körpers und der dessen Zusammensetzung transformierenden Moleküle.[388]

Diese Verbindung von kinetischer Molekültheorie und Metaphysik bestimmt auch Stephens Literaturtheorie, die er in seiner Hamlet-Diskussion in „Scylla und Charybdis" vorträgt:

> As we, or Mother Dana, weave and unweave our bodies, Stephen said, from day to day, their molecules shuttled to and fro, so does the artist weave and unweave his image. And as the mole on my right breast is where it was when I was born, though all my body has been woven of new stuff time after time, so through the ghost of the unquiet father the image of the unliving son looks forth. In the intense instant of the imagination, when the mind, Shelley says, is a fading coal, that which I was is that which I am and that which in possibility I may become to be. So in the future, the sister of the past, I may see myself as I sit here now but by reflection from that which then I shall be. (*U* 9.376-385)

Stephen folgert aus der beständigen molekularen Veränderung des Körpers, die von „Mother Dana"[389] oder der formgebenden Seele bestimmt sei, daß der Künstler den Ausdruck seiner Persönlichkeit in der Kunst ständig verändern müsse. So wie Shakespeare sich im Geist des Vaters und im Sohn Hamlets ausgedrückt habe oder Gott sich in der Dreifaltigkeit manifestiere, solle sich der Künstler in der Kunst in verschiedenen Formen ausdrücken.

Shakespeare ist nämlich Stephen zufolge im Sinne der Trinitätslehre Vater aller Personen, die er durch sein Wort geschaffen hat, und in allen Personen manifestiert sich ein Aspekt seiner selbst. Vereinfacht gesagt, sind nach Stephens Theorie Sohn und Vater verschiedene Stadien der Reife in einer Person. Hamlet ist ein Portrait von Shakespeare als jungem Künstler. Die Szenen, in denen Hamlet mit dem Geist redet, sind demzufolge Dramatisierungen des Selbst, das mit sich spricht.[390]

---

[388] Vgl. *UA* 206.

[389] Mutter Dana oder Danu ist die dreifache Göttin der Keltischen Mythologie: die Mutter der Erde und Fruchtbarkeit, der Kräfte der Jugend, des Lichts und der Erkenntnis sowie der Mächte der Zerstörung und des Todes. Vgl. *UA* 218.

[390] Vgl. James Michels, „'Scylla and Charybdis:' Revenge in James Joyce's *Ulysses*," *JJQ* 20, 2 (1983) 177.

Der elisabethanische Dichter ist nach dieser Anschauung zugleich leiblicher Vater von Hamnet Shakespeare, dessen Fleisch er in der Figur des Prinzen unsterblich gemacht hat. Die literarische Figur des Hamlet verkörpert laut Stephen also zwei Aspekte: In ihm ist Hamnet, Shakespeares leiblicher Sohn, verewigt, und zugleich ist er Shakespeares konsubstantieller Sohn, weil er dessen Schöpfung ist und eine Form seiner Seele ausdrückt. Hamlet stellt vor diesem Hintergrund Shakespeare als jungen Künstler und das spirituelle Potential von Hamnet dar.[391]

Das Werk Shakespeares ist demzufolge die Welt, die er aus sich selbst heraus geschaffen hat. Es repräsentiert sein eigenes Inneres und ist damit konsubstantiell mit Shakespeare. Zugleich hat er sich als Person überflüssig gemacht. Sein Wort ist sein Sohn und enthält die 'Essenz' des Autors, wodurch die Person Shakespeares unwichtig wird.

Durch die Imagination kann der Dichter seine schöpferische Energie in Kunstwerke fließen lassen, die keinen weiteren Veränderungen unterworfen sind. Nur auf diese Weise kann der Künstler die Essenz seiner Seele fixieren und dem Wandel der Materie das Prinzip der Kontinuität entgegensetzen. Er kann in der Kunst die Zeit überwinden, indem er die verschiedenen Formen unterschiedlicher Lebensphasen im Kontinuum der Kunst zeitgleich darstellt.

Die zunächst rein literaturtheoretisch-philosophisch geführte Diskussion knüpft durch den Bezug auf Shelleys Vergleich der Seele mit einer verglühenden Kohle an physikalische Überlegungen an. Die glühende Kohle erinnert an Blooms Umgang mit diesem Brennstoff (*U* 17.123-133) und an den Erhaltungssatz von der Energieumwandlung unter Erhaltung der Gesamtenergie. Das Verbrennen der Kohle erzeugt Energie, die die Moleküle der umgebenden Materie in Bewegung versetzt, die Energie weiterleitet und in Elektrizität, Wärme, Licht, Bewegung umwandelt. Zwar verglüht die Kohle, aber die umgewandelte Energie existiert in anderen Formen weiter.

Die Kohle ist ein Energiepotential, das erst Energie freiwerden läßt und in andere Energieformen wie kinetische oder Wärmeenergie umgewandelt werden kann, wenn Energie zugeführt wird. Ebenso ist der Moment der Imagination ein unvergängliches Potential, das sich im Augenblick des Literaturschaffens umwandelt und die schöpferische Energie in Kunst transformiert.[392] Nach dem

---

[391] Vgl. Goldberg 79.

[392] Der Ursprung dieser künstlerischen Energie liegt im unterbewußten Teil der Seele, wie der Bezug auf Shelley deutlich macht. Percy Bysshe Shelley schrieb in „A Defence of Poetry,“ „Poetry is not like reasoning; a power to be exerted according to the determination of the

Tod ist die materielle Substanz (wie zum Beispiel die Kohle) vergangen und ein Teil der Energie unwiderruflich verloren. Ein anderer Teil hat sich jedoch in Kunst umgewandelt und existiert in anderer Qualität, aber (wenn man auch die Abwärme mitberechnet) in konstanter Quantität weiter.

Der Vergleich zwischen dem Wandel der Materie aufgrund ihrer molekularen Struktur und der Transformation künstlerischen Potentials in ein Kunstwerk unterstreicht die Wirkung der Trinitätsanalogie. Joyce kann theologische (Trinität), philosophische und naturwissenschaftliche Betrachtungsweisen zusammenführen, um seine ästhetische Theorie zu unterstreichen, nach der der Künstler sich in sein Werk 'transformiert.' An ihm wird der Paradigmenwechsel vom Newtonschen zum modernen Weltbild dadurch deutlich, daß er in seinem Werk einerseits die Naturwissenschaften angreift, die sich nur mit Materie beschäftigen, andererseits bereits auf Theorien zurückgreifen kann, die sich dafür eignen, die Verwandlung von Materie in Kunst sowie die Bedeutung der geistigen Energien zu unterstreichen.

## B. Materie und Strahlung – Transformationen im quantenphysikalischen Weltbild

## I. Revolution in der Erforschung des Lichts und ihre Auswirkung auf die Literaturästhetik

### 1. Verhalten des Lichts

In den zwanziger und dreißiger Jahren erläuterte Jeans in einem seiner vielgelesenen populärwissenschaftlichen Werke die ideengeschichtlichen Folgen der Erforschung des Lichts oder 'bestimmter Phänomene der Strahlung:'

> The **possible abolition of determinism and the law of causation** from physics are comparatively recent developments in the history of the **quantum theory**. The primary object of the theory was to explain certain **phenomena of radiation**, and to

will. A man cannot say 'I will compose poetry.' The greatest poet cannot say it; for the mind is a fading coal, which some invisible influence, like an inconstant wind, awakens to transitory brightness; this power arises from within, like the color of a flower which fades and changes as it is developed, and the conscious portions of our natures are unprophetic either of its approach or its departure" (*UA* 218). Shelley verknüpft das Bild von der verglühenden Kohle mit der organischen Wachstumsanalogie (Pflanzenentwicklung), einem beliebten Denkmodell der romantischen Literaturtheorie. Mit zwei organischen Analogien grenzt er seine Auffassung der menschlichen Imagination von den vorherrschenden mechanistischen, naturwissenschaftlich beeinflußten Assoziationsmodellen des menschlichen Geistes ab.

> understand the question at issue we must retrace our steps as far back as Newton and the seventeenth century.[393]

Der Beginn dieser revolutionären Erkenntnisse über das Licht habe eingesetzt, als man sich von der Lichttheorie Newtons verabschiedete. Dieser habe von früheren Theoretikern die Deutung des Lichts als eines Stroms von Lichtpartikeln übernommen, die von einer Lichtquelle weggeschleudert würden wie Kugeln aus einer Pistole. Er habe diese Vorstellung durch seine ‚korpuskulare Lichttheorie' erweitert.[394]

Der Physiker Thomas Young führte 1803 ein Experiment durch, aus dem er die Wellennatur des Lichts erschloß. Young interpretierte das Verhalten des Lichts, das er durch zwei Schlitze projizierte, als Interferenz, die dessen Wellennatur beweise.[395] Interferenz entsteht, wenn sich die Lichtwellen überschneiden, die an beiden Spalten gebeugt werden. An manchen Stellen überdecken sich die Wellen und verstärken sich gegenseitig. In Bereichen, in denen zwei Wellenberge aufeinandertreffen, wird das Licht verstärkt und erzeugt helle Streifen, während das Zusammentreffen von Wellenberg und Wellental dunkle Streifen produziert, weil sie sich gegenseitig auslöschen und kein Licht die Wand erreicht.[396]

Joyce legt Bloom absichtlich Irrtümer und Halbwissen in den Mund. Für das Weltbild des *allround man* spielt es keine Rolle, ob er die Zusammenhänge physikalisch korrrekt versteht, denn er ist in der Lage, die Umwelt mit seinem Inneren zu verknüpfen. So macht er in „Calypso" die ‚Refraktion' der Lichtstrahlen für die Wärme verantwortlich, die ihn als Trost und Schutz („happy warmth," *U* 4.81) auf dem Weg zur Beerdingung umgibt: „Be a warm day, I fancy. Specially in these black clothes feel it more. Black conducts, reflects, (refracts is it?), the heat" (*U* 4.78-80). Er besitzt allerdings nur ungenaue Kenntnisse von den Theorien über die Natur des Lichts. Bloom weiß, daß schwarze Oberflächen sich heiß anfühlen, und hat von Wärmeübertragung, -reflexion und -refraktion (-brechung) gehört, ist aber dennoch unsicher, was diese Begriffe bedeuten. Er weiß anscheinend nicht, daß Lichtstrahlen Energie

---

393 Jeans, *The Mysterious Universe* 28 (eigene Hervorhebungen).

394 Vgl. Jeans, *The Mysterious Universe* 28.

395 Er stellte einen Schirm mit zwei senkrechten Schlitzen vor eine Lichtquelle. Wenn einer der beiden Schlitze abgedeckt war, erschien auf einer Projektionsfläche hinter dem Schirm ein runder Lichtfleck. Wenn das Licht aber durch beide Spalte treten konnte, erschienen auf der Wand abwechselnd Streifen von Helligkeit und Dunkelheit, von denen der mittlere Streifen der hellste war. Vgl. Zukav 79 f.

396 Vgl. Zukav 81. Vgl. auch Friedman und Donley 41.

transportieren oder daß Schwarz deren gesamte Energie absorbiert, da innerhalb des sichtbaren Spektrums keine Strahlen reflektiert werden. So wird die Energie durch die Oberfläche von Blooms schwarzer Kleidung weitergeleitet. Wegen des ähnlichen Klanges der Wörter fühlt er sich verunsichert, ob eher Refraktion als Reflektion für die ‚glückliche Wärme' verantwortlich ist, die er spürt.[397]

Die Erkenntnis über die Wellennatur des Lichts impliziert den Wellencharakter von allen anderen Energieformen oder vielmehr deren Transport. In „Lotus Eaters" verbindet Bloom die Vorstellung von Energiewellen mit dem Symbol des Lebensstroms: „Heatwave. Won't last. Always passing, the stream of life, which in the stream of life we trace is dearer thaaan them all" (*U* 5.563-564). Bloom sieht das Leben als eine Form von Energie an.

In seinen Betrachtungen über das Licht vermischt Leopold Bloom physikalische Erkenntnisse mit Gefühlswerten: „Women. Light is a kind of reassuring. Not going to hurt you" (*U* 13.1071). In der Bewertung des Lichts verbindet Bloom emotionale Bedeutungen des Lichts mit Erkenntnissen über die Wellenfrequenzen und ihre Relevanz für das Farbspektrum: „Best time to spray plants too in the shade after the sun. Some light still. Red rays are longest. Roygbiv Vance taught us: red, orange, yellow, green, blue, indigo, violet" (*U* 13.1074-1076). Die Wellenlängen von Lichtstrahlen am roten Ende des Farbspektrums sind länger als solche anderer sichtbarer Farben.[398] Joyce zeigt anhand der Betrachtungen seines *cultured allround man*, daß die naturwissenschaftlichen Erkenntnisse eigentlich für die Beziehung des Menschen zum Licht irrelevant sind.

In der „Oxen of the Sun"-Episode bekommt Licht eine symbolische Funktion. Die Beobachtung des Sterns *Virgo* gibt Bloom Anlaß zu einer Assoziationskette:

> And lo, wonder of metempsychosis, it is she, the everlasting bride, harbinger of the daystar, the bride, ever virgin. It is she, Martha, thou lost one, Millicent, the young, the dear, the radiant. How serene does she now arise, a queen among the Pleiades, in the penultimate antelucan hour, shod in sandals of bright gold, coifed with a veil of what you call it **gossamer. It floats, it flows about her starborn flesh and loose it streams, emerald, sapphire, mauve and heliotrope,** sustained on currents of the cold interstellar wind, winding, coiling, simply swirling, writhing in the skies a mysterious writing till, after **a myriad metamorphoses of symbol**, it blazes, Alpha, a ruby and

397 Vgl. Salvadori und Schwartzman: 349 f.
398 Vgl. *UA* 399.

triangled sign upon the forehead of Taurus. (*U* 14.1099-1109; eigene Hervorhebungen)

Das Farbspektrum dient in der Physik als Anhaltspunkt, um die Entfernungen von Sternen zu berechnen. Wenn ein Stern Licht aus dem blauen Ende des Farbspektrums ausstrahlt, bedeutet dies nach dem Doppler-Prinzip, daß er sich annähert; in diesem Fall erlaubt der blaue Lichtstrahl – Millys „pale blue scarf" (*U* 4.435) – diese Vermutung.[399]

Erneut verbindet Bloom wissenschaftliche Erkenntnisse mit Empfindungen und Vorstellungen, die den Gegenstand physikalischer Forschung zu einem Symbol für Gefühle und Phantasien umfunktionieren. Mit Milly nähern sich für Bloom Trost und Liebe. Der Stern als physikalisches Phänomen macht eine Metempsychose durch, kann er doch Symbol für Martha und für Milly sein. Er wird 'Myriaden von Metamorphosen' unterzogen und ändert ständig seine Gestalt am Himmel. Sein Aussehen innerhalb des gesamten Sternbilds wandelt sich und mit ihm auch sein Symbolwert für die Menschen, die den Himmel beobachten. Metamorphosen, Metempsychosen, Transformationen: Die Umwandlungen, die Bloom wahrnimmt, vollziehen sich allein in seiner Phantasie, in der er die rein naturwissenschaftlichen Fakten in Symbole verwandelt.

Joyce registriert sehr aufmerksam die Umbrüche, die die Krise der klassischen Physik begleiten. Anders als Woolf verwendet Joyce nicht nur Analogien, die bereits den Wandlungsgedanken enthalten, für Ästhetik und Metaphysik. Vielmehr stellt die Transformation der physikalischen Lehren selbst eine implizite Kritik an der Physik dar. Joyce legt damit nahe, daß Physik allein keine Erkenntnisse über die Natur des Menschen und der Welt ermöglichen kann. Wenn er physikalische Lehren aufgreift, verknüpft er Mikro- mit Makrokosmos, den Menschen mit seinem Universum, physikalische Fakten mit metaphysischen und emotionalen Inhalten.

## 2. Äther als Brücke zwischen Kontinuität und Wandel

Die Entdeckung des Wellencharakters von Licht und Energie ließ eine Lücke im Weltbild entstehen: Ein Medium fehlte, das die Lichtwellen in Analogie zum Wasser für Wasserwellen oder zur Luft für akustische Wellen tragen konnte.[400] Die starke Analogie von akustischen und optischen Phänomenen

[399] Der sogenannte Doppler-Effekt bezeichnet die Erscheinung, daß sich bei jeder Wellenart die Frequenz ändert, sobald Beobachter und Wellenerreger sich relativ zueinander bewegen. Aus der Frequenz der Wellen - egal ob Licht oder Schall - kann ermittelt werden, ob sich Beobachter und Objekt aufeinander zu bewegen oder voneinander entfernen. Vgl. *UA* 434.

[400] Vgl. Friedman und Donley 41.

rief die mechanische Lichttheorie ins Leben, derzufolge das Licht den Äther als eigenes Schwingungsmedium besaß. Elektrizität, Magnetismus und Licht wurden nach dem mechanistischen Modell als Spannungszustände des Äthers erklärt.[401] Wissenschaftler des neunzehnten Jahrhunderts wie Helmholtz, Thomson, Clausius oder Maxwell suchten nach einer einzigen Erklärung für kosmische Prozesse, die Licht, Wärme und Ton umfassen und alle diese Phänomene der Bewegung durch den Äther zuschreiben konnte.[402]

Für das Denken des neunzehnten Jahrhunderts war der absolute Raum nicht nur eine allgemein akzeptierte Tatsache sondern auch feste Grundlage physischer und metaphysischer Spekulation. Da als wissenschaftlich erwiesen galt, daß sowohl Licht als auch Wärme durch Wellenbewegungen übermittelt würden, stellte die Idee des Äthers als Medium dieses Transports eine theoretische Notwendigkeit dar. Die Naturwissenschaftler des neunzehnten Jahrhunderts beschrieben den Äther als gewichtlose, elastische und geleeartige Substanz, die die 'leeren' Räume des Universums zu füllen hatte und für den Transport von Energie sorgen konnte. In der zweiten Hälfte des neunzehnten Jahrhunderts begann man, an den Vorstellungen von diesem Raum zu zweifeln. Das Problem des Äthers war mit der Krise der Newtonschen Physik verknüpft. Trotz zahlreicher Widersprüchlichkeiten behielt die Theorie des Äthers bis in die zwanziger und dreißiger Jahre Autorität, bis Einstein und die moderne Physik dafür sorgten, daß sie endgültig verschwand.[403]

Die Äthervorstellung besaß insgesamt die Funktion eines Bindeglieds: zum einen zwischen der Newtonschen Mechanik und den neuen Entdeckungen elektromagnetischer Wellen, zum anderen zwischen Energie und Materie. Sie schuf so eine Brücke zwischen alten und neuen physikalischen Theorien, da sie der modernen Vorstellung einer atomisierten und zersplitterten Materie eine Komponente der Kontinuität entgegensetzte. So wurde der Äther teils als materielles, teils als Energiephänomen, sowohl als geistige als auch als materielle Erscheinung gedeutet. Ein Beispiel für diese Art von Interpretation ist Ernst Haeckels *Welträtsel*, 1889 in der englischen Übersetzung *The Riddle*

---

[401] Vgl. Bernulf Kanitschneider, *Von der mechanistischen Welt zum kreativen Universum: Zu einem neuen philosophischen Verständnis der Natur* (Darmstadt: Wissenschaftliche Buchgesellschaft, 1993) 31 f

[402] Vgl. Dennis Bohnenkamp, „Post-Einsteinian Physics and Literature: Towards a New Poetics," *Mosaic* 22 (1989): 27.

[403] Vgl. Donald R. Benson, „The Crisis of Space: Ether, Atmosphere, and the Solidarity of Men and Nature in *Heart of Darkness*," ed. Joseph W. Slade und Judith Yaross Lee 163. Vgl. auch *UA* 570.

*of the Universe at the Close of the Nineteenth Century* erschienen, das die Bedeutung des Äther-Konzepts für Biologie, Physik und Psychologie deutlich machte. Haeckel fand in Spinoza und Goethe in höchstem Maße die Substanz verkörpert, die alles-umfassende göttliche Essenz der Welt, die zwei Seiten besaß: Zum einen war sie Materie und zum anderen Energie, also denkende Substanz, die Bergsons *elán vital* ähnelte.[404]

Walter Pater beschrieb in seinem Schlußwort zu *The Renaissance* das äußere, physische Leben als 'beständige Bewegung elementarer Kräfte.' Er sah moralisches, geistiges und ästhetisches Leben in Analogie zur Äthervorstellung als *Whirlpool* von Energien, in deren ruhelose Flut 'die innere Welt von Denken und Fühlen' eingetaucht und deren Strömungen diese ausgesetzt war. Die Bewegungen der inneren Welt glichen in seiner Vorstellung exakt denen der äußeren Welt, die von einem ruhelosen Äther durchzogen und bestimmt war: „How shall we pass most swiftly from point to point, and be present at the focus where the greatest number of **vital forces** unite in their purest energy?" (*The Renaissance*, 236; eigene Hervorhebung).[405] Geistige und physikalische Energien speisten sich aus der gleichen Quelle. Er sah die geistigen Energien als unverzichtbar an, um das Beste aus dem Leben machen zu können.[406]

Pater formulierte eine für das Denken seiner Zeit symptomatische Ontologie physikalischer und, in letzter Konsequenz, spiritueller Energie. Ihm zufolge offenbarte diese sich selbst in einem flüssigen Medium im Raum – er spezifizierte dieses Medium jedoch selten als Äther – von dem ein Teil ein innerer Raum des Bewußtseins war.[407]

Joyce hatte Pater nicht nur gelesen, sondern dessen Konzepte in seine eigene Auseinandersetzung mit ästhetischen Fragen einbezogen. Auch die Übertragung der Äthervorstellung auf metaphysische Fragen könnte von Pater beeinflußt worden sein. In *Ulysses* wird der Äther wiederholt erwähnt, so hinterfragt der Erzähler in „Ithaca" den Vorgang des Erhitzens von Wasser in einem Kessel:

> What concomitant phenomenon took place in the vessel of liquid by the agency of fire?
>
> The phenomenon of ebullition. Fanned by a constant updraught of ventilation between the kitchen and the chimneyflue, ignition was communicated from the faggots of precombustible fuel to polyhedral masses of bituminous coal, containing in com-

[404] Vgl. Benson 164 f.
[405] Walter Pater, *The Renaissance: Studies in Art and Poetry* (London: Macmillan, 1900) 233 ff.
[406] Vgl. Benson 166.
[407] Vgl. Benson 167.

> pressed mineral form the foliated fossilised decidua of **primeval forests which had in turn derived their vegetative existence from the sun, primal source of heat (radiant), transmitted through omnipresent luminiferous diathermanous ether**. (*U* 17.255-263; eigene Hervorhebung)

Das Phänomen des Energietransports erklärt Joyce mit Hilfe der Äthervorstellung. An diesen Transport ist Energie gebunden, um ihre beständige Transformation zu gewährleisten. So wird erläutert, daß urzeitliche Sonnenenergie über den ‚allgegenwärtigen lichttransportierenden wärmeleitenden Äther‘ weitergeleitet wurde, um das Wachstum von Bäumen zu bewirken und in gewandelter Gestalt, nach vielfältigen Transformationen und Metamorphosen, als Kohle die Energie an den Bloomschen Wasserkessel weiterzugeben. Hinter dem erwähnten ‘allgegenwärtigen hitze- und lichtleitenden’ Medium steckt das Ätherkonzept.

Dies läßt sich auch in „Oxen of the Sun“ nachweisen, wo Bloom seine Vorstellung vom belebten Universum (einem Gaze[408]-Universum) darlegt. Nach den dort (*U* 14.1099-1109) geäußerten Vorstellungen sind die Planeten Symbole, die den Weltraum für den Menschen mit Sinn füllen, so wie der Äther den Raum zwischen den Planeten füllt. Bloom sieht in einem Planeten erst Martha und dann seine Tochter symbolisiert, den eine Art strahlendes Gewebe umgibt, das auf ‘kalten interstellaren Winden’ getragen wird und in den Himmel eine mysteriöse Schrift schreibt, die nach Myriaden von Metamorphosen den Buchstaben Alpha erkennen läßt (*U* 14.1101-1109). Die Bewegungen der Planeten durch den Äther erzeugten nach dem Ätherkonzept den Ätherwind. Joyce paßte dieses bereits zu seiner Zeit nicht mehr aktuelle Konzept offensichtlich moderneren Theorien an, nach denen das interstellare Medium aus nicht uniform verteilten Staubpartikeln und Gas bestand.[409]

Das den Vorstellungen eines mit Materie angefüllten und zugleich belebten Weltraums zugrundeliegende Ätherkonzept betrifft natürlich nicht nur die physikalische Konsistenz des Universums. Der Äther erlaubt auch, Geist und Materie zu vereinen. In Analogie zur Vorstellung eines Materie und Energie überbrückenden Mediums für den Energietransport umgibt Molly eine Art Äther. Bloom erklärt sich die Wirkung seiner Frau auf ihn ebenso wie die der Frauen allgemein auf Männer durch die Existenz einer ätherartigen Substanz:

> At the dance night she met him, dance of the hours. Heat brought it out. She was wearing her black and it had the perfume of the time before. **Good conductor, is it?**

[408] Joyce legt Bloom in *U* 14.1099-1109 den Begriff „gossamer“ in den Mund, um die Konsistenz des Weltraums zu beschreiben.

[409] Vgl. *UA* 434.

> **Or bad? Light too.** Suppose there's some connection. For instance if you go into a cellar where it's dark. Mysterious thing too. **Why did I smell it only now? Took its time in coming like herself, slow but sure.** (*U* 13.1011-1016; eigene Hervorhebungen)

Mollys Wirkung gleicht der physikalischer Energie, deren Transport durch Hitze und Licht beschleunigt wird, also durch Energiezufuhr; nach damaliger Theorie wird Energie über den Äther weitergeleitet. Leopold stellt sich Mollys 'Aura' als feinkörnige Substanz vor, die Frauen umgibt und ihre erotische Ausstrahlung als Energie nach außen transportiert:

> Suppose it's ever so many millions of tiny grains blown across. [...] Tell you what it is. It's like a fine fine veil or web they have all over the skin, fine like what do you call it gossamer, and they're always spinning it out of them, fine as anything, like rainbow colours without knowing it. Clings to everything she takes off. (*U* 13.1017-1022)

Die ätherartige Substanz ist nicht rein materiell, sondern wird mit einem Netz verglichen, das die Frauen 'aus sich herausspinnen.' Dieses bildet eine Hülle, die die Frauen mit ihrer eigenen Essenz umgibt, und ist als solche eine Übergangsform zwischen Materie und Geist oder spiritueller Energie. Auch der Molly umgebende 'Äther' ist identisch mit ihrer inneren, immateriellen Beschaffenheit: „Sweet and cheap: soon sour. [...] Her high notes and her low notes." Bloom stellt sich also die Anziehung, die Molly auf ihn ausübt, in Analogie zur Äthertheorie vor. Diese liefert die auch den Energietransport erklärende Vorstellung eines Mediums, das Materie und Geist verbindet.

Gerade die Äthervorstellung zeigt, daß Joyce, kosmologisch und physikalisch gesehen, den Übergang vom Newtonschen zum durch die modernen Naturwissenschaften geprägten, dynamischen Weltbild markiert. Steht bei Joyce der Begriff *gossamer* noch für ein mit Äther angefülltes Universum, verweist er bei Jeans[410] auf die Leere des atomaren Universums. Der Äther war ein physikalisches 'Hilfskonstrukt,' um die Lücken im Newtonschen Bild zu schließen. Ähnlich übt Joyce Kritik an der klassischen Physik und dem durch diese geprägten Positivismus. So stellt er das positivistische Denken insbesondere durch die naturwissenschaftlichen Überlegungen Blooms ironisch dar. Seine Figur unterläuft den Glauben daran, daß die Naturwissenschaften die Wirklichkeit erklären könnten. Der *cultured allround man* verknüpft in seinen Überlegungen physikalische Theorien mit emotionalen und spirituellen Fraugen. Er verbindet auf diese Weise Materie und Geist und transformiert die physikalischen Theorien zu Erklärungsansätzen für metaphysische und ästhetische Fragen. Joyce zeigt so, daß die klassische Physik keine Hilfe bot, um die

[410] Vgl. Jeans, *The Universe around Us* 114; diese Textstelle wird im folgenden Kapitel zitiert.

wirklich wichtigen Fragen der Menschheit zu beantworten, denen sich jedoch die Literatur stellt. Damit deutet Joyce schon die Denkrichtung der modernen Physik an.

## II. Erkenntnisse über die atomare Struktur der Materie und ihre Bedeutung für die Literatur

### 1. Transformation von Materie und Energie als fundamentales Prinzip eines atomaren Universums

#### a. Erforschung des Atoms

Verschiedene Literaturwissenschaftler haben auf Woolfs Interesse an der Physik aufmerksam gemacht und auf Parallelen in ihren Werken zu den Schriften der Physiker James Jeans und Arthur Eddington hingewiesen.[411]

Wie aus ihren Tagebuchnotizen hervorgeht,[412] hat Woolf die Werke von Jeans aufmerksam gelesen. Dieser unterstrich die geistesgeschichtliche Relevanz, die die Erforschung des Atoms besaß:

> Until quite recently, atoms were regarded as the permanent bricks of which the whole universe was built. All the changes of the universe were supposed to amount to nothing more drastic than a re-arrangement of permanent indestructible atoms; like a child's box of bricks, these built many buildings in turn. The story of twentieth-century physics is primarily the story of the shattering of this concept.[413]

Als erkannt wurde, daß das Atom nicht unteilbar ist,[414] sondern aus Teilchen mit elektrischer Ladung besteht, setzte der von Jeans beschriebene drastische Wandel des Weltbilds ein. Die elektrischen Teilchen schienen den gesamten Raum auszufüllen, denn ihre Anziehung oder Abstoßung, kurz ihre Strahlung reichte so weit, daß 'man nicht aus ihrer Reichweite gelangen konnte.' Durch diese Vorstellung gerieten Ideen von Materie und Energie in engere Beziehung als bislang.[415]

[411] Vgl. insbesondere Killen für eine ausführlichen Untersuchung der Personen und Texte, über die Woolf mit naturwissenschaftlichen Theorien in Kontakt kam.

[412] Vor allem zur Zeit, als sie *The Waves* verfaßte und redigierte, beschäftigte sich Woolf mit Jeans: „Talk about the riddle of the universe (Jeans's book) whether it will be known; not by us; found out suddenly: about rhythm in prose" (*D*, Vol. 3, 337). Auch in *D*, Vol. 3, 340 vermerkt Woolf, daß sie Jeans liest.

[413] Jeans, *The Universe around Us* 111.

[414] Vgl. zu einer philosophischen Untersuchung des Atombegriffs und der Grundlagen der modernen Atomlehre von Weizsäcker, *Zum Weltbild der Physik* 33-48.

[415] Vgl. Jeans, *The Mysterious Universe* 48. Jeans beschreibt die Teilchen mit elektrischer Ladung, aus denen das Atom zusammengesetzt ist, mit Hilfe des Bilds eines Stachelschweins,

Das Atommodell, das Faraday und Maxwell entwarfen, glich einem Oktopus. Rutherford konstruierte sein Modell in Analogie zum Planetensystem der Sonne; der schwere Nukleus beeinflußte die 'Umlaufbahnen' der Elektronen.[416] Das Modell machte deutlich, daß nicht nur das Planetensystem, sondern auch die aus Atomen zusammengesetzte Materie hauptsächlich aus leerem Raum bestehen mußte. Rutherford zufolge schaffen die Elektronenorbitale diesen Platz um den Atomkern herum und geben dem Atom seine Größe, indem sie andere Atome daran hindern, zu nah an den Kern zu kommen. Das Volumen des Raumes, der von den Atomen frei gehalten wird, ist um ein Vielfaches größer als das Gesamtvolumen der Elektronen. Jeans kommentiert die daraus folgende enorme Leere von Weltraum und Atomen:[417]

> As we pass the whole structure of the universe under review, from the giant nebulae and the vast interstellar and internebulae spaces down to the tiny structure of the atom, little but vacant space passes before our mental gaze. We live in a gossamer universe; pattern, plan and design are there in abundance, but solid substance is rare.[418]

Das Rutherfordsche Atommodell wies allerdings einige Widersprüchlichkeiten auf und war auch nicht in allen Punkten mit den empirischen Beobachtungen zu vereinen. Niels Bohr modifizierte 1913 das Modell und löste die bestehenden Probleme, indem er Max Plancks Quantentheorie auf die Bewegungen der Elektronen um den Kern übertrug. Bohr vermutete, daß Elektronen nur in mathematisch definierten Orbitalen um den Kern kreisten und in Quantensprüngen von einem Orbital zum nächsten sprängen. Er brach dadurch mit der klassischen Theorie, derzufolge alle kontinuierlich ineinander übergehenden Energiewerte und damit alle entsprechenden Bahnen möglich waren. Wenn Elektronen von einem höheren auf ein niedrigeres Energieniveau springen,

---

um eine plastische Vorstellung der Beziehung zwischen Materie und Energie zu erreichen: „[...] a small concrete body which threw out a sort of feelers or tentacles, called „lines of force," throughout the whole of space. When two electrified particles attracted or repelled one another, it was because their tentacles had somehow taken hold of one another, and pushed or pulled. These tentacles were supposed to be formed out of electric and magnetic forces, of which radiation is also formed. When an atom emitted radiation it merely discharged some of its tentacles into space, much as a porcupine is said to throw out its quills. This concept placed radiation and matter in more intimate relations than before."

[416] Vgl. Asimov 287. Das Grundmodell des Atoms nach Rutherford besteht aus einem positiv geladenen Kern, der sehr wenig Raum einnimmt, aber nahezu die gesamte Masse des Atoms ausmacht. Um diesen Kern befindet sich ein Schwarm von Elektronen, der fast das gesamte Volumen des Atoms beansprucht, jedoch kaum Anteil an seiner Masse hat.

[417] Vgl. Jeans, *The Universe around Us* 113 f.; vgl. auch Kanitschneider 85.

[418] Jeans, *The Universe around Us* 114.

strahlen sie Licht in Form von Photonen aus. Bohr kennzeichnete den Quantensprung als einen unanalysierbaren Elementarvorgang.[419]

Eine wichtige Ergänzung zu Bohrs Atommodell war Erwin Schrödingers Definition von Bohrs kreisenden Quantenpartikeln, den Elektronen, als Muster von stehenden Wellen.[420] Diese stehenden Wellen bezeichnete Jeans als ‚Wellen in Flaschen' („bottled-up waves").[421]

### b. Erhaltungs- und Umwandlungsprinzipien von Materie und Energie

Jeans hob immer wieder hervor, daß die modernen physikalischen Theorien das bisherige Weltbild veränderten. In allen Punkten betonte er das Ende von Determinismus und Kausalität sowie die neue Priorität von Kreativität und freiem Willen. Die revolutionären Erkenntnisse über den Aufbau der Atome kontrastierten stark mit dem aus der Antike tradierten atomistischen Weltbild und veränderten auch die Vorstellungen von Materie und Strahlung. Diese sind im Zusammenhang mit dem Begriff Transformation bedeutsam, da es um die Fragen geht, inwieweit Materie erhalten bleibt oder sich wandelt und welches Verhältnis zwischen Energie und Materie besteht. Man interpretierte die moderne Atomphysik so, daß Materie sich in Energie umwandele und umgekehrt. Der Substanzbegriff wurde in diesem Zusammenhang neu bestimmt.

Am Ende des neunzehnten Jahrhunderts war der Materiebegriff an drei Gesetze geknüpft: an die Gesetze der Erhaltung der Materie und Masse und an den Energieerhaltungssatz. Das erste der drei Gesetze diente seit der Antike (seit Epikur) als Prinzip der atomistischen Philosophie. Demzufolge war alle Materie aus unschöpfbaren, unveränderlichen und unzerstörbaren Atomen aufgebaut, so daß der Materiegehalt des Universums für immer gleich blieb.[422] Newton hatte das Energieerhaltungsgesetz eingeführt, das als neues Prinzip zunächst einfach neben die beiden anderen trat und sie ergänzte.[423]

---

[419] Vgl. Killen 150 f. Vgl. auch Kanitschneider 86 f.

[420] Vgl. Killen 151.

[421] Vgl. beispielsweise Jeans, *The Universe around Us* 129.

[422] Jeans illustrierte diese Theorie anhand des Bilds vom Universum als Bühne, auf der immer dieselben unsterblichen Akteure - die Atome - ihre Rollen spielten, indem sie lediglich Verkleidungen und Gruppierungen variierten, ohne ihre Identität zu verändern. Vgl. Jeans, *The Mysterious Universe* 41.

[423] Vgl. Jeans, *The Mysterious Universe* 41-44. Der Energieerhaltungssatz besagt, daß alle Energie transformiert wird und nicht verloren geht; ein scheinbarer Verlust an Bewegungsenergie wird durch eine entsprechende Umwandlung in Wärmeenergie kompensiert. Jeans fügt Newtons Vorstellung in seine Bühnenmetapher ein: Die Atome als unveränderliche Akteure warfen sich auf der Bühne Energieeinheiten zu, die ebenso wie sie selbst weder ein kreatives noch ein destruktives Potential besaßen.

Wie Rutherford nachgewiesen hatte, war Materie nichts anderes als eine Sammlung elektrisch geladener Teilchen. Damit waren alle Wissenschaften, die sich mit den Eigenschaften und der Struktur der Materie beschäftigten, Unterdisziplinen der Elektrizitätslehre. Das Gesetz von der Erhaltung der Masse mußte nach den Erkenntnissen Einsteins in seiner Speziellen Relativitätstheorie genauer formuliert werden. Er zeigte, daß jede Art von Energie eine eigene Masse besitzen mußte, und verknüpfte Energie und Masse durch das Äquivalenzprinzip miteinander. Die Erhaltung der Masse war nicht mehr an die Konservierung der Materie gebunden.[424]

Die Erforschung der kosmischen Strahlung brachte weitere Erkenntnisse über das Verhältnis von Materie und Energie mit sich. Ein gewöhnlicher Strahl kosmischer Strahlung, der Millionen von Jahren unterwegs ist, wird nie auf Materie treffen, die ihn absorbiert. Demzufolge mußte der Weltraum mit kosmischer Strahlung 'getränkt' sein, die vor Urzeiten erzeugt worden war. Diese unglaubliche Menge an Strahlung konnte nur dadurch entstanden sein, daß irgendwann in der Geschichte des Universums Materie in unvorstellbaren Mengen in Energie umgewandelt worden war.[425]

Ein Atom kann sich in ein Paar einfacherer gegenteilig geladener Partikel umwandeln und dabei den größeren Teil seiner Masse in Bewegungsenergie transformieren. Der amerikanische Physiker Robert Andrews Millikan erklärte kosmische Energie durch diesen Vorgang. Die Partikel bewegen sich mit Energien, die den Massen vollständiger Atome vergleichbar sind. Diese Energie stammt laut Millikan aus der fast vollständigen Zertrümmerung von Atomen. Ausgehend von dieser Erklärung kosmischer Strahlung interpretierte Jeans die Transformation von Materie in Energie als grundlegenden Naturvorgang.[426]

Der Populärwissenschaftler leitete aus der beständigen Verwandlung von Materie in Energie im Universum die Schlußfolgerung ab, daß das Prinzip der Materieerhaltung vollständig aus der Naturwissenschaft verschwände, während die Erhaltung von Energie und Masse identisch würden. Die drei Erhaltungsgesetze reduzierten sich ihm zufolge auf eines. Eine simple Einheit, die viele Gestalten annehmen könne, insbesondere die von Materie und Strahlung,

[424] Einstein wies nach, daß die Masse eines Körpers mit seiner Geschwindigkeit variieren muß, da er aus elektrisch geladenen und sich bewegenden Teilchen besteht. Vgl. Jeans, *The Mysterious Universe* 46 f.

[425] Vgl. Jeans, *The Mysterious Universe* 67.

[426] Vgl. Jeans, *The Universe around Us* 133.

bleibe durch alle Wandlungen hindurch in ihrer Essenz erhalten. Sie verändere nicht ihre Quantität, wohl aber ihre Qualität. In dieser Verwandlung bestehe die grundlegende Aktivität des Universums:[427] „[...] the change is [...] for ever in the same direction – for ever solid matter melts into insubstantial radiation: for ever the tangible changes into the intangible."[428] Eine solche Deutung der physikalischen Theorien über Materie und Energie machte Jeans denjenigen Literaten sicherlich sympatischer, die die Metaphysik über die Physik stellten. Woolf fand bei diesem Physiker naturwissenschaftliche Erkenntnisse in bereits metaphysisch aufbereiteter Form vor. Jeans könnte auf diese Weise dazu beigetragen haben, daß ihr die Physik als 'Romanmaterial' geeignet schien.

## 2. Atommodell und Materiekonzeption in *The Years* und *The Waves*

### a. *The Years*

Woolf verwendet das Atommodell in ihrem Spätwerk *The Years* als Analogie, um sich mit den Kategorien Materie und Energie sowie deren Verhältnis zueinander auseinanderzusetzen. Eleanor Pargiter zeichnet auf Löschpapier das Atommodell und stellt die zentralen Fragen, die sich für Philosophie und Naturwissenschaft aus diesem Modell ergeben.

Woolf verweist in diesem Roman deutlicher als in anderen auf ihre Kenntnisse physikalischer Theorien. Die Figur Kitty Malone liest ihrer Mutter einen Artikel aus *The Times* über ein physikalisches Experiment vor:

> 'There's been an experiment,' she said. 'An experiment with electric light. „A brilliant light," she read, '„was seen to shoot forth suddenly shooting out a profound ray across the water to the Rock. Everything was lit up as if by daylight."' (*Y* 84)

Der Zeitungsartikel berichtet über eine Version von Rutherfords Experiment in der Wilsonschen Nebelkammer, bei dem es ihm gelang, die subatomaren Alpha- und Betateilchen und die zugehörige Strahlung sichtbar zu machen und zu photographieren.[429]

---

[427] Vgl. Jeans, *The Mysterious Universe* 67 f.

[428] Jeans, *The Mysterious Universe* 68.

[429] In einer mit feuchtigkeitsübersättigter Luft gefüllten Kammer wird jedes elektrisch geladene Teilchen zum Keimpunkt von kondensierendem Wasserdampf. Wenn ein Teilchen durch die Kammer rast und auf seinem Weg Atome ionisiert, hinterläßt es eine Kondensationsspur aus winzigen Wassertropfen. Die Photographien zeigen zahlreiche helle Linien, die von einem Fleck ausgehen. Aus der Beschaffenheit, Länge und Krümmung eines Streifens läßt sich die Art des Teilchens erschließen. Vgl. Asimov 291 f. und Killen 145 f.

Die Romanfigur Eleanor zeichnet zum ersten Mal 1891 das oktopusartige Faradaysche Atommodell, das 'ein Punkt mit Strichen' ist, 'die von diesem ausstrahlen:'

> Eleanor was sitting at her writing-table with her pen in her hand. It is awfully queer, she thought, touching the ink-corroded patch of bristle on the back of Martin's walrus with the point of her pen, that *that* should have gone on all these years. **That solid objects might survive them all.** If she threw it away it would still exist somewhere or other. But she never had thrown it away because it was part of other things – her mother for example. ... She drew on her blotting paper; **a dot with strokes raying out round it.** (*Y* 96; eigene Hervorhebungen)

Eleanors Zeichnung kommentiert ihre Überlegungen hinsichtlich des Unterschieds zwischen unveränderlicher Materie und vergänglichem menschlichen Geist. Der Walroß-Federhalter symbolisiert die Materie, die die Menschen und ihren Geist überlebt. Allerdings sind auch an diese Materie geistige Prinzipien geknüpft, denn mit dem Objekt verbinden sich Eleanors Einnerungen an ihre Mutter. Das Atom verbildlicht ebenfalls diese zweifache Natur der Materie: Der Kern ist der materielle Bestandteil, von dem strahlenförmig immaterielle Energie ausgeht.

Die Energie macht es Atomen möglich, sich zu größeren Materieeinheiten zusammenzuschließen, die nicht auseinanderfallen:

> How little she knew about anything. Take this cup for instance; she held it out in front of her. What was it made of? Atoms? And what were atoms, and how did they stick together? The smooth hard surface of the china with its red flowers seemed to her for a second a marvellous mystery. (*Y* 167)

Als sie eine Tasse betrachtet, stellt sich Eleanor die Fragen, die die Natur- ebenso wie die Geisteswissenschaftler angesichts der atomaren Struktur der Materie gleichermaßen stellten: Was ist ein Atom und wie halten die Atome zusammen? Die Welt der Alltagsobjekte erhält in Eleanors Überlegungen eine Doppelnatur. Einerseits bleiben die Gegenstände Dinge des täglichen Gebrauchs und somit reine Materie, andererseits werden sie zu unerklärlichen Wundern, da niemandem begreiflich ist, welche Energie oder spirituelle Kraft die Materiepartikel zusammenhält.

Auch 1919 zeichnet Eleanor das Atommodell, während sie eine Versammlung besucht. Sie kritisiert, daß diese nach immer gleichen Mustern abläuft – sie kann die Inhalte der einzelnen Beiträge fast vorhersagen. An eine ausführliche Schilderung ihrer Zeichnung knüpfen sich erneut Überlegungen zur dualen Natur der Wirklichkeit. Die Zeichnung des Atoms bildet einen Gegensatz zur Monotonie der Alltagswelt:

> Miriam Parrish was reading a letter. Eleanor was blackening the strokes on her blotting-paper. I've heard all this, I've done all this so often, she was thinking. She glanced round the table. People's faces even seemed to repeat themselves. [...] I know what she's going to say, she thought, digging a little hole in the blotting-paper. Here Rose came in. [...] Why must we do it? Eleanor thought, drawing a spoke from the hole in the middle. [...] There's no other way, I suppose, she thought, taking up her pencil again. (*Y* 188 f.)

Das Atom stellt die andere, rätselhafte Seite der Wirklichkeit dar. Eleanor stellt fest, daß sie in der Lage ist, sich aufzuspalten. Einerseits ist sie oberflächlich in der Versammlung, der monotonen Alltagswelt anwesend, andererseits sind ihre Gedanken mit der faszinierenden Natur der Wirklichkeit beschäftigt. Dazu gehören die Strahlen des Atoms und die blühenden Magnolienbäume:

> She found that her pencil could take notes quite accurately while she herself thought of something else. She seemed able to divide herself into two. One person followed the argument [...]; while the other [...] walked down a green glade and stopped in front of a flowering tree. [...] Magnolias, she remembered, have no leaves, but masses of white blossom. ... She drew a line on the blotting-paper. [...] She drew more spokes; blackened them. Then she looked up, for there was a change in the tone of voice. [...] Then they went on arguing again. The cooing of the pigeons became audible. Take two coos, take two coos, tak ... they were crooning. Martin was speaking. [...] She drew another stroke. [...] She drew another stroke on the blotting-paper. The dot was now surrounded by strokes. (*Y* 189 ff.)

Die weiße Blütenpracht der Magnolie scheint Eleanor an das Atommodell zu erinnern.[430] Die Parallelen sind nicht nur rein äußerlich, sondern vor allem metaphorisch. Die Magnolie besitzt neben ihren materiellen Eigenschaften einen ganz unerklärlichen Zauber; für diese 'mysteriöse' und verborgene Seite der Wirklichkeit interessiert sich Eleanor. Das den Sinnen nicht zugängliche Atom steht für diese an der Oberfläche nicht sichtbare Realität. Eleanor kritisiert die durch die Versammlung repräsentierte Gesellschaft wegen ihrer Oberflächlichkeit, da sie nicht zur tieferliegenden Wahrheit und zum verborgenen

[430] Aus der Beschreibung des Atoms als „dot surrounded by strokes" schließt Judith Killen, daß das Bohrsche 'Planetenmodell' eines von Schalen umgebenen Atomkerns vorliegt: „Bohr's atom provides the reference for Eleanor's second blotting-paper image - the knot surrounded by circles" (Killen 151). Allerdings konnte der von ihr zitierte Ausdruck „knot surrounded by circles" in der Schilderung der zweiten Zeichnung nicht gefunden werden. Killens Hypothese paßt nicht zu der Bezeichnung der Striche als „strokes" oder „spokes." Dieser Zeichnung liegt wohl noch immer die Vorstellung eines oktopusförmig von Energiestrahlen umgebenen Kerns zugrunde. Die genaue physikalische Herkunft des Atommodells ist jedoch nicht entscheidend, um beurteilen zu können, welche Bedeutung Eleanors Zeichnung für die Aussagen des Romans besitzt.

Sinn des Lebens vordringe.[431] Während die anderen Anwesenden mit Platitüden und Wiederholungen beschäftigt sind, versucht Eleanor, eine tiefere Erkenntnis zu formulieren. Sie fühlt sich aber durch die Ignoranz der anderen daran gehindert.

Eleanor verknüpft mit dem Atommodell Betrachtungen über die Wirklichkeit, aber auch Gedanken zur Natur des Menschen:

> What are you thinking, Eleanor?' Nicolas interrupted her. [...] 'About the new world ...' she said aloud. 'D'you think we're going to improve?' she asked? [...] 'It's only a question,' he said – he stopped. [...] 'of learning. [...] 'The soul – the whole being,' he explained. He hollowed his hands as if to inclose a circle. 'It wishes to expand; to adventure; to form – new combinations?' [...] 'Whereas now,' [...] 'this is how we live, **screwed up into one hard little, tight little – knot**? (*Y* 318 f.)

Im Gespräch mit Nicolas bezeichnet Eleanor die Seele als einen Knoten, der sich erst noch lösen muß. Dieses Bild ähnelt dem atomaren 'Punkt, der von Strahlen umgeben ist.' Der den Kern umgebende Elektronenschwarm macht das Volumen des Atoms aus. Atome formieren sich zu neuen Kombinationen, indem sie sich mit Elektronen verbinden. Nicolas kritisiert den gegenwärtigen Zustand menschlicher Seelen als unvollkommen, denn diese entfalteten nicht ihr Potential. Das einem Atomkern ohne Elektronenschwarm gleichende Bild des 'Seelenknotens' verweist darauf, daß die Seele unfähig ist, Verbindungen mit der Außenwelt einzugehen. Nicolas ist allerdings optimistisch und glaubt an eine Fortentwicklung in der Zukunft.

Eleanors Nichte Peggy verwendet das Bild des in einen Knoten eingeschlossenen Seelenfunkens, um die Isolation menschlicher Seelen zu veranschaulichen. Sie verbindet so das platonische Motiv des Seelenfunkens mit dem Atom:

> She was alone with Eleanor in the cab. And they were passing houses. Where does she begin, and where do I end? she thought ... On they drove. They were two living people, driving across London; two sparks of life enclosed in two separate bodies; and those sparks of life enclosed in two separate bodies are at this moment, she thought,

[431] Eleanor äußert den Wunsch, eine tiefgründige Wahrheit zu erkennen: „Eleanor listened. [...] All it comes to is: I'm right and you're wrong, she thought. [...] If we could only get at something, something deeper, deeper, she thought, prodding her pencil on the blotting-paper. Suddenly she saw the only point that was of any importance. [...] She opened her mouth to speak. But just as she cleared her throat, Mr Pickford swept his papers together and rose" (*Y* 191). Sie erhält momentanen Einblick in die essentielle Wahrheit. Als diese Erkenntnis zum Bewußtsein gelangt und sie sie auch sprachlich äußern will, bekommt sie keine Gelegenheit dazu. Die Gesellschaft interessiert sich nur für Oberflächlichkeiten, nicht für Wahrheitserkenntnis.

> driving past a picture palace. But what is this moment; and what are we? The puzzle was too difficult for her to solve it. She sighed. (*Y* 360)

Ebenso wie Nicolas sieht Peggy die Menschen als unfähig an, Verbindungen zu anderen oder zu ihrer Umwelt einzugehen, weil ihr geistiges Potential in ihren Körpern eingeschlossen ist. Darin gleichen sie Atomkernen, denen die Elektronenstrahlen fehlen. Dieses Eingeschlossensein führt dazu, daß die Individuen isoliert sind und die Gesellschaft zersplittert ist. Wie der Vergleich mit Atomkernen ohne Elektronenstrahlen deutlich macht, sieht Woolf die Gründe dafür in Materialismus und Verlust von geistigen Werten. Ebenso wie sich Materiepartikel, also die Atomkerne, ohne die Energiestrahlen des Atoms nicht verbinden könnten und Objekte in lauter einzelne Atome zerfallen würden, wird die Gesellschaft nur durch den menschlichen Geist zusammengehalten.

Woolf bezieht die atomare Zersplitterung der Wirklichkeit auch auf die Sprache. North beschreibt die Schwierigkeit, Worte zu einem sinnvollen Ganzen zusammenzuführen: „[...] the actual words floated together and formed a sentence in his mind [...]“ (*Y* 368). Die Umwandlung von Sprachfragmenten zu einer sinnvollen Aussage ist eine Synthese, die nicht nur die Worte zu einem Satz verbindet, sondern auch andere sprachliche und nichtsprachliche Zeichen integriert, wie die Aufregung in der Stimme: „[...] but the excitement with which she had spoken, due to wine perhaps, had created yet another person; another semblance, which one must solidify into one whole“ (*Y* 368). Eine weitere synthetische Leistung vollbringt die siebzigjährige Eleanor, als sie versucht, die verschiedenen isolierten Erinnerungen ihres Lebens zu einem Ganzen, dem Leben, zusammenzufügen:

> A long strip of life lay behind her. Edward crying, Mrs Levy talking; snow falling; a sunflower with a crack in it; the yellow omnibus trotting along the Bayswater Road. [...] Millions of things came back to her. **Atoms danced apart and massed themselves. But how did they compose what people called a life?** [...] Perhaps there's **'I'** at the middle of it, she thought; **a knot; a centre**; and again she saw herself sitting at her table drawing on blotting-paper, digging little holes from which spokes radiated. Out and out they went; thing followed thing, scene obliterated scene. (*Y* 395; eigene Hervorhebungen)

Die Autorin verknüpft ausdrücklich das Leitmotiv von Eleanors Löschpapierzeichnung mit Atomen und führt es mit dem weltanschaulichen Problem der Fragmentierung zusammen. Es scheint unmöglich, die verschiedenen Augenblicke des Lebens zu einer kontinuierlichen Zeitsequenz zu verbinden, so daß das Leben ein Ganzes bildet. Innerhalb der verwendeten Analogie bestünde ein Leben aus einem inneren 'Kern,' an den sich dann Erlebnisse und andere 'Dinge' anfügen und wie Elektronen um dieses 'innere Ich' herumschwirren.

Nach solchen Vorstellungen ist eine Person oder Persönlichkeit auf keinen Fall ein statisches, unveränderliches 'Gebilde.'

Die physikalische Deutung der Materie, nach der sich diese aus atomaren Fragmenten zusammensetzt, spiegelt sich in der Kunst wider. Die Romanstruktur von *The Years* besteht aus einer losen Aneinanderreihung von verschiedenen, zeitlich nicht verbundenen Sequenzen. Die Figuren des Romans, selber keine 'ganzheitlichen' Charaktere im traditionellen Sinne, finden keine Verbindung zu ihren Mitmenschen oder zu ihrer Umwelt. Sie werden deshalb auch im Bild des 'Ichs' als Knoten oder Zentrum beschrieben, von dem Energiestrahlen ausgehen. Die Strahlen symbolisieren den Versuch des Menschen, sich mit der Umwelt zu verbinden.

Trotz ihrer Kritik daran, daß der Einzelne isoliert, die Gesellschaft zersplittert ist, zeigt Woolf auf, daß es dem Menschen möglich ist, enge Verbindungen zu einigen wenigen Menschen herzustellen, gewisse Eindrücke zu Einheiten zu verbinden. Ihre Figur Eleanor äußert den Glauben an die Existenz eines übergeordneten Musters, das die einzelnen Partikel zu einem sinnvollen Ganzen zusammenfügt:

> 'And what were you thinking about me?' said Nicolas, [...] But what was she thinking about him? She was thinking of him in the **lump**; she could not break off **little fragments**. The restaurant had been smoky she remembered. [...] She knew exactly what he was going to say. He had said it before, in the restaurant. He is going to say, She is like a ball on top of a fishmonger's fountain. As she thought it, he said it. **Does everything then come over again a little differently?** she thought. If so, is there a **pattern; a theme, recurring, like music**; half remembered, half foreseen? ... a gigantic pattern, momentarily perceptible? The thought gave her extreme pleasure: that there was a pattern. But who makes it? Who thinks it? Her mind slipped. She could not finish her thought. (*Y* 397 f.; eigene Hervorhebungen)

Eleanors Muster besteht aus wiederkehrenden und andersartigen Elementen und entspricht so dem der Transformation inhärenten Prinzip von Kontinuität und Wandel. Es ist möglich, die Grundbausteine des Lebens zu immer neuen, aber auch kontinuierlichen und wiederkehrenden Mustern zusammenzufügen. Damit artikuliert Woolf eine Konstante ihres Werks: Sowohl Kontinuität als auch Wandel sind notwendig.

Die Autorin betont durch Verweise auf Strahlung die Kontinuität geistiger Energie. So bettet sie in den gesamten Text von *The Years* Bilder von Materie ein, die Energie ausstrahlt. Auffällig sind dabei die zahlreichen Verwendungen von *ray* und *radiate*. Sie beschreibt zum Beispiel das Verstreichen der Zeit:

„Slowly wheeling, like the rays of a searchlight, the days, the weeks, the years passed one after another across the sky" (*Y* 2).[432]

Eine Karte in Norths Jackentasche strahlt Szenen und Bilder der Vergangenheit aus, die die Gegenwart verdunkeln: „[...] for the card in his waistcoat pocket rayed out of its own accord without regard for the context scenes which obliterated the present moment" (*Y* 403).[433]

Gegen Ende des Romans scheint die gesamte englische Landschaft von innen zu strahlen:

> An edge of light surrounded everything. A red-gold fume rose from the dust on the roads. Even the little red brick villas on the high roads had become porous, incandescent with light, and the flowers in cottage gardens, lilac and pink like cotton dresses, shone veined as if lit from within. Faces of people standing at cottage doors or padding along the pavements showed the same red glow as they fronted the slowly sinking sun. (*Y* 329)

Durch diese Motive erweitert Woolf die Verweise auf Atommodelle und gestaltet eine Welt der geistigen Energie. Diese setzt sie der fragmentarischen und rein materiellen Welt entgegen, die mit den neuen Erkenntnissen über die atomare Struktur der Materie verbunden war. Ein solches Wissen ließ es unvorstellbar erscheinen, wie die einzelnen Bestandteile, die Atome, zusammenhielten. Das Bild der Alltagswelt zerfiel in Fragmente. Durch die Analogie zur Atomphysik behandelt Woolf in *The Years* das philosophische Problem des Verhältnisses von Materie und Geist. Sie macht darauf aufmerksam, daß es innerer, geistiger Kraft und Energie nicht nur auf der Ebene der Atome bedarf, um etwas zu schaffen.

### b. *The Waves*

In *The Waves* überträgt Woolf die naturwissenschaftliche Erkenntnis, nach der die Vorstellung der materiellen Welt nicht mehr auf dem antiken oder klassischen Atommodell beruht, auf ästhetische Kategorien. Die Romanfigur Bernard klagt darüber, daß sich Ideen nicht zu festen Kugelformen zusammenfügen lassen: „Ideas break a thousand times for once that they globe themselves entire. They break; they fall over me. Line and colours they survive, [...]" (*W* 119). Sie sind statt dessen in Analogie zum Rutherfordschen und Bohrschen

[432] Vgl. Killen 147 f.

[433] Als die Gesprächsgegenstände zu unerfreulich werden, verliert die Karte ihre ‚Strahlungskraft:' „And so they turned to Africa and the paucity of jobs. His exhilaration was oozing. The card no longer rayed out pictures" (*Y* 405).

Atommodell in ständiger Bewegung und zerfallen stets wieder, wenn sie einmal zusammengefunden haben.

Bernard hat sich von der alten Materievorstellung verabschiedet und weist auf die Bedeutung des naturwissenschaftlichen Paradigmenwechsels für die Literatur hin:

> Let us again **pretend that life is a solid substance, shaped like a globe,** which we turn about in our fingers. Let us pretend that we can make out a plain and logical story, so that when one matter is despatched – love for instance – we go on, in an orderly manner to the next. (*W* 178; eigene Hervorhebung)

Woolf kritisiert die Haltung traditioneller Literaten, die den Wandel des Weltbilds ebenso ignorieren wie die Notwendigkeit, die ästhetischen Mittel und Kategorien dem veränderten Wirklichkeitsverständnis anzupassen. Sie fordert also implizit, daß die Literatur auf den Wandel des Materiebegriffs reagieren müsse, der sich aus den Erforschungen des Atomaufbaus ergab. Materie schien hauptsächlich durch die immateriellen Kräfte bestimmt zu sein, erhalten doch die hauptsächlich aus leerem Raum bestehenden Atome ihre Stabilität durch die elektrischen Ladungen. Jeans weist darauf hin, wie bedeutsam für das 'Atomgebäude' der stofflichen Welt die den zwischen Elektronen und Kern wirkenden Energien sind:

> The exact weight of our atomic building is not simply the total weight of all its bricks; something must be added for the weight of the mortar – the electromagnetic energy – which keeps the bricks bound together.[434]

Diese philosophischen Implikationen physikalischer Erkenntnisse prägten das Weltbild vieler Leser und Leserinnen von Jeans' Werken, unter denen sich auch Woolf befand. Für die Schriftstellerin konnte auch die Literatur nicht mehr mit alten Materievorstellungen arbeiten, sondern mußte die Energien zu ihrem Gegenstand machen, die die Materie zusammenhalten. Von solchen Vorstellungen geprägte Literatur konnte also nicht mehr aus den rein 'stofflichen' literarischen Bausteinen, zum Beispiel Handlungselementen, bestehen.

Jeans vergleicht das Verhältnis von Materie und leerem Raum im Kohlenstoffatom[435] mit sechs Insekten, die durch die Waterloo Station fliegen:

> Even inside the atom we choose a point at random, and the odds against there being at least millions of millions to one. [...] a few wasps – six for the atom of carbon – flying around in Waterloo Station will represent the extent to which the atom is crowded with electrons – all the rest is emptiness.[436]

[434] Jeans, *The Universe around Us* 132.
[435] Das Kohlenstoffatom hat sechs Elektronen.
[436] Jeans, *The Universe around Us* 113 f.

Ein Blick auf die Personenebene in *The Waves* legt die Vermutung nahe, daß Woolf neue naturwissenschaftliche Erkenntnisse über Jeans rezipiert hatte und in ihren Romanen verarbeitete. Dies gilt insbesondere für den atomaren Materiebegriff. Während Jeans für sein Bild Wespen wählt, gestaltet Woolf ihre Figuren als Nachtfalter. Nevilles Beschreibung der Beziehungen unter den Freunden läßt sich als Analogie zu einem solchen neuen Atommodell deuten:

> [...] if it were not for Percival, **who turns all this to vapour**, one would feel, as the others already feel: Now is our festival; now we are **together**. But **without Percival there is no solidity**. We are **silhouettes, hollow phantoms moving mistily without a background**. (*W* 87; eigene Hervorhebungen)

Percival gleicht einem Atomkern, der die Elektronen zusammenhält, denn er verbindet die anderen Figuren. Ähnlich wie in einem Atom die Beziehungen zwischen den einzelnen 'Partikeln' entscheidend sind, sind für den Zusammenhalt des Freundeskreises die Kräfte[437] oder Gefühle bestimmend, die alle binden. Neville bezeichnet Percival als Gott, weil er das spirituelle oder energetische Zentrum ihrer Verbindung darstellt: „[...] regarding him as if he were – what indeed he is – a God" (*W* 97). Rhoda erläutert diese wichtige Rolle Percivals durch das Bild eines Steins, der Wasserwellen erzeugt:

> [...] he is like a stone fallen into a pond round which minnows swarm. [...] Like minnows, conscious of the presence of a great stone, we undulate and eddy contentedly. Comfort steals over us. Gold runs in our blood. (*W* 98)

Die Beziehung zwischen Percival und den anderen sechs Figuren erinnert an Jeans' Bild des Atoms als Stachelschwein, das das Verhalten des Elektronenschwarms verdeutlicht, der um den Atomkern schwirrt.[438] Die Figuren schwärmen um Percival ähnlich wie Elektronen um den Atomkern. Percival kontrolliert das Verhalten der sechs Freunde, die durch die Liebe zu ihm (vergleichbar mit den Anziehungskräften, die der Kern auf die Elektronen ausübt) in ihren Bewegungen bestimmt werden.

Die Atomphysik stellt den Literaten einen höchst anregenden metaphorischen Bereich zur Verfügung, der dafür geeignet ist, den ästhetischen Gedanken künstlerischer Umwandlung auszudrücken. Die Physik scheint so für den Gedanken materieller Umwandlung in Energie Anregungen geliefert zu haben: Atome können durch Strahlung Energie in Materie und Materie in Energie

---

[437] Die Kräfte werden als Analogie zu den Anziehungskräften zwischen den Elektronen interpretiert.

[438] Vgl. Jeans, *The Mysterious Universe* 48. Der populärwissenschaftliche Autor stellt stets die Bedeutung der elektromagnetischen Energie gegenüber den materiellen Bestandteilen des Atoms, den Elektronen, Protonen und anderen Partikeln heraus.

umwandeln, oder sie können chemische Bindungen mit anderen Atomen eingehen. Das kreative Prinzip dieser beständigen Verwandlungen von Materie durch Energie betont der Philosoph Gaston Bachelard: Weil ein Atom Energie aufnehme oder abgebe, wandele es seine Form. Die Energie verbinde sich mit der Materie in einem beständigen Strukturaustausch.[439]

Mit kreativen Energien und dem strukturellen Austausch von äußeren Einflüssen und geistiger Kraft setzt sich auch Woolf auseinander und gestaltet die Figurenkonstellation in *The Waves* in Analogie zum Atommodell. Bernard bezieht die Energie, die die Freunde umgibt, auf das Prinzip der Kreativität und bezeichnet sie als die Kraft, die etwas Unvergängliches schaffen könne:

> **We are creators**. We too have made something that will **join the innumerable congregations of past time.** We too, as we put on our hats and push open the door, **stride not into chaos**, but into a world that our own **force** can subjugate and make part of the illumined and everlasting road. [...] **The yellow canopy of our tremendous energy hangs like a burning cloth about our heads.** Theatres, music halls and lamps in private houses make that light. (*W* 104 f.; eigene Hervorhebung)

Der Beschreibung der immensen kreativen Energie als eines gelben Baldachins und brennenden Stoffs liegt das 'moderne' Atommodell zugrunde, das Bild einer um den Kern schwebenden Elektronenwolke.[440]

## 3. Einfluß atomphysikalischer Erkenntnisse auf das Verhältnis von Wirklichkeit und Fiktion in der Literatur

### a. Virginia Woolf – Auswirkungen der Atomphysik auf Wirklichkeitsauffassung und Ästhetik

Schon in ihrem 1919 veröffentlichten Essay „Modern Fiction" zeigt Woolf Interesse an der modernen Physik und eine Sensibilität für das durch die atomphysikalischen Erkenntnisse veränderte Weltbild. Sie vergleicht die Eindrücke, die die Welt in einem ‚gewöhnlichen Geist' hinterläßt, mit einem 'unaufhörlichen Atomregen:'

> Look within and life, it seems, is far from being like 'this.' Examine for a moment an ordinary mind on an ordinary day. The mind receives a myriad expressions – trivial, fantastic, evanescent, or engraved with the sharpness of steel. From all sides they come, an incessant shower of innumerable atoms; and as they fall, as they shape them-

[439] Vgl. Gaston Bachelard, *Der neue wissenschaftliche Geist,* transl. Michael Bischoff (Frankfurt a. M.: Suhrkamp, 1988) 69 f.

[440] Diese Parallele sieht auch Killen 114. Sie verzichtet allerdings darauf, die literaturtheoretische Bedeutung dieser Analogie zu untersuchen.

> selves into the life of Monday or Tuesday, the accent falls differently from of old; [...]. („Modern Fiction," *CE*, Vol. 2, 106)

'Wirklichkeit' setzt sich demnach aus unzähligen Atomen zusammen. Deshalb sind die entstehenden Gebilde nicht unveränderlich und fest, sondern vorübergehend. Woolf versteht die subatomare Ebene der physikalischen Wirklichkeit als Analogie zum 'inneren Leben.' Sie nimmt damit Abstand vom Newtonschen Weltbild, nach dem Objekte festgefügt und Geschehnisse eine lineare Abfolge sind: „Life is not a series of gig lamps symmetrically arranged; life is a luminous halo, a semitransparent envelope surrounding us from the beginning of consciousness to the end" („Modern Fiction," *CE*, Vol. 2, 106). Die Vorstellung des ‚Lichthofs' („luminous halo") gleicht dem Bohrschen Atommodell einer den Kern umgebenden Elektronenwolke und setzt sich ausdrücklich von älteren Konzepten ab, nach denen Atome kugelförmige Bausteine waren, aus denen das Universum 'symmetrisch arrangiert' war. Diese gewandelte Weltsicht verändert zugleich die Literaturästhetik:

> Is it not the task of the novelist to convey this varying, this unknown and uncircumscribed spirit, whatever aberration or complexity it may display, with as little mixture of the alien and external as possible? („Modern Fiction," *CE*, Vol. 2, 106)

Woolf sieht daher die Aufgabe einer Schriftstellerin darin, das Innere wiederzugeben. Sie interessiert sich eher für die atomare und subatomare Eben der Wirklichkeit als die den Sinnen zugängliche Welt, auf die noch die Gesetzmäßigkeiten der Newtonschen Physik zutreffen:

> Let us record the **atoms** as they fall upon the mind in the order in which they fall, let us **trace the pattern, however disconnected and incoherent in appearance**, which each sight or incident scores upon the consciousness. Let us not take it for granted **that life exists more fully in what is commonly thought big than in what is commonly thought small** [...]. („Modern Fiction," *CE*, Vol. 2, 107; eigene Hervorhebungen)

Eine Literatin muß nach Woolfs Ansicht nicht die Makro-, sondern die Mikroperspektive einnehmen und zum Gegenstand ihrer Kunst machen, wenn sie der atomaren Wirklichkeit gerecht werden will. Für Woolf ist Joyce ein solcher Schriftsteller, der in seinen Romanen das Innere des Menschen darstellt, ohne die Leseschaft durch eine zusammenhängende und wahrscheinliche Handlung an der äußeren Lebenswelt zu orientieren:

> [...] Mr Joyce is spiritual; he is concerned at all costs to reveal that innermost flame which flashes its messages through the brain, and in order to preserve it he disregards with complete courage whatever seems to him adventitious, whether it be probability, or coherence, or any other of these signposts which for generations have served to support the imagination of a reader **when called upon what he can neither touch nor**

> **see.** For the moderns 'that,' the point of interest, lies very likely in the dark places of psychology. („Modern Fiction," *CE*, Vol. 2, 107; eigene Hervorhebung)

Die Literatur hat einer Wirklichkeit Rechnung zu tragen, die sich immer wieder neu und anders aus Atomen zusammensetzt und in der Zusammenhang und Kontinuität nicht existieren. Die Funktionsweise der Welt ist den Sinnen nicht zugänglich, wie die moderne Physik nachweist, sondern kann nur erahnt werden. Einer solchen Welt entspricht eine Kunst, die sich nicht mit der sichtbaren Wirklichkeit, sondern mit den unsichtbaren, geistigen Vorgängen beschäftigt, den 'dunklen Plätzen der Psychologie.'

Die moderne Physik hat ein völlig neues Wirklichkeitsbild geschaffen, das unvereinbar neben das bereits existierende tritt. Die fast völlige Leere des Atoms als Resultat der frühen Untersuchungen zur Materie hat ein erkenntnistheoretisches Paradoxon zutage gefördert. Wie Eddington zuerst bemerkt hat, existieren nebeneinander zwei scheinbar unverträgliche Konzeptionen eines Alltagsobjekts. Diese Dualität der alltäglichen Welt verdeutlicht er am Beispiel eines Tisches.[441]

Während der Alltagstisch sich im Ruhezustand befände, braun und aus massivem Eichenholz gefertigt sei, bestehe der Rutherfords Wirklichkeitsbeschreibung entsprechende Tisch hauptsächlich aus leerem Raum zwischen Atomkernen und Elektronen. Der atomphysikalisch beschriebene Tisch besitze auch keine Eigenschaften wie Farbe. Ob und wie diese beiden Konzeptionen miteinander vereinbart werden können, sei fraglich. Die Tatsache, daß man ein Buch auf den Alltagstisch legen könne, ohne daß dieses durch den leeren Raum der Materie falle, sei durch die Gitterstruktur der Atomanordnung und die dazwischen wirkenden Kräfte erklärbar. Die makroskopischen Eigenschaften, etwa die Festigkeit und Undurchdringlichkeit des Makroobjektes, seien Ergebnis des dynamischen Zusammenwirkens vieler Teilchen auf der Mikroebene.[442]

Die makro- und mikrophysikalische Ebene scheinen zwei sich ergänzende Beschreibungen der Realität zu sein. Die objektive Wirklichkeit läßt sich nicht beweisen. Nur der Versuch, sie zu beschreiben, ist real. Der Tisch als Symbol für verschiedene Bilder der Wirklichkeit und als Anklang an die physikalische Sicht von Alltagsgegenständen läßt sich in *To the Lighthouse* wiederfinden.

---

[441] Vgl. Kanitschneider 82. Kanitschneider bezieht sich auf die deutsche Übersetzung von Eddingtons Werk: *Das Weltbild der Physik und ein Versuch seiner philosophischen Deutung*, Braunschweig 1931. Er macht keine genauen Angaben zu der Stelle, auf die er sich bezieht.

[442] Vgl. Kanitschneider 83.

Woolf gestaltet den Küchentisch der Ramsays zum Symbol für den Zweifel an der Existenz einer festen, erkennbaren Wirklichkeit, in der der Mensch ein Subjekt und ein Objekt unterscheiden kann. Nur in einer solchen findet er sichere Anzeichen für die Existenz einer außerhalb und getrennt von ihm existierenden Wirklichkeit vor. So antwortet Andrew, als Lily fragt, worüber Mr Ramsay in seinen Büchern schreibe: „'Subject and object and the nature of reality,' [...] 'Think of a kitchen table,' he told her, 'when you're not there'" (*LH* 23).

Der Küchentisch wird zum Ausdruck der bloß in der Vorstellungswelt des Subjekts existierenden Wirklichkeit:

> So she always saw, when she thought of Mr Ramsay's work, a scrubbed kitchen table. It lodged now in the fork of a peartree, for they had reached the orchard. And with a painful act of concentration, she focused her mind, not upon the silver-bossed bark of the tree, or upon its fish-shaped leaves, but upon a **phantom kitchen** table, one of those scrubbed board tables, grained and knotted, whose virtue seems to have been laid bare by years of muscular integrity, which stuck there, its four legs in the air. (*LH* 23; eigene Hervorhebung)

Mit einem ‚schmerzhaften Akt der Konzentration' trennt Lily Mr Ramsays Vorstellung der Realität von der eigenen, die bereits mit der Imagination verschmolzen ist („silver-bossed bark," „fish-shaped leaves"). Für Lily wird der 'Phantom-Küchentisch' zum Symbol für Mr Ramsays Wirklichkeitsauffassung, denn dieser reduziert die Realität auf die 'eckigen Essenzen:' „Naturally, if one's days were passed in this seeing of angular essences, this reducing of lovely evenings, with all their flamingo clouds and blue and silver to a white deal four-legged table [...]" (*LH* 23).

Mr Ramsay nimmt einen Teil der Realität nicht wahr, und zwar den des Gefühls und der Imagination, der seiner Frau zugeordnet ist („lovely evenings, with all their flamingo clouds and blue and silver"). Für Woolf hat der Künstler Imagination und Materie zu verbinden. Diese Anforderung ist in ihrem Ideal des androgynen Künstlers impliziert, dessen Kunstwerk der Gegensatz zwischen Stahlgerüst und Schmetterlingsflügeln charakterisiert. Beide Elemente verbinden sich in der Kunst und geben ihr Substanz und Halt:

> Lily repeated, turning back, reluctantly again, to her canvas. Heaven be praised for it, the problem of space remained, she thought, taking up her brush again. It glared at her. The whole mass of the picture was poised upon that weight. Beautiful and bright it should be on the surface, feathery and evanescent, one colour melting into an other like the colours on a butterfly's wing; but beneath the fabric must be clamped together with bolts of iron. It must be a thing you could ruffle with your breath; and a thing you could not dislodge with a team of horses. And she began to lay on a red, a grey and she began to model her way into the hollow there. (*LH* 146)

Auch wenn Mr Ramsay sich bemüht, die 'objektive Wirklichkeit' zu erkennen, so kommt sein Bild von der Realität, das auf harte Fakten und Materie reduziert ist, dieser nicht näher als dasjenige Mrs Ramsays. Die Physik selbst hat die Kluft zwischen Makro- und Mikroebene eingestanden und nachgewiesen, daß die Erkenntnis der Mikrowelt in den Bereich von Wahrscheinlichkeit und Vorstellung fällt. Dies drückt Lily im Symbol des Küchentisches aus:

> Thinking, night after night, she supposed – about the reality of kitchen tables, she added, remembering the **symbol** which in her vagueness as to what Mr Ramsay did think about Andrew had given her [...] The kitchen table was **something visionary, austere, something bare, hard, ornamental.** There was no colour to it; it was all edges and it was uncompromisingly plain. [...] He must have had his doubts about the table, she supposed, **whether the table was a real table;** whether it was worth the time he gave to it; whether he was able after all to find it. (*LH* 133; eigene Hervorhebung)

Der Tisch ist einerseits visionär und imaginär, andererseits hart und real. Angesichts dieser Doppeldeutigkeit des von Eddington ähnlich beschriebenen Gegenstands kann Lily den Tisch als Symbol ansehen und seine Realität anzweifeln.

Auch in *The Waves* verwendet Woolf den Tisch als Symbol für eine Wirklichkeit, in der Objekte lediglich den Anschein von Realität, Gegenständlichkeit und Stabilität besitzen. Bernard glaubt nicht mehr an diese Art von Wirklichkeit: „I begin to doubt the fixity of tables, the reality of here and now; to tap my knuckles smartly upon the edges of apparently solid objects and say, 'Are you hard?'" (*W* 204). Woolf begreift Realität in Einklang mit der modernen Physik als ständigen Prozeß atomarer Umwandlungen. Sie erhebt das Atom zum Symbol eines neuen Weltbilds, das die Vorstellung von Stabilität aufgegeben hat. In *The Waves* verzweifelt Rhoda an diesem Stabilitätsverlust:

> But this is a thin dream. This is a papery tree. Miss Lambert blows it down. Even the sight of her vanishing down the corridor **blows it to atoms. It is not solid**; it gives me no satisfaction [...]. (*W* 41; eigene Hervorhebung)

Der Ausdruck „blows it to atoms" ist wohl nicht als rein physikalische Ausdrucksweise aufzufassen, sondern zeigt vielmehr, daß die Vorstellung atomarer Fragmentierung schon Teil des allgemeinen Weltbilds und Sprachgebrauchs geworden ist. Die Redewendung verdeutlicht, daß die Realität für Rhoda ähnlich unstabil wie ein Traum ist. Infolge dieser Wirklichkeitswahrnehmung verschwimmen Traum und Realität zu einer untrennbaren Einheit. Rhoda beschreibt die Folge atomarer Erkenntnisse: Die geistige Ebene gewinnt in dem Maße an Bedeutung und an 'Wirklichkeit,' wie die Existenz und der Nachweis einer objektiven Realität unwahrscheinlicher werden.

Lily Briscoe vergleicht in *To the Lighthouse* ihre Fähigkeit, die Gefühle ihres Gegenübers zu erkennen, mit Röntgenstrahlung:

> Lily Briscoe knew all that. Sitting opposite him would she not see, as in an X-ray photography, the ribs and thigh bones of the young man's desire to express himself lying dark in the mist of his flesh – that thin mist which convention had laid over his burning desire to break into the conversation? (*LH* 77)

Während Röntgenstrahlen allerdings nur das materielle Gerippe eines Menschen sichtbar machen, sein Wesen jedoch nicht, kann Lily Gedanken lesen. Die Erkenntnisse der modernen Physik ermöglichten es, das Verhältnis von Materie und (geistiger) Energie neu zu bestimmen. Sie lieferten der Kunst neue Argumente und Analogien für die Darstellung geistigen Wirkens.

Jeans beschreibt das Zusammenspiel zwischen Materie und Dichtung in *The Mysterious Universe*. Ihm zufolge setzt Materie über Strahlung neurophysiologische Vorgänge in Gang, die in einem poetischen Gedanken resultieren können.[443] Die Kette von Ereignissen, die einen kreativen Prozeß stimuliere, könne wohl konstruiert werden, da es eine materielle Verbindung zu den Gedanken gebe. Die Natur dichterischen Schaffens sei jedoch nicht vorhersagbar, da Materie und Dichtung völlig verschieden seien.[444] Jeans stellt also ebenso wie Woolf die menschliche Imagination und Kreativität über den materiellen Bereich.

In einer Darstellung geistiger und kreativer Prozesse in *The Waves* überschneiden sich physikalische und ästhetische Begrifflichkeit:

> I marked the ease with which my mind adjusted itself to assimilate the message [...]; I observed my composure; I remarked with what magnificent vitality the **atoms of my attention** dispersed, swarmed round the interruption, assimilated the message, adapted

---

[443] Jeans beschreibt, wie sich atomare Strahlung auf die menschlichen Sinnesorgane und somit auf die Wahrnehmungskraft auswirkt: „And so we are led into the heart of the problem of the relation between mind and matter. Atomic disturbances in the distant sun cause it to emit light and heat. After „travelling through the ether“ for eight minutes, some of this radiation may fall on our eyes, causing a disturbance on the retina, which travels along the optic nerve to the brain. Here it is perceived as a sensation by the mind; this sets our thoughts in action and results in, let us say, poetic thoughts about the sunset. There is a continuous chain, *A, B, C ... X, Y, Z,* connecting *A* the poetic thought - through *B* the thinking mind, *C*, the brain, *D* the optic nerve, and so on - with *Z* the atomic disturbance in the sun. The thought *A* results from the distant disturbance *Z*, just as the ringing of the bell results from pulling a distant bell-rope“ (Jeans, *The Mysterious Universe* 124).

[444] Der Populärwissenschaftler erläutert den Zusammenhang atomarer Vorgänge und poetischer Gedanken: „We can understand how pulling a material rope can cause a material bell to ring, because there is a material connection all the way. But it is far less easy to see how a disturbance of material atoms can cause a poetic thought to originate, because the two are so entirely dissimilar in nature“ (Jeans, *The Mysterious Universe* 124).

> themselves to a new state of affairs and had **created**, [...] a richer, a stronger, a more complicated world in which I was called upon to act my part [...]. (*W* 185; eigene Hervorhebungen)

Woolf schildert Bewußtseinsvorgänge, die den gesamten kreativen Prozeß umfassen: wie die Imagination eine Botschaft wahrnimmt bis sie eine 'reichere, komplexere Welt' geschaffen hat. Mit dem Begriff *create* weist die Schriftstellerin auf das künstlerische Schaffen hin;[445] im Ausdruck ‚Atome meiner Aufmerksamkeit' verknüpft Woolf atomare und geistige Prozesse in einem Gedankengang, der an Jeans' Darstellung[446] erinnert. Der kreative Bewußtseinsprozeß gleicht einer atomaren Transformation, bei der sich Atome ständig anders verbinden und neue Formen schaffen. Das geistig-künstlerische Endprodukt dieses Umwandlungsprozesses ist eine 'reichere, stärkere und komplexere Welt' und damit der materiellen, 'wirklichen' Welt überlegen (Vgl. *W* 185).

Die Erkenntnisse der Physik über die atomare Beschaffenheit der Wirklichkeit bedeuten einerseits den Verlust der Vorstellung einer stabilen und der Erkenntnis zugänglichen Realität, andererseits eröffnen sie der Kunst zugleich neue Möglichkeiten, geistige Vorgänge zu beschreiben und zu bewerten. Atome symbolisieren nicht nur den 'Zerfall' der einheitlichen Wirklichkeit, sondern auch das kreative Prinzip der ständigen Umstrukturierung und Neuerschaffung: Dieser Grundsatz der Transformation macht die nach dem alten, Newtonschen Weltbild statische zu einer lebendigen und pulsierenden Welt.

### b. Aldous Huxley – Atome der Psyche

Huxley stellt wie Woolf ebenfalls einen Bruch der Realität infolge der Erkenntnisse in der Atomphysik fest. Indem er zwischen einem Tisch als Alltagsobjekt und als aus atomaren Verbindungen bestehendes Gebilde unterscheidet, diagnostiziert auch dieser Schriftsteller, daß der Mensch die Wirklichkeit gespalten wahrnehme:

> What has happened in the realm of psychology is analogous to what has happened in the realm of physics. The physicist who analyses any common object of sensuous experience comes at least to a subatomic universe not merely quantitatively, but even qualitatively different from the macroscopic world of daily life. The laws of nature which hold good when we are dealing with billions of atoms do not apply when we are dealing with thousands of unities. A table is radically different from the atoms of

[445] Auch der Begriff „composure," der ‚Ruhe, Verfassung' bedeutet und zugleich auf *to compose* anspielt, weist darauf hin, daß die Künstlerin sich in der Verfassung sieht, ein Kunstwerk zu schaffen.

[446] Vgl. Jeans, *The Mysterious Universe* 124.

> which it is composed. Some such difference seems to hold between characters and the individual states into which they can be analysed. („The Individual," *TP* 48)

Neben der sinnlich erfaßbaren Welt existiert eine subatomare, den Sinnen nicht zugängliche Wirklichkeit, die nicht als kontinuierlich gedacht werden kann. Die Diskontinuität dieser Welt wird von Huxley durch die atomare Perspektive erklärt, die er in seinem Roman *Eyeless in Gaza* aus Anthony Beavis' Sicht darstellt.

Beavis ist ein sogenannter *Higher Lifer*, der eine wissenschaftliche Distanz zum Leben einnimmt. Das so gekennzeichnete Individuum besitzt weder eine Verbindung zur Vergangenheit noch zur Zukunft. Darin allerdings gleicht Beavis allen Wissenschaftlern in Huxleys Romanen. Beavis selbst charakterisiert diese Haltung:[447]

> You live continuously and responsibly only in the other, Higher world. In this you detach yourself from your past; you refuse to commit yourself to the future; you have no convictions, but live moment by moment; you renounce your own identity, except as a Higher Lifer, and become just the **succession of states**. (*EG* 173; eigene Hervorhebung)

Die in eine lose Folge von Zuständen zersplitterte Identität erinnert an Woolfs Schilderung von Eleanors Leben in *The Years* (Vgl. *Y* 244 f.). Huxleys Figur sieht die Ursache für den Zusammenbruch traditioneller Identität im Zerfall der Materie in atomare Partikel. Seine Reflexionen über ‚Atome der Erfahrung' erscheinen wie ein Kommentar zu Woolfs „Modern Fiction:" „Thanks to the novelists and professional psychologists, we can think of our experience in terms of atoms and instants as well as in terms of lumps and hours" (*EG* 141).[448]

Anthony Beavis beschreibt die aus den Erkenntnissen der Atomphysik resultierende Vorstellung der Materie: „Matter, analysed, consists of empty space and electric charges. Take a woman and a washstand. Different in kind. But their component electric charges are similar in kind" (*EG* 140). Er erläutert seine Sicht von Persönlichkeit in Analogie zum 'materiellen Atomismus' als 'psychischen Atomismus:' „[...] human experience is analogous to matter. Analyse it – and you find yourself in the presence of psychological atoms" (*EG* 140). Analysiere man Materie oder kohärente Vorstellungen, würden beide Ebenen der Wirklichkeit zerfallen. Wenn man Erfahrung und Persönlichkeit 'mikroskopisch' betrachtete, käme man zu ähnlichen Ergebnissen wie

[447] Vgl. Reese 186 f.
[448] Vgl. Reese 187.

bei der Mikroanalyse der Materie: „A lot of these atoms constitute normal experience, and a selection from normal experience constitutes „personality." Each individual atom is unlike normal experience and still more unlike personality" (*EG* 140 f.).

Da sich die Atome glichen, gebe es auf der Mikroebene der Wirklichkeit keinen Unterschied zwischen 'einer Frau und einem Waschbecken' oder 'der Erfahrung Napoleons und Wellingtons.' Beavis' zynische Parallelisierung von Geist und Materie gipfelt darin, daß er die Vorstellung fester Materie als eine ebensolche Illusion bezeichnet wie den Glauben an kohärente Erfahrungen und Persönlichkeit. Nur wegen seiner groben Sinnesorgane ginge der Mensch von der Existenz fester Materie aus, obwohl doch die Physik diese Vorstellung schon widerlegt habe. Ähnlich liege es allein an seinen unzulänglichen geistigen Fähigkeiten, daß der Mensch weiterhin an eine kohärente Geisteswelt glaube: „Our world and we who live in it are the creations of stupidity and bad sight" (*EG* 141).

Im weiteren Verlauf seiner Argumentation unterscheidet Beavis zwischen ‚Gesamterfahrung' als Summe aller ‚psychologischen Atome oder Augenblicke' einerseits und ‚Erfahrung am Stück und nach Stunden' oder ‚Fühlen und Denken' andererseits (*EG* 141). Zugleich gesteht er ein, daß die Techniken psychologischer Analyse bis zum zwanzigsten Jahrhundert verfeinert worden seien und daß die Literatur an diesem Prozeß ihren Anteil gehabt habe.[449]

Shakespeare ist für Huxley als Vorreiter der atomaren Perspektive der Psyche in der Literatur beispielhaft für seine Zeit. Der Autor legt seiner Figur einige provozierende Bemerkungen über die Figur des Hamlet in den Mund. Beavis entdeckt sogar eine Tradition dieses Phänomens von Blake bis Proust and Lawrence, die möglicherweise in die Richtung eines neuen 'atomistischen' Persönlichkeitsideals weise. Dessen Verwirklichung wird dem Leser aber kaum wünschenswert erscheinen, denn im abschließenden Teil seiner Argumentation erwähnt Beavis als einziges Kohärenzprinzip zwischen den einzelnen psychologischen Atomen das des Körpers mit der Psyche:[450]

> Each man a succession of states enclosed in the flesh of his own side. And if any other principle of coherence were needed, there was always some absorbing and delightful intellectual interest, like sociology, for example, to supplement the persisting body. (*EG* 150)

[449] Vgl. Nugel, „Literary Criticism in the Modern Novel: Huxley's Response to Joyce," ed. Jerome Meckier, *Critical Essays on Aldous Huxley* (London et al.: C. K. Hall, 1996) 121.

[450] Vgl. Nugel „Literary Criticism in the Modern Novel" 121 f.

Auch in seinen Essays analysiert Huxley die Bewußtseinsfragmentierung infolge der Erkenntnisse der Atomphysik. In „Art“ betont er die Wurzeln, die das ‘atomistische’ Denken bereits in der Antike hatte und unterscheidet zwei Methoden, die Wirklichkeit zu erklären. Die eine konzentriere sich auf die ‚atomaren Elemente der Wirklichkeit.‘ Sie werde durch Demokrit und Lukrez repräsentiert sowie durch die moderne Physik und Chemie seit Galileo und Newton fortgesetzt. Die andere habe eine makroskopische Sicht und beschäftige sich mit den Formen in großem Maßstab („gestalten of nature“) („Art,“ *HS* 186 f.).

Huxley sieht den antiken Ansatz des atomistischen Denkens in der modernen Literatur fortgesetzt und nennt als Hauptvertreter dieser mikroskopischen und fragmentarischen Sicht Lawrence, Richardson und Joyce:

> In modern literature we can find examples in D.H. Lawrence’s *Women in Love*, in Dorothy Richardson’s novels, and in parts of James Joyce’s novels, where the concentration of attention seems to be on psychological elements so small – **psychological atoms**, so to speak – that they are below the level of character and narrative. **There is an analogy here with the smallest particles of physics and chemistry**. In chemistry the molecule is below the level of colour and of temperature. The atom and the sub-atomic particles are still lower – they are even below the level of chemistry. („Art,“ *HS* 187; eigene Hervorhebungen)

Für die Tendenz moderner Literatur, die der bloßen Betrachtung sonst nicht zugängliche Ebene des Unterbewußtseins darzustellen, wählt Huxley den Begriff der ‚psychologischen Atome.‘ Mit dieser Bezeichnung ordnet er das Phänomen als Parallele oder sogar Folge der atomphysikalischen Erkenntnisse ein. Der Autor sieht Vorteile der mikroskopischen Betrachtung moderner Literatur, denn ebenso wie die molekulare, atomare oder subatomare Betrachtung der Physik und Chemie eine neue Ebene der Natur zu erkennen erlauben, ermöglichen die ‘Elementarteilchen bemerkenswerte Einsichten in die Realität.’ Er sieht auch in anderen künstlerischen Disziplinen ‚atomare‘ Tendenzen.[451]

Allerdings sieht Huxley die wichtigere Aufgabe der Kunst darin, die in der Anordnung der ‘Elementarteilchen’ sichtbaren Muster zu deuten. Die Trans-

[451] In der Musik zählt Huxley dazu die Werke des französischen Komponisten Pierre Boulez, dessen Töne ‘beinahe atomistisch’ seien, da sie sich ‘unterhalb’ der Melodie oder anderer Konstruktionen befänden. Die Gemälde Jackson Pollocks bestünden aus atomaren Formelementen und seien ‘unterhalb’ des Niveaus von Struktur im herkömmlichen Sinn und natürlich von jeglichen Ansätzen zur wirklichkeitsgetreuen Darstellung. Vgl. „Art,“ *HS* 187 f.

formationsleistung der Kunst bestehe darin, die Zeichen der physikalischen Wirklichkeit in künstlerische Symbole zu übersetzen:

> In general, art has concentrated on the formal elements; [...] not on the atoms composing the reality but on the general pattern. It has looked for these patterns in the outside world and it has sought, by means of symbolic equivalents of these patterns, to impose an overall order and meaning on the reality which it finds so confusing [...]. („Art," *HS* 188)

Der Autor hebt den Begriff des Musters („pattern") hervor: Das Muster ist ein Gegenbegriff zu Atom, ist jedoch nicht naturwissenschaftlich geprägt. Huxley betont die synthetische Leistung des Künstlers, der die einzelnen 'Atome' der Realität übergeordneten Mustern zuzuordnen und so zusammenzufügen hat. Der Künstler ist in der Welt auf der Suche nach Mustern, denen er in seiner Kunst dadurch Bedeutung verleihen kann, indem er sie in eine metaphorische Ebene umformt. Der Künstler soll dabei die Muster der Wirklichkeit nicht durch seine Kunst ersetzen, sondern erhalten.

In „Art" setzt sich Huxley ausführlich mit der Metapher auseinander und erläutert, wie Assoziationen aus der Wirklichkeit durch Verfahren des Abstrahierens, Kombinierens, Verschmelzens zu einem neuen sprachlichen Ausdrucksmittel transformiert werden sollen. Er greift dabei erneut auf die romantische Literaturtheorie zurück und bezieht sich auf Coleridges Definition der Imagination, wenn er seine eigene Vorstellung der imaginativen Transformation formuliert: „This bringing together of disparate and often apparently irrelevant or even mutually hostile objects of knowledge or experience, and fusing them together in a single whole, is extremely important in all considerations of artists" („Art," *HS* 191).

Dieser Gedanke umfaßt erneut die Vorstellung des Künstlers als Umformers, der die 'Elementarteilchen' lediglich anders anordnet, ohne die Grundelemente und -strukturen zu zerstören, sondern den Bezug zur Wirklichkeit in der Kunst erkennbar werden ließe. Vor allem wird an dieser Stelle der Gedanke artikuliert, daß Literatur bei ihrer Transformation der Realität in Kunst der Wirklichkeit erst eine Bedeutung zu geben habe, die für den Menschen sonst nicht erkennbar sei. Diese Forderung scheint eine Konstante moderner Literaturästhetik zu sein.[452] Sie ist in Zusammenhang mit der physikalischen Forschung

---

[452] Hier wird jedoch nicht behauptet, diese Tendenz sei erst in der Moderne ‚entstanden.' Sie setzt vielmehr die Literaturästhetik der Romantik fort. Die Romantiker hatten als Reaktion auf die naturwissenschaftliche Realitätsbeschreibung die ‚esemplastische Imagination' (Coleridge) als eine Kraft definiert, die der Wirklichkeit eine Deutung verleihen und die unverbundenen Fakten zu einem sinnvollen Ganzen formen sollte. Während die Romantiker diese Vor-

zu sehen, die nachgewiesen hat, daß objektive Wirklichkeit dem Menschen mit seinen beschränkten Sinnesorganen nicht zugänglich ist.

## III. Bedeutung der Wellentheorie für die Vorstellung literarischen Schaffens

### 1. Physikalische Wellentheorie und ihre Rezeption in der Kunst

#### a. Wellen- und Partikelcharakter von Licht und Farbe

Im Jahre 1803 hatte Young Newtons Lehren vom Licht widerlegt und bewiesen, daß dieses nicht aus Partikeln sondern aus Wellen bestand. Im Jahre 1905 veröffentlichte Einstein seine Arbeit über den photomechanischen Effekt, für die er aber erst 1921 den Nobelpreis erhielt. In seiner Untersuchung wies er nach, daß Licht partikelartig ist, da es in Quanten absorbiert und emittiert wird. Er behauptete zugleich, daß jegliche Energie aus Quanten bestehe, das heißt nur in ganzen Einheiten vorkomme, die auch Photonen genannt würden. Diese Quanten oder Photonen sprachen dem Licht seinen Partikelcharakter zu. Sowohl Young als auch Einstein bewiesen ihre Thesen experimentell, auch wenn sich die Ergebnisse zu widersprechen schienen. Der Grund dafür lag in der Dualität des Lichts, das entweder seine Wellen- oder seine Partikelnatur zeigt, je nach Art des gewählten Versuchsaufbaus.[453]

Der Wellencharakter des Lichts ist für das Farbspektrum verantwortlich. Die verschiedenen Farben des Lichts können getrennt und zu einem regenbogenartigen Farbspektrum aufgespalten werden, indem man einen Lichtstrahl durch ein Prisma schickt. Das Licht wird auf diese Weise in Wellen verschiedener Wellenlängen gespalten, die dann unterschiedliche Farben erzeugen.[454]

Die Erkenntnis über den Zusammenhang von Farbspektrum und dem Wellencharakter des Lichts ist im Zusammenhang mit Kunst und Kunsttheorie besonders hervorzuheben. So zeigt Woolfs häufige Beschreibung des Himmelsblaus, daß die Wirkung der Farbe nicht mehr von der Kenntnis der subatomaren physikalischen Theorien getrennt werden kann.

---

stellung noch in Opposition zur mechanistischen Naturwissenschaft formulierten, hegt die moderne Naturwissenschaft keinen Anspruch mehr, Natur oder Wirklichkeit objektiv erkennen zu können. Die modern Dichtungstheorie befindet sich in diesem Punkt also im Einklang mit der Naturwissenschaft.

[453] Vgl. David Overstreet, „Oxymoronic Language and Logic in Quantum Mechanics and James Joyce,“ *Substance* 28 (1980): 39.

[454] Die Wellenlänge in einem System von Wellen entspricht der Entfernung zwischen den Wellenkämmen zweier Wellen. Vgl. Jeans, *The Universe around Us* 129.

Bachelard zufolge haben die Forschungen zur Ionisation das Blau des Himmels erklärt und dabei den entscheidenden Aspekt von der Materie auf die Strahlung verschoben. Das gewaltige Himmelsgewölbe erscheine blau, sei aber für uns keine stoffliche Eigenschaft mehr. Das Blau besitze daher ebensowenig wirkliche Existenz wie das Himmelsgewölbe.[455]

Das Himmelsblau dient Woolf als Symbol für Materielosigkeit und Distanz und bildet so einen Kontrast zur materiellen Erde:

> Beyond that was blue, pure blue, black blue; blue that had never filtered down; that had escaped registration. It never fell as sun, shadow, or rain upon the world, but disregarded the little coloured ball of earth entirely. No flower felt it; no field; no garden. (*BA* 30)

Die materielle Existenz von Erde und Menschen wird angesichts der ästhetischen Wirkung des materiell nicht existierenden Blaus unwichtig. Woolf betont auf diese Weise ihren Wunsch, sich von der materiellen Existenz zu distanzieren und ihre Bedeutung zu relativieren.

Blau und Lila weisen auf die Welt der Imagination hin und ermöglichen es, sich gedanklich von der Erde zu distanzieren:

> Now again, moved as she was by some instinctive need of **distance and blue**, she looked at the bay beneath her, making hillocks of the blue bars of the waves, and stony fields of purpler spaces [...]. (*LH* 154; eigene Hervorhebung)

Daß Woolf Entfernung und Blau als Eigenschaften des Himmels verknüpft, zeigt, daß sie die Farbe mit deren physikalischen Eigenschaften und zugleich mit einem Symbolwert verbindet. Da Farben keine materielle Existenz, sondern Strahlungs- und Energiecharakter besitzen, weist Woolf ihnen in ihren Werken rein metaphorischen Charakter zu und macht sie zum Ausdruck emotionaler oder ästhetischer Inhalte.

### b. Wellen- und Partikelcharakter der Materie

Nach Jeans besitzt nicht nur das Licht bald Wellen-, bald Teilchencharakter, auch Elektronen und Protonen, die grundlegenden Einheiten aller Materie träten mal als Teilchen, mal als Welle auf. Diese Tatsache erhält für ihn den Glauben an die Einheitlichkeit der Natur.[456]

[455] Vgl. Bachelard 69 f.

[456] Vgl. Jeans, *The Mysterious Universe* 35: „Clearly we can only preserve our belief in the uniformity of nature by making the supposition that particles and waves are in essence the same thing.“

Die Physiker Louis de Broglie und Erwin Schrödinger haben die Dualität des Lichts berücksichtigt und Mitte der zwanziger Jahre einen Ansatz entwickelt, nach dem Partikel nicht mehr als elektronisch aufgeladene Teilchen, sondern als eine Gruppe von Wellen interpretiert werden. Mit dieser Theorie haben sie den Zweig der mathematischen Physik gegründet, der Quantenmechanik heißt und zwischen zwei Arten von Wellen unterscheidet. Materie (Elektronen und Protonen) besteht in Jeans' Worten aus ‚gefrorener Strahlung' oder ‚Wellen in Flaschen,' das heißt aus Wellen, die sich schneller als mit Lichtgeschwindigkeit bewegen. Im Gegensatz zu den Wellen der Strahlung bewegen sie sich nicht linear, sondern als stehende Wellen im Kreis.[457]

Das heißt jedoch nicht, daß Materie und Strahlung, Partikel und Welle ein und das selbe sind. Der Prozeß der Transformation von Materie zu Strahlung besitzt große Bedeutung. Beide können ineinander übergehen:

> The two may be interchangeable, one passing into the other as the chrysalis passes into the butterfly – to which, as we shall see below, some scientists might think it necessary to add „and as we can imagine the butterfly to pass back into the chrysalis."[458]

Für die Philosophie sind verschiedene Aspekte der Quantentheorie von Interesse. Weil Energie nur in Quanten vorkommt, kann sie entweder als Welle oder als Strom von Partikeln verstanden werden. Zugleich interpretiert de Broglie Materie ebenfalls als Verbund von Partikeln oder als Systeme von stehenden Wellen.[459]

Die Heisenbergsche Unschärferelation, die mit der Welle-Partikel-Dualität zusammenhängt, ist ein weiterer Aspekt der Quantentheorie, dessen Rezeption geistesgeschichtliche Relevanz besitzt. Im Jahre 1927 wies der Physiker Werner Heisenberg nach, daß es unmöglich ist, in ein und demselben Experiment zugleich die Position und den Impuls[460] eines Objekts präzise zu messen. Die Unschärferelation gilt nur für Objekte der subatomaren, nicht der alltäglichen Welt.[461]

Insgesamt bedeutet die Quantentheorie eine neue Sicht der Materie. Jeans betont die Relevanz des Wellencharakters für das Verständnis subatomarer Vor-

---

[457] Vgl. Jeans, *The Mysterious Universe* 68 f.

[458] Jeans, *The Mysterious Universe* 68.

[459] Vgl. M. Keith Booker, „Joyce, Planck, Einstein, and Heisenberg: A Relativistic Quantum Mechanical Discussion of *Ulysses*," *JJQ* 27,3 (1990): 577 f.

[460] Der Impuls ist eine Bewegungsgröße. Sie ist das Produkt aus der Masse eines Körpers und seiner Geschwindigkeit.

[461] Vgl. Booker: 578.

gänge und damit auch der grundlegenden Natur unseres Universums. Die Partikeleigenschaften seien hingegen im wesentlichen auf die Natur im Großen beschränkt. Solange die Physik sich nur mit diesen beschäftigt habe, sei es möglich gewesen, die Vorstellung aufrecht zu erhalten, Materie und Strahlung bestünden aus Partikeln. Sobald die Wissenschaft nicht mehr nur die ‚Welt im Großen' untersucht sondern begonnen habe, die Mikroebene zu erforschen, hätten sich sowohl Materie als auch Strahlung in Wellen aufgelöst. Letzteren müsse die Aufmerksamkeit gelten, wolle man das Universum physikalisch verstehen: „Here the ultimate nature of things lies hidden, and what we are finding is waves. In this way we are beginning to supect that we live in a universe of waves, and nothing but waves."[462] Damit verschwanden die 'klassischen' Atome als feste Bausteine der Materie endgültig aus dem Weltbild. Die Welt wurde zu einem Universum von Wellen.[463]

Man verstand die Unschärferelation als Nachweis dafür, daß es der Physik unmöglich sei, die Natur objektiv zu erklären. Physiker deuteten sie ebenso wie Philosophen als eine Absage an den Determinismus und Positivismus der Naturwissenschaften vor dem zwanzigsten Jahrhundert. Heisenberg stellte in der Unschärferelation eine mathematische Formel auf, die dieser Doppeldeutigkeit Rechnung trug und die Grenzen der Genauigkeit für die gleichzeitige Messung von Position und Impuls deutlich werden ließ.[464] Er selbst sah die Implikationen der modernen Physik für das Weltbild und war maßgeblich an den Überlegungen der Physiker in Kopenhagen zur philosophischen Bedeutung der Quantenphysik beteiligt.[465]

---

462 Jeans, *The Mysterious Universe* 39.

463 Welch großen Stellenwert Jeans der Reduktion des Universums auf Wellen beimaß, läßt sich allein daran erkennen, wie häufig er diesen Gedanken wiederholt, so zum Beispiel in *The Mysterious Universe* 69: „To sum up the main results of this and the preceding chapter, the **tendency of modern physics is to resolve the whole material universe into waves, and nothing but waves.** These waves are of two kinds: bottled-up waves, which we call matter, and unbottled waves, which we call radiation or light. The **process of annihilation of matter** is merely that of unbottling imprisoned wave-energy and setting it free to travel round space. These concepts **reduce** the whole universe to a **world of radiation**, potential or existent, and it no longer seems surprising that the fundamental particles of which matter is built should exhibit many of the properties of waves" (eigene Hervorhebungen).

464 Vgl. Booker: 578 f. Vgl. auch Hayles, *The Cosmic Web* 50.

465 Heisenberg beschäftigte sich in zahlreichen Publikationen mit der Verbindung von Physik und Philosophie, insbesondere in *Physik und Philosophie* sowie in *Der Teil und das Ganze. Gespräche im Umkreis der Atomphysik* (München: Piper, 1969). Von Weizsäcker beschäftigt sich mit den philosophischen Implikationen der physikalischen Erkenntnisse Heisenbergs sowie dessen eigenen philosophischen Thesen ausführlich in *Werner Heisenberg* (München: Hauser, 1977), aber auch in den anderen, oben zitierten Arbeiten zur Philosophie der Physik.

Bohr interpretierte die Welle-Partikel-Dualität als Prinzip der Komplementarität, das für ihn die Einnahme beider Perspektiven notwendig machte. Da es unmöglich ist, beide Verhaltensweisen bei Materie oder Strahlung gleichzeitig experimentell zu untersuchen und nachzuweisen, bestimmt bereits die Versuchsanordnung das Ergebnis. Die Untersuchung der Natur ist unvollständig, solange nicht sowohl Wellen- als auch Partikeleigenschaften berücksichtigt werden.[466]

Bohrs and Heisenbergs Interpretationen der Unschärferelation sind als 'Kopenhagener Deutung der Quantenmechanik'[467] bekannt geworden. Die außerordentliche Bedeutung ihrer Aussagen lag darin begründet, daß Physiker sich aufgrund ihrer eigenen Entdeckungen gezwungen sahen, die Vorstellung aufzugeben, daß es möglich sei, die Realität durch rationales Denken vollständig zu verstehen. An diesem Punkt konnte sich Einstein der Deutung nicht mehr anschließen.[468]

Bohrs Standpunkt unterschied sich von dem Heisenbergs darin, daß er die Unschärferelation in engem Zusamenhang mit den Grenzen der Sprache sah. Nach Bohr beschrieben die Bezeichnungen 'Welle' und 'Teilchen' Materie und Energie in Übereinstimmung mit der klassischen Physik. Da sie aber weder das eine noch das andere seien, bleibe jede der beiden Beschreibungen alleine unvollständig. Bohr forderte deshalb Phänomene komplementär zu beschreiben.[469]

### c. Rezeption der Quantenphysik durch Virginia Woolf

Es ist mittlerweile ein Gemeinplatz der Literaturkritik, daß der *stream-of-consciousness* Roman eine Antwort auf die Quantenphysik sei. Wenige Autoren machen sich jedoch die Mühe, diese These durch eine Analyse der entspre-

[466] Vgl. Overstreet: 39.

[467] Vgl. Heisenberg, *Physik und Philosophie* 28-41.

[468] Vgl. zu den philosophischen Inhalten der Kopenhagener Deutung auch Zukav 54-58. Die Kopenhagener Deutung besagte, daß die Eins-zu-Eins-Zuordnung von Realität und Theorie unmöglich sei. Ihr zufolge operiere der Verstand nur mit Ideen und vermöge nichts anderes als diese Vorstellungen zu verarbeiten. Damit widersprach sie dem traditionellen wissenschaftlichen Wahrheitsideal, das dem Glauben an eine absolute, unabhängig vom menschlichen Geist existierende Wahrheit verpflichtet war. Der Verstand kann Realität nicht erkennen, sondern lediglich Ideen von der Realität entwickeln. Eine solche Überzeugung vereinigte den rationalen Teil unseres Geistes wieder mit dem irrationalen Aspekt, der seit dem 18. Jahrhundert verdrängt worden war. Eine Darstellung von Kritik und Gegenvorschägen zur Kopenhagener Deutung findet sich bei Heisenberg, *Physik und Philosophie* 104-119.

[469] Vgl. Hayles, *The Cosmic Web* 52.

chenden Werke nachzuweisen oder ihren Texten konkrete Hinweise auf physikalische Analogien zu entnehmen.

Die Arbeit von Killen stellt insofern nicht nur eine Ausnahme dar, sondern leistet in der textimmanenten Untersuchung physikalischer Vorstellungen in den Werken von Woolf in weiten Teilen Pionierarbeit. Allerdings weist sie zwar Anspielungen auf die Quantenmechanik anhand von Textbelegen nach, deutet aber selten den Verwendungszweck dieser Metaphern aus. Außerdem geht sie in ihrer Untersuchung von dem Gemeinplatz aus, daß Woolf das Thema des Unterbewußten deshalb aufgegriffen habe, weil sie die quantenmechanischen Theorien rezipiert habe:

> Woolf' s treatment of inner processes, consciousness and subconscious, is a hint that her novel inhabits the quantum universe. Woolf recognizes and uses quantum physics' most radical departure from classical physics, its belief that no reality exists independent of an observing and measuring mind. As we have seen, the theories of Bohr and Heisenberg affirmed that no longer can the scientist escape the self.[470]

Einerseits ist die Behandlung der Psyche keinesfalls ohne Freud und Jung denkbar, auf die ein Einfluß der Quantenmechanik noch nicht nachgewiesen werden konnte. Andererseits entsteht eine geistesgeschichtliche Tendenz nicht durch einseitige Einwirkung. Deshalb geht die vorliegende Arbeit von einer weitgehenden Gleichzeitigkeit gewisser Strömungen in Geistesgeschichte und Naturwissenschaften aus. Als das alte, Newtonsche Weltbild brüchig wurde, suchten sowohl Künstler und Philosophen als auch Naturwissenschaftler nach neuen Antworten auf bestimmte Fragen.[471] Sie regten sich dabei gegenseitig an: Philosophen wirkten auf die Richtung ein, in der Naturwissenschaftler forschten, und Literaten sahen ästhetische Konzepte durch die Naturwissenschaften bestätigt oder fanden neue Anregungen und Analogien für ihre ästhetischen Vorstellungen. Daß die Erkenntnisse der modernen Physik aus derselben Kritik am bestehenden, statischen Newtonschen Weltbild entstammen wie die philosophischen und literarischen Ideen, darf nicht übersehen werden. Deshalb formten Künstler und Naturwissenschaftler gleichermaßen das neue, dynamische Weltbild und bewirkten den Paradigmenwechsel.

---

[470] Killen 95 f.

[471] Von dieser parallelen Entwicklung geht auch Miriam Marty Clark aus, in: „Consciousness, Stream and Quanta in *To the Lighthouse*," *Studies in the Novel* 21 (1989): 414: „A similar parallel evolution, culminating in the mid-1920s, would account for the significant parallels between *To the Lighthouse* and quantum physics. A related argument might be that Woolf's work and that of the post-Newtonian physicists of her time emerge from the same rupture and so are connected in ways which cannot be described as influence or parallel."

Die Quantenphysik galt als Inbegriff der neuen Physik. Ihre philosophischen Implikationen und die Bedeutungen für das Weltbild waren äußerst vielschichtig. Die Erkenntnis, daß das Universum nicht aus den unzerstörbaren Bausteinen, den Atomen aufgebaut ist, sondern aus Wellen besteht, war mit der Vorstellung ständigen Werdens und Vergehens verknüpft, die sich in der Literatur in der Symbolik der Welle und des Fließens äußerte. Damit konnten Literaten auf die seit der Antike bestehende Tradition des Flusses oder Fließens als Symbol des Wandels zurückgreifen und mit physikalischen Themen verknüpfen und einen neuen semiotischen Verweisstrang hinzufügen.

## 2. Übertragung quantenphysikalischer Analogien auf literaturästhetische Vorstellungen

### a. Welle-Partikel-Dualität bei Virginia Woolf und Aldous Huxley

Heisenbergs Unschärferelation war das Ergebnis seiner Untersuchungen des Verhaltens von Partikeln mit einem Gamma-Strahlungs-Mikroskop. Er stellte fest, daß der Lichtstrahl, das Lichtquantum, das benutzt wurde, um das Elektron zu beobachten, ausreichte, um die Bewegung der Partikel zu verändern. Es war unmöglich, sowohl Position als auch Impuls eines Teilchens zu messen: Ließ sich mit einem starken Lichtstrahl nur die Position gut ermitteln, konnte mit einem schwachen lediglich der Impuls bestimmt werden.[472]

Heisenbergs Unschärferelation begründete sich also durch das Meßverfahren. Dem Lichtstrahl sowie dem Beobachter kam eine neue Rolle zu: Sie nahmen Einfluß auf das Versuchsobjekt selbst und konnten in sein Verhalten eingreifen. Es schien keine Möglichkeit zu geben, ein Objekt zu beobachten, ohne daß eine Interaktion zwischen Subjekt und Objekt, also eine Störung stattfand. Beide waren so zu einem untrennbaren Ganzen miteinander verbunden.[473]

Unter Bohrs Einfluß gelangte Heisenberg zu der These, daß der Meßvorgang die Ergebnisse bestimme und das zu einer Aktualität werden ließe, was vorher ein Potential gewesen sei. Er schlug deshalb vor, den Begriff des Objekts als 'Ding an sich' durch das aristotelische Konzept der '*Dynamis*' zu ersetzen.

[472] Heisenberg wies nach, daß das Elektron zu dem Zeitpunkt, in dem das Licht auf die Mikroskoplinse zurückgeworfen wurde, schon längst einen anderen Weg verfolgte, weil die Beobachtung es gestört hatte. Wenn der Physiker Licht einer niedrigeren Frequenz benutzte, um das Partikel nicht zu stören, konnte er aufgrund der längeren Wellenlänge kein so scharfes Bild erhalten, also das Elektron nicht genau lokalisieren. Vgl. Hayles, *The Cosmic Web* 50 f.

[473] Vgl. Hayles, *The Cosmic Web* 51.

Die Potenz ist ein Mittelding zwischen der Vorstellung eines Ereignisses und dem Ereignis selbst, zwischen Möglichkeit und Realität. Nach Heisenberg wird durch die Interaktion mit dem beobachtenden System das Potential teilweise in eine Aktualität transformiert. Es verliert seine Qualität als 'Potenz' niemals ganz, denn es verbleibt ein Rest an Unbestimmtheit.[474]

Sowohl Woolf als auch Huxley beziehen sich in ihren Werken implizit oder auch ausdrücklich auf die Welle-Partikel-Dualität und verstehen sie als Analogie für literaturästhetische Vorstellungen.

- **Subjekt-Objekt-Verschmelzung in der Unschärferelation**

Die meisten modernen Schriftsteller bilden in ihrer Kunst keine objektiv existierende Wirklichkeit mehr ab. Damit befanden sie sich in Einklang mit den Physikern, die in der Kopenhagener Deutung die Möglichkeit einer rationalen, wissenschaftlichen Erkenntnis der Wirklichkeit bezweifelten. Woolf nimmt auf die in Kopenhagen vereinbarte Deutung der Quantenphysik in *Between the Acts* Bezug: „It's odd that science, so they tell me, is making things (so to speak) more spiritual. [...] The very latest notion, so I'm told, is, nothing's solid [...]" (*BA* 232). Diese Feststellung zeigt Woolfs Verständnis der modernen Naturwissenschaft als metaphysische Naturbetrachtung. Die Namen, die sie als repräsentativ für diese neue Wissenschaft nennt, sind Darwin, Eddington und Jeans (*BA* 26).

Zugleich übernahmen die Literaten aus der Physik Gegensatzpaare wie Welle und Partikel, Position und Impuls, Kontinuität und Diskontinuität als komplementäre Verbindungen. Sie nahmen Abstand von der Hegelschen Dialektik, in der These und Antithese sich widersprechen und in eine Synthese überführt werden müssen. Bohr argumentierte, daß beide Bestandteile einander ergänzten, statt einander auszuschließen. Viele Autoren, zum Beispiel Joyce, sehen in These und Antithese eine Art 'Yin- und Yang-Komplementarität.'[475]

Auch Woolf beschäftigt sich mit der komplementären Gegensätzlichkeit des Universums:

> **Now is life very solid or very shifting?** I am haunted by the **two contradictions**: This has **gone for ever: will last for ever**; goes down to the bottom of the world – this moment I stand on. Also it is transitory, flying, diaphanous. I shall pass like a cloud on the waves. Perhaps it may be that we change; one flying after another, so quick, so quick, yet we are somehow **successive, & continuous** – we human beings; & show the light through. **But what is light?** I am impressed by the transitoriness of human life to

[474] Vgl. Hayles, *The Cosmic Web* 51 f.
[475] Vgl. Friedman und Donley 142.

> such an extent that I am often saying farewell [...]. (*D*, Vol. 3, 218; eigene Hervorhebungen)

Die Schriftstellerin löst die Widersprüche zwischen fest und veränderlich, Kontinuität und Vergänglichkeit in komplementäre Aspekte der Wirklichkeit auf. Der einzelne Moment reicht 'bis auf den Grund der Welt.' Ebenso widersprechen und ergänzen sich zugleich die Sterblichkeit des einzelnen Menschen und die Dauer des Menschengeschlechts. Der Mensch ist für Woolf beides: sowohl Bestandteil eines universalen Geschehens und einer kontinuierlichen Energie als auch ein Individuum. Er gleicht insofern einem Teilchen, ist aber auch Bestandteil einer 'Sukzession,' also eher wellenartig. Woolf versteht Menschenleben und Zeit sowohl als kontinuierlich wie auch als diskontinuierlich. Nach der Unschärferelation Heisenbergs und Bohrs Komplementaritätsprinzip ist keine Entscheidung zwischen beiden Aspekten möglich. Vielmehr handelt es sich um zwei sich ergänzende Seiten von Materie und Energie. Während die Teilchennatur auf das Prinzip der Diskontinuität verweist, impliziert die Wellennatur das der Kontinuität.

In *To the Lighthouse* gestaltet Woolf das Spannungsverhältnis zwischen Teilchen und Welle und macht es zum Bestandteil ihrer Literaturästhetik. Die Künstlerfigur Lily beobachtet die Ramsays, die sie als Teil eines immateriellen Universums versteht, das durch das Gefühl der Liebe bestimmt ist. Wie die subatomare Ebene der Wellen und der Energiestrahlung ist dieses Universum ‚unwirklich aber durchdringend' (*LH* 42). Außerdem ist es transparent: „The sky stuck to them; the birds sang through them" (*LH* 42). Daraufhin erkennt Lily das Zusammenspiel der Wellen- und Partikelnatur des Lebens:

> And, what was more exciting, she felt, too, [...] how life, from being made of little separate incidents which one lived one by one, became curled and whole like a wave which bore one up with it and threw one down with it, there, with a dash on the beach. (*LH* 41)

Die Welle integriert die Teilchen in ein Ganzes. Ähnlich ist das Leben ein Ganzes, in das sich die zusammenhangslosen Erlebnisse und Bestandteile einfügen. Dieses Ganze zeichnet sich einerseits durch einen Transport gewaltiger Energien aus und ist so als bindende Kraft der Partikel übergeordnet. Andererseits liegt die übergeordnete Einheit nicht in der Macht des Einzelnen. Die Welle, die den Menschen ergreift, in Höhen trägt, in Tiefen zieht und am Ende zerschmettert, betont einen wiederkehrenden Gedanken in Woolfs Werk: Der Einzelne ist wie die Partikel einer übergeordneten Kraft (vergleichbar mit der Wellenbewegung) ausgesetzt, deren Rhythmus sein Leben kontrolliert und es schließlich auch beendet. Woolf bewertet die Welle in dieser Textstelle zwiespältig als konstruktive, formschaffende Energie und als destruktive, den Einzelnen bestimmende Kraft. Welle und Teilchen stehen in einem komplexen Spannungsverhältnis zueinander, das ebenfalls in den komplementären Charakteren von Mr und Mrs Ramsay erkennbar ist.

Die Wellenmuster symbolisieren Mrs Ramsays Kreativität („delicious fecundity"), die einen Gegensatz zur Sterilität ihres Mannes bildet. Dieser bedarf ihrer Fruchtbarkeit, um seine Bücher zu schreiben:[476]

> Mrs Ramsay [...] seemed to raise herself with an effort, and at once to pour erect into the air **a rain of energy**, a column of spray, looking at the same time animated and alive as if all her **energies were being fused into force**, burning and illuminating [...], and into this delicious fecundity, this fountain and spray of life, the **fatal sterility** of the male plunged itself, like a beak of brass, barren and bare. He wanted sympathy. (*LH* 34; eigene Hervorhebungen)

Mr Ramsay betont die Partikeleigenschaften des Universums. Er arbeitet seine Werke buchstabenweise ab, also in einzelnen, symmetrisch arrangierten und linearen Schritten. Mr und Mrs Ramsay repräsentieren die Gegensätze von Männlich und Weiblich, Partikel und Welle. Woolf erhebt den beide Prinzipien verschmelzenden androgynen Künstler zum Ideal ihrer Kunst, wie Lilys Vorstellung von ihrem Kunstwerk verdeutlicht, das an der Oberfläche zart und flüchtig wie Schmetterlingsflügel sein und zugleich eine nur mit einer Eisenkonstruktion vergleichbare Stabilität besitzen soll (*LH* 146).[477]

Lily Briscoe repräsentiert einen solchen androgynen Künstler. Sie sieht die Welt sowohl in Partikel- als auch in Wellenbildern. Ihre Vision des idealen Kunstwerks impliziert die Stabilität der Materie ebenso wie die Leichtigkeit des Geistes. Sie denkt in einer systematischeren und bewußteren Weise als Mrs Ramsay über Wahrnehmung sowie Materie und Energie nach. An ihrer Staffelei führt sie eine beständige Reflexion über Materie und Farbe, die Anordnung und Beziehung von Massen und die Aktivität des künstlerischen 'Geistes.' Zugleich ist sie wie Mrs Ramsay ein emotionaler und intuitiver Charakter.[478]

---

[476] Vgl. Clark: 417 f. Ihre Untersuchung vergleicht Mr Ramsay mit einem unstabilen Atom, das sich durch Bindung zu stabilisieren sucht.

[477] Diese Textstelle bezieht sich auf Lilys frühere Artikulation ihrer ästhetischen Idealvorstellung: „[...] the colour could have been thinned and faded; the shapes etherealized; [...]. She saw the colour burning on a framework of steel; the light of a butterfly's wing lying upon the arches of a cathedral. Of all that only a few random marks scrawled on the canvas remained" (*LH* 43).

[478] Vgl. Clark: 418.

Auch in *The Waves* ist die Welle-Teilchen Dualität oder das Komplementaritätsprinzip ein wichtiger Aspekt der Wellensymbolik, die Woolf verwendet, um sowohl die Figurenebene als auch ihre Literaturästhetik zu gestalten. Über die Herkunft und den Sinn des leitmotivisch den Roman durchziehenden Wellensymbols, auf dessen Bedeutung der Romantitel bereits verweist, ist viel spekuliert worden.[479]

Woolfs Figuren sind sowohl als Individuen als auch als Ganzes zu verstehen: Als Partikel sind sie Teilaspekte einer Gesamtpersönlichkeit, die wiederum durch die Wellensymbolik repräsentiert wird. Beide Aspekte widersprechen sich nicht, sondern ergänzen sich.

Die Romanfigur Rhoda betont den Partikelaspekt, indem sie ihrer Verzweifelung darüber Ausdruck verleiht, daß es ihr nicht gelingt, einen Moment mit dem nächsten zu verbinden. Die Zeit und die Wirklichkeit erscheinen ihr 'brutal' aufgeteilt zu sein, und sie kann die einzelnen Bestandteile nicht zu einem fließenden Kontinuum verbinden:

> 'If I could believe,' said Rhoda, 'that I should grow old in pursuit and change, I should be rid of my fear: **nothing persists**. **One moment does not lead to another. The door opens and the tiger leaps.** [...] I cannot make one moment merge in the next. To me they are all **violent, all separate;** [...]. (*W* 93; eigene Hervorhebungen)

In Analogie zum Atommodell der Quantenwelt springt die Zeit diskontinuierlich von 'Moment zu Moment,' so wie Elektronen (Quanten oder stehende Wellen) außerhalb des Atomkerns von Schale zu Schale springen.

Am deutlichsten zeigt Bernard, daß Woolfs Figuren zugleich Teilchen und Welle sind. Um als Partikel Bestandteil des Kontinuums zu werden und sowohl Welle als auch Teilchen sein zu können, ist die Integration des Einzelnen in das Ganze notwendig. Rhoda ist von allen am wenigsten dazu in der Lage, da sie ihre eigene Identität nicht akzeptiert. Der Verlust des Selbst führt zum Nichts, zum Chaos.[480]

Rhoda fühlt sich deshalb aus dem Ganzen ausgeschlossen. In Momenten der Vereinigung der anderen 'Partikel' sieht sie sich als Außenseiterin und em-

---

[479] Erst in neuerer Literatur (vgl. zum Beispiel die Arbeiten von Friedman und Donley, Killen, Clark oder Beer), auf die sich die nachfolgende Untersuchung bezieht, ist die Quantenphysik als mögliche Bezugsebene erkannt worden. Wie die Wellensymbolik in früheren Arbeiten zu *The Waves* interpretiert worden ist, faßt Beverly Ann Schlack zusammen. Vgl. Schlack, *Continuing Presences: Virginia Woolf's Use of Literary Allusion* (University Park, London: The Pennsylvania State University Press, 1979) 101.

[480] Vgl. Friedman und Donley 143 f.

pfindet die anderen dagegen als 'eingebettet in eine einheitliche Substanz:' „[...] I perceived, from your coats and umbrellas, even at a distance, how you stand embedded in a **substance made of repeated moments run together**;“ (*W* 158; eigene Hervorhebung). Die Substanz ist die Zeit, die ein Kontinuum aus verschiedenen Quanten, den Momenten, bildet. Rhoda verkörpert das Empfinden, die Zeit sei diskontinuierlich. Die Welle hebt die Zersplitterung in der Kontinuität eines Musters auf.

Louis vergleicht die Vergänglichkeit der Personen mit Wellenmustern. Er bemerkt, daß der einzelne Tod nur Bestandteil des Sterbens als universales Phänomen ist, so wie der einzelne Mensch nur untergeordneter Bestandteil des kontinuierlichen Musters der Geschichte ist. Durch diese Kontinuität verliert das Individuum die absolute Bedeutung, es wird durch Gesellschaft und Geschichte ergänzt und hat sich einzufügen:

> Percival has died (he died in Egypt; he died in Greece; all deaths are one death). [...] Life passes. The clouds change perpetually over our houses. [...] we assemble different forms, make different patterns. But if I do not nail these impressions to the board and out of the many men in me make one; exist here and now and not in streaks and patches, like scattered snow wreaths on far mountains; [...] then I shall fall like snow and be wasted. (*W* 121)

Parallelen zu der oben angeführten Tagebuchpassage (*D*, Vol. 3, 218) klingen an: Die Vergänglichkeit des Einzelnen widerspricht nicht der Unvergänglichkeit und Kontinuität des Ganzen. Beide Aspekte ergänzen sich. So ergibt das Werden und Vergehen des Einzelnen Sinn, weil er sich in ein Teil des Ganzen verwandelt und zum Bestehen und Wandel des wie ein Kunstwerk beschriebenen Gesamtmusters beiträgt. So wird die Bedeutung der Welle-Partikel-Komplementarität für die Ästhetik und für die künstlerische Transformation sichtbar.

Louis macht deutlich, daß der Einzelne nicht seine Besonderheit verlieren darf, wenn sich die Teile zum Ganzen vereinigen. Diesen Gedanken vergleicht er mit der Wirkung des Lichts:

> Different lights fall, making the ordinary leopard spotted and strange. This moment of reconciliation, when we meet together united, [...]. What is the solution, I ask myself, and the bridge? How can I reduce these dazzling, these dancing apparitions to one line capable of linking all in one? (*W* 155)

Louis beschäftigt sich mit der Frage, wie er die 'strahlenden und tanzenden Erscheinungen' zu einer Einheit verbinden kann.[481] Ebenso wie verschiedene

[481] Diese Formulierung ist als Parallele zu Woolfs Vergleich des Lebens mit verschiedenen Lichtern zu verstehen: „Life is not a series of gig lamps symmetrically arranged; [...]“ („Mo-

Lichter dem Gewöhnlichen seinen Reiz verleihen, tragen die unterschiedlichen Persönlichkeitsaspekte zur Komplexität des Ganzen bei. Bernard kommt dem Ideal am nächsten, verschiedene Individualitäten zu einer Persönlichkeit zu vereinigen. Er kann in Analogie zu Heisenbergs Unschärferelation nicht mehr unterscheiden, ob er Welle oder Partikel gleicht, und ist mit den anderen soweit verschmolzen, daß er keine Übergänge von einer Person zur anderen zu nennen vermag:

> [...] what I call ‚my life,' it is not **one life** that I look back upon; I am **not one person; I am many people**; I do not altogether know who I am – Jinny, Susan, Neville, Rhoda, or Louis; or how to distinguish my life from theirs. So I thought that night in early autumn when we came together and dined once more at Hampton Court. Our discomfort was at first considerable, for each by that time was committed to a statement, and the other person coming along the road to the meeting-place [...], seemed to **contradict** it. (*W* 196; eigene Hervorhebungen)

Wie aus Bernards Äußerungen zur Kreativität hervorgeht, ist es eine wichtige Voraussetzung für das Schaffen von Kunst zu berücksichtigen, daß die gegensätzlichen Aspekte der Wirklichkeit sich ergänzen. Dabei ist künstlerisches Schaffen von der Fähigkeit abhängig, die Gegensätzlichkeiten und Spannungen nicht aufzulösen, sondern getreu dem Komplementäritätsprinzip gelten zu lassen und zu nutzen: Nur eine solche Künstlerpersönlichkeit kann Form aus Formlosigkeit schaffen.

- **Huxleys Anwendung der Unschärferelation**

Huxley greift im Vergleich zu Woolf selten auf die Quantenphysik zurück, um seine ästhetischen Vorstellungen zu begründen. Es lassen sich jedoch einige Verweise auf diese physikalischen Erkenntnisse belegen. Um seine These zu stützen, daß Subjekt und Objekt nicht mehr zu trennen seien, zitiert er Heisenberg, für den die moderne Naturwissenschaft es unmöglich machte, die Materie und ihre Bausteine als Objekt oder ‘Ding an sich’ zu betrachten: „[...] we can no longer regard the building blocks of matter, which were considered originally to be the ultimate objective reality, as being things ‘in themselves'“ (*LS* 76). Der Mensch setzt sich für Heisenberg mit der Welt in einem Dialog auseinander, von dem die Naturwissenschaft nur ein Teil ist. Es sei dem Menschen nicht mehr möglich, zwischen Subjekt und Objekt, innerer und äußerer Welt, Körper und Geist zu unterscheiden. Nicht mehr die Natur an sich sei Gegenstand naturwissenschaftliche Forschung, sondern der Mensch selbst: „For the sciences of nature, the subject matter of research is no longer

dern Fiction,“ *CE*, Vol. 2, 106). Deshalb wird „dazzling“ nicht mit ‘verwirrend,’ sondern mit ‘strahlend’ wiedergegeben.

nature in itself, but nature subjected to human questioning, and to this extent man, once again meets only with himself" (*LS* 76).

Laut Huxley kann allein die subjektive Deutung der Objektwelt, also die Beziehung zwischen Subjekt und Objekt, erschlossen werden und Gegenstand sowohl der Physik als auch der Kunst oder Philosophie sein. Dadurch könne die Trennung von Natur- und Geisteswissenschaften aufgehoben werden; sie gehöre nunmehr der Vergangenheit an:

> To the literary artist who has been concerned with man's more private experiences, this talk about the inappropriateness of the conventional notions of objective and subjective, outer and inner, has a familiar ring. It reminds him of certain utterances of the poets and the mystics. (*LS* 76)

Die moderne Kunst zeichnet sich also dadurch aus, daß sie in Analogie zu den Experimenten der Physik auf atomarer oder subatomarer Ebene die Existenz einer objektiv und unabhängig von den teilnehmenden Beobachtungen des Subjekts existierenden Wirklichkeit nicht nur anzweifelt, sondern verneint. Somit ist die wissenschaftliche Erkenntnismöglichkeit des Menschen bruchstückhaft, sie wird erst durch die Deutung vollständig oder sinnvoll, die der Künstler ihr verleiht. Diesen Gedanken betont Heisenberg in der Bezeichnung der menschlichen Erkenntnissuche und wirklichkeitsdeutung als ein ‚Dialog, in dem die Wissenschaft nur eine Stimme ist' („A dialogue of which science is only one part").[482]

Huxley macht Heisenbergs physikalische Beobachtungen und philosophischen Interpretationen auch in „Country Ecstasies" zum Ausgangspunkt seiner Überlegungen zur Aufgabe der Kunst. Die Brownschen Molekularbewegungen sind für Huxley stellvertretend für menschliche 'Gefühle und Meinungen, die nur vorrübergehend und sukzessiv sind: „All the 'feelings and opinions' are temporary; they last for a while and are then succeeded by other 'feelings and opinions'" („Country Ecstasies," *TP* 34). Zu den flüchtigen Empfindungen bilde das Ideal der vollständigen Simultaneität aller Erfahrungen und Gefühle (*all-feeling*) einen Gegensatz. Die Brownsche Molekularbewegung ist für Huxley ein seltenes Phänomen, das nur wenige je gesehen haben. Dennoch bauten einige Physiker ein ganzes physikalisches und metaphysisches Gedankengebäude auf diesem physikalischen Phänomen auf. Trotz des Widerspruchs zwischen nur temporärer Erkenntnismöglichkeit und universaler Theorie und trotz der Tatsache, daß viele Physiker die Existenz von Teilchenbewegungen

[482] Vgl. auch Reese 37 f.

ebenso abstreiten wie die der Teilchen selbst, besitzt für Huxley das theoretische Konstrukt der Gesamterkenntnis Berechtigung und Gültigkeit:

> Nor does the great predominance in our lives of not-all feelings necessarily invalidate an all-theory, any more than a theory of molecular movement is invalidated by our almost constant sense of the solidity and stability of matter. It is only in certain special circumstances that we can observe the Brownian movement; at other times we observe stillness. („Country Ecstasies," *TP* 34 f.)

Die Unzulänglichkeit menschlicher Sinneswahrnehmungen macht es notwendig, die gesamte Wirklichkeit theoretisch oder imaginativ zu erschließen und das Ganzheitsgefühl (*all-feeling*) so zu erreichen. Für Huxley lassen die physikalischen Beobachtungen die Isolation und Zersplitterung der Erfahrungsbereiche sichtbar werden. In seiner ästhetischen Vorstellung hat der Künstler diese fragmentarische Wirklichkeit zu vervollkommnen und die vorgefundenen Bruchstücke der sinnlich erfahrbaren Welt zu einem sinnhaften Ganzen zusammenzufügen. Auf diese Weise stellt er das verlorengegangene Ganzheitsgefühl wieder her. Der Künstler hat laut Huxley dafür Sorge zu tragen, daß sich gegensätzliche Erfahrungsbereiche in Analogie zu Teilchen- und Wellencharakter der Unschärferelation ergänzend zusammenfügen, um das Grundproblem der Moderne zu kurieren.[483]

### b. Unschärferelation und Quantenmechanik – literarisches Schaffen als Kollaps von Potential zu Aktualität

Die Quantenmechanik, die physikalisch-mathematische Theorie des Verhaltens und der beobachtbaren Eigenschaften submikroskopischer physikalischer Teilchensysteme, entwickelt die ältere Quantentheorie weiter. Sie erfaßt und vereinigt auf Basis der Heisenbergschen Unschärferelation sowohl die Partikel- als auch die Welleneigenschaften atomarer physikalischer Teilchen.

[483] Huxley zufolge ist Zersplitterung ein Grundproblem der Moderne: „Similarly it is only in special circumstances, that we have the all-feeling; at other times we have an immediate sense of separateness. [...] an all-philosophy will not cure toothache, just as the molecular theory will not modify our native incapacity to be aware of molecules. On the other hand, toothache (Melville's expressive symbol of separateness) and the non-molecular life are, on their own plane, undeniable realities. Our experience is divided up into island universes" („Country Ecstasies" *TP* 35). Melville hat für das Gefühl der Isolation und Fragmentierung das Symbol des Zahnschmerzes eingeführt, das auch Virginia Woolf in *Between the Acts* 26 als Metapher für das psychische Leiden der Kriegsgeneration verwendet: „What remedy was there for her age - the age of the century, thirty-nine - in books? [...]. Yet as a person with a raging tooth runs her eye in a chemist's shop over green bottles [...]. None of them stopped her toothache."

Schrödinger benutzte drei Definitionen, um das Verhalten von Partikeln zu beschreiben, die er als Systeme von Wellen verstand – die Wellengleichung, die Wellenfunktion und den Kollaps der Wellenfunktion. Die Wellengleichung drückt die kausalen Gesetze aus, die das Verhalten jeder Welle oder jedes Wellensystems bestimmen, wenn es sich isoliert und unbeeinträchtigt von Messung oder Beobachtung ausbreitet. In diesem Zustand existieren Wellen als vielfältiges Potential, das alle möglichen Ereignisse oder Dinge umfaßt, auch wenn sie untereinander unlogisch sind oder sich gegenseitig ausschließen. Wellen breiten sich nicht lange ungestört aus, sondern aktualisieren sich in einem Ereignis oder Ding.[484]

Die Wellenfunktion beschreibt folgerichtige Ereignisse, die eintreten können, wenn eine Welle sich aktualisiert.[485] Die Physiker beschreiben die Aktualisierung als den Kollaps der Wellenfunktion, als den plötzlichen und momentanen Sprung von der Vielfältigkeit des Seins in die Aktualität, der sich jedesmal dann vollzieht, wenn eine Welle von außen beobachtet wird. Deshalb wird im Universum der Wellen jede Beobachtung zu einem Schaffensakt, die allerdings von den Gesetzen der Wahrscheinlichkeit bestimmt ist.[486]

Dieser kreative Akt impliziert eine Transformation von einer Seinsform in die andere. Eine Partikel (Energiequantum) ist in der Quantenmechanik eine 'Wahrscheinlichkeitswelle' mit einer wahrscheinlichen Tendenz an einem Ort zu existieren, die durch den Akt der Beobachtung von einem Seinspotential zu einem Sein wird.[487] Die Transformation und das Schaffen durch Beobachtung sowie die Beziehung zwischen beobachtendem Subjekt und Objekt sind die wesentlichen philosophischen und ästhetischen Implikationen der Quantenmechanik.

Ein Gedanke verbreitet sich ähnlich wie eine Wellenfunktion: Wie die Funktion aktualisiert sich auch das geistige Potential erst im Gedanken, jedes gedachte Wort ist unabhängig und jedes vorstellbare Bild möglich. Die Wahrscheinlichkeit, mit der ein Bild oder Wort dem anderen folgt, ist jedoch daran gebunden, wie es assioziativ verknüpft wird und ob es syntaktisch angemessen ist. Wie eine Wahrscheinlichkeitsdichte in verschiedene Formen verwandelt

---

[484] Vgl. Killen 96 f.

[485] Dazu zählen die Wahrscheinlichkeit, mit der ein Elektron an einer bestimmten Stelle zu einer bestimmten Zeit zu finden ist, die wahrscheinlichste Energie eines Atoms, das mögliche Ergebnis einer Messung von Geschwindigkeit und Lage eines Partikels. Vgl. Friedman und Donley 117.

[486] Vgl. Killen 96 f.

[487] Vgl. Hayles 50.

wird, unterliegt den Gesetzen der Unschärferelation und der Wahrscheinlichkeit. Der selbsteinschränkende Kollaps der Wellenfunktion in eine bestimmte Form gleicht dem Schaffen eines Kunstwerks. Er bietet also eine Analogieebene um auszudrücken, wie sich das vielgestaltige künstlerische Potential in eine konkrete Form umwandelt und so eine Gestalt annimmt: Es aktualisiert sich in Worten oder anderen Ausdrucksformen des jeweiligen Mediums.[488]

Die Tatsache, daß Literaten des zwanzigsten Jahrhundert den einstmals objektiven und distanzierten Erzähler durch einen ersetzen, der häufig mit seinem Gegenstand verschmilzt oder interagiert, ist sicherlich nicht unabhängig von diesen physikalischen Theorien zu sehen. Der allwissende Erzähler wird selten, und an seine Stelle tritt häufig ein Ich, das mit seinem eigenen kreativen Prozeß ringt.[489]

Für den Leser wird es zunehmend schwieriger, zwischen Autor und Erzähler, Erzähler und Gegenstand oder den verschiedenen Figuren eines Romans zu unterscheiden. Gerade Joyce und Woolf lassen dies erkennen. Bei Joyce verschmelzen die drei Hauptfiguren des *Ulysses* in Analogie zur Trinität und repräsentieren Persönlichkeitsaspekte des Künstlers. Diese Interpretation ist allerdings nur eine mögliche Deutung, die mit großer Unbestimmtheit verbunden ist. In Woolfs *The Waves* oszillieren die Figuren zwischen selbständigen Personen und Aspekten einer Künstlerpersönlichkeit, anhand derer die Autorin sich mit ästhetischen Fragestellungen und dem eigenen Schaffensprozeß auseinandersetzen kann. Für ihre Leserinnen und Leser ist es unmöglich, zwischen dem Teil und dem Ganzen zu differenzieren und beide Ebenen zugleich im Blick zu behalten.

Die Figuren in Woolfs Roman *The Waves* können als Wellen verstanden werden, die kollabieren, wenn sie beobachtet werden, und zu stehenden Wellen, Materiewellen, oder, in Jeans' Worten *bottled-up waves* werden. Dieser Übergang von Welle zu Partikel wird als eine Reduktion eines vielseitigen Potentials zur Aktualität der lokalisierten, einheitlichen Partikel dargestellt. Die einzelnen Charaktere beschreiben ihr Erlebnis dieser Verminderung in Analogie zum quantenmechanischen Kollaps der Wellenfunktion. Am deutlichsten vergleichen Rhoda und Bernard den Kollaps der Welle zum Teilchen damit, wie sich das geistige Potential im Kunstwerk aktualisiert und eine konkrete Form

[488] Vgl. Overstreet: 46 f.
[489] Vgl. Friedman und Donley 140.

annimmt. Dieser künstlerische Vorgang gleicht einem Quantensprung über den Abgrund des leeren Raums.[490]

Rhoda bemerkt entsetzt, wie der Einfall des Lichts ihre Freunde aus der formlosen Dunkelheit hervorhebt und zu Gestalten werden läßt. Sie empfindet den Übergang von Welle zu Partikel als Verminderung und Verlust der schützenden Einheit:

> 'Now,' said Rhoda, 'as they pass that tree, they regain their natural size. [...] Now light falls on them again. They have faces. They become Susan and Bernard, Jinny and Neville, people we know. Now what a shrinkage takes place! Now what a shrivelling, what an humiliation! (*W* 164)

Wenn man diese Erlebnisse auf Woolfs Ästhetik bezieht, so kann man die einzelnen Figuren als konkrete Aktualisierung des unbegrenzten Potentials der Künstlerpersönlichkeit verstehen. Als Bernard, Susan oder Jinny erhält der gesichtslose Autor plötzlich Namen und Stimmen, wird auf diese konkreten Ausdrucksformen reduziert und setzt sich der Beobachtung durch einen Leser aus. Diese Deutung ist konsequent, wenn man bedenkt, daß Woolf das kreative Unterbewußte häufig als dunkles tiefes Meer symbolisiert. Gewinnt der kreative Impuls eine konkrete Gestalt, ist dies ein Schaffensakt, den Woolf zwiespältig bewertet, den sie nicht nur als kreative Leistung, sondern auch als eine Verminderung des unartikulierten, pulsierenden künstlerischen Potentials zu einer einzelnen und begrenzten Form sieht. Dennoch erstrebt jede Künstlerin und jeder Künstler diese Einschränkung, weil er oder sie Form aus dem Chaos schaffen will.

Auch Bernard erfährt den Kollaps von der Einheit des Ganzen zur Vielzahl von Einzelteilen als eine Einschränkung, als grausames Schrumpfen. Während er mit Neville in Cambridge ist, erlebt er unter dessen Blicken einen solchen Kollaps:[491]

> He looked at me, turning to face me. [...] **Like a long wave, like a roll of heavy waters,** he went over me, his devastating presence – dragging me open, **laying bare the pebbles on the shore of my soul. It was humiliating; I was turned to small stones.** All semblances were rolled up. 'You are not Byron; you are yourself.' **To be contracted by another person into a single being** – how strange. (*W* 64; eigene Hervorhebungen)

Bernard fühlt sich durch die Blicke Nevilles zu 'einem einzelnen Wesen verengt' und beschreibt dieses Erlebnis als Wechsel von Welle zu Partikel, für die

[490] Vgl. Killen 99 f.
[491] Vgl. Killen 101 f.

er das Bild kleiner, an den Strand gespülter Kiesel wählt. Aus einem unendlichen, lebendigen Potential werden gleichsam versteinerte Einzelteilchen. Während Bernard zuvor in der Phantasie in verschiedene Dichterpersönlichkeiten schlüpfen konnte, hat er sich als 'aktualisiertes Potential' auf seine eigene Identität als Dichter zu beschränken.

Das Bild der Welle symbolisiert das Ideal der Ganzheit des Potentials, aus dem sich immer nur einzelne Bestandteile aktualisieren können, während andere Aspekte ausgeschlossen werden und niemals zur Entfaltung gelangen können. Die Einheit der Welle, die die sechs Figuren repräsentieren, kann nur für einen Moment bestehen:

> We saw for a moment laid among us the **body of the complete human being** whom we have failed to be, but at the same time, cannot forget. All that **we might have been** we saw; [...].We became six people at a table in Hampton Court. [...] But we – out of how many million millions, for **one moment out of what measureless abundance of past time and time to come** burnt there triumphant. **The moment was all;** the moment was enough. (*W* 196 f.; eigene Hervorhebungen)

Woolf beschreibt, wie für einen Moment aus der Vielzahl ein Ganzes entsteht, das aber sogleich wieder kollabiert. Wenn man diese Vorstellung wieder auf die Künstlerpersönlichkeit bezieht, so stellt die Welle das künstlerische Potential in seiner Ganzheit dar, wie es nur in Ausnahmemomenten als Vision existiert. Sobald sich ein Aspekt des Künstlers in Form von Kunst manifestiert, kollabiert die Welle. Die Gleichzeitigkeit aller Aspekte ist nur im Potential möglich, denn nur dieses ist zeitlos. Der Kollaps der Welle bedeutet, daß außer dem einen Aspekt, der sich realisiert hat, alle anderen nicht gleichzeitig in Wirklichkeit umgesetzt werden können. Die Simultaneität des Potentials existiert immer nur für einen Moment als Vision. Tritt der Kollaps ein und aus dem Potential wird Wirklichkeit, hat dies sich ihr zu 'unterwerfen:' „And then Neville, Jinny, Susan and I, as a wave breaks, burst asunder, surrendered – to the next leaf, to the precise bird, to a chill with a hoop, to a prancing dog, to the warmth [...] to the lights twisted like white ribbon on rippled waters. We drew apart; [...]" (*W* 197).

Wandel, Veränderung und Vernichtung charakterisieren das Universum. Die Vision künstlerischer Kreativität muß eben diesem Prinzip unterliegen, in dem die Welt der Materialisierungen („the next leaf, the precise bird") der Zeit und damit auch der Zerstörung ausgesetzt ist: „I could not recover myself from that endless throwing away, dissipation, flooding forth without our willing it and rushing soundlessly away [...] to become waves in the sea - I could not recover myself from that **dissipation**. So we parted" (*W* 198; eigene Hervorhebung).

An dieser Stelle spielt Woolf zugleich auf die entropistische Vorstellung an, daß das Universum dem Prozeß kontinuierlicher Auflösung und zunehmendem Chaos unterliegt.

Auch in der Analogie des kreativen Akts zum Kollaps der Wellenfunktion kommt wieder die Welle-Partikel-Dualität zum Ausdruck: Die Simultaneität und Unbegrenztheit des künstlerischen Potentials bedeuten einerseits, daß der kreative Akt diese Vielfalt beschränkt und sie zu konkreten Einzelwerken reduziert. Andererseits 'rettet' die kreative Handlung einzelne Bestandteile der Realität dadurch vor dem Schwinden, daß sie einen dauerhaften künstlerischen Ausdruck, ein Kunstwerk schafft.

### c. Transformation von Objekten unter Einwirkung von Licht

Im Präludium ihres Romans *The Waves* (*W* 5 f.) beschreibt Woolf einen Sonnenaufgang, der Anspielungen zur Genesis und zum christlichen Schöpfungsmythos aufweist. Die Sonne teilt Meer und Himmel, erschafft aus der formlosen Masse, dem Chaos, Formen: „*The sun sharpened the walls of the house,* [...]. *The blind stirred slightly, but all within was dim and unsubstantial.*" Sie erweckt in Analogie zum Garten Eden Pflanzen und Tiere zum Leben, bis im ersten Kapitel die Stimmen der einzelnen Personen sich erheben und aus dem Nichts die sieben Figuren entstanden sind. Die Sonne wird mit einer Lampe verglichen, die bereits seit der Romantik[492] Symbol der künstlerischen Imagination ist: „*Gradually the dark bar on the horizon became clear* [...]. *Behind it, too, the sky cleared as if the arm of a woman couched beneath the horizon had raised a lamp.*" Der Lauf der Sonne begleitet in den Interludien die Romanhandlung. Der Sonnenaufgang geht dem Erscheinen der sechs Charaktere voraus, das einem Quantensprung vom Nichts (dem Chaos des Urmeeres) zum Etwas (Charaktere, die in dauerhaften Rollen sprechen) gleicht.[493]

Daß Woolf dem Licht schöpferischen Charakter zuweist, läßt sich auch daran erkennen, wie sie eine Sonnenfinsternis beschreibt. Sowohl in *The Waves*[494]

---

[492] Vgl. die Untersuchung von M. H. Abrams über die Literaturästhetik der Romantik, die bereits im Titel (*The Mirror and the Lamp*) das Schlüsselsymbol der Imagination nennt. Im Vorwort erklärt der Autor seinen Titel: „The title of the book identifies two common and antithetic metaphors of mind, one comparing the mind to a reflector of external objects, the other to a radiant projector which makes a contribution to the object it perceives."

[493] Vgl. Killen 99 f.

[494] Bernard beschreibt sein Erlebnis der Sonnenfinsternis: „How then does light return to the world after the eclipse of the sun? Miraculously. [...] The woods throb blue and green, and gradually the fields drink in red, gold, brown. Suddenly a river snatches a blue light. The earth absorbs colour like a sponge slowly drinking water. It puts on weight; rounds itself;

als auch in verschiedenen Essays schildert sie die Eindrücke, die sie bei diesem Erlebnis gewann. Stets vergleicht sie die Wiederkehr des Lichts mit einer Neuschöpfung der Erde: Die Sonne schafft Form und gibt Farbe.[495] Bernard greift den Vergleich zwischen Vorstellungskraft und Sonne oder Lampe des Präludiums den gesamten Roman hindurch auf.[496] So stellt er fest, daß er die beobachtenden Blicke anderer braucht:

> To be myself (I note) I need the **illumination** of other people's **eyes**, and therefore cannot be entirely sure what is my self. [...] I have been traversing the **sunless territory of non-identity.** A strange land. I have heard in my moment of appeasement, in my moment of obliterating satisfaction, **the sigh, as it goes in, comes out, of the tide that draws beyond this circle of bright light,** this drumming of insensate fury. (*W* 83; eigene Hervorhebungen)

Woolf stellt Dunkelheit, Formlosigkeit und Gezeiten hellem Licht, Identität und Gestalt gegenüber. Die Künstlerfigur Bernard benötigt Blicke und die Kraft des Geistes – symbolisiert durch Licht, um Identität und Form aus der Formlosigkeit hervorzubringen.

Nach den Heisenbergs Unschärferelation zugrundeliegenden Prinzipien beeinflußt der Betrachter eines Versuchs den Ausgang schon allein durch die Versuchsanordnung. Das Objekt wird durch die Lichtstrahlen oder die Beobachtung des Subjekts verändert. Dies wird philosophisch häufig als Subjekt-Objekt-Verschmelzung interpretiert, da beide nicht voneinander losgelöst vorstellbar sind. Die physikalische Analogie greift eine seit der Antike bestehende Schöpfungsvorstellung auf und verbindet in der Lichtsymbolik naturwissenschaftliche und ästhetische Kategorien zu einer neuen Vorstellung literarischer Transformation.

In *To the Lighthouse* erhebt Lily Briscoe die Subjekt-Objekt-Verschmelzung zur Maxime ihrer Kunst. Sie formuliert dieses Prinzip zunächst als Wunsch, sich durch Imagination und Gefühle mit Mrs Ramsay zu vereinigen:

---

hangs pendent; settles and swings beneath our feet. So the landscape returned to me; I saw fields rolling in waves of colour beneath me; [...]" (*W* 203). Zuerst erhält die Welt ihren Zauber durch Licht und Farbe wieder, anschließend bekommt die Erde Gewicht, Masse und Form zurück.

[495] So behandelt der Essay „The Sun and the Fish" die Sonnenfinsternis und vor allem das 'neue' Erleben der Welt nach der Rückkehr des Lichts: „**The world became more and more solid**; [...] until the whole fabric of civilization was modelled and moulded. But still the memory endured that the earth we stand on is made of colour;" (*CE, Vol. 4, 181*; eigene Hervorhebung).

[496] Vgl. Killen 103.

> What art was there, known to love or cunning, by which one pressed through into those secret chambers? What device for becoming, like waters poured into one jar, **inextricably the same, one with the object one adored?** Could the body achieve it, or the mind, subtly mingling in the intricate passages of the brain or the heart? Could loving, [...] make her and Mrs Ramsay one? For it was **not knowledge but unity** she desired, not inscriptions on tablets, [...]. (*LH* 45 f.; eigene Hervorhebung)

Mrs Ramsay lebt Lily dieses Verschmelzen vor und und läßt sie es als ästhetisches Prinzip entdecken. So vereinigt sich Mrs Ramsay mit dem Lichtstrahl des Leuchtturms, der einen wellenförmigen Rhythmus besitzt (kurz – kurz – lang). Die Betrachterin verschmilzt mit dem Objekt, weil der Strahl mit seinem wellenförmigen Licht in ihr Bewußtsein eindringt und ihr Denken beeinflußt, es wellenförmig macht. Das Licht regt das Unterbewußte an, Sprache zu bilden, Sätze zu formen und leitet dadurch einen bewußten, sprachlichen Prozeß ein:

> [...] one could not help **attaching to one thing especially of the things one saw;** and this thing, **the long steady stroke, was her stroke.** Often she found herself sitting and looking, with her work in her hands until **she became the thing she looked at** [...] that light for example. And it would **lift up in it some little phrase** or other which had been lying in her mind like that – Children don't forget [...] when suddenly she added: We are in the hands of the Lord. But instantly she was annoyed with herself for saying that. Who had said it? not she; she had been trapped into saying something she did not mean. (*LH* 55; eigene Hervorhebungen)

Das Licht des Leuchtturms symbolisiert die Imagination. Es wird mit Augen verglichen, über die eine direkte Vereinigung in Mrs Ramsays Innersten („mind and heart" [*LH* 55]) oder Unterbewußten („the floor of her mind" [*LH* 56]) stattfindet. Diese wird im Bild der mystischen *coniunctio oppositorum* als sexuelle Vereinigung von männlichen und weiblichen Prinzipien dargestellt. Das Licht setzt eine Transformation in Gang, die ähnlich wie in der Quantenmechanik bewirkt, daß Beobachter und Objekt verschmelzen, sich Gegensätze vereinigen. Auf dem Höhepunkt der Lichtwelle trifft Mrs Ramsays Blick den dritten Lichtstrahl, der ihr wie ihre eigenen Augen erscheint: „her own eyes meeting her own eyes, searching as she alone could search in her mind and her heart, **purifying out of existence that lie, any lie**. She praised herself in praising the light" (*LH* 55). Die Trennung zwischen Subjekt und Objekt ist aufgehoben. Ebenso wie in der Alchemie vollzieht sich eine *purification* und Vereinigung von Gegensätzen:

> It was odd, [...], how if one was alone, one leant to things, inanimate things; [...]; felt they expressed, felt they became one; felt they knew one, in a sense were one; felt an irrational tenderness thus (she looked at that long steady light) as for oneself. [...] there curled up off the **floor of the mind, rose from the lake of one's being, a mist, a bride to meet her lover**. (*LH* 55 f.; eigene Hervorhebungen)

Im Unterbewußten verschmelzen unter dem Einfluß des Lichts und der 'Blicke' des Leuchtturms nicht nur Subjekt und Objekt, sondern auch Männlich und Weiblich. Der Lichtstrahl tritt in Wellen in Mrs Ramsays Unterbewußtes ein und transportiert in Form und Farben das Wellenmuster in ihr Inneres, bis es sie vollständig ausfüllt. Sie erlebt eine Art mystischer Ekstase, die sie als Kulminieren und anschließendes Brechen von Wellen beschreibt:

> [...] she looked at the steady light, the pityless, the remorseless, which was so much her, yet so little her, [...] hypnotized, as if it were stroking with its silver fingers some sealed vessel in her brain whose bursting would flood her with delight, she had known happiness, intense happiness, and it silvered the rough waves a little more brightly, as daylight faded, and the blue went out of the sea and it rolled in waves of pure lemon which curved and swelled and broke upon the beach and the ecstasy burst in her eyes and waves of pure delight raced over the floor of her mind and she felt It is enough! It is enough! (*LH* 56 f.)

Das Wellenbewußtsein führt Mrs Ramsay also nicht nur zu einem Moment höchster Ekstase, sondern auch zu ästhetischer Volllkommenheit, die sich im Spiel der Farben zeigt. Die Vision entspricht Woolfs Vorstellung des Höhepunkts künstlerischer Kreativität.

Die zweite Transformation der Welt durch das 'Wellenbewußtsein' findet am Ende der Sektion „The Window" beim Abendessen statt. Woolf charakterisiert Mrs Ramsay als kreative Figur: „Nothing seemed to have merged. They all sat separate. And the whole effort of merging and flowing and creating rested on her" (*LH* 72). Acht Kerzen verwandeln den langen Tisch: „[...] drew with them into visibility the long table entire, and in the middle a yellow and purple dish of fruit" (*LH* 82). Zuerst verändert sich lediglich die äußere Erscheinung:[497]

> Now all the candles were lit up, and the faces on both sides of the table were brought nearer by the **candle light**, and **composed**, as they had not been in the twilight, into a party round a table, for the night was now shut off by panes of glass, which, **far from giving any accurate view of the outside world, rippled it so strangely** that here, inside the room, seemed to be order and dry land; there, **a reflection in which things wavered and vanished, waterily**. (*LH* 83; eigene Hervorhebungen)

Das Licht der Kerzen verwandelt die vorher getrennten und 'partikelhaften' Mitglieder der Gesellschaft in ein Muster, in eine künstlerische Komposition. Dadurch, daß sich das Licht im Fensterglas bricht, transformiert es die Wirklichkeit, die einen neuen Charakter erhält und wellenartig bewegt ist. Anschließend setzt sich das 'Wellenbewußtsein' im Inneren der Figuren fort:

[497] Vgl. Clark: 417.

> [...] **her eyes** [...] seemed to go round the table unveiling each of these people, and their thoughts and their feelings, without effort **like a light** stealing under water so that its ripples and the reeds in it and the minnows balancing themselves, and the sudden silent trout are all **lit up, hanging, trembling**. [...], as if what they said was like the movement of a trout when, at the same time, one can see the **ripple and the gravel**, [...]; **and the whole is held together**; for whereas in active life she would be netting and separating one thing from the other; [...]; she would be urging herself forward; now she said nothing. For the moment, she hung suspended. (*LH* 90; eigene Hervorhebungen)

Diese Vision repräsentiert eine Ausdehnung des Wellenmusters auf die gesamte Wahrnehmung, die Denk- und Gefühlsstruktur von Mrs Ramsay. Woolf vergleicht die Blicke der Augen mit wellenförmigen Lichtstrahlen. Augen und Licht besitzen die Kraft, das Wesen der Dinge zu offenbaren. Die anderen hingegen sind nicht in der Lage, die fragmentarische äußere Welt in eine Einheit zu verwandeln und eine ganzheitliche, momentane Vision zu komponieren.[498]

Die Autorin beschreibt in *The Waves* und auch in *To the Lighthouse* Licht durchgängig in Wellenform; damit befindet sie sich in Einklang mit der physikalischen Theorie, die seinen Teilchen- und Wellencharakter nachgewiesen hat. Dadurch, daß die Autorin Lichtwellen als Metapher für Kreativität wählt, übernimmt sie den traditionellen Symbolcharakter, den man schon aus der Antike sowie vor allem aus der romantischen Philosophie und Literaturästhetik kennt, und verknüpft ihn in mit den Erkenntnissen der modernen Physik. Auf diese Weise wird Licht zum modernen Symbol der Kreativität 'transformiert' und erweitert.

Woolf sieht in der Imagination für den Künstler eine Möglichkeit, Inneres und Äußeres zu vereinigen. Sie erkennt in diesem Zusammenhang eine Ähnlichkeit mit der physikalisch-philosophischen Theorie der Subjekt-Objekt-Verschmelzung, in der das Licht unter den Blicken des Beobachters über die Wellen- oder Partikeleigenschaften der Wirklichkeit entscheidet. Woolf vergleicht die Vorstellungskraft mit einem Lichtstrahl, der von den Augen ausgesandt wird. Sie weist dem Licht kreativen Charakter zu: In Wellenform vereinigt es sich mit dem Inneren des Subjekts und schafft so eine Verbindung zwischen der Objektwelt und dem Inneren des Subjekts. Zugleich besitzt der Betrachter durch die Imagination die Kraft, die Objektwelt zu verändern. Die Licht- oder Farbwelle eignet sich in dieser Hinsicht als besonders poetisches Bild, um die physikalische Theorie mit Philosophie und Ästhetik literarisch zu verknüpfen.

[498] Vgl. Clark: 418.

## d. 'Tunneln' als Analogie für den dichterischen Prozeß

In ihrem Tagebuch beschreibt Woolf während ihrer Arbeiten an *Mrs Dalloway* den eigenen künstlerischen Prozeß und bezeichnet ihn als ‚Tunneln' (*tunnelling process*). Diese auffällige Bezeichnung deutet eine ungewöhnliche metaphorische Vorstellung an. Für die Analogievorstellungen in Woolfs literaturästhetischer Terminologie ist die Untersuchung des ursprünglich aus dem Bergbau stammenden Begriffs von Interesse. Harvena Richter ordnet ihn dem Einfluß Marcel Prousts zu:

> Part of Virginia Woolf's attention to the mechanisms of memory is certainly due to Proust's influence. [...] Virginia Woolf was forced to find a mode by which to bring emotions of the past into the present, making them felt with their original sharpness yet leaving that margin between present emotion and past recollection by which the years' changes could be perceived.[499]

Allerdings gibt es auch in der Quantenphysik einen *tunnelling process*, der bereits in den späten zwanziger und frühen dreißiger Jahren zur Erklärung gewisser Verhaltensweisen von Elektronen herangezogen wurde,[500] die bisher als physikalisch unmöglich erachtet wurden. Ein Elektron kann manchmal eine für die klassische Physik undurchdringliche Barriere überwinden. Dieses Phänomen wird als 'Tunneln' bezeichnet; die Bezeichnung vermittelt ein Bild, das diesen abstrakten Vorgang vorstellbar macht.[501]

Möglicherweise hat Woolf diese quantenphysikalische Theorie gekannt und als Analogie für den dichterischen Prozeß gewählt. Wenn man unter dieser Voraussetzung folgenden Tagebucheintrag liest, so ergeben sich wichtige Rückschlüsse auf ihre Vorstellungen der künstlerischen Verwandlung vergangener Erlebnisse in Kunst:

> **Of course, I've only been feeling my way into it – up till last August anyhow. It took me a year's groping to discover what I call my tunnelling process, by which I tell the past by installments, as I have need of it.** This is my prime discovery so far; & the fact that I've been so long finding it, proves, I think, **how false** Percy Lubbock's

[499] Harvena Richter, *Virginia Woolf: The Inward Voyage* (Princeton: Princeton University Press, 1970) 163.

[500] Vgl. Rowell 1306.

[501] Man stelle sich einen Ball vor, der in Ruhestellung in einer oben offenen Schachtel liegt. Nach der klassischen Physik ist es für den Ball unmöglich, aus eigener Kraft aus der Box zu entkommen. Wenn aber die Box aus elektrischen Feldern gemacht ist und der Ball ein in diesen elekrischen Feldern 'gefangenes' Elektron ist, dann wird die Quantentheorie relevant. In der Terminologie der Quantenphysik durchdringt die Wellenfunktion des Elektrons die Wände und gibt eine hohe Wahrscheinlichkeit dafür an, das Elektron in der Box vorzufinden und eine niedrige, es außerhalb der Schachtel anzutreffen. Vgl. Friedman und Donley 119 f. sowie J. M. Rowell, „Tunneling," *Encyclopedia of Modern Physics* 1306-1310.

> doctrine is – **that you can do this sort of thing consciously**. One feels about it in a state of misery – indeed I made up my mind one night to abandon the book – & **then one touches the hidden spring.** (*D*, Vol. 2 272; eigene Hervorhebungen)

Woolf beschreibt das Tunneln als einen unterbewußten Prozeß, durch den die Vergangenheit sich ihren Weg in die Gegenwart bahnt und in die Kunst eingehen kann. Die Autorin kann diesen Vorgang nicht aktiv und bewußt steuern, sondern muß sich passiv verhalten und darauf warten, bis das Unterbewußte die Barriere zwischen Vergangenheit und Gegenwart durchbricht. Solange sind die Einnerungen gleichsam in der 'Box' des Gedächtnisses gefangen.

Woolf bezeichnet den künstlerischen Prozeß nicht nur in dem erwähnten Tagebucheintrag als *tunnelling process*, sondern auch in dem Roman *To the Lighthouse*, der beschreibt, wie die Künstlerfigur Lily Briscoe gespeicherte Bilder in ein Kunstwerk verwerwandelt:

> **The moment at least seemed extraordinary fertile. She rammed a little hole in the sand and covered it up, by way of burying in it the perfection of the moment.** It was like a drop of silver in which one dipped and illumined the darkness of **the past**. Lily stepped back to get her canvas – so – into perspective. It was an odd road to be walking, this of painting. [...] And as she dipped into the blue paint, she dipped too into the past there [...]. And [...] this making up scenes about them, 'being fond' of them! Not a word of it was true; she had made it up; but it was what she knew them by all the same. **She went on tunnelling her way into her picture, into the past.** (*LH* 146 f.; eigene Hervorhebungen)

Woolf weitet die im Tagebuch als 'neue Erfindung' empfundene Metaphorik des Tunnels aus, der die Vergangenheit in das Kunstwerk der Gegenwart führt: Lily 'gräbt Bilder, Momente und Erlebnisse in ein Loch im Sand ein.' Später kann sie in diese 'vergrabenen' Erinnerungen wie in einen Farbtopf tauchen und sie als gestalterisches Mittel sowie materielle Grundlage einsetzen, um Kunstwerke zu fertigen. Die Metapher des Tunnelns dient dem Ausdruck des Transports von vergangenen Erinnerungen, Gefühlen und Bildern in die Gegenwart des Schaffensprozesses. Sie symbolisiert die Verwandlung der Vergangenheit in Kunst und steht für einen unbewußten Transformations- und Schaffenssprozeß.

## 3. Wellen als Metaphern für künstlerische Kreativität

### a. Wellen- und Tanz-Symbolik in *To the Lighthouse*

Das Wellenmuster, das Mrs Ramsays Kreativität verbildlicht, läßt sich auch in Lilys Bewußtsein wiederfinden. Lily beschreibt ihre aus zahlreichen Einzeleindrücken zusammensetzte Erkenntnis von Mr Bankes' Persönlichkeit im Bild einer erst kumulierenden und dann brechenden Welle:

> Suddenly, as if the movement of his hand had realised it, the **load of accumulated impressions of him tilted up, and down poured in a ponderous avalanche in a fume the essence of his being.** That was another. She felt herself transfixed by the intensity of her perception; it was his severity; his goodness. I respect you [...] **in every atom**: [...]. (*LH* 24; eigene Hervorhebungen)

Die Eindrücke sammeln sich zunächst und bilden eine Welle, deren anschließendes Brechen für den Moment, in dem Lily die Gesamtheit der Impressionen zu einer ebenso intensiven wie vorübergehenden Vision der 'Essenz seines Wesens' bündelt.

Woolf verwandelt anschließend das Symbol der Welle in das Bild des elastischen Netzes. Dieses verleiht der Welle-Partikel-Dualität ebenso Ausdruck wie den Prinzipien von Kontinuität und Diskontinuität. Zudem verbindet sie es mit Rhythmus und Tanz, der Symbolik für künstlerische Kreativität, die auch in der Figur Jinny aus *The Waves* verkörpert ist:[502]

> All of this **danced up and down, like a company of gnats, each separate, but all marvellously controlled in an invisible elastic net – danced up and down in Lily's mind,** in and about the branches of the pear tree, where still hung in effigy the scrubbed kitchen table, symbol of her profound respect of Mr Ramsay's mind, until her thought which had spun quicker and quicker exploded of its own intensity; she felt released; a shot went off close at hand, and there came, flying from its fragments, frightened, effusive, tumultous, a flock of starlings. (*LH* 24 f.; eigene Hervorhebungen)

Das Netz, eins von Lilys frühesten Symbolen für die Verarbeitung von Eindrücken in der Imagination, liest sich wie eine Metapher für die subatomaren Bewegungen der Photonen.[503] Lily Briscoe verknüpft die Symbolik des Tanzes mit der des Netzes als Ausdruck für ihre geistige Aktivität. Sie sieht die Welt sowohl in Partikel- als auch Wellenbildern. Das unsichtbare, elastische Netz kontrolliert die mit einem Mückenschwarm verglichene Partikelwelt („a com-

---

[502] Der Vergleich zwischen den Bewegungen der Atome und Elektronen mit Tänzern könnte von Jeans angeregt sein, der ihn benutzt, um auszudrücken, wie kreativ und lebendig die atomare Welt ist. Er betont durch diese Metapher auch die Bedeutung des Geistes oder Denkens in einem Universum, das der Beobachtung nicht mehr zugänglich ist. Ein solches Universum hat man sich als ‚aus rein gedanklicher Substanz bestehend' vorzustellen: „The motions of electrons and atoms do not resemble those of the parts of a locomotive so much as those of the dancers in a cotillion. And if the „true essence of substances" is for ever unknowable, it does not matter whether the cotillion is danced at a ball in real life, or in a cinematograph screen, or in a story of Boccaccio. If all this is so, then the universe can be best pictured, although still very imperfectly and inadequately, as consisting of pure thought, the thought of what, for want of a wider word, we must describe as a mathematical thinker" (Jeans, *The Mysterious Universe* 123 f.).

[503] Vgl. Clark: 418.

pany of gnats [...] controlled in an invisible elastic net," *LH* 24). Lilys geistige Aktivität besteht darin, unkontrolliert und impulsiv ‚tanzende' Eindrücke in Symbole zu verwandeln. Das Netz als Symbol für eine dynamische und transformierende Imagination bildet einen Gegensatz zum von Lily geprägten Symbol des hölzernen Küchentisches.[504] Der Tisch verbildlicht das männliche, auf die materiellen Strukturen der Wirklichkeit gerichtete, analytische Denken, während die Welle Mrs Ramsays vom 'Wellenbewußtsein' durchdrungene Vorstellungswelt ausdrückt. Lilys netzartige Denkweise verknüpft die Gegensätze von Welle und Partikel, Bewegung und Ordnung. Woolf prägt mit dem elastischen Netz ein Symbol für die androgyne Schaffensvorstellung, die die partikelhafte Wirklichkeit synthetisierend und strukturierend transformiert.

Die Autorin beschreibt die Aktivität der androgynen Imagination wie eine erotische Ekstase, die sich am Ende der Vision in einer Explosion ‚entlädt.' Die Vision, symbolisiert durch das Netz, wird mit der ernüchternden Realität kontrastiert, einem Vogelschwarm. Der durch einen Schuß aufgeschreckte Schwarm ist eine realistische Situationsbeschreibung, die zeigt, wie die Realität den Künstler wieder aus seiner Phantasie zurückholt.

Lilys Weg zur Künstlerin, den der Roman aufzeichnet, wird durch das Bemühen bestimmt, die leblosen Partikel der materiellen Realität zu einem dynamischen, künstlerischen Muster zusammenzufügen und zum Ausdruck dessen zu machen, was das Leben von der reinen Materie unterscheidet: Geist oder Essenz („the spirit," „the essential thing" [*LH* 44]). Dies zeigt sich auch in Lilys Farbästhetik; sie distanziert sich von den Misch- oder Pigmentfarben („mounds of blue and green which seemed to her like clods with no life in them") und bemüht sich, die reichen, wellenförmigen Spektralfarben („the colour burning on a framework of steel; the light of a butterfly's wing") zu erreichen („she would inspire them, force them to move, flow"), die zu Mrs Ramsays Welt gehören.[505]

In ihrem literaturtheoretischen Essay „On Being Ill" verwendet Woolf als Symbol für kreative Energie das 'tanzende Netz,' das Partikel und Welle impliziert. Sie beschreibt mit dem Bild die unglaubliche Energie, die im Universum ausgetauscht wird und sich nach Millikan unter anderem in Form von kosmischer Strahlung auf die Erde auswirkt.[506] Sie stellt einerseits die Fas-

[504] Vgl. die ausführliche Interpretation dieses Symbols in Kapitel B. II. 3 a. des dritten Hauptteils.
[505] Vgl. *LH* 43 f. Vgl. auch Clark: 420.
[506] Vgl. dazu Punkt B. II. 1. b. dieses Hauptteils.

zination und ästhetische Schönheit sowie andererseits die Gleichgültigkeit der kosmischen Verwandlungen gegenüber dem Schicksal des Einzelnen fest.[507]

Ein Vogelschwarm wird ebenfalls zum Sinnbild dieser kreativen Energie, die die Partikel zum Teil eines Gefüges macht. Das Muster eines elastischen Netzes stellt eine sich kontinuierlich wandelnde Form dar: „The rooks, **rising in a net**, fall in a net upon the elm trees. The **wave of light flings itself out indefatigably**" („On Being Ill," *CE*, Vol. 4, 198; eigene Hervorhebungen). Im Vergleich des Netzes mit einer Lichtwelle wird die Analogie zwischen künstlerischer Transformation und Quantenphysik erkennbar.

In *To the Lighthouse* entwickelt sich Lilys 'Wellenbewußtsein' parallel zu ihrer künstlerischen Entwicklung. Woolf verwendet Welle und elastisches Netz als Symbole für menschliche Imagination und künstlerische Energie und beschreibt Lilys künstlerisches Schaffen ebenfalls als Wellenbewegung sowie als rhythmischen Tanz:

> And **so pausing and so flickering**, she attained a **dancing rhythmical movement**, as if the **pauses** were one part of the rhythm and the **strokes** another, and **all were related**; and so, lightly and swiftly pausing, striking, she sored her canvas with brown running nervous lines which [...] enclosed (she felt it looming out at her) **a space. Down in the hollow of one wave she saw the next wave towering higher and higher above her. For what could be more formidable than space**?" (*LH* 135; eigene Hervorhebungen)

Ebenso wie physikalisch Welle und Partikel zusammengehören, weil sie zwei Seiten einer Sache sind, gehören künstlerisch Pause und Rhythmus zusammen: „all were related." Die vielen einzelnen Striche und Pausen oder das Zucken der Hand sind lebendige Bestandteile, die zu einem fertigen Bild führen werden. Woolf sieht im künstlerischen Schaffen einen unterbewußten Akt, der die im Unterbewußten vorhandenen Muster auf die Hand überträgt:

> Then, as if some juice necessary for the lubrication of her faculties were spontaneously squirted, she began precariously dipping among the blues and umbers, moving her brush **hither and tither**, but it was now heavier and went slower, as if it had **fallen in with some rhythm** which **was dictated to her** (she kept looking at the hedge, at the canvas) **by what she saw**, so that while her **hand quivered with life,**

[507] Woolf bezeichnet die Energie des Universums als 'himmlisch schön' und 'himmlisch herzlos' zugleich: „[...] this endless activity, with the waste of Heaven knows how many million **horse power of energy**, has been left to work its will year in year out. [...] Use should be made out of it. One should not let this gigantic cinema play perpetually to an empty house. [...] Divinely beautiful is also divinely heartless. Immeasurable resources are used for some profit which has nothing to do with human pleasure or profit. If we were all laid prone, stiff, still, the sky would still be experimenting with its blues and golds [...]" („On Being Ill," *CE*, Vol. 4, 197; eigene Hervorhebung).

> **this rhythm** was strong enough to bear her along with it on its **current**. (*LH* 136; eigene Hervorhebungen)

Das Unterbewußte 'arbeitet' in rhythmischen Wellen und 'diktiert' die Umsetzung von Wahrnehmung in Kunst. Woolf erweitert die Metaphorik der Wellenbewegung und verbindet sie mit dem Symbol einer Quelle oder eines Springbrunnens:

> Certainly she was loosing consciousness of other things. And as she lost her consciousness of outer things, [...], her mind kept throwing up from it depths, scenes, and names, and saying and memories and ideas, like a fountain spurting over that glaring, hideously difficult white space which she modelled with greens and blues. (*LH* 136)

Lily versinkt bei ihrer Arbeit ganz im Unterbewußten, aus dem Bilder, Erinnerungen, Gefühle wellenförmig emporsteigen, die sich mit den äußeren Eindrücken verbinden und dann von der lebendig 'tanzenden' Hand auf die Leinwand übertragen werden.

Um den künstlerischen Schaffensakt zu beschreiben, nutzt Woolf die mit dem Wellenbild verknüpften physikalischen Begriffe des Energietransports sowie der Welle-Teilchen-Komplementarität ebenso wie die in der Quantenphysik verwendeten Bilder des Tanzes und des Netzes. Mit Hilfe der physikalischen Vorstellungen und Bilder kann sie ihre Vorstellung der künstlerischen Transformation als eine unterbewußt stattfindende Umwandlung partikelhafter Eindrücke in ein künstlerisches Ganzes darstellen. Vor allem gelingt es ihr durch die Wellensymbolik, die abstrakte Vorstellung in Bilder umzusetzen, wie die künstlerische Imagination ‚arbeitet,' die kreative Energien in ein Kunstwerk umsetzt und dabei Struktur und Form vom Innern des Künstlers auf das Werk überträgt.

### b. Stehende Wellen als Symbol für den kreativen Moment

Von de Broglies Entdeckung der Materiewellen angeregt, stellte Schrödinger die Hypothese auf, daß Elektronen keine kugelförmigen Objekte, sondern Strukturen stehender Wellen seien. Diese sind sich überlagernde, wandernde Wellen. Nicht die Wellen stehen und bewegen sich nicht, sondern vielmehr das Muster der Überlagerung. Während die fortschreitende Welle Energie vom Erregerzentrum in Ausbreitungsrichtung übermittelt, transportiert die stehende Welle keine Energie.[508]

[508] Wenn zwei sich in gegenläufiger Richtung bewegende Wellen überlagern, bildet sich eine stehende Welle, auf der einige Punkte während des gesamten Vorgangs in Ruhe bleiben. Diese Punkte heißen Schwingungs- oder Bewegungsknoten. Alle Punkte zwischen je zwei solcher Knoten schwingen mit derselben Phase aber verschieden großen Amplituden. Die

Das Neue an Schrödingers Theorie war die Erkenntnis, daß stehende Wellen genauso in Quanten unterteilt sind wie subatomare Phänomene. Er kritisierte das Bohrsche Planetenmodell vom Atom und vertrat die These, ein Elektron bilde auf seiner wellenförmigen Umlaufbahn um den Atomkern eine Anzahl stehender Wellen. Er behauptete nun, daß jede dieser stehenden Wellen ein Elektron sei. Die Elektronen seien wiederum durch Knoten verbunde Schwingungsabschnitte. Der Physiker wählte als Analogie zum Atom eine kleine Wanne mit Wasser.[509]

Schrödinger ersetzte das Bohrsche Modell durch das Wellenmodell, das den realen Körper der Atome abbildet und die individuellen punktförmigen Elektronen ersetzt, die in Bohrs Modell um den Kern schwärmen. Auch in Schrödingers Modell besteht das Atom aus einem Kern und aus Elektronen, die jedoch irgendwo innerhalb einer 'Elektronenwolke' stehen.[510]

In *To the Lighthouse* dient Mrs Ramsay der Künstlerfigur Lily in ästhetischer Hinsicht als Vorbild, weil es ihr gelingt, aus dem Lebensfluß einen Moment des Stillstands zu schaffen:

> [...]; she hovered like a hawk suspended; like a flag floated in an element of joy which filled every nerve of her body fully and sweetly, not noisy, solemnly rather [...]; all of which rising in this profound stillness [...] seemed now [...] to stay there like a smoke, like a fume rising upwards, holding them save together. (*LH* 89)

Der Augenblick der Ruhe wird in verschiedenen Bildern beschrieben: als schwebender Habicht, als eine im 'Element der Freude schwimmende Flagge' sowie als stehender Rauch. Alle Bewegung ist ‚eingefroren,' darin ähnelt der beschriebene Moment einer stehenden Welle. Der Fluß und Transport von Energien ist angehalten, dadurch entsteht eine besondere Intensität des Lebensgefühls. Der von Mrs Ramsay ‚festgehaltene' Augenblick steht für die Überwindung des irdischen und zeitlichen 'Energieflusses,' also für Ewigkeit:

---

sich genau in der Mitte zwischen zwei Knoten befindlichen Punkte (sogenannte Schwingungs- oder Bewegungsbäuche) schwingen mit der größten Amplitude und bleiben während des gesamten Vorgangs stets an der gleichen Stelle. Vgl. Zukav 122 f.

[509] Wirft man einen Stein ins Wasser, erzeugt er Wellen, die von den Wänden zurückgeworfen werden. Wenn die zurückgeworfenen wandernden Wellen einander beeinflussen, bilden sie ein kompliziertes Muster von stehenden Wellen - die Interferenz. Vgl. Zukav 125.

[510] Die Elektronenwolke besteht aus verschiedenen den Atomkern umgebenden stehenden Wellen. Diese sind nicht materiell sondern Strukturen von Potentialen. Die Elektronenwolke ist 'lediglich' ein mathematischer Begriff: Die Form der stehenden Wellen gibt die Wahrscheinlichkeit an, mit der das punktförmige Elektron an irgendeinem Ort in der Wolke angetroffen werden kann. In diesem Sinn sind Elektronenwolken wie Wellenfunktionen. Vgl. Zukav 130 f.

> There it was, all around them. It partook, she felt, [...], of eternity; [...] there is a coherence of things, a stability; something, she meant, immune from change, and shines out (she glanced out of the window with its ripple of reflected lights) in the face of the flowing, the fleeting, the spectral, like a ruby; [...]. Of such moments [...] the thing is made that remains for ever after. [...] Here, she felt, [...], was the still space that lies about the heart of things, where one could move or rest; [...]. (*LH* 89)

Die Autorin hebt besonders die Stabilität, Dauer und Kohärenz des Moments hervor. Diese Qualitäten sind zugleich ihre ästhetischen Ideale, die sie in der Kunst zu verwirklichen sucht. Wie in einer stehenden Welle oder Elektronenwolke wird der Energiefluß nicht unterbrochen, sondern gebündelt und konzentriert. Auch die Künstlerin will nicht den Lebensfluß zum Stillstand bringen, wie es der Tod tut, sondern die Bedeutung des Lebens in einer dauerhaften Form oder einem künstlerischen Muster konzentrieren und fixieren. Das ‚Element der Freude,' den Energiegehalt des Lebens, gilt es dabei zu erhalten und in eine dauerhafte Form zu verwandeln.

Mrs Ramsay, die aus dem ewigen Fließen des Lebens einen Moment der Dauer schafft, personifiziert für Lily eine Erkenntnis, die sie mit der Wellensymbolik verbindet. Der Moment der Zeitlosigkeit, in dem das Leben zum Stillstand kommt und in seiner Bedeutung erkannt wird, entspricht in dieser physikalischen Analogieebene einer stehenden Welle:

> What was the meaning of life? [...] The great revelation had never come [...]. Instead there were little daily miracles, illuminations, matches struck unexpectedly in the dark; here was one. [...] the breaking wave; Mrs Ramsay bringing them together; Mrs Ramsay saying 'Life stand still here'; Mrs Ramsay making of the moment something permanent) – this was of the nature of a revelation. In the midst of chaos there was shape; this eternal passing and flowing [...] was struck into stability. [...] She turned to her canvas. (*LH* 138)

Mrs Ramsay führt die verschiedenen 'Teilerkenntnisse' zur Gesamterkenntnis zusammen, die in einem Moment die Zeit und das Leben bündelt. Sie fügt die verschiedenen Elemente zusammen und schafft aus dem stetigen Fließen, der brechenden – oder physikalisch ausgedrückt ‚laufenden' – Welle einen statischen Moment. Die stehende Welle bedeutet in der Physik keinen wirklichen Stillstand, sondern die Statik des Musters; auf die Kunst übertragen symbolisiert sie das Entstehen einer Form, die inmitten des Chaos Bestand hat. Die Form ist es auch, die Lily als Künstlerin aus dem unbeständigen und vergänglichen Leben zu gewinnen und mit Hilfe ihres künstlerischen Mediums, der Leinwand, festzuhalten sucht. Lilys Ästhetik ist an dieser Stelle mit der Literaturtheorie der Autorin gleichzusetzen. Insgesamt hebt Woolf die Bedeutung des literarisch gestalteten und in der Kunst verewigten visionären

Moments als Gegengewicht zum Lebensfluß in ihrem Werk leitmotivisch hervor.

### c. Wellen als Symbol künstlerischer Kreativität in *The Waves*

In *The Waves* beschreiben die Figuren ihr Weltbild mit Hilfe der Wellen- oder Fließbewegung: „It seems as if the whole world were flowing and curving [...]" (*W* 27). Besonders Rhoda äußert das Gefühl des Stabilitätsverlusts. So sagt sie über Jinny und Susan: „'Their world is the real world. The things they lift are heavy. They say Yes, they say No; whereas I shift and change and am seen through in a second'" (*W* 31). Ebenso beklagt Bernard die fehlende Kontinuität und Sicherheit: „There is no stability in this world [...]" (*W* 84). „For there is nothing to lay hold of. I am made and remade continually. Different people draw different words from me [...]" (*W* 96).

Mit dem oszillierenden und fließenden Universum verbindet Bernard Vergänglichkeit. Er wünscht sich, die Tiefen des Meeres auszuloten, statt den an der Oberfläche regierenden Wellen ausgesetzt zu sein:

> **No, but I wish to go under; to visit the profound depths;** [...] ; to hear vague, ancestral sounds of boughs creaking, of mammoths; to indulge impossible desires to embrace the whole world with the arms of understanding – Impossible to those who act. [...]. **But I am aware of our ephemeral passage.** (*W* 81 f.; eigene Hervorhebung)

Bernard hebt die Kontinuität der Geschichte im Gegensatz zur Vergänglichkeit des einzelnen Menschenlebens hervor. Das Meeressymbol ist nicht auf die Oberfläche und deren Wellenbewegung reduziert, sondern umfaßt auch die Tiefe. Diese ist im Sinne der Jungschen Archetypentheorie als Metapher für das kollektive Unterbewußte zu deuten und betont den Aspekt der Kontinuität. Bernard beschäftigt sich am intensivsten mit der Frage, was er dem ständigen Wandel und Vergehen des Lebens entgegensetzen kann. Nur das Innere des Menschen, 'das zufällige Flackern von Licht, das Hirn und Gefühl heißt,' kann dazu beitragen, etwas Dauerhaftes zu schaffen.[511] Neville betont im Bild des Wandels und Fließens den Aspekt des Werdens sowie des Außergewöhnlichen. Wellenbewegung ist nach der modernen Physik nicht nur eine Eigenschaft des Meeres, sondern vor allem des Lichts:

---

[511] Bernard beschreibt den Kampf gegen die Zeit, die bewirkt, daß das Leben 'davonströmt' und stellt sich die Frage, was überdauern kann: „And we ourselves, walking six abreast, what do we oppose, with this random flicker of light in us that we call brain and feeling, how can we do battle against this flood; what has permanence? Our lives too stream away, down the unlighted avenues, past the strip of time, unidentified" (*W* 161).

> This table, these chairs, this metal vase with its three red flowers are about to undergo an extraordinary **transformation.** [...] **Things quiver as if not yet in being.** [...] And every moment he seems to pump into this room this prickly **light, this intensity of being**, so that things have lost their normal uses – this knife-blade is only a flash of light, not a thing to cut with. **The normal is abolished**. (*W* 85; eigene Hervorhebungen)

Die Transformation der Materie ist einerseits ein Lichteffekt, andererseits eine Eigenschaft der Materie selbst, denn diese besteht ebenfalls aus Wellen, wie die Quantenphysik nachgewiesen hat. Die Erkenntnis des Wellencharakters von Licht und Materie bedeutet nicht nur einen Verlust an Stabilität, sondern birgt zugleich neue ästhetische Potentiale. Die Vorstellung beständiger Transformation überwindet die Normalität: Aus dem Alltäglichen kann Kunst entstehen.

Auch Jinny beklagt den Mangel an Stabilität, verknüpft jedoch diesen negativen Aspekt der Wellensymbolik mit positiven Konnotationen: „There is nothing staid, nothing settled in this universe. All is rippling, all is dancing; all is quickness and triumph“ (*W* 33). Wellenbewegung wird so ebenfalls mit Kreativität und Sinnlichkeit assoziiert. Jinny bezieht Wellensymbolik auf ihren Körper mit seinen Sinnen und Emotionen sowie auf Rhythmus und Tanz.

Susan charakterisiert Jinny ebenfalls durch Bilder physikalischer, wellenförmiger Energie. Sie bemerkt, daß Jinny 'Strahlen aussendet' und auf die anderen einwirkt: „'There is Jinny,' said Susan. ‚[...] She brings things to a point, to order. Now she sees us, and moves, and all the rays ripple and flow and waver over us, bringing in new tides of sensation. We change“ (*W* 86). Jinnys Sinnlichkeit gleicht einer physikalischen Energie, die wellenförmig ausgestrahlt wird. Sie schafft kreative Impulse, indem sie Ordnung und Wandel zugleich anregt.

Neville beschreibt seine dichterischen Ambitionen im Bild der Welle:

> Now begins to **rise in me the familiar rhythm; words** that have lain dormant now **lift, now toss their crests, and fall and rise, and fall and rise** again. I am a poet, yes. Surely I am a great poet. [...] I lash my frenzy higher and higher. It foams. It becomes artificial, insincere. Words and words and words, how they gallop – how they lash their long manes and tails, but for some fault in me I cannot give myself to their backs; I cannot fly with them, scattering women and string bags. There is some flaw in me [...] which, if I pass it over, turns to foam and falsity [...]. (*W* 59 f.)

Er vergleicht die künstlerische Inspiration mit einem rhythmischen Aufsteigen von Worten, die in ein Wellenmuster übergehen. Allerdings wird aus dem kreativen, wellenförmigen Strömen bald ein 'Überschäumen.' Der Dichter verliert das Maß, das Bild der Welle mischt sich mit dem gallopierender Pferde.

Seine Bemühungen schlagen fehl, weil er nicht unbewußt aus sich heraus schafft, sondern selbstbewußt und daher anmaßend und künstlich statt künstlerisch. Diesen Gedanken verbildlicht der Reiter, der die Kontrolle über sein Pferd verliert. Auf Dauer schafft Neville es so nicht, den kreativen Wellenrhythmus beizubehalten. Im physikalischen Bild dominiert diese Figur die Partikel-Perspektive: „I do not know myself sometimes, or how to measure and name and count the grains that make me what I am" (*W* 60).

Neville kann seine künstlerische Ambitionen nicht in ein Kunstwerk umsetzen, obwohl er die Absicht formuliert, dem Chaos gestalterisch entgegenzuwirken: „We must oppose the waste and deformity of the world, its crowds eddying round and round disgorged and trampling. [...] Everything must be done to rebuke the horror of deformity" (*W* 128). Sein künstlerisches Hauptanliegen ist es, der Formlosigkeit Ordnung, Form und Muster entgegenzusetzen. Dies gilt ebenso für Woolf, deren literaturästhetischen Analogien und Überlegungen von der Vorstellung geprägt sind, daß partikelartige, ungeordnete und zusammenhanglose Bestandteile der materiellen Welt zu einem Kunstwerk, also zu Form, umgewandelt werden müßten.

Die Künstlerfigur Bernard muß ebenfalls noch eine künstlerische Identität finden: E er ist auf der Suche nach ‚Geschichten.' Auch er stellt seine Vorstellung künstlerischer Kreativität im Bild der Welle dar, das er mit dem des gallopierenden Pferds verbindet:

> I [go] to my friends, I to my broken heart, I to seek among phrases and fragments something unbroken [...] Should this be the **end of the story**? a kind of sigh? **a last ripple of the wave**? [...] But if there are no stories, what end can there be, or what beginning? [...] It is over, we are ended. But wait – I sat all night waiting – an **impulse runs through us; we rise, we toss back the mane of white spray; we pound on the shore;** we are not to be confined. (*W* 189 f.; eigene Hervorhebungen)

In dieser Kombination von Pferd und Welle wird der Aspekt des Energietransfers besonders betont, der im Mittelpunkt der Quantenmechanik steht. Die physikalische Welle ist das Transportmittel für Energiepakete, die Quanten. In Analogie zu dieser physikalischen Theorie ist für den Künstler die Frage nach der Übertragung kreativer Energie von Bedeutung. Bernard drückt seine Befürchtung des Endes der kreativen Energie als ‘Verebben der Welle' aus. Seine Hoffnung auf ein neues ‘Energiequantum' als künstlerischen Impuls verbildlicht die Welle oder das aufbäumende Pferd.

Auch gegen Ende von Bernards Monolog bleibt Woolf bei dieser Metaphorik. Wie im Essay über den Tod der Motte beschreibt die Autorin das Aufbäumen der kreativen Energie:

> I jumped up. I said, 'Fight! Fight!' I repeated. It is the effort and the struggle, it is the perpetual warfare, it is the shattering and piecing together – this is the daily battle, defeat or victory, the absorbing pursuit. **The trees, scattered, put on order;** the thick green of the leaves thinned itself to a **dancing light. I netted them under with a sudden phrase. I retrieved them from formlessness with words** [...]. (*W* 191; eigene Hervorhebungen)

An dieser Stelle verbindet Woolf gleich mehrere Symbole, die schon im Zusammenhang mit der Quantenmechanik analysiert worden sind: Tanz, Licht, Netz. Mit Hilfe der Sprache kann es gelingen, die chaotischen, fragmentarischen Eindrücke der Welt zu einer Ordnung zu verbinden, die einzelnen Teilchen zusammenzufügen und so in eine Struktur zu bringen. Diesen Vorgang verdeutlicht das Bild des Netzes, mit dem man Dinge fangen und zusammenhalten kann.

Insgesamt ist die Welle Symbol für die Konfrontation des Lebens mit dem Tod. Sie ist Ausdruck des Widerstandes gegen die Vergänglichkeit, ebenso wie die Kunst, die ihr mit ästhetischer Form und Struktur begegnet. Gerade am Ende des Romans betont Woolf diesen Ansporn der kreativen Energie:

> Once more, I who had thought myself immune, who had said, 'Now I am rid of all that,' find that the **wave has tumbled me over**, head over heals, **scattering** my possessions, **leaving me to collect, to assemble, to heap together, summon my forces,** rise and confront the enemy. (*W* 208)

Die Welle ist in der Quantenphysik Ausdruck für zwei Konzepte, die auch die Ästhetik Woolfs prägen: einerseits für den Energietransport und andererseits für das Zusammenspiel von Welle und Partikel. Als solches eignet sich das Bild der Welle, um zwei wiederkehrende Gedanken Woolfs plastisch zu machen: Die Künstlerin oder der Künstler setzt die kreativen Energien ein, um dem Tod und der Vergänglichkeit zu trotzen und in der Welle diese kreativen Energien in die Kunst zu transportieren. Außerdem versucht die Dichterin den partikelhaften Eindrücken, die sie in der Realität empfängt, Einheit und Form zu verleihen. Der 'Wellencharakter' der Kunst bietet zur partikelhaft und fragmentarisch empfundenen materiellen Welt eine komplementäre Betrachtung der Wirklichkeit. In der Welle steht der Ästhetik ein Symbol der synthetischen Wirklichkeitsbetrachtung und formgebenden Kraft zur Verfügung.

## C. Auswirkungen der Relativitätstheorie auf die Kunst

### I. Einsteins Relativitätstheorie und ihre kosmologischen Implikationen

#### 1. Spezielle Relativitätstheorie – Das Raum-Zeit-Kontinuum und der bewegte Beobachter

Noch bis in die zweite Hälfte des neunzehnten Jahrhunderts hinein war die Vorstellung des Kosmos stark von Newtons Konzepten von Raum und Zeit sowie seinen Gesetzen der Gravitation und Mechanik geprägt. Mit Hilfe dieser Lehren vermeinte man sämtliche Beobachtungen von den Bewegungen der Planeten bis hin zu den Gezeiten auf der Erde erklären zu können. Es herrschte die Vorstellung einer wohlgeordneten und berechenbaren Anordnung von Himmelskörpern, die sich in der unendlichen Ausdehnung des absoluten Weltraums in festen Bahnen bewegten, so daß dort alle Ereignisse in einer einmaligen und absoluten Zeitsequenz stattfanden. Wenn auch die viktorianischen Weltvorstellungen noch von solchen Konzepten beherrscht wurden, waren deren Grundlagen bereits durch empirische Daten in verschiedenen Bereichen unhaltbar geworden. Später (1905) entfaltete Einstein in seiner Speziellen Relativitätstheorie, ausgehend von einer Erweiterung der Quantentheorie, eine neue Sicht des Universums.[512]

In der Newtonschen Lehre näherte sich ein Strahl, der von einer sich auf einen Beobachter zubewegenden Lichtquelle ausgesandt wurde, diesem mit größerer Geschwindigkeit als von einer sich entfernenden Quelle. Einstein erklärte, daß die Lichtgeschwindigkeit im Vakuum unabhängig von der Bewegung der Quelle und unter allen Umständen konstant sei.[513]

Einsteins Aussage in der Speziellen Relativitätstheorie hinsichtlich der Struktur der Zeit widerspricht dem natürlichen Zeitgefühl. In jedem System, das sich relativ zu einem anderen bewegt, gilt eine eigene Zeit. Diese Zeiten sind ineinander umrechenbar, die Geschwindigkeit eines Prozesses im bewegten Nachbarsystem läßt sich also immer präzise angeben. Die Systemgebundenheit der Zeit bedeutet keine Subjektivität, denn alle Systemzeiten sind objektiv, relativ sowie real.[514]

---

[512] Vgl. Lloyd Motz, „Cosmology since 1850," ed. Philip P. Wiener, *Dictionary of the History of Ideas*, vol. 1, 554.

[513] Vgl. Asimov 351.

[514] Vor Einstein hatte man zwar nicht angenommen, daß ein Beobachter seinen Bewegungszustand durch ein mechanisches Experiment feststellen könne, aber man war davon ausgegangen, daß optische Phänomene eine Ausnahme darstellten und daß ein unbewegter Beobachter

Die sogenannte 'Relativität der Gleichzeitigkeit' zeigt diese Abhängigkeit des Uhrengangs vom Bewegungszustand des Bezugssystems. Zwei Ereignisse an verschiedenen Orten, die für einen ruhenden Beobachter gleichzeitig sind, sieht der bewegte Beobachter zu verschiedenen Zeiten. Die berühmte Aussage, daß bewegte Uhren nachgehen, bedeutet, daß sich Zeitintervalle relativ zum bewegten System verlängern.[515]

Einstein postulierte, daß bei Geschwindigkeitszunahme sich nicht nur die Zeit verlangsame, sondern auch Längenkontraktion und Massenzunahme einträten. Die sogenannte Lorentz-Kontraktion besagt für die Längenmessung im bewegten System, daß in der Bewegungsrichtung der Gegenstand um einen Faktor verkürzt wird. Einstein zufolge wächst außerdem die Masse eines Gegenstandes mit der Geschwindigkeit. Auch den Substanzbegriff definierte er damit abweichend von den Alltagserfahrungen und der klassischen Physik, in der die Masse die Menge eines Stoffes repräsentiert, die sich niemals verändert. Die relativistische Massenzunahme besagt, daß durch Energiezufuhr die Masse eines Systems erhöht werden kann. Masse und Energie sind danach korrelative Begriffe, so daß man im relativistischen Zusammenhang von Masseenergie spricht.[516]

Die absoluten Größen der Newtonschen Physik waren nach Einstein zu relativen Größen geworden, die sich abhängig von Bewegung und Lage des Beobachters verwandelten. Dafür definierte Einstein andere absolute Größen wie die Lichtgeschwindigkeit. Vor allem leugnete die Spezielle Relativitätstheorie die Absolutheit von Raum und Zeit. Dieser Aspekt war kosmologisch gesehen einer der wichtigsten, denn er bedeutete den Abschied von einem festen Bezugspunkt. Er machte die Wahl eines Bezugsrahmens notwendig, zu dem die Vorgänge im Universum in Relation gesetzt werden konnte. Einstein zufolge können Beobachter in einem Inertialsystem[517] ihren Bewegungszustand

---

seine Bewegung durch den Äther dadurch feststellen könne, daß er die Geschwindigkeit des Lichts in verschiedenen Richtungen seines Bezugsrahmens messe. Vgl. Kanitschneider 122 f.

[515] Vgl. Kanitschneider 123.

[516] Bei Lichtgeschwindigkeit als oberster Grenze für die Bewegung aller Körper wird die Masse so groß, daß der Körper nicht weiter beschleunigt werden kann. Einstein zeigte außerdem, daß die geschwindigkeitsabhängige Massenzunahme nicht nur für elektrisch geladene Teilchen, wie Lorentz angenommen hatte, sondern für Gegenstände jeder Art gelte. Einstein spaltete den Massebegriff in eine 'Ruhemasse' und eine 'dynamische Masse' auf. Vgl. Kanitschneider 123 f. und Asimov 351.

[517] Ein Inertialsystem ist ein System, in dem die Gesetze der Mechanik vollständig gelten. Alle anderen Bezugssysteme, die sich in Relation zu diesem bewegen, sind ebenfalls Inertialsysteme, in denen die Gesetze der Mechanik gleichermaßen gelten. Vgl. Zukav 149.

durch keine Art von Experiment oder Beobachtung ermitteln, ohne die sich im Hintergrund bewegenden Sterne zu berücksichtigen. Jeder Bezugsrahmen ist jedoch gleichberechtigt. Entfernungs- und Zeitmessungen aller Art sind demnach relativ zu einem willkürlich gewählten Bezugsrahmen, weshalb Einstein diesen Gedankengang Relativitätstheorie nannte.[518]

Das Relativitätsprinzip ließ die Vorstellung eines Äthers nicht mehr zu, der in der Newtonschen Physik den absoluten Raum elektromagnetisch realisierte. Im Verhältnis zu diesem konnten Bewegungen gemessen werden, die demnach Absolutbewegungen waren. Ohne absoluten Raum und Äther sind alle Inertialsysteme gleichberechtigt, also alle Referenzrahmen, die gegenüber anderen Referenzrahmen nicht beschleunigt werden. In solchen müssen Naturgesetze immer die gleiche Form haben und Experimente immer gleich ausfallen; Einstein betont an dieser Stelle das Prinzip der Kontinuität.[519]

Einsteins Lehren wurden bereits früh als entscheidender Einschnitt in der Wissenschafts- und Geistesgeschichte gedeutet und als Zeichen eines neuen Zeitgeistes oder Paradigmas verstanden. So weist Sullivan, einer der vor Jeans bedeutendsten Übermittler naturwissenschaftlicher Erkenntnisse an die literarische, intellektuelle und kulturelle Avantgarde, auf den engen Zusammenhang zwischen Metaphysik und Physik hin, wenn er fragt, ob nicht letztendlich der menschliche Geists auf seiner Suche nach Dauer die Physik erschaffen habe. Er deutet die Relativitätstheorie als einen Ausdruck dieses geistigen Bestrebens, denn sie hebe die beständige Qualität des Geistigen hervor und verneine die Vergänglichkeit.[520]

Einsteins Lehren bewirkten einen vollständigen Umbruch des Weltbilds. Bis dahin war der mechanische Äther der Bezugsrahmen, der Raum ein um den Menschen und die Erde herum konstruiertes Gebilde und die Zeit etwas, das an ihm vorbei oder durch ihn hindurch floß. Beide Dimensionen schienen sich grundlegend zu unterscheiden, da der Raum invertierbar war, die Zeit hinge-

---

[518] Vgl. Asimov 351 f. und Motz 556.

[519] Vgl. Kanitschneider 121 f.

[520] Vgl. Bradshaw 200. Der Autor zitiert an dieser Stelle Sullivan, der widerum Edingtons Worte widergibt: „Mind exalts the permanent and ignores the transitory; and it appears from the mathematical study of relations that the only way in which mind can achieve her object is by picking out one particular quality as the permanent substance of the perceptual world, partitioning a perceptual time and space for it to be permanent in, and, as a necessary consequence of this Hobson's choice, the laws of gravitation and mechanics and geometry have to be obeyed. Is it too much to say that mind's search for permanence has created the world of physics?"

gen nicht reversibel. Während die Bewegungen im Raum kontrollierbar waren, war die Zeit nicht zu beeinflussen. Einsteins Forschungsergebnisse und deren Deutung durch Minkowski zeigten, daß die Natur stark von den Gesetzmäßigkeiten der menschlichen Erfahrung abwich. Hatte die Erforschung des Lichts schon ergeben, daß Materie in ihrer Struktur elektrisch ist, so zeigte Minkowski, daß alle elektrischen Phänomene sich in einer untrennbaren Einheit von Raum und Zeit vollzogen, dem vierdimensionalen Raum-Zeit-Kontinuum (aus den drei Dimensionen des Raums und der der Zeit). In diesem Kontinuum variieren die räumliche Trennung und das Zeitintervall zwischen zwei Ereignissen von Beobachter zu Beobachter, aber alle messen das selbe Raum-Zeit-Intervall.[521]

## 2. Allgemeine Relativitätstheorie – Die Geometrisierung der Schwerkraft

In seiner Allgemeinen Relativitätstheorie, die er zwischen 1915 und 1917 entwickelte, befaßte Einstein sich mit beschleunigten Bewegungen und mit der Gravitation. Daß Newtons Gesetz der Gravitation nicht mit der Speziellen Relativitätstheorie in Einklang zu bringen ist, läßt sich daran erkennen, daß sich nach Einstein Uhren, Maßstäbe und Massen verändern, wenn sie von verschiedenen Inertialsystemen betrachtet werden. Nach Newtons Gravitationslehre bestimmen die Massen der Körper und die Entfernung zwischen ihnen zu einem festen Zeitpunkt die Gravitationskraft zwischen zwei Körpern.[522]

Einstein konstruierte die Allgemeine Relativitätstheorie ausgehend von der Erkenntnis, daß alle Körper unabhängig von ihrer Masse und ihrer physikalischen Beschaffenheit mit der gleichen Beschleunigung fallen. Das Gravitationsfeld beschleunigt als einziges physikalisches Feld alle Körper gleich. Ein Beobachter kann objektiv nicht feststellen, ob er sich in einem Gravitationsfeld oder in einem beschleunigten Bezugssystem befindet. Dieses seit Galilei bekannte Merkmal des Gravitationsfelds, das in Newtons Lehre nicht vorkam, ist der Ausgangspunkt für Einsteins Äquivalenzprinzip, das Schwerebeschleunigung und angetriebene Beschleunigung als lokal gleichwertig beurteilt. Einstein postulierte, daß Gravitationsfelder und beschleunigte Bezugsrahmen in Relation zueinander stehen müßten.[523]

---

[521] Vgl. Jeans, *The Mysterious Universe* 89 sowie Motz 557.
[522] Vgl. Motz 557 f.
[523] Vgl. Motz 557 f. und Kanitschneider 128.

Außerdem setzte sich Einstein mit der Beziehung zwischen der Geometrie des Raums und dessen Materiegehalt auseinander. Er vermutete eine Rückwirkung der Materie auf die Geometrie. Die Raumstruktur war bis 1915 in Form der Euklidischen Geometrie vorgegeben, die keine Einwirkung von Materie und Energie kannte. Von Einstein an wurde der Raum in seiner Struktur variabel, dynamisch und beim Aufbau von physikalischen Systemen selbständiger.[524]

Weiterhin resultierte nach Einstein die Trägheit, also der Widerstand der Masse gegenüber einer Bewegungsänderung, in den fernen Massen und nicht im absoluten Raum.[525] Das begriffliche Verhältnis von Newtonscher und Einsteinscher Gravitationstheorie kann man am besten anhand der Geometrisierung der Gravitation veranschaulichen. Bei Newton zwingt die Gravitationskraft ein Teilchen auf einen gekrümmten Pfad in der flachen Raumzeit. Nach Einstein ist die Gravitation lokal verschwunden, taucht jedoch wieder auf, wenn man von einem Punkt der Raumzeit zum Nachbarpunkt übergeht. Sie wird als Krümmung der Raumzeit sichtbar. Bei Einstein ist das Feld mit all seinen Krümmungseigenschaften Träger der Gravitation. Zwar bleibt Newtons Welt der Teilchen bestehen, erzeugt aber die der Wahrnehmung widersprechende physikalische Realität, die Einstein beschreibt.[526]

### 3. Einsteins kosmologisches Modell

Einstein wird auch als der ‘ungewollte Darwin der Physik’ bezeichnet. Wenn Darwin den Viktorianern gezeigt hatte, daß sie Bestandteil einer sich entwickelnden Natur waren, so zeigte Einstein der Moderne, daß der Kosmos wie ein lebendiges Wesen in eine evolvierende Raumzeit eingebettet war.[527]

Die klassische Mechanik und die Gravitationstheorie konnte man nicht auf die Welt im Großen anwenden, sie boten keine Antwort auf die Frage nach der globalen Struktur der Raumzeit und der Materieverteilung. Einstein selbst spezifizierte 1917 seine lokale Gravitationstheorie auf diese globale Fragestellung und entwickelte unter der Annahme einer sehr einfachen Materie ein kosmologisches Modell.[528]

[524] Vgl. Kanitschneider 128 f.

[525] Da die Gravitation denselben Ursprung hat, vermutete Einstein eine Wesensgleichheit von Gravitation und Trägheit. Zwei in der Newtonschen Theorie begrifflich völlig getrennte physikalische Größen werden bei Einstein aufeinander bezogen und vereinigt. Vgl. Kanitschneider 129.

[526] Vgl. Kanitschneider 131 und Asimov 354 sowie Motz 559.

[527] Vgl. Killen 166.

[528] Vgl. Kanitschneider 131.

Einstein wandte in der Allgemeinen Relativitätstheorie seine Feldgleichungen auf die Materieverteilung im Universum an und ersetzte die Verteilung in Klumpen (wie sie sich durch die Existenz von Sternen und Galaxien anbot) durch eine gleichmäßige, einem dünnen Partikelnebel gleichende. Einstein zufolge bewirkt der geringe Materieanteil in jeder Volumeneinheit des Raums überall dieselbe Krümmung, so daß der Weltraum sich gleichmäßig auf sich selbst zurückkrümmt, um ein geschlossenes, sphärisches Universum zu bilden.[529]

Durch die Integration einer kosmischen Größe in seine Feldgleichungen war Einstein in der Lage, ein dynamisches, endliches Modell des Universums abzuleiten, das einer Blase mit einer dreidimensionalen Oberfläche gleicht. Dieses Universum ist gerade so stark mit Materie angefüllt wie nur möglich, ohne daß es sich verändert. Wenn man etwas Materie hinzufügte, würde die Gravitationsanziehung die kosmische Abstoßung überkompensieren und das Universum würde zu einer kleineren Größe zusammenschrumpfen. So ergibt sich ein ziemlich leeres Universum, auch wenn es so voll ist wie es nur geht.[530]

Daß es nicht einfach ist, ein vollständig befriedigendes und kohärentes kosmologisches Modell zu entwickeln, sieht man an der Schwierigkeit, Quantenmechanik und Relativitätstheorie in Einklang zu bringen. Erstere macht die Unbestimmtheit zu einem Hauptelement ihres Konzepts, während letztere die Determination der Newtonschen Physik weiter ausbaut. Das Dilemma der modernen Physik ist, daß beide Lehren notwendig sind, wenn atomare Phänomene behandelt werden.[531]

Einsteins Gesetze leiteten Jeans zufolge das Ende des Zeitalters mechanistischer Naturwissenschaft ein. Masse verströmt keine Kraft, wie nach Newtons Vorstellung, sondern verzerrt das vierdimensionale Kontinuum in ihrer Nachbarschaft. Jeans entwickelt für die Erde die Metapher vom Cricket Ball, der nicht mehr durch das Einwirken einer Anziehungskraft von seiner geradlinigen Bahn abgebracht werde, sondern durch die Krümmung des Kontinuums. Nachdem bereits Raum und Zeit als separate Einheiten verschwunden seien, verschwinde ebenfalls die Gravitationskraft und nur ein 'zerknittertes Konti-

[529] Vgl. Motz 559 f.
[530] Vgl. Motz 561.
[531] Hayles 55 f.

nuum' bleibe übrig.[532] Jeans beschreibt das Kontinuum durch das Bild der knitterigen Seifenblase.

Nach Jeans reduzierte die Naturwissenschaft des neunzehnten Jahrhunderts das Universum zum Spielball von nur zwei Arten von Kräften. Die Gravitationskräfte bestimmten die wichtigeren Phänomene der Astronomie, abgesehen davon, daß sie die Körper und Füße der Menschen auf der Erdoberfläche festhielten. Zum anderen blieben die elektromagnetischen Kräfte, die alle anderen Erscheinungen verursachten, wie Hitze, Licht, Ton, Kohäsion, Elastizität und chemikalische Veränderungen. Jeans vermutete, daß auch die elektromagnetischen Kräfte den Weg der Schwerkraft gehen würden und sich sich in einen 'neuen Typus von Knittern des vierdimensionalen Kontinuums' auflösen würden:[533]

> If so, the universe will have resolved itself into a four-dimensional space, totally devoid of substance, and totally featureless except for the crumplings, some large and some small, some intense and some feeble, in the configuration of the space itself. **What we have hitherto spoken of as the propagation of energy, such as the passage of sunlight from sun to earth, now reduces to nothing more than the continuity of a corrugated crumpling [...]** we cannot picture it as the propagation of anything concrete or objective through space unless we first divide the continuum objectively into space and time, and this is precisely what we are forbidden to do.[534]

Jeans, dessen populärwissenschaftliche Ausführungen für die Rezeption der Einsteinschen Lehren in den zwanziger und dreißiger Jahren repräsentativ und insbesondere für das Verständnis Woolfs relevant ist, resümiert seine kosmologische Interpretation der Allgemeinen Relativitätstheorie, indem er das Bild des Universums als Oberfläche einer Seifenblase mit Unregelmäßigkeiten und Falten prägt.[535]

---

532 Vgl. Jeans, *The Mysterious Universe* 98. Jeans weist auf die kosmologischen Konsequenzen der Theorien Einsteins hin und beschreibt damit die Wirkung der Relativität auf Zeitgenossen. Er schildert den Eindruck des Paradigmenwechsels und liefert zugleich Metaphern, um die bildliche Vorstellung des neuen Weltbilds zu erleichtern.

533 Vgl. Jeans, *The Mysterious Universe* 99.

534 Jeans, *The Mysterious Universe* 99 f. (eigene Hervorhebungen).

535 Jeans, *The Mysterious Universe* 100.

## II. Relativitätstheorie und die Entwicklung dynamischer Raum-Zeit-Vorstellungen

### 1. Übergang vom Newtonschen zum Einsteinschen Kosmos

Es stellt sich die Frage, inwieweit Joyce solche Umbrüche im Weltbild in *Ulysses* berücksichtigte oder reflektierte. Rein historisch gehört dieser Roman auf jeden Fall in die Zeit des Paradigmenwechsels vom Newtonschen zum Einsteinschen Kosmos, wenn Einstein dort auch kein einziges Mal namentlich erwähnt wird.[536] Obwohl zeitliche Koinzidenz natürlich kein ausreichendes Argument für eine kausale Beziehung ist, wäre es sehr ungewöhnlich, wenn Joyce von epochemachenden Ereignissen oder Erkenntnissen keine Notiz genommen hätte, zumal sein Roman den Anspruch erhebt, die moderne Welt zu spiegeln. So ist nicht zu erwarten, daß der Autor die naturwissenschaftliche Grundlage seiner Gestaltung von „Ithaca" an das statische und berechenbare Newtonsche Weltbild anlehnt.[537]

In seinen Selbstgesprächen denkt Bloom, beunruhigt durch die Sicht und den Geruch von Boylands Brotwagen, der 'unser tägliches Brot' fährt: „Makes you feel young. Somewhere in the east: early in the morning: set off at dawn. Travel round in front of the sun, steal a day's march on him. Keep it up for ever never grow a day older technically" (*U* 4.82-85). Der Gedanke, daß man Zeit gewinnt, wenn man sich gen Osten bewegt, ist von Jules Vernes *Around the World in Eighty Days* inspiriert, zuerst 1873 in englischer Übersetzung erschienen. Darin verläßt Phileas Fogg nach seiner Uhr London für einundachtzig Tage. Zu seiner Überraschung sind bei seiner Rückkehr dort allerdings nur achtzig Tage verstrichen, und so gewinnt er seine Wette doch noch. Mr Bloom ist sich bewußt, daß die Folge von Tagen und Nächten dadurch verursacht wird, daß sich die Erde um ihre Achse von Westen nach Osten dreht. Er erweitert allerdings Vernes Idee: Wenn man mit Erdumdrehungsgeschwindig-

---

[536] Avrom Fleishman stellt die historischen Eckdaten zusammen: „We are confronted by the striking historical coincidence that *Ulysses* was written (1914-1921) in the same years in which the general theory of relativity (1915-1917) and the conception of an expanding universe (1917 ff.) were being published in a series of papers by Einstein and others, while the original impetus to the new vision of the cosmos was given in the special theory of relativity (1905) at about the same time in which the novel is set. [...] By placing Bloomsday in the year prior to the first widely noted (though not the first) of Einstein's relativity papers, Joyce did, of course avoid the burden of direct reference to the new science." Avrom Fleishman, „Science in ‚Ithaca'," *Fiction and the Ways of Knowing* (Austin et al.: University of Texas Press, 1978) 136.

[537] Vgl. Fleishman 136.

keit vor der Sonne gen Osten reisen könnte, würde man technisch niemals einen Tag älter werden. Bloom weiß, daß man physiologisch tatsächlich altern würde, behauptet aber, man könne sein Alter technisch einfrieren, indem man die Uhr nach der Sonne stelle.[538]

An dieser Stelle fühlt man sich an Einsteins berühmtes Zwillings-Paradoxon erinnert, das das Phänomen der Zeitdilatation in der Speziellen Relativitätstheorie illustriert. Man stelle sich vor, ein Zwilling begibt sich auf eine Weltraumreise, die ihn über viele Jahre mit Lichtgeschwindigkeit durch das Weltall führt, während sein Bruder auf der Erde zurückbleibt. Durch die Zeitdilatation wäre der reisende Zwilling bei der Rückkehr um viele Jahre jünger als sein Bruder.[539] Während Joyces Leopold Bloom durch eine Zeitverschiebung verwirrt wird, die in Anlehnung an Jules Vernes Roman durch die Erdrotation verursacht wird, erklärt Einstein seinen Effekt der Zeitdilatation dadurch, daß bewegte Uhren langsamer gehen. Aber ähnlich wie in Einsteins Lehre beschreibt Bloom ein paradox erscheinendes Zeitphänomen, das gegen das 'normale' Zeitempfinden scheinbar eine Aufhebung der streng chronologisch verlaufenden Newtonschen Zeitvorstellung bedeutet.

Joyce stellt Zeit und Zeitverhältnisse abweichend von der Newtonschen Konzeption einer absoluten Zeit dar. Allerdings wäre es nicht legitim, allein aus dieser Beobachtung sogleich einen Einfluß Einsteins und seiner Relativitätstheorie abzuleiten. Man muß wieder ein Zusammenwirken von Naturwissenschaft und Geistesgeschichte annehmen, denn bereits Bergsons *durée* und Prousts *moment privilig*é stellen eine subjektive und relative Empfindung der Zeit gegenüber einer klassischen, absoluten Zeitsequenz dar. Joyce stellt ebenso wie Proust und Bergson die Newtonsche Kosmologie in Frage und deutet eine relativistische Weltsicht an oder ahnt sie voraus. Einstein selbst hatte sich, wie viele andere zeitgenössische Physiker mit Bergsons Philosophie beschäftigt, so daß auch von philosophischen Einflüssen auf physikalische Forschungen auszugehen ist. Die Argumentation von Alan David Perlis erscheint sehr schlüssig, nach der sich eine Beschäftigung mit Relativität in den ersten zwei Jahrzehnten dieses Jahrhunderts in verschiedenen akademischen Disziplinen und der Literatur parallel entwickelte:

---

[538] Vgl. Salvadori und Schwartzman: 350.

[539] Durch die Zeitdilatation werden sich alle zeitlichen Vorgänge, von denen zum Beispiel die Uhren an Bord oder das Herz des Raumfahrers betroffen sind, gleichermaßen verlangsamen. Deshalb wird der reisende Zwilling auch ohne den Vergleich mit seinem Bruder nichts davon bemerken. Vgl. zu einer detaillierten Erklärung dieses Phänomens Roman Sexl und Herbert Kurt Schmidt, *Relativitätstheorie* (Stuttgart: Metzler, 1982) 66 f.

> It is entirely possible that this general surge of interest came to meet Joyce the expansive novelist and that a merger ensued. This is quite different from arguing that Joyce comprehended certain theories of modern physics and responded to them in *Ulysses*.[540]

Joyce weicht nicht nur in seinen Vorstellungen von Zeit und Raum (ähnlich wie Einstein in seiner Speziellen Relativitätstheorie) vom Newtonschen Weltbild ab. Das mythische Thema des *eternal return*[541] läßt sich als Anspielung auf das in der Allgemeinen Relativitätstheorie vertretene Konzept vom gekrümmten Weltraum deuten. Die ewige Wiederkehr des Wanderers, Seefahrers, Kinds nach Hause, in den Hafen, in das Bett und den Mutterleib wird durch die symbolische Darstellung von Bloom und Molly als Himmelskörper verstärkt und auf eine kosmologische Interpretationsebene gehoben.[542]

Da es allerdings keine Beweise dafür gibt, ob und wie gut Joyce die Allgemeine Relativitätstheorie gekannt hat, kann man die Verknüpfung des Mythos der ewigen Wiederkehr mit Kosmologie auch als Zeichen der Kritik an Newtons Entwurf des Universums verstehen. Joyces Gedankengut spiegelt das geistige Klima des Paradigmenwechsels wider, den Einstein in seinen Lehren vollzieht.

In der „Ithaca"-Episode wird die Frage nach Blooms Rückkehr gestellt. Leopold wird als Himmelskörper beschrieben, der als Poldy seine Reise beginnt, die ihn an das 'extreme Ende' des Weltraums führt. Danach beginnt der Rückweg, da das Universum offensichtlich nicht unendlich ist, wie man das vor Einstein noch angenommen hatte. Die Heimkehr ist allerdings mit einer Transformation verbunden, denn es kehrt nicht Poldy, sondern Leo zurück:

> Would the departed never nowhere nohow reappear?
>
> [...] Somewhere imperceptibly he would hear and somehow reluctantly, **suncompelled**, obey the summons of **recall**. Whence, disappearing from the constellation of the Northern Crown **he would somehow reappear reborn above delta in the constellation of Cassiopeia and after incalculable eons of peregrination return an estranged avenger**, a wreaker of justice on malefactors, a dark crusader, a sleeper awakened, with financial resources (by supposition) surpassing those of Rothschild or the silver king. (ca. *U* 17.2006-2034; eigene Hervorhebungen)

---

540 Alan David Perlis, „The Newtonian Nightmare of *Ulysses*," ed. Bernard Benstock, *The Seventh of Joyce* (Bloomington, Sussex: Indiana University Press, The Harvester Press, 1982) 191.

541 Joyce fand das Geschichts-Konzept des Philosophen Giambattista Vico (1668-1744) von der ewigen Wiederkehr oder des ‚Rosenkranzes der Geschichte' faszinierend. Vgl. *UA* 31.

542 Vgl. Fleishman 147.

„The dark crusader," the „sleeper awakened," „the estranged avenger" ist Leo, nicht Poldy. Letzterer hatte am Vormittag das Haus verlassen, und Leo, der sich über eine Dekade zuvor zurückgezogen hatte, ist ‚nach unberechenbaren Äonen der Wanderschaft' wiedergekehrt. Die Rückkehr wird als Wiedergeburt, Wiederkehr, Wiederaufwachen beschrieben. Die Anziehungskraft der Sonne hat sich ausgewirkt, die Newtonsche Vorstellungen erkennen läßt, nach denen die Gravitation eine Kraft ist, die auf andere Partikel einwirkt. Blooms Reise durch den Weltraum wird auf diese Weise mit der Bewegung eines Planeten um sein Gravitationszentrum verglichen. Molly als *Gea Tellus* ist Blooms Zentrum, zu dem ihn auch seine Reise zurückführt. Die Beschreibung von Blooms 'Reise durch den Weltraum' verdeutlicht, wie sehr der emotionale Inhalt die scheinbar nüchterne und wissenschaftliche Sprache konterkariert und aufhebt.

Der beschriebenen gewandelten Rückkehr an den Ausgangspunkt liegt das Prinzip von Kontinuität und Wandel zugrunde. Der zurückgekehrte Leopold ist eine Wunschvorstellung Blooms, die sich lediglich in der Phantasie abspielt. Hinter Leos Bezeichnungen verbergen sich Anspielungen auf Odysseus, Edmund Dantes aus *Der Graf von Monte Christo* sowie Rip van Winkel („**an estranged avenger**, a wreaker of justice on malefactors, a dark crusader, a sleeper awakened"). Diese mythischen und literarischen Gestalten hat Joyce in Bloom wiederauferstehen lassen. Die dichterischen Transformationen erscheinen wie eine literarische Umsetzung der Einsteinschen Theorie vom gekrümmten Weltraum und der fiktiven, ewigen Wiederkehr eines darin Reisenden.

Im weiteren Verlauf der „Ithaca"-Episode wird der Zweifel artikuliert, Blooms Vorstellung sei nicht realistisch. Die Antwort ist wiederum in Hinblick auf physikalisch-kosmologische Vorstellungen aufschlußreich:

> What would render such return irrational?
>
> An unsatisfactory equation between an exodus and return in time through reversible space and an exodus and return in space through irreversible time. (*U* 17.2024-2027)

Joyce spielt mit den Einsteinschen Überlegungen zu Raum und Zeit, also zum Raum-Zeit-Kontinuum. Bei Newton schienen Zeit und Raum zwei grundsätzlich verschiedene Dimensionen zu sein, da der Raum als invertierbar, die Zeit hingegen als nicht reversibel gesehen wurde. Die Relativitätstheorie machte es nötig, sich Raum und Zeit als untrennbare Einheit vorzustellen. Im folgenden geht der Autor auf die Kräfte ein, die im Raum wirksam sind und Fortbewegungen beeinflussen:

> What **play of forces, inducing inertia**, rendered departure undesirable?
> The lateness of the hour, rendering procrastinatory: the obscurity of the night, rendering invisible: the uncertainty of thoroughfares, rendering perilous: the necessity for repose, obviating movement: the proximity of an occupied bed, obviating research: the anticipation of warmth (human) tempered with coolness (linen), obviating desire and rendering desirable: the statue of Narcissus, sound without echo, desired desire. (ca. *U* 17.2006-2034)

Joyce setzt sich ironisch mit der Newtonschen Vorstellung der Materie als Spielball von Kräften, hauptsächlich der Gravitations- und der Inertialkraft, auseinander. Die lange Aufzählung von Gründen, aus denen eine direkte Wirkung folgt, kritisiert ironisch die der Logik eines einfachen Ursache-Wirkungs-Mechanismus folgende Erklärung menschlichen Verhaltens: „[...], rendering procrastinatory: [...] rendering invisible: [...], rendering perilous: [...], obviating movement: [...], obviating research: [...], obviating desire and rendering desirable: [...], desired desire." Die aufgezählten Gründe sind alle nicht entscheidend für Blooms Handeln, das durch Emotionen, Sehnsucht und Lust oder 'ersehnte Lust' motiviert ist. Joyce benutzt bewußt Newtonsche Terminologie, verwendet sie jedoch als Kritik am zugrundeliegenden mechanistischen Weltbild. Die Endstation der Bloomschen Reise bietet ‚das traurige Mannkind' als Gegenbild zu positivistisch-rationalen Betrachtungen des Menschen:

> In what posture?
> Listener: reclined semilaterally, left, left hand under head, right leg extended in a straight line and resting on left leg, flexed, in the attitude of Gea-Tellus, fulfilled, recumbent, big with seed. Narrator: reclined laterally, left, with right and left legs flexed, the indexfinger and thumb of the right hand resting on the bridge of the nose, in the attitude depicted in a snapshot photograph made by Percy Apjohn, the childman weary, the manchild in the womb. (*U* 17.2311-2318)

Joyce zeigt Bloom als anrührende, zugleich tragische und komisch-absurde Figur, wie sie Percy Apjohns Schnappschuß abbildet. Die Photographie als relativ neues Medium ist der Inbegriff naturalistischer und nüchterner Wirklichkeitsdarstellung. Erst die sprachliche Wiedergabe des Bilds ermöglicht eine Interpretation und deutende Umwandlung der photographisch festgehaltenen Realität. Joyce gibt seinen beiden Figuren eine mythologische Deutung.

Bloom kehrt als *manchild* zu seinem Gravitationszentrum Molly oder *Gea Tellus* zurück. Mutter Erde übt aber nicht im physikalischen, sondern im archetypischen und emotionalen Sinn Anziehungskräfte aus. Leopold kehrt als Mann zur Frau und als Mensch zu seinem kindlichen Ursprung, der Mutter zurück. Joyce gibt in technischer, geographischer und scheinbar wissenschaftlicher Sprache ein mythisch zu interpretierendes Bild. Blooms Rückkehr vollendet keinen wirklichen Kreislauf, da Veränderungen in der Zeit stattgefunden haben. Dieser Gedanke umfaßt die Elemente der Kontinuität und des Wandels gleichermaßen. Die Reise am Bloomsday ist eine Wiederkehr an den Ursprung eines endlichen Universums à la Einstein, jedoch im Sinn einer Transformation und Wandlung, die sowohl die zeitliche als auch die mythologische, also zeitlos-kontinuierliche Dimension berücksichtigt.

## 2. Unterschiedliche Perspektiven im Bezugssystem der Relativitätstheorie

### a. James Joyce – Der klassisch-physikalische Begriff der 'Parallaxe' als Leitmotiv relativistischen Inhalts

Das von Einstein postulierte Bezugssystem, das es erst möglich macht, sinnvolle Aussagen über Lage und Bewegung eines Objekts im Raum zu treffen, verweist auf ein wesentliches Strukturprinzip von *Ulysses*: Joyce konfrontiert seine Leser und Leserinnen in jeder Episode mit einer anderen Erzählperspektive, zu der die Erzählung erst in Relation zu setzen ist. Wer sich mit dem Roman auseinandersetzen möchte, ist gefordert, die Romanperspektive in die eigene zu transformieren.

Diese Frage nach der Perspektive und dem relativen Bezugssystem betrifft nicht nur die Metaebene des Romans. So kann in „Ithaca“ die Frage nach der Bewegung im Raum nur 'relativ' beantwortet werden:

> In what state of rest or motion?
>
> At rest **relatively** to themselves and to each other. In motion being each and both carried westward, forward and rereward respectively, by the proper perpetual motion of the earth through **everchanging tracks of neverchanging space**. (*U* 17.2306-2310; eigene Hervorhebungen)

Die Frage nach dem Bewegungszustand läßt sich nur in Relation zu einem Bezugsrahmen beantworten. Wissenschaftler wie Einstein diskutierten sie in bezug auf die Bewegung der Himmelskörper. So wird die Frage je nach Bezugssystem unterschiedlich beantwortet, ohne daß eine absolute Antwort gegeben werden kann.

In Relation zum Weltraum kann es offensichtlich auf der Erde den unbewegten Zustand nicht geben. Daß Joyce das Universum mit der Formulierung ‚sich ewig wandelnde Bahnen des sich niemals wandelnden Weltraums‘ umschreibt, legt nahe, daß ihm noch ein Newtonscher Raum mit dem Äther als absolutem und unbeweglichen Bezugsrahmen vorschwebt. Joyce betont allerdings die stetige, dynamische Veränderung der Bahnen der Himmelskörper und distanziert sich von der Vorstellung einer statischen Himmelsmechanik, derzufolge sich die Gestirne in festen Bahnen bewegen.

Joyce weist an der untersuchten Stelle seine Leser und Leserinnen darauf hin, daß sie die Bewegungen seiner Figuren aus zwei Perspektiven sehen müssen, denn seine Figuren bewegen sich durch Dublin und durch das Weltall. Joyce überträgt den astronomischen Begriff 'Parallaxe,' der eine Relation von Perspektiven bezeichnet, als Analogie für zentrale Themen des Romans und führt so die kosmologische mit anderen Bedeutungsebenen zusammen. Der Begriff der 'Parallaxe' zieht sich den gesamten in *Ulysses* erzählten Tag leitmotivisch durch die Gedankengänge Leopold Blooms. Einen Höhepunkt erreicht die Verwendung des Begriffs in der „Circe"-Episode, in der Bloom eine Vision seines Großvaters erlebt (*U* 15.2334). Trotz der Bedeutung, die diesem Motiv allgemein zuerkannt worden ist, hat sich bislang lediglich Fleishman[543] eingehender mit ihm auseinandergesetzt.

'Parallaxe' ist in der Astronomie der Grad, in dem die Position eines Sterns in Relation zu anderen abweicht, wenn der Beobachtungspunkt sich durch die Erdumdrehung verändert. Zwei von einem Punkt aus betrachtete Körper werden sich in einer unterschiedlichen räumlichen Beziehung zueinander befinden, wenn sie von einer anderen Position aus gesehen werden. Wenn die Winkel beider Beobachtungen gemessen werden, lassen sich die Entfernungen zwischen diesen Körpern mit Hilfe der Trigonometrie errechnen. 'Parallaxe' als Leitmotiv suggeriert also das Beobachtungsprinzip der Abweichung, den scheinbaren Wechsel in der Position eines Körpers in Abhängigkeit von der Bewegung des Beobachters. Das Motiv impliziert die notwendige Korrektur der Interpretation einer Beobachtung, die aus Gründen der physikalischen Relativierung vorgenommen werden muß.[544]

In „Lestrygonians" erblickt Bloom eine Uhr, mit der er sogleich eine Relation zum Treffen zwischen Boylan und Molly assoziiert:

> If he ..? O! Eh? No ...... No. No, no. I don't believe it. He wouldn't surely? No, no. Mr Bloom moved forward, raising his troubled eyes. Think no more about that. After one. Timeball on the ballastoffice is down. Dunsink time. Fascinating little book that is of sir Robert Ball's. **Parallax.** I never exactly understood. There's a priest. Could ask him. Par it's Greek: **parallel, parallax.** Met him pike hoses she called it till I told her about the transmigration. O rocks! Mr Bloom smiled O rocks at two windows of the ballastoffice. She's right after all. Only big words for ordinary things on account of the

[543] Vg. Fleishman 136-148.
[544] Vgl. Fleishman 138.

> sound. She's not exactly witty. Can be rude too. Blurt out what I was thinking. (*U* 8.102-116; eigene Hervorhebungen)

Bloom versucht, sein inneres Gleichgewicht wiederherzustellen, indem er die Perspektive verändert und die Uhr mit anderen Überlegungen verknüpft. Er verschiebt sich gleichsam selbst mental und schafft es so, Molly und die 'Bälle' der Uhr anschließend nicht mehr mit Blazes Boylan in Verbindung zu bringen, sondern über eine ‚parallaktische Verschiebung mit Metempsychose und Mollys Sprachgebrauch. Ähnlich wie Molly, die sich den fremden Terminus aus ihrer Perspektive angeeignet hat, geht auch Bloom mit 'Parallaxe' um und verwandelt den Begriff zu einem sprachlichen Instrument der eigenen Wirklichkeitserfassung.

In „Ithaca" stellt der Erzähler die Frage nach den 'Hypothesen wiederkehrender Eindrücke' Major Tweedys. (*U* 17.2084) Die Antwort geht vom mathematischen Axiom der Parallelität aus, das auf die Erinnerung an Mollys an- und abreisenden Vater angewandt wird:

> Retreating, at the terminus of the Great Northern Railway, Amiens street, with constant uniform acceleration, along parallel lines meeting at infinity, if produced: along parallel lines, reproduced from infinity, with constant uniform retardation, at the terminus of the Great Northern Railway, Amiens street, returning. (*U* 17.2085-2089)

Aus Blooms Perspektive sah es so aus, als ob die parallelen Eisenbahnschienen in der Unendlichkeit, also am Horizont konvergierten. Aus seinem Blickwinkel schien der Vater stets aus der Unendlichkeit mit konstant abnehmender Geschwindigkeit anzureisen und in die Unendlichkeit mit konstant zunehmender Geschwindigkeit abzureisen. Sowohl die Geschwindigkeit als auch die Unendlichkeit sind nur Hypothesen, die durch andere Bezugssysteme eine andere Definition oder andere Größe erhalten würden. Blooms subjektive Hypothese reproduziert auf keinen Fall die Wirklichkeit. Wenn man die Perspektive des Vaters einbezöge, ergäb sich ein anderer Eindruck von Geschwindigkeit und Konvergenzpunkt. Die in die Unendlichkeit mündenden Linien widersprechen auch dem Eindruck der kreislaufartigen Abfahrt und Wiederkehr des Zuges.[545]

Der Vorstellung ‚paralleler Linien, die sich in der Unendlichkeit treffen,' liegt eine mathematische Hypothese der analytischen Geometrie zugrunde, die mit der irdischen Wirklichkeit nichts zu tun hat. Der Beweis des mathematischen

[545] Der Kreislauf wird durch den Beginn und das Ende des Zitats markiert: „Retreating [...] returning."

Axioms wird durch die Definition der Unendlichkeit bedingt.[546] Man müßte einen im Weltraum liegenden Konvergenzpunkt postulieren. In der sinnlich erfaßbaren Wirklichkeit auf der Erde gibt es keine Unendlichkeit, denn diese ist ein rein philosophisch-hypothetischer Begriff, um dessen Definition sich die Mathematiker bemühen. Joyce spielt mit den Widersprüchen zwischen der subjektiven Wahrnehmung der Realität und der ebenso hypothetischen wie fiktiven Annäherung, die das Subjekt anhand seiner Beobachtungen erarbeiten kann. Bloom kann keine 'absolute' Wirklichkeit objektiv beschreiben, sondern muß seine sinnlichen Wahrnehmungen in Hypothesen überführen und durch den Vergleich verschiedener Beobachtungen überprüfen.

Schon in „Lestrygonians" sind die Begriffe *parallel* und *parallax* verknüpft. Ebenso werden in „Ithaca" beide Ausdrücke in einen Zusammenhang gebracht. So beginnt die Episode mit der Frage:

> What **parallel courses** did Bloom and Stephen follow returning?
>
> Starting **united** both at normal walking pace from Beresford place they followed in order named Lower and Middle Gardiner streets and Mountjoy square, west, then, at reduced pace, each bearing left, Gardiner's place by inadvertence as the farther corner of Temple street: then, at reduced pace with interruptions of halt, bearing right, Temple street, north, as far as Hardwick place. Approaching, **disparate**, at relaxed walking pace they crossed both George's church diametrically, the chord in any circle being less than the arc which it subtends. (*U* 17.1-10; eigene Hervorhebung)

Stephen und Bloom beschreiten in ihren Auseinandersetzungen mit den verschiedenen Themen des Romans parallele Wege, die andersartige Ziele verfolgen. Ein Resümé dieser parallelen und dennoch 'disparaten' Auseinandersetzung bietet die „Ithaca"-Episode.

Ähnlich wie in der durch Einsteins gekrümmtes Universum beeinflußten modernen Geometrie, die die Gesetze der Euclidischen Geometrie widerlegt,[547] treffen sich Blooms und Stephens parallele Wege vor der Unendichkeit, kreuzen sie sich doch als beide unter Mollys Fenster urinieren. Dadurch wird die symbolische Natur der Figurenebene unterstrichen. Aus der parallelen Betrachtung wird die Parallaxe als der Winkel, unter dem sich die von zwei verschiedenen Beobachtungsorten zu demselben beobachteten Gegenstand gezo-

[546] Vergleiche zu einer philosophischen Erörterung der mathematisch-physikalischen Unendlichkeitstheorien von Weizsäcker, *Zum Weltbild der Physik* 118-151.

[547] Bradshaw verfolgt Huxleys Verwendung dieses mathematischen Axioms als literarisches Motiv, das die Rezeption der Einsteinschen Lehren belegt. Anhand der Überlegungen von Romanfiguren, ob sich parallele Linien in oder vor der Unendlichkeit treffen, versucht er nachzuweise, ob Huxley sich von der Relativitätstheorie distanziert, oder auf ihre Bedeutung für die Literatur hinweist. Vgl. Bradshaw 196 f.

genen Sehstrahlen schneiden. Molly bildet den Punkt, in dem Blooms und Stephens unterschiedliche Perspektiven konvergieren, körperliche und geistige Handlungen zusammenlaufen. Offensichtlich verweist der Begriff auf eine Bedeutung für die Romanstruktur des *Ulysses*.

In „Ithaca" wird besonders deutlich, daß die Perspektiven von Bloom und Stephen gleichberechtigt nebeneinander stehen. Der Leser wird seinen eigenen Standpunkt aus einer 'Transformation' der ihm aus unterschiedlichen Erzählperspektiven gebotenen Informationen gewinnen.

Auch die Relativitätstheorie hat nichts mit Relativismus zu tun, im Gegenteil, sie festigt die Absolutheit von Kategorien und sucht nach physikalischen Konstanten.[548] Ebenso wie der Physiker ist Joyce auf der Suche nach den Konstanten menschlicher Erfahrung. Er evoziert die Jungschen Archetypen oder Vicos Zyklen, um den Menschen aus allen Perspektiven darzustellen.[549]

Während in anderen Episoden der ehemals astronomische Inhalt des Begriffs 'Parallaxe' oft nicht mehr erkennbar ist,[550] benutzt Bloom in „Ithaca" 'Parallaxe' im eigentlichen, astronomischen Sinne, also in bezug auf das Universum:

> With what meditations did Bloom accompany his demonstration to his companion of various constellations?
>
> [...] of our system plunging towards the constellation of Hercules: of the **parallax or parallactic drift of socalled fixed stars**, in reality evermoving wanderers from immeasurably remote eons to infinitely remote futures **in comparison with** which the years, threescore and ten, of allotted human life formed a parenthesis of infinitesimal brevity. (*U* 17.1051-2)

Durch die Methode der Parallaxe läßt sich feststellen, daß die Fixsterne gar nicht unbeweglich sind. Die Einnahme verschiedener Perspektiven führt also zu Erkenntnis. Zudem bieten die Sterne als ewige Wanderer ein weiteres Symbol für das menschliche Dasein. Zugleich ermöglicht der Vergleich verschiedener Perspektiven (die der Erde und die des Weltalls) die Erkenntnis, daß das Leben des Menschen kurz und vergänglich ist. Auf der ästhetischen Bedeutungsebene weist das Motiv der Parallaxe insgesamt darauf hin, daß die Kunst

548 Die Relativitätstheorie liefert Formeln, um die Beobachtungen oder Messungen eines Beobachters in jeden anderen möglichen Bezugsrahmen zu transformieren. Einstein hatte es sich zum Ziel gesetzt, die Gesetze des physikalischen Universums so zu formulieren, daß sie in allen möglichen Bezugsrahmen Gültigkeit besäßen. Tatsächlich kann das Unterfangen und Bemühen Einsteins als die Suche nach Konstanten aufgefaßt werden. Die Relation von Masse und Energie oder die Lichtgeschwindigkeit sind vom Bezugsrahmen unabhängige Größen.

549 Vgl. Fleishman 140.

550 So in *U* 14.1088-1090 und *U* 15.2334.

der Kondition des Menschen entsprechen muß: Für diesen ist es notwendig, verschiedene Perspektiven einzunehmen und sie in Relation zueinander zu setzen, um Wirklichkeit beschreiben und Erkenntnisse gewinnen zu können. Statt des objektiven Erzählers verwendet Joyce multiple Erzählperspektiven; er konzipiert drei Figuren, die verschiedene Aspekte des Künstlers personifizieren.

Auf der kosmologischen Interpretationsebene stellt Joyce das Universum als dynamisch heraus. Seine Bezeichnung des Weltalls als ‚vorwärtstreibend' („plunging towards") könnte Einsteins These des expandierenden, dynamischen Universums andeuten. Joyce benutzt den Begriff der 'Parallaxe' in einem modernen Sinn, für den Einsteins Relativitätstheorie repräsentativ ist. Er wendet sich gegen die Newtonsche Vorstellung einer objektiven Wirklichkeitsbeschreibung und gebraucht mit 'Parallaxe' einen Begriff, der die Idee des relativen Bezugssystems bezeichnet. So ist sein Bild des Universums zwar eindeutig von Newton geprägt, zeigt aber Gemeinsamkeiten mit Einsteinschem Denken und ist von der Idee einer Dynamik und Wandelbarkeit getragen.

Joyce mag Einsteins Lehren in Ansätzen gekannt und vielleicht ähnlich wie seine Figur Leopold Bloom ein Halbwissen über dessen physikalische Theorien besessen haben. Er bezeugt aber viel mehr noch ein geistiges Klima, in dem man Newtons statisches Weltbild von verschiedenen Seiten – nicht nur in der Physik – kritisierte und alternative Modelle entwickelte. Entsprechend transformiert Joyce mit 'Parallaxe' einen Newtonschen Begriff zu einem Leitmotiv moderner Prägung, einem 'prä-Einsteinschen' Relativitätsbegriff.

### b. Aldous Huxley – Das Ideal der Einbindung multipler Perspektiven in das Kontinuum eines Bezugssystems

Huxley weist häufig auf die Notwendigkeit hin, möglichst viele Perspektiven in die Betrachtung von Realität einzubeziehen. In *Point Counter Point* macht er diesen Ansatz sogar zum Leitmotiv und durchgängigen Strukturprinzip. Die Künstlerfigur seines Romans, Philip Quarles, erhebt *multiplicity* zum wesentlichen Zug seiner Ästhetik:

> Because the essence of the **new way of looking** is multiplicity. Multiplicity of eyes and multiplicity of aspects seen. For instance, one person interprets events in terms of bishops; another in terms of the price of flannel camisoles; another, like that of that young lady from Gulmberg," he nodded after the retreating group, „thinks of it in terms of good times. And then there's the biologist, the chemist, the physicist, the historian. Each sees, professionally, a different aspect of the event, a different layer of reality. What I want to do is to look with all those eyes at once. With religious eyes,

scientific eyes, economic eyes, *homme moyen sensuel* eyes .... (*PCP* 266; eigene Hervorhebung)

Die verschiedenen Standpunkte heben sich gegenseitig auf oder widersprechen sich so sehr, daß sie zu den symptomatischen Erscheinungen der Moderne[551] wie spiritueller Lähmung oder Spaltung führen. Darauf bezieht sich auch das dem Roman vorangestellte Motto von Fulke Greville, der die Zerrissenheit des Menschen zwischen den unvereinbaren Gegensätzen von Gefühl und Intellekt beklagte.[552] Eine übergeordnete Struktur und ein einheitliches Bezugssystem existieren ebensowenig wie ein einzelner 'richtiger' Blickwinkel auf die Wirklichkeit. Nur noch innerhalb des Einzelnen kann ein solches Bezugssystem vorkommen, wenn derjenige möglichst viele unterschiedliche Perspektiven der Realität zu einer 'Komposition' zusammenführt.

Murray Roston stellt fest, daß dieses gestalterische Verfahren, prinzipiell gleichberechtigte Perspektiven zusammenzuführen, symptomatisch für die Jahrzehnte ist, in denen Pablo Picasso dasselbe Grundmuster in die moderne Malerei einbrachte. Roston führt die Relativität des Standpunkts allerdings nicht ausdrücklich auf die Entdeckung der Relativitätstheorie durch Albert Einstein zurück.[553]

Diesen Zusammenhang zwischen den Entwicklungen in der Physik und in der modernen Kunst stellen Friedman und Donley her. Ihnen zufolge können Korrespondenzen zwischen multiplen Perspektiven in der Kunst und Einsteins Postulat, daß Raum- und Zeitmessungen für einen Beobachter anders ausfallen als für einen, der sich in Relation zu ihm bewegt, zufällig oder beabsichtigt sein. Häufig besitzt das in einem literarischen Werk Erzählte keinen Bezug zur äußeren Wirklichkeit. Vielmehr integriert es die verschiedenen subjektiven Bezugsrahmen der oftmals 'multiplen' Erzähler. Diese subjektive Erzählung aus einer Vielzahl von Perspektiven heraus tritt an die Stelle des traditionellen

---

551 Die Bemerkung, daß es sich um eine ‚neue Art der Betrachtung' handelt, betont den Perspektivenwechsel als Phänomen der Zeit, der Moderne. Dies läßt wiederum Huxleys Bewußtsein eines Paradigmenwechsels erkennen.

552 Vgl. Murray Roston, „The Technique of Counterpoint," ed. Jerome Meckier, *Critical Essays on Aldous Huxley* (London et al.: C.K. Hall, 1996) 47.

553 Vgl. Roston 49: „On a more serious level, however, one should note how integral Huxley's literary innovation was to the artistic setting of his period. [...] This was not, of course, mere whimsicality on the artist's part but an aesthetic response to the new concepts of the era. Like others he was learning to cope with the relativism of viewpoint implicit in the twentieth century and the challenge it posed to the traditional more unified approach."

allwissenden Erzählers, der impliziert, daß es eine unabhängig von der perspektivischen Wahrnehmung existierende Realität geben könne.[554]

Huxley selbst hat sich zum Konzept des ‚Bezugsrahmens' (*frame of reference* oder *framework*) ausdrücklich geäußert. So legt er in seinem Essay „Personality and the Discontinuity of the Mind" dar, wie wichtig es für das Schaffen eines Kunstwerks ist, möglichst viele Perspektiven und diskontinuierliche Aspekte in ein Kontinuum einzubinden:

> I have spoken up till now as though the hereditarily given psychological materials were so much clay for a sculptor to mould into a form, so much rubble and masonry to be built up by the architect into a house. And in so far as this simile emphasized the **raw chaotic nature of what is given**, and the importance in the **process of its conversion into a personality of something like artistic treatment**, it served well enough. („Personality and the Discontinuity of the Mind," *PS* 235; eigene Hervorhebungen)

Huxley benutzt Metaphern aus dem Bereich der Baukunst und unterstreicht die Notwendigkeit, im Zuge eines künstlerischen Prozesses die 'rohe und chaotische Natur' der gegebenen Bestandteile in eine einheitliche Persönlichkeit zu verwandeln. Es geht Huxley nicht vornehmlich darum, Kunstwerke zu schaffen, sondern darum, eine Persönlichkeit zu bilden, die in der Lage ist, zeitlich Unzusammenhängendes in eine Art Raum-Zeit-Kontinuum einzubinden:

> The psychological materials out of which the individial must construct his personality are **discontinuous in time**. In order to **create** a personality one must discover some **principle of continuity**, one must devise an **ideal framework** in which the naturally **discontinuous materials** can be **harmoniously fitted**. **Temporal gaps** separate the elements from one another; the framework should span these gulfs of time. („Personality and the Discontinuity of the Mind," *PS* 235; eigene Hervorhebungen)

Huxley geht zunächst von der Diskontinuität der Zeit aus, die es zu überwinden gelte. Das Ideal des ‚Rahmens' entspricht einem geistigen Kontinuum, das einen solchen Bezugsrahmen für die der zeitlichen Dimension unterliegenden

[554] Vgl. Friedman und Donley 84. Die beiden Autoren führen das Auftreten verschiedener Stil- und Strukturelemente moderner Autoren auf die Rezeption der Relativitätstheorie zurück: „Some of the most astonishing formal innovations in modern literature include the **multiple narrators** (Joyce's *Ulysses*, Faulkner's *The Sound and the Fury*, Durell's *The Alexandria Quartet*), **plural styles and genres** (Dos Passos' *U.S.A.*, Joyce's *Ulysses*, Woolf's *The Waves*) **alternative, viewpoints added through quotation and allusion** (*Ulysses* again, Nabokov's *Lolita, Pale Fire*, and many other works), the fractured and rearranged syntax of Gertrude Stein, and typographical variations on the page (Dos Passos, Faulkner)" (Friedman und Donley 84; eigene Hervorhebungen). Friedman und Donley untersuchen jedoch nicht Huxleys Romane und Essays auf diese ästhetischen Innovationen.

materiellen, also vor allem körperlichen Veränderungen,[555] bietet. Ein solches *framework*, in das Materialien eingefügt werden können, weckt eher räumliche Assoziationen, so daß man von einem zu formenden Raum-Zeit-Gebilde sprechen darf.

Huxleys 'Rahmenwerk' gehört in den Kontext einer ästhetischen Tendenz, die Friedman und Donley auf den Einfluß der Relativitätstheorie zurückführen. Sie charakterisieren den Versuch, temporale Sequenzen aufzubrechen und sie in räumliche Gebilde umzuformen, als eine Hauptinnovation der modernen Literatur. Das bloße Aneinanderreihen von multiplen und unzusammenhängenden Zeitperspektiven zwinge den Leser zur gleichzeitigen Wahrnehmung im Raum von zeitlich nicht zusammengehörigen Wortgruppen, die in keiner vernünftigen Beziehung zueinander stünden, wenn man sie sukzessiv lese. Daher verlange die moderne Ästhetik eine völlige Neuorientierung des Lesers, der zeitlich unzusammenhängende Elemente im räumlichen Gebilde des literarischen Werks wahrnehmen und auflösen sowie in einem neuen Raum-Zeit-Gebilde arrangieren müsse, um eine harmonische Form zu erreichen. Damit fordere moderne Literatur mit der räumlichen ebenso eine neue Dimension vom Rezipienten, wie der Kubismus mit der zeitlichen.[556]

Eben diese ästhetische Haltung liegt auch der Huxleyschen Forderung nach einer Integration zeitlich diskontinuierlicher Elemente in das harmonische Raum-Zeit-Gebilde des 'idealen Rahmenwerks' zugrunde. In Anlehnung an die Musik wird die Schaffung eines solchen geistigen Kontinuums als Komposition, als künstlerischer Prozeß beschrieben:

> It is out of such naturally discrete and separate elements that each individual has to build up his personality – to **compose** it (for the musical metaphor is the more apt) so that the **discontinuous states** may reveal themselves **as part of a whole, developing in time.** The most perfect personality is that in which the **natural discords are harmonized by some principle of unity, in which the discontinuous psychological elements are fitted into a framework of purposive ideals strong enough to bridge the gaps between them.** („Personality and the Discontinuity of the Mind," *PS* 243 f.; eigene Hervorhebungen)

[555] Der Körper verwandelt beständig seine materielle Substanz, bleibt aber dennoch Zeit seines Lebens derselbe individuelle Körper und somit in seiner Essenz gleich: „This is a fact which causes us to attribute a persistent personality to people who, psychologically speaking, have little or no personality, being to all intents and purposes spiritually discontinuous. The body, I repeat, persists; but its activity is not uniformly regular; it is undulatory and tidelike. Our bodies funktion rhythmically, and the rhythms are numerous and varied" („Personality and the Discontinuity of the Mind," *PS* 236).

[556] Vgl. Friedman und Donley 86.

Diese Schilderung des kompositorischen Prozesses steht verstärkt unter dem Eindruck der Zersplitterung der Welt, da Huxley nicht nur zeitlich, sondern auch psychologisch unzusammenhängende Zustände erwähnt. Nach dem nicht ausschließlich, aber vornehmlich für den Künstler geltenden Ideal, sind die 'diskontinuierlichen Zustände' in eine harmonische Ordnung zu bringen, für die das *ideal framework* erneut den Rahmen bietet. Dieser bildet ein Bezugssystem, durch das man seine Erfahrungen und Beobachtungen bewerten kann. Huxley schwebt in diesem Zusammenhang möglicherweise ein ethisch-moralisches Wertesystem vor, das im Innern des Einzelnen liegen sollte, da absolute Werte nicht mehr existieren oder vielmehr zu falschen Urteilen führen. Huxley sieht die Bildung eines inneren Bezugssystems schon als kreativen Akt an.[557]

Er betrachtet dieses subjektiv erstellte Rahmensystem als Gegengewicht zu den Veränderungen der äußeren Welt und den inneren Wandlungen:

> It is undispensable for him [each individual] to have some **unifying principle** that shall preserve him identical with himself **through all the changes in the outward environment of his mind**. He must create for himself **a moral framework that shall persist in spite of the fluctuations that go on within it**, a framework strong enough to carry the person he desires to be across those **gaps of time** when nature, if he abandoned himself to nature, would make him play another and an unacceptable part. („Personality and the Discontinuity of the Mind," *PS* 248; eigene Hervorhebungen)

Der Autor lehnt sich lose an Einsteins Vorstellung des gekrümmten Raums an, in dem keine starren Bezugssysteme mehr existieren, da sich die Raumstruktur infolge der physikalischen Prozesse ständig ändert. Die Bezugskörper sind nicht nur als Ganzes beliebig bewegt, sondern erleiden im allgemeinen auch während ihrer Bewegung beliebige Gestaltsänderung.[558] Huxley beschreibt die Bildung einer Persönlichkeit als Zusammenspiel des Kontinuums eines Bezugssystems mit den Fluktuationen der inneren und äußeren Umgebung. Das Gleichgewicht zwischen einem Raum und Zeit zusammenhaltenden Rahmensystem und dem Prinzip der Dynamik und des Wandels ist notwendig. Wenn keine kontinuierliche Instanz vorhanden ist, wirkt sich das positive Wandlungsprinzip negativ als Diskontinuität und Unbeständigkeit aus. Die der Transformation als Prinzip des künstlerischen Prozesses zugrundeliegende Dynamik von Kontinuität und Wandel wird nach Huxley dadurch gewährleistet,

[557] Huxley beschreibt, wie sich das Individuum anstelle des gesellschaftlich vorgegebenen sein eigenes Rahmensystem schaffen kann. Vgl. „Personality and the Discontinuity of the Mind," *PS* 244 f.

[558] Vgl. H.-H. v. Borzeszkowski, „Relativitätstheorie," ed. Hörz, Liebscher et al. 799.

daß der Künstler eine Instanz im Innern schafft, die als Bezugssystem der multiplen Perspektiven und Eindrücke dient und so Schwankungen der 'geistigen Umgebung' ausgleicht.

Huxley verwendet die Idee eines Bezugs- oder Rahmensystems zur Begründung der Verlagerung von Beurteilungsinstanzen in das Innere und hebt dabei die Absolutheit der subjektiven Perspektive hervor. Den Ausgleich zum Prinzip des Wandels kann nur ein Bezugssystem im Innern des Subjekts bieten, denn einen äußeren Maßstab im Sinne eines absoluten Bezugspunkts, wie ihn die klassische Physik noch kannte, gibt es nicht mehr.

### c. Virginia Woolf – Die Zugreise als Symbol für die Relativität von Perspektive und Zeitdimension

Nach den bisherigen Ausführungen dürfte deutlich geworden sein, daß für viele moderne Autoren zeitliche und räumliche Koordinaten ihren absoluten Wert verloren haben. Auch Woolf schreibt, daß es keinen universellen Bezugsrahmen mehr gebe, sondern nur noch den subjektiven, den sich der Einzelne selber erschaffen müsse. Autoren sollten zuerst damit beginnen, die alten Traditionen zu verwerfen: „[...] there is [...] no universal scale of values [...]. It is no use going to the guide book; we must consult our own minds" („The Sentimental Journey," *CE* 97).[559]

Friedman und Donley sehen in verschiedenen erzählerischen Elementen des Romans *The Waves* Parallelen zur Relativitätstheorie. Dazu zählen sie insbesondere die abstrakte Metaphorik, die pluralistischen Erzählperspektiven, die fehlende lineare Handlung, den Verlust von klar festgelegten Charakteren, die vielfach aufeinander bezogenen Figuren und Elemente sowie die Form des Romans selbst.[560]

Als Indiz für die Rezeption der Relativitätstheorie fällt das Symbol der Zugreise in *The Waves* auf.[561] Einstein führte sein bekanntes Zugbeispiel an, um

[559] Vgl. Friedman und Donley 85 f.

[560] Vgl. Friedman und Donley 96. Allerdings ist im einzelnen erst noch nachzuweisen, welche Einflüsse tatsächlich zu diesen Strukturelementen geführt haben. Die Rezeption der Relativitätstheorie ist als Erklärung nicht überzeugend.

[561] Bradshaw geht in seiner Untersuchung der Wirkung Einsteinscher Lehren auf Aldous Huxley so weit, festzustellen, daß für Einsteins Zeitgenossen die Erwähnung eines Zugs direkt die Relativitätstheorie vor Augen rief und von dieser Assoziation nicht mehr zu trennen war: „In 1920 steam locomotion and the relativity commotion had become inseparably coupled together in the mind of the reading public." (Bradshaw 196). Obwohl der Zug sicherlich recht stark mit physikalischen Assoziationen besetzt war, soll in der folgenden Argumentation nicht von der alleinigen Erwähnung eines Zugs auf die Relativitätstheorie geschlossen

das Phänomen der Längenkontraktion und die Relativität der Gleichzeitigkeit zu erläutern. Wenn ein Zug durch einen Bahnhof durchfährt, wäre Messung von Geschwindigkeit und Länge des Zuges vom Zug und vom Bahnsteig unterschiedlich. Vom Standpunkt des Beobachters auf dem Gleis würde ein Zug verkürzt, der nahe der Lichtgeschwindigkeit fährt. Er würde sich dann aber verlängern, sobald er die Geschwindigkeit drosselte.[562]

Es gibt verschiedene Hinweise auf die Effekte der Längenkontraktion und die Relativität der Perspektive in Woolfs *The Waves*. Sowohl Bernard als auch Neville beschreiben Züge, die länger werden, als sie ihre Geschwindigkeit verlangsamen: „The train slows and lengthens, as we approach London, the centre, and my heart draws out too, in fear, in exultation. I am about to meet – what?" (*W* 52) Einstein beschreibt das Phänomen der Längenkontraktion als Folge der Geschwindigkeitszunahme. Umgekehrt hat die Abnahme der Geschwindigkeit eine Längendilatation zur Konsequenz. Woolf überträgt die physikalischen Veränderungen auf das Innere der Figuren. Analog zu der Verlängerung des Zuges dehnt sich auch Louis Herz in ängstlicher Erwartung aus.[563]

Jinny beschreibt, wie sich aus der Perspektive des fahrenden Zuges die Welt zu bewegen scheint:

> [...] 'in this roaring express which is yet so smooth that it flattens hedges, lengthens hills. We flash past signal boxes; we make the earth rock slightly from side to side. The distance closes for ever in a point; and we for ever open the distance wide again. The telegraph poles bob up incessantly; one is felled, another rises. (*W* 45)

Aus Jinnys Sicht, gemessen an ihrem subjektiven Bezugsystem des fahrenden Zuges, werden Hecken flacher, Hügel länger, läßt die Erde sich hin und her wiegen. So wie in Einsteins Zugbeispiel kann lediglich vom Standpunkt des Beobachters eine Aussage darüber getroffen werden, ob sich dieser in einem bewegten oder unbewegten System befindet. Ebensowenig besitzt die Aussage über die Geschwindigkeit eine objektive Gültigkeit. Die Aufgabe des absoluten und objektiven Standpunktes begründet die Gleichwertigkeit aller subjektiven Standpunkte der sechs Figuren. Alle sechs stellen gleichberechtigte Blickwinkel dar, von denen aus Wirklichkeit betrachtet, beurteilt und dargestellt wird.

---

werden. Vielmehr sollte auch ein deutlicher Bezug zu den Begriffen der Perspektive, des Raums und der Zeit gegeben sein, um eine analogen Verweisstruktur nachweisen zu können.

[562] Vgl. Friedman und Donley 98.

[563] Vgl. Friedman und Donley 98.

Friedman und Donley beschränken sich in ihrer Untersuchung im wesentlichen auf den Nachweis von Einflüssen der Relativitätstheorie, ohne die Auswirkung der Relativitätstheorie auf Weltbild und Ästhetik Woolfs zu analysieren. Gerade die Passage der Zugfahrt in *The Waves* bindet jedoch die Relativitätstheorie in solche Themen ein. Woolf benutzt die Zugreise als Symbol für den Lebensweg und die Lebenszeit. Die Figuren bieten unterschiedliche, sich ergänzende Perspektiven zu diesem Thema.

So betont Jinnys Verständnis der Zugreise vor allem die 'Mechanik' des körperlichen Verfalls, dem der 'Reisende' ausgesetzt ist: Der Prozeß des Lebens führt unweigerlich zu Alter und Tod:

> 'Here I stand,' said Jinny, 'in the Tube station where everything that is desirable meets [...] I am no longer young. I am no longer part of the procession. Millions descend those stairs in a terrible descent. **Great wheels churn inexorably urging them downwards.** Millions have died. Percival died. I still move. I still live. But who will come if I signal? (*W* 137; eigene Hervorhebung)

Rhoda bezeichnet das Leben als ‚Durchreise.'[564] Auch sie verknüpft die Zugfahrt mit dem Phänomen der Zeit:

> [...]; silence closes over our transient passage. This I say is the present moment; this is the first day of the summer holidays. This is part of the emerging monster to whom we are attached. (*W* 47)

Der Zug erscheint als eine monströse Maschine, die – vielleicht in Einklang mit der Newtonschen Mechanik – das unerbittliche Vergehen der Zeit repräsentiert. An diese mechanisch verstreichende Zeit ist der Mensch mit seinem subjektiven Gefühl für Zeitlichkeit gebunden. Rhoda unterstreicht vor allem das bei Woolf leitmotivisch wiederkehrende Thema der Kürze und Vergänglichkeit des Lebens, das mit dem Bedürfnis der subjektiven Verlängerung und intensiveren Empfindung des Augenblicks kontrastiert, in dem Zeit relativ ist.

Auch Louis beschreibt, ausgehend von seinem Erlebnis der Zugfahrt, die Relativität der Perspektive. Es ist nach Einstein von einem Inertialsystem aus unmöglich, objektiv zu entscheiden, ob sich dieses bewegt oder ruht. Ihm zufolge kann immer nur eine Aussage in Relation zu einem subjektiv gewählten Bezugssystem getroffen werden. Es entspricht der Alltagserfahrung des Beobachters in einem fahrenden Zug, daß sich dieser gegenüber der Erde bewegt. Für Louis ist jedoch die Erde, also England, in Relation zu sich selbst als

[564] Woolf wählt den bildlichen Ausdruck „transient passage." „Transient" bedeutet nicht nur ‚durchreisend' sondern auch ‚vergänglich.' So weist Woolf in dem Symbol der ‚Durchreise' auf die Vergänglichkeit des Lebens hin.

inertialem Bezugssystem beschleunigt. Dies ist Ausdruck seines Gefühls, entwurzelt zu sein und kein festes Bezugssystem zu besitzen. Er muß sich seine Orientierungslosigkeit hinsichtlich der Zeit- und Raumkoordinaten oder -kategorien eingestehen:

> Now I hang suspended without attachments. We are nowhere. We are passing through England in a train. England slips by the windows, always changing from hill to wood, from rivers and willows to towns again. And I have no firm ground to which I go. (*W* 47)

Der absolute Bezugsrahmen der Außenwelt ist verloren; das Gefühl der rasenden Zeit und der Vergänglichkeit bleibt zurück. Die Dichtung ist das einzige, was der verstreichenden Zeit entgegengesetzt werden kann:

> But my body passes vagrant as a bird's shadow. I should be transient as the shadow on the meadow, soon fading, soon darkening and dying there where it meets the wood, were it not that **I coerce my brain to form in my forehead**; I force myself to **state, if only in one line of unwritten poetry, this moment;** to mark this inch in the long, long history that began in Egypt, in the time of the Pharaohs, when women carried red pitchers to the Nile. (*W* 48)

In Louis' Schilderung ist die Zeit(geschichte) eine lange Sequenz, aus der der einzelne Moment nur durch die geistige Anstrengung, die Dichtung, herausgehoben und markiert werden kann. Die Kunst bietet die einzige Möglichkeit, der unaufhaltsam verstreichenden Zeit Bedeutung zuzumessen und dadurch das Leben des Individuums aus der überindividuellen Geschichte hervorzuheben, ihm Geltung zu verleihen:

> I seem already to have lived many thousand years. But if I now shut my eyes, if I fail to realise the meeting-place of past and present, that I sit in a third-class railway carriage [...], human history is defrauded of a moment's vision. (*W* 48)

Woolf stellt die subjektive Vision des Augenblicks der objektiven Zeitgeschichte gegenüber. Das Subjekt ist dem Zeitverlauf ausgesetzt, ohne entscheiden zu können, wann der gegenwärtige Moment aufhört und die Vergangenheit beginnt. Diese Unfähigkeit resultiert aus dem Verlust der absoluten Zeitdimension. Um Zeit messen oder beurteilen zu können, ist das Subjekt auf sich selbst als Bezugsrahmen zurückgeworfen. Der subjektive Moment ist das einzige, was zählt; ihn zu gestalten ist Aufgabe des Schriftstellers. In ihrer Literaturästhetik stellt Woolf die Dichtung als Gegengewicht und Perspektive gegenüber der Hoffnungslosigkeit des verstreichenden Lebens dar. Dieser Aspekt läßt sich in den verschiedenen Analogien wiederfinden. So fungiert der Zug als Symbol für die mechanisch vorwärtseilende Zeit, das sich mit der Gestalt verbindet, die Louis in seinen Phantasien und Alpträumen quält („the chained beast stamps and stamps"):

> But now disembodied, passing over fields without lodgement [...] all is dreamlike and dim to me. These hard thoughts, this envy, this bitterness, make no lodgement in me. I am the ghost of Louis, an ephemeral passer-by, in whose mind dreams have power [...]. But the chained beast stamps and stamps on the shore. (*W* 48 f.)

Aus der Perspektive der anderen Figuren haben Bernards Sätze, die Kunst, die er schafft, keine Relation zu ihnen und zum Leben:

> 'Bernard has gone,' said Neville, 'without a ticket. He has escaped us, making a phrase, waving his hand. [...] Did he not only wish to continue the sequence of the story which he never stops telling himself? [...] He tells our story with extraordinary understanding, except of what we most feel. [...] The train has gone without him. He has missed his connection. He has lost his ticket. [...], for he is somehow to be pitied, breasting the world with half-finished phrases, having lost his ticket: he is also to be loved. (*W* 50 f.)

Neville sieht ihn als Eskapisten, der – im Bild der Zugreise – ohne Fahrschein ist und den Anschluß verpaßt hat. Aus Sicht der anderen ist Bernard stets nur mit dem Bilden von Sätzen – seiner Kunst – beschäftigt, ohne eine wirkliche Verbindung zu denjenigen zu besitzen, über die er schreibt.

Auch als Bernard am Ende des Romans eine Zugreise beschreibt, werden die relativistischen Effekte deutlich:

> The world is beginning to move past me like the banks of a hedge when the train starts, like the waves of the sea when a steamer moves. I am moving too, am becoming involved in the general sequence when one thing follows another and it seems inevitable that the tree should come, then the telegraph-pole, then the break in the hedge. (*W* 134)

Die Künstlerfigur betont die Relativität des Standpunktes und die Bedeutung des subjektiven Bezugssystems durch die Aussage, die Welt eile an ihm vorbei, sobald der Zug starte. Er bewege sich selbst, obwohl eigentlich der Zug der beschleunigte Bezugsrahmen ist. Dann erweitert Bernard den symbolischen Wert der Zugreise. Sie wird zum Ausdruck der Lebenssequenz, an der er als Passagier teilnimmt. Diese ist mit gewissen 'Vorhersehbarkeiten' verbunden, dennoch kann er als Künstler keine Sätze formen und nicht schaffen, ohne an dieser Routine teilzuhaben: „And as I move, surrounded, included and taking part, the usual phrases begin to bubble up, and I wish to free these bubbles from the trap door in my head" (*W* 134).

Bernard verknüpft neben Louis die Metapher der Zugreise am engsten mit dem Prozeß sprachlichen Schaffens. Woolf reichert das Symbol an, indem sie die Motive des Umsteigens oder Anschlusses und des Tickets hinzufügt. Bernard verliert sein Ticket und seinen Anschlußzug, das bedeutet die Verbindung zum alltäglichen Leben:

> We approach a junction; at a junction I have to change. I have to board a train for Edinburgh. I cannot precisely lay fingers on this fact – it lodges loosely among my thoughts like a button, like a small coin. Here is the jolly old boy who collects tickets. I had one [...] These are the things that for ever interrupt the process upon which I am eternally engaged of finding some perfect phrase that fits this very moment exactly. (*W* 50)

Er beschreibt seine geistigen Prozesse. Die Tatsache, daß er umsteigen muß, kann er gedanklich nicht einordnen. So verwandelt er das Geschehen in das Symbol einer Münze oder eines Knopfs, das den Fluß seiner Gedanken stört. Diese Störfaktoren, die Zwischenfälle, die mit den täglichen Notwendigkeiten verbunden sind, unterbrechen Bernards künstlerisches Schaffen, das wiederum eng an die Dimension der Zeit gebunden ist. So gibt er als Ziel seiner Kunst an, für den Moment einen perfekten Satz finden zu wollen. Der subjektive Moment wird also in seiner Bedeutung für die Kunst erneut gegenüber der gesamten zeitlichen Sequenz hervorgehoben.

Insgesamt erweitert Woolf das Zugmotiv, ohne den Bezug zu den Fragen der Speziellen Relativitätstheorie zu verlieren. So hebt sie für das Schaffen von Kunst die Notwendigkeit hervor, in sie möglichst verschiedene Perspektiven auf das Leben – inklusive der Alltagsperspektive - einzubeziehen. Auch das Verständnis der Konstellation der sechs Romanfiguren kann durch den Kontext der Relativitätstheorie erhellt werden. Sie sind weit davon entfernt, Personen darzustellen, sondern repräsentieren eher unterschiedliche Perspektiven. Auch setzt die Schriftstellerin sich anhand des Symbols der Zugreise intensiv mit der Kategorie der Zeit auseinander. Sie stellt für die Kunst die Forderung nach der Gestaltung des subjektiven Moments auf. Dieser bildet einen Gegensatz zum Zug als Sinnbild für die mechanisch fortschreitende Zeit oder Lebenssequenz und begründet die Bedeutung der Kunst als Gegengewicht zur Vergänglichkeit des Lebens. Der Schriftsteller als 'Zugpassagier' und bewegter Beobachter kann den Effekt der Zeitdilatation in der Kunst umsetzen.

## 3. Bedeutung von Einsteins kosmologischem Modell für die Ästhetik

Das kosmologische Modell, das Einstein aus seiner Relativitätstheorie gewann, war eine Kugel mit einer dreidimensionalen Oberfläche. Dieses vertiefte Jeans in der Metaphorik der Seifenblase mit knittriger Oberfläche, die eigentlich ohne Substanz ist. Wie auch andere Bilder, die Jeans in seinen populärwissenschaftlichen Werken prägte, scheint dieses die Vorstellungskraft von Schriftstellern wie Woolf angeregt und so vielleicht einen Impuls gegeben haben, solche Bilder und mit ihnen das moderne Einsteinsche Weltbild in die Kunst zu integrieren.[565]

Woolfs Briefe an Ethel Smyth, die sie während der Überarbeitung von *The Waves* schrieb, zeigen, daß sie sich mit Universum, Raum und Zeit beschäftigte. So schrieb sie am 27. Dezember 1930 an Ethel: „I read about the Stars, and try to imagine what is meant by space bending back on itself" (*L,* Vol. 4, 266).[566] Die Schriftstellerin verwendt in *The Waves* auffällig häufig Blasen, Tropfen, Schleifen oder ähnliche runde, räumliche Figuren als Metaphern für Raumzeit-Vorstellungen. Besonders Rhoda entwickelt diese Symbolik weiter, bis sie beinahe leitmotivische Funktion erhält:

> Look, **the loop of the figure is beginning to fill with time; it holds the world in it.** I begin to draw a figure and the **world is looped in it**, and I myself am outside the loop; which I now join – so – and seal up, and make entire. The world is entire, and I am outside of it, crying, 'Oh, save me, from being blown for ever outside the loop of time!' (*W* 15; eigene Hervorhebung)

Die sich mit Zeit füllende Schleife, die die Welt einschließt, ist mit Jeans' Seifenblasen-Metapher verwandt. In Rhodas Symbol für die Welt (*loop of time*), verbinden sich räumliche und zeitliche Bilder. Rhoda fühlt sich von dieser Welt ausgeschlossen, also auch von den räumlichen und zeitlichen Dimensionen. Die anderen Figuren führen dies darauf zurück, daß sie ihren Körper ablehnt.[567] Sie fühlt sich nicht dem Raum-Zeit Kontinuum zugehörig, das nach Einstein unsere Welt ist.[568]

Die von Rhoda vermißte Kontinuität der Zeit entspricht Huxleys Diagnose der Moderne. Der Autor betrachtet es als Aufgabe der Schriftsteller, den Mangel an äußerem Zusammenhalt durch eine Instanz in ihrem Inneren zu kompensieren und so mit der Kunst doch ein kontinuierliches Gebilde zu schaffen. Ebenso siedelt die Künstlerfigur Bernard das Raum-Zeit Gebilde im Innern

[565] Diese Parallele sieht auch Killen: „Woolf embeds in Bernard's monologues Eddington's description of the universe as a corrugated bubble and James Jeans's theory that the earth was created from a fireball ejected by the sun as well as a famous paraphrase of Einstein's famous definition of matter as indentations on curved space" (Killen 93). Killen geht jedoch dieser Feststellung im weiteren Verlauf ihrer Untersuchung nicht nach.

[566] Wie der Herausgeber der Briefe, Nigel Nicolson, anmerkt, bezieht sich diese Bemerkung vermutlich auf die Lektüre von Jeans' *The Mysterious Universe*.

[567] Louis sagt über Rhoda: „And as she stares at the chalk figures, her mind lodges in those white circles; it steps through those white loops into emptiness, alone. They have no meaning for her. She has no answer for them. She has no body as the others have" (*W* 16). Ohne Körper ist Rhoda vollkommen 'schwerelos' und unterliegt nicht den Wirkungen des Gravitationsfelds, das das gekrümmte Universum ist.

[568] Vgl. Friedman und Donley 98.

des Künstlers an, wo dieser die subjektive Empfindung als vierdimensionales Abbild der Welt formt und in Kunst umwandelt.

Bernard sieht Zeit ebenfalls als ein räumliches Gebilde an, allerdings nicht wie Rhoda als zweidimensionale Schleife oder Schlinge, sondern als Tropfen: „'And time,' said Bernard, ‚lets fall its drop. [...] Time, which is a sunny pasture covered with dancing light, time, which is widespread as a field at midday, becomes pendant" (*W* 131). Er beschreibt sich selbst als vielseitige Persönlichkeit, die von vielen Blickwinkeln aus betrachtet werden will, damit alle Facetten zur Geltung kommen: „The private room bores me, also the sky. My being only glitters when all its facets are exposed to many people" (*W* 132). Für ihn ist das Leben ein Prozeß mannigfaltigen Werdens, eine komplexes Interdependenzgefüge, das sich wandelt, wenn sich eine Dimension des Raum-Zeit-Kontinuums verändert: „Time has given the arrangement another shake" (*W* 193).[569]

Bernard integriert das Einsteinsche Weltbild nicht nur in seine Weltanschauung und Raum-Zeit Konzepte, sondern auch in seine Literaturästhetik. So sagt er über den 'wahren Schriftsteller' und den imaginativen Prozeß: „the real novelist, the perfectly human being, could go on, indefinitely, imagining. He would not integrate as I do [...] The drop that forms on the roof of the soul in the evening is round, many-coloured" (*W* 58). Dieser Tropfen, der sich auf dem 'Dach der Seele' formt, ist ein Raum-Zeit Gebilde, das an die von Jeans' für das Einsteinsche Raum-Zeit Universum gewählte Metapher der Seifenblase erinnert. Diesem Bild scheint die Vorstellung zugrundezuliegen, daß sich im Innern des Dichters ein in Analogie zur relativistischen Kosmologie aus den Dimensionen Zeit und Raum geformtes Abbild der Welt bildet. Bernard bezieht die Formung des Tropfens auf das gedankliche Reifen des Kunstwerks. Er beschreibt aber auch die folgenden Stadien des künstlerischen Prozesses:

> **And time lets fall its drop.** The drop that has formed on the roof of the soul falls. **On the roof of my my mind time, forming, lets fall its drop**. [...] The drop fell. All through the day's work, at intervals, my mind went to an empty **place**, saying, 'What is lost? What is over?' And 'Over and done with,' [...] 'I have lost my youth. [...] This drop falling has nothing to do with loosing my youth. **The drop falling is time tapering to a point. Time, which is a sunny pasture covered with a dancing light, time, which is widespread as a field at mid day, becomes pendant.** Time tapers to a point. As a drop falls from a glass heavy with some sediment, time falls. These are true cycles; these are true events. (*W* 131; eigene Hervorhebungen)

[569] Vgl. Friedman und Donley 98.

Den Verlust der Zeit als absolute Größe aufgrund der Relativitätstheorie gleicht der Künstler dadurch aus, daß er eine subjektive Zeit hervorbringt und im Innern ein Abbild des Seifenblasen-Universums schafft, das nach Jeans unser Raum-Zeit-Kontinuum ist. Dieses verändert sich durch den Verlauf der Zeit und scheint sich mit Empfindungen und Eindrücken anzufüllen, bis sich der Tropfen ablöst. Der Vergleich markiert das produktive Stadium des künstlerischen Prozesses, also die Phase, in der der Dichter Empfindungen in Sprache umformt. Ähnlich wie sich Tropfen bilden und ablösen, verwandelt der Künstler Eindrücke: Er läßt sie innerlich reifen und setzt sie dann in dichterische, symbolische Sprache um. Die Tropfen bilden sich nach Bernards Aussage zyklisch und in Stadien heraus: „The drop falls; another stage has been reached. Stage upon stage. And why should there be an end of stages? and where do they lead? To what conclusion?" (*W* 143) Auch der künstlerische Prozeß verläuft zyklisch und etappenartig: Wenn der Künstler ein Werk vollendet hat, beginnt der Schaffensprozeß erneut.

Bernard benutzt die Tropfenbildung auch als Bild für die verschiedenen Produktionsstadien bei der Fertigstellung eines Werkes:

> So, Bernard (I recall you, you the usual partner in my enterprises), let us begin **this new chapter**, and observe the **formation** of this new, this unknown, strange, altogether unidentified and terrifying experience – **the new drop** – which is about to shape itself. (*W* 135; eigene Hervorhebungen)

Das neue Stadium bedeutet ein neues Kapitel. Der Prozeß, während dessen sich das Kunstwerk formt, wird als ein aufregender, unbewußter und deshalb unvorhersehbarer Vorgang geschildert. Bernard wählt häufig als Metapher für das Schaffen sprachlicher Kreationen das 'Sprudeln:' „As I move, surrounded, included, and taking part, the usual phrases begin to bubble up, and I wish to free these bubbles from the trap door in my head" (*W* 144).

Das Blasen- oder Tropfensymbol erscheint wie eine Umsetzung der Einsteinschen Kosmologie, indem es den dichterischen Prozeß als eine subjektive und unbewußte Transformation der äußeren Welt herausstellt. Joyce, Woolf und Huxley geben in ihrer Kunst ein subjektives Abbild eines Universums, das ein Raum-Zeit-Kontinuum ist. Sie grenzen in ihrer Ästhetik räumliche und zeitliche Kategorien bewußt von absoluten und mechanischen Raum und Zeitvorstellungen ab, entwickeln bei ihnen doch die vier Dimensionen im Zusammenspiel eine oszillierende Dynamik.

## Schlußbetrachtung

Die vorliegende Arbeit hat die Folgen des Paradigmenwechsels in den Naturwissenschaften für die Vorstellungen künstlerischen Schaffens untersucht. Methodische Grundlage für die Analyse eines ausgewählten Textkorpus der drei Autoren Joyce, Woolf und Huxley war die Ermittlung von naturwissenschaftlichen Analogien. Dabei ließen sich in den drei naturwissenschaftlichen Disziplinen der Biologie, der Chemie und der Physik jeweils Analogien ermitteln, die Relevanz für die Literaturästhetik aufweisen.

Die Analyse bildlicher Vorstellungen und Begriffe konzentrierte sich darauf, die strukturellen oder funktionellen Beziehungen, Ähnlichkeiten und Assoziationen aus dem bildlichen Bereich in die Logizität zurückzuholen. Dieser methodische Ansatz ermöglichte es, nachzuweisen, daß die Autoren die Analogien sehr unterschiedlich in ihre Werke integrieren, und sie davon ausgehend hinsichtlich ihrer Beziehung zu den Naturwissenschaften und ihrer ästhetischen Positionen zu vergleichen. Das analoge Denken eignet sich nicht nur für die Analyse der von den Autoren absichtlich verwendeten Analogien, sondern auch als heuristische Methode, um Ähnlichkeiten nachzuweisen, die zwischen beiden Bereichen bestehen. So konnten Parallelen zwischen Ästhetik und Wissenschaft aufgezeigt werden, die in dieser Arbeit vor dem Hintergrund eines Paradigmenwechsels von einem statischen Weltbild zu einem vom Transformationsgedanken dominierten Weltbild eingeordnet wurden.

Alle drei Autoren stellen Bezüge zwischen ihren ästhetischen Konzepten und den Entwicklungen in der Biologie her und reagieren auf die Evolutionstheorie, die die Vorstellung von Natur und Mensch grundlegend revolutionierte. Die Evolutionstheorie strahlte auf das Forschen in der Biologie und in anderen wissenschaftlichen Disziplinen aus und schlug sich als Transformismus in der Metaphysik nieder. Die Auseinandersetzung mit dem Bild des Künstlers wird von der Spannung zwischen Determination durch biologische Gesetzmäßigkeiten und dem schöpferischen Willen getragen. Kontinuität und Wandel als Prinzipien der Evolution bestimmen auch das Spannungsfeld künstlerischer Schaffensvorstellungen. In diesem Zusammenhang konzentrierte sich die Diskussion auf das Verhältnis zwischen Körper oder Materie und Geist. Die Autoren integrieren den körperlich-materiellen Wandel in ihre Schaffensvorstellungen, betonen aber die besondere Bedeutung von Sprache, Kreativität und Intellekt für die Kontinuität der Kunst gegenüber der Diskontinuität des Körpers.

Der Transformationsgedanke findet sich in den Analogien verschiedener wissenschaftlicher Disziplinen wieder und bildet ein wesentliches Merkmal, das auf die literaturästhetischen Kategorien übertragen wird. Daß das Selbstverständnis des Künstlers und seines Schaffens von den Veränderungen des naturwissenschaftlichen Weltbilds betroffen ist, läßt sich nicht nur anhand der Bezüge zur Evolutionstheorie nachweisen.

In der Physik vollzog sich ein Paradigmenwechsel von der statischen, mechanistischen Naturbetrachtung Newtons zu einem modernen, dynamischen Weltbild. Die Autoren beschreiben die Fragmentierung der Wirklichkeit durch Erkenntnisse der Atomphysik. Sie fordern als wesentliche ästhetische Reaktion auf die veränderte Weltsicht eine Literatur, die Wirklichkeit nicht naturgetreu abbildet und beschreibt, sondern deutet. So wählt Huxley den Begriff der ‚psychologischen Atome,' um die Tendenz moderner Literatur zu benennen, die nur dem Unterbewußten zugängliche Welt jenseits der mit bloßem Auge wahrnehmbaren Wirklichkeit darzustellen. Er versteht Joyces Schaffen als ästhetische Antwort auf den Atomismus. Die Leistung des Künstlers sieht Huxley darin, die inkohärenten Elementarteilchen der Wirklichkeit zu Symbolen und Kunstwerken umzuformen. In dieser literarischen Transformation erst wird der Realität eine Bedeutung zugeordnet.

Huxley verwendet naturwissenschaftliche Analogien entsprechend seinem integrativen ästhetischen Ideal und versteht sein Werk als Brücke zwischen den *Two Cultures* Literatur und Naturwissenschaft und sich selbst als *pontifex*, als Brückenbauer.[570] Er sieht seine Aufgabe als die eines Übersetzers in beide Richtungen und übermittelt die Strukturen des naturwissenschaftlichen Denkens an die Literatur. Er möchte die Denkmodelle der Naturwissenschaften nutzen und in seiner Literatur für die Leserschaft bereitstellen, um naturwissenschaftliche Theorien und deren Philosophie zu vermitteln. Er macht die Brücken zwischen Literatur und Naturwissenschaft sichtbar, um seinen Lesern und Leserinnen den Zugang zu ihnen zu ermöglichen. Die strukturelle Ähnlichkeit zwischen naturwissenschaftlichen Erkenntnissen und ästhetischen Konzepten läßt sich bei ihm einfacher ermitteln als bei Joyce und Woolf. Die Brücken, die er zwischen Literatur und Naturwissenschaft baut, erleichtern auch den Zugang zu Joyces und Woolfs Analogiedenken.

[570] Huxley setzt sich mit dem Begriff des *pontifex* in „Integrate Education" auseinander. Der ideale Künstler, der in vollkommener Weise beide Disziplinen verbinden kann, wäre ein *pontifex maximus*. Sich selbst sieht Huxley bescheiden als *pontifex minimus*.

Huxleys Überlegung zu der künstlerischen Transformation von Wissen konzentriert sich auf die ästhetische und emotionale Aufbereitung für denjenigen, der sich mit Literatur und mit Geistesgeschichte beschäftigt. In diesem Zusammenhang ist die Sprache ein wichtiges Instrument. Unter der paradoxen Formulierung einer gereinigten und zugleich angereicherten Sprache plädiert er dafür, die Alltagsbedeutungen von Sprache zu entfernen und sie dafür mit Assoziationen anzureichern. Damit fordert Huxley, Analogien zu verwenden, denn diese stellen sprachliche Beziehungen zu anderen Gegenständen her und integrieren sie in die Literatur.

Joyce und Woolf haben im Gegensatz zu ihm die Brücken zu analogen wissenschaftlichen Gegenständen oftmals beseitigt. Der naturwissenschaftliche Ausgangspunkt der analogen Denkweise ist häufig nicht leicht zu ermitteln. Wie an Woolfs Kommentar zu Einstein ersichtlich ist,[571] hat oftmals die physikalische Theorie nur einen losen Bezug zu deren Einordnung durch die Literaten: „Otherwise the evening amused me, & I wanted, like a child, to stay and argue. True, the argument was passing my limits - how if Einstein is true, we shall be able to foretell our own lives." Für die Vorstellung, daß der Mensch seine Zukunft vorhersagen könne, kann Einstein nicht verantwortlich gemacht werden. Daß Woolf in ihren Romanen, Tagebüchern und Briefen kaum 'Spuren' ihrer Beschäftigung mit den Naturwissenschaften hinterläßt, ist als Absicht zu deuten, eine spätere einseitige Interpretation ihres Werks durch Kritiker zu verhindern.

Gerade die Relativitätstheorie belegt die Bedeutung, die Analogien in den Naturwissenschaften zukommt. Einerseits sind insbesondere die modernen physikalischen Lehren so abstrakt, daß die Physiker selber zu Bildern aus der Welt des Alltags als Analogien greifen, um sie verständlich zu machen. Einsteins Lehren selbst haben die meisten seiner Zeitgenossen nicht im Detail gekannt, sondern lediglich ein oftmals vages Verständnis der philosophischen Implikationen besessen. Allgemein wurden die Aussage seiner Lehren als „alles ist relativ" mißverstanden. Wohl aber kannten viele die zur Erklärung der Theorien verwendeten Beispiele und Bilder wie das Zwillingsparadoxon, das Zugbeispiel oder das gekrümmte Seifenblasenuniversum.

Ein Beispiel für die Weise, wie Woolf assoziativ Beziehungen zwischen ihrer Schaffensvorstellung und naturwissenschaftlichen Konzepten entdeckt und ästhetisch transformiert, bietet die Analogie des Benzolmoleküls. Die Ring-

[571] Vgl. *D*, Vol. 3, 68.

metaphorik in *The Waves* verweist auf das ringförmige Benzolmolekül als einer Verbindung, die der populärwissenschaftliche Autor James Jeans als Ausdruck für die kreativen Transformationen der Kohlenstoffe verstand. Der Benzolring dient als Vorbild für die Konstellation der sechs Romanfiguren, die einen Kreis um Percival als ihren unsichtbaren Mittelpunkt bildet. Woolf verbildlicht im Molekül des Künstlers das dichterische Ich und die Faktoren kreativen Schaffens. Die schöpferische Energie im Zentrum des 'Moleküls' integriert die verschiedenen Aspekte der Persönlichkeit und vereint Gegensätze wie männlich und weiblich im Ideal des androgynen Künstlers.

Die besondere Eigenschaft des Benzolrings, intramoleküläre Bindungen durch intermoleküläre Bindungen zu substituieren, ließ in Zusammenhang mit Woolfs ästhetischem Ideal der 'Saturierung' wichtige Rückschlüsse auf die Literaturvorstellungen der Autorin zu. Sie verleiht im Bild der gesättigten aromatischen Verbindung, die jede mögliche Elektronenvalenz mit Bindungen zu anderen Elementen belegt, ihrer Forderung Ausdruck, daß 'Elemente' aus dem täglichen Leben in die Literatur integriert werden sollen. Es sind jedoch nur Bindungen zu Elementen möglich, die sich in die vorhandene elektronische Struktur einfügen lassen und so eine neue Substanz ergeben. Dieses chemische Prinzip sieht sie als Analogie zur Transformation des literarischen Stoffs, den sie mit Assoziationen ‚saturiert.' Charakteristisch dafür, wie die Schriftstellerin Analogien verwendet, ist, daß sie ihre Symbole mit mehreren Analogieebenen anreichert, die sich teilweise auch überschneiden. In ihrer Auseinandersetzung mit der Frage, inwieweit die Wirklichkeit Stoff der Literatur sein kann und soll, grenzt sie sich ausdrücklich von den Positivisten ab, die die Wirklichkeit nicht transformieren, sondern abbilden wollen. Woolfs Literatur will selektiv die Wirklichkeit integrieren und in der Kunst eine neue Substanz schaffen, die sich von der Realität unterscheidet. Sie kann für ihre Auseinandersetzung mit der literarischen Tradition anders als Joyce auf moderne naturwissenschaftliche Theorien und deren philosophische Deutungen zurückgreifen.

In der Auswahl und Verwendung von Analogien zeigt sich bei Joyce, daß er den Übergang vom statischen zum dynamischen Paradigma markiert. Er setzt sich intensiv mit dem statischen Weltbild auseinander, indem er die statischen platonisch-theologischen Schöpfungsvorstellungen in Frage stellt und mit der Evolutionstheorie kontrastiert. Er kritisiert das statische und mechanistische Weltbild der Newtonschen Physik. Zugleich distanziert er sich von den mechanistischen und deterministischen Prinzipien positivistischer Literatur und Naturwissenschaft (zu der er auch die Evolutionstheorie zählt). Joyce greift nicht nur das alte Paradigma an, sondern betont den Transformationsgedanken als wesentlichen Bestandteil des neuen Paradigmas. Ebenso wie Naturwissenschaftler auf ihrem Gebiet forschten, um Widersprüche und offene Fragen der klassischen Physik zu klären, suchte Joyce nach den Antworten auf Fragen der Existenz, die die Newtonsche Physik nicht geben konnte.

Die Auseinandersetzung mit der Alchemie führte zu neuen Erkenntnissen über Joyces Transformationsvorstellung. Indem er seine Figur Stephen den Transmutationsbegriff verwenden läßt, kritisiert er die Abwehrhaltung der Ästhetizisten zur Evolution und zum positivistischen, mechanistischen Weltbild. Stephen fordert, der Künstler müsse die vergängliche Materie in Kunst verwandeln und damit überwinden. Der Schriftsteller zeigt seine Figur Leopold Bloom als Alchemisten, der in seinen Beschäftigungen mit der Materie Gegensätze vereinigt und Materie und Geist zusammenführt. Joyces Position zu der Synthese von Materie und Geist im künstlerischen Transformationsprozeß kann aus der Synthese der rein geistigen Ästhetik und der von der Materie ausgehenden Vorstellungen aller drei Figuren des *Ulysses* gewonnen werden.

Joyce verwendet Analogien ähnlich wie Woolf in häufig nur loser Verknüpfung mit ihrem naturwissenschaftlichen Bezugssystem. Statt dessen fügt er den Analogien neue, häufig gegensätzliche Bedeutungsebenen hinzu. So verwendet der Autor Vorstellungen aus der Newtonschen Physik und 'unterwandert' systematisch Denkweisen, die diesen zugrundeliegen. Seine Figur Leopold Bloom besitzt ein physikalisches Halbwissen. Die Irrtümer, die ihm unterlaufen, sind von Joyce absichtlich eingestreut und wandeln das Newtonsche Weltbild in Richtung eines modernen, sich verändernden Universums um.

Bloom verknüpft Materie mit metaphysischen Betrachtungen. Schon die wissenschaftliche Sprache und ihren Anspruch, Wirklichkeit objektiv beschreiben zu können, kritisiert Joyce als unzureichend. Indem er das Gravitationsgesetz mit dem Sündenfall verbindet, parodiert er sowohl die Naturwissenschaft als auch die biblische Vorstellung. Joyce gibt den Bewegungen der Materie eine ästhetische Dimension, hebt er doch die fallenden Körper im Medium der Kunst auf und verwandelt Materie in Literatur. Eine Untersuchung der analogen Bezüge zu den Energieumwandlungsgesetzen zeigt, daß Joyce die mechanistischen Bewegungsgesetze in Beschreibungen dichterischer Arbeit als geistige Bewegung verwandelt. Schaffenskraft entsteht oder vergeht nicht, sondern ist in einen Zyklus ständiger Energieumwandlung eingebunden.

Die Thermodynamik weist die Unzulänglichkeit und Vereinfachung des mechanistischen Materialismus auf. Joyce betont darüber hinaus mit seinen Anspielungen auf Thermodynamik und Entropie, daß geistige Aktivität wie jede andere Bewegung Veränderung darstellt. Geistige Aktivität ist die Daseinsweise der Materie und weder erschaff- noch zerstörbar. Der Literat betont das Prinzip der Kontinuität der Energie innerhalb eines Systems und dessen Tendenz zu wachsender Transformation.

Insgesamt betont der Transformationsgedanke in den Werken von Joyce, Huxley und Woolf die Bedeutung, die der Veränderung und Deutung der Wirklichkeit durch die Kunst zukommt. Die Ästhetik stellt eine den naturwissenschaftlichen Theorien gleichwertige Sicht des Lebens dar. Während sich positivistische Literatur noch an einer Wissenschaft orientierte, die den Anspruch besaß, Wirklichkeit objektiv zu erfassen, sieht sich die moderne Literatur selbstbewußt als gleichberechtigt in ihrer Deutung von Wirklichkeit. Die Literaten sehen ihren Beitrag zur Deutung der Realität als eine Bereicherung an. Das Endprodukt des künstlerischen Umwandlungsprozesses ist eine 'reichere, stärkere und komplexere Welt' und damit der materiellen, 'wirklichen' Welt überlegen.

**Summary**

Modernism, the literary movement which started at the turn of the century, was characterised by far-reaching aesthetic innovations. This period was also shaped by scientific revolutions. Against this background the central question arises as to what relations exist between this literature and the sciences.

With regard to the history of science, the heuristic model of the "paradigm shift," developed by Thomas S. Kuhn in The Structure of Scientific Revolutions, provides a framework for describing and interpreting the complex relations between both cultural fields. The cultural paradigm determines the direction, objectives and methods of scientific research in the same way as it forms the artist's world view and aesthetics. Kuhn defines the paradigm as a consensus concerning standards and rules on the basis of which both scientists and artists interpret their observations. As the artistic and scientific achievements successively modify the paradigm, the paradigm "shifts" when innovations do not fit any more with the existing paradigm.

Darwin's Origin of Species caused one of the greatest paradigm shifts in the history of science. The theory of evolution interpreted the development of living creatures in a totally new manner by emphasising the notion of change. It fundamentally altered the view of nature by drawing attention to the metamorphosis of life-forms and organic substances. Transformation became the central idea of the new paradigm and was transferred as transformism from biology to metaphysics.

The present work aims to examine how the paradigm shift affected literature. The reflections of three artists on their own creative activity are studied to discover how and whether they became aware and took up the scientific discoveries. Naturally, Joyce and Woolf, two of the most significant representatives of modernism, are included in the study. In addition, Huxley is treated because the complexity of his works and the versatility of his interests make him one of the most remarkable intellectuals of modernism. The integrative tendency of his works provides an ideal starting point for studying the interdisciplinary relations of this period.

The methodology of the present work consists in identifying scientific analogies and interpreting their relation to the writers' aesthetic ideas. Analogies provide the writer with a framework from which he can transfer abstract notions of his creative activity into associative and metaphorical thought. In one respect, the field of science shapes aesthetic literary ideas through the structure of its thought patterns and its illustrations. In another, writers adapt analogies to their own intentions and transform them into devices for expressing their own concepts. That is why analogies also provide the study of literature with a heuristic method which focuses on rendering the structural or functional relations, similarities and associations underlying the notions of creative activity from figurative thinking into 'logicity'.

The present work consists of three parts, each devoted to a particular science. Thus in Part One biology is the subject of analysis. Part Two studies analogies taken from chemistry and its pre-scientific precursor, alchemy. The final part examines the most revolutionary scientific discoveries in the twentieth century made in physics.

The study shows that the authors integrate the analogies very differently into their work, and based on this observation, it compares their relationship with sciences and aesthetics. Furthermore, similarities between both fields can be proved which are related to a paradigm shift from a static to a dynamic view of life pervaded by the idea of transformation.

All three writers create links between their aesthetic concepts and developments in biology and react to the theory of evolution, which fundamentally revolutionised the notions of nature and of man. Their picture of the artist is characterised by the tension between determination through biological laws and creative will. Here the discussion focuses on the relationship between body or matter and spirit. The authors integrate the idea of physical and material change into their notions of creative activity, but stress the particular significance language, creativity and intellect have for the continuity of art as compared with the discontinuity of the body. Moreover, the fact that the changes in the scientific view of the world have an effect on the artist's conception of himself and of his creative activity can be proved beyond references to the theory of evolution.

A paradigm shift from the Newtonian static, mechanistic view of nature to a modern, dynamic view of the world occurred in physics. Influenced by nuclear physics, the writers interpret reality influenced by atomic physics as fragmented into unconnected individual parts. As an essential aesthetic reaction to the altered world view, they demand that literature should not describe but interpret reality. Thus Huxley chooses the term psychological atoms to designate the tendency in modern literature to represent the world which lies beyond reality visible to the naked eye and is accessible only to the subconscious. He sees Joyce's creative activity as an aesthetic answer to atomism. For Huxley, the artist's achievement consists in joining together the incoherent elementary particles of reality as symbols and works of art. It is only in this literary transformation that reality is accorded significance.

Huxley uses scientific analogies appropriate to his integrative aesthetic ideal and sees his work as a link between the Two Cultures of literature and science. For him his task is that of a translator in both directions. He transmits the structures of scientific thought to literature. He wishes to use scientific thought patterns and to provide them for the reader in his literature to convey scientific theories and their philosophy. Huxley builds bridges between literature and science to make his readers aware of the parallels. The structural – that is paradigmatic – similarity between scientific discoveries and aesthetic concepts can be ascertained more easily in Huxley than in Joyce and Woolf. The links he creates between literature and science also facilitate access to Joyce's and Woolf's use of analogies.

By contrast, Joyce and Woolf often removed the links with analogous scientific objects. As a rule, it is difficult to establish the scientific starting point of their analogous modes of thinking. Physical theory often only has a loose connection with the manner in which the writers incorporate it. The theory of relativity in particular proves the significance of analogies in science. Most modern physical theories are so abstract that physicists themselves use analogies taken from everyday life to make them comprehensible. Einstein's theories were not known in detail by his contemporaries. Often they only had a vague understanding of the philosophical implications. In general, the essence of his theory was misunderstood as stating "everything is relative." However, many people were familiar with the explanative examples and illustrations such as the twin paradox, the train example of motion or the distorted soap bubble universe.

Characteristic of the manner in which Woolf uses analogies is the way in which she enriches her symbols with several levels of analogy which overlap in part. In the image of the saturated aromatic compound in which every possible electron valence is used for links to other elements, she expresses her demand that 'elements' taken from daily life should be integrated into literature. However, only such links with elements are possible as can be incorporated into the existing electronic structure and can thus produce a new substance. The author sees this chemical principle as an analogy to the transformation of literary material which she enriches with associations. As she grapples with the question as to what extent reality can and should be the substance of literature, she expressly delimits herself from the positivists, who do not want to transform but to depict reality.

Woolf's literature seeks to integrate reality selectively and to create a new substance in art, which distinguishes itself from reality. In contrast to Joyce, she can fall back on modern scientific theories and their philosophical interpretation, when she steers clear of the positivists.

Like Woolf, Joyce uses analogies often only loosely linked to their scientific reference system. Instead, he adds new, often contrasting, levels of meaning to the analogies. Thus Joyce uses notions taken from Newton's physics and systematically subverts the modes of thinking on which they are based.

In his choice and use of analogies, Joyce marks the transition from the static to the dynamic paradigm. He intensively examines the static Platonic theological notions of creative activity by comparing them with the theory of evolution. He subverts the static and mechanistic world view of Newton's physics by alienating physical terms and linking them to emotional or metaphysical contents. At the same time he distances himself from the mechanistic and deterministic principles of positivist literature and science amongst which he also counts the theory of evolution. Not only does Joyce attack the old paradigm but he also emphasises the idea of transformation as an essential component of the new paradigm. Just as scientists undertook research in their field to clarify paradoxes and open questions in classical physics, Joyce is seeking answers to questions about life which Newton' physics was unable to provide.

All in all the notion of transformation in the works of Joyce, Huxley and Woolf reveals the changed interpretation of reality through art. Literature provides a view of life on a par with scientific theories. While positivist literature still orientated itself toward a science which claimed to record reality objectively, modernist literature self-confidently regards its interpretation of reality as equal. In this respect the writers see their contribution as an enrichment: the end product of artistic transformation is a "richer, stronger and more complex world" and thus superior to the material 'real' world.

## Literaturverzeichnis

### Primärliteratur

HUXLEY, Aldous. *Adonis and the Alphabet and Other Essays.* London: Chatto and Windus, 1956.

HUXLEY, Aldous. *On Art and Artists.* Ed. Morris PHILIPSON. London: Chatto and Windus, 1960.

HUXLEY, Aldous. *Do What You Will.* London: Chatto and Windus, 1949.

HUXLEY, Aldous. *Eyeless in Gaza.* London: Chatto and Windus, 1950.

HUXLEY, Aldous. *Ends and Means. An Inquiry into the Nature of Ideals and into the Methods Employed for Their Realization.* London: Chatto and Windus, 1948.

HUXLEY, Aldous. *The Genius and the Goddess.* London: Chatto and Windus, 1955.

HUXLEY, Aldous. *The Human Situation. Lectures at Santa Barbara, 1959.* Ed. Piero FERRUCCI. London: Chatto and Windus, 1978.

HUXLEY, Aldous. *Jesting Pilate.* London: Chatto and Windus, 1948.

HUXLEY, Aldous. *Literature and Science.* New Haven: Leete's Island Books, 1963.

HUXLEY, Aldous. *The Olive Tree and Other Essays.* London: Chatto and Windus, 1947.

HUXLEY, Aldous. *On the Margin.* London: Chatto and Windus, 1948.

HUXLEY, Aldous. *Music at Night.* London: Chatto and Windus, 1949.

HUXLEY, Aldous. *The Perennial Philosophy.* London: Chatto and Windus, 1950.

HUXLEY, Aldous. *Point Counter Point.* London: Chatto and Windus, 1974.

HUXLEY, Aldous. *Proper Studies.* London: Chatto and Windus, 1949.

HUXLEY, Aldous. *Texts and Pretexts.* London: Chatto and Windus, 1949.

HUXLEY, Aldous. *Themes and Variations.* London: Chatto and Windus, 1954.

HUXLEY, Aldous. *Time Must Have a Stop.* London: Chatto and Windus, 1950.

JOYCE, James. *A Portrait of the Artist as a Young Man*. Ed. Hans Walter GABLER mit Walter HETTCHE. New York and London: Garland Publishing, 1993.

JOYCE, James. *Ulysses*. Ed. Hans Walter GABLER et al. Harmondsworth: Penguin Books, 1986.

SILVER, Brenda R. (Ed.). „'Anon' and ,The Reader:' Virginia Woolf's Last Essays." *Twentieth Century Literature* XXV (1979): 356-435.

WOOLF, Virginia. *Between the Acts*. London: The Hogarth Press, 1947.

WOOLF, Virginia. *Collected Essays*. 4 Vols. Ed. Leonard WOOLF. London: The Hogarth Press, 1966-1967.

WOOLF, Virginia. *The Diary of Virginia Woolf. 5* Vols., 1915-41. Ed. Anne Olivier BELL mit Andrew MC NEILLY. London: The Hogarth Press, 1977-84.

WOOLF, Virginia. *To the Lighthouse*. Ed. Susan DICK. Oxford: Blackwell Publishers, 1992.

WOOLF, Virginia. *The Letters of Virginia Woolf.* 4 Vols. Ed. Nigel NICOLSON. London: The Hogarth Press, 1978.

WOOLF, Virginia. *Moments of Being*. Ed. Jeanne SCHULKIND. San Diego, New York, London: Harcourt Brace and Company, $^{2}$1985.

WOOLF, Virginia. *The Waves*. London: The Hogarth Press, 1963.

WOOLF, Virginia. *The Years*. London: The Hogarth Press, 1965.

**Sekundärliteratur**

ABRAMS, M. H. *A Glossary of Literary Terms*. New York et al.: Holt, Rinehart and Winston, $^{5}$1988.

ABRAMS, M. H. *The Mirror and the Lamp. Romantic Theory and the Critical Tradition.* London et al.: Oxford University Press, 1971, repr. 1953.

ASIMOV, Isaac. *Die exakten Geheimnisse unserer Welt. Kosmos, Erde, Materie, Technik*. Transl. Karl Heinz Silber. München: Droemer Knaur, 1985.

BACHELARD, Gaston. *Der neue wissenschaftliche Geist.* Transl. Michael Bischoff, Frankfurt a. M.: Suhrkamp, 1988.

BAKER, Harold D. „Rite of Passage: „Ithaca," Style, and the Structure of *Ulysses*," *JJQ* 23,3 (1986): 277-297.

BAUERLE, Ruth. „A Sober Drunken Speech: Stephen's Parodies in „The Oxen of the Sun"." *JJQ* 5,1 (1967): 40-46.

BEER, Gillian. *Arguing with the Past. Essays in Narrative from Woolf to Sidney.* London and New York: Routledge, 1989.

BEER, Gillian. *Darwin's Plots. Evolutionary Narrative in Darwin, George Eliot and Nineteenth-Century Fiction.* London et al.: Routledge and Kegan Paul, 1983.

BEER, Gillian. *Open Fields. Science and Cultural Encounter.* Oxford: Clarendon Press, 1996.

BEER, Gillian. *Virginia Woolf: The Common Ground. Essays by Gillian Beer.* Edinburgh: Edinburgh University Press, 1996.

BEER, Gillian. „Wave Theory and the Rise of Literary Modernism." Ed.: George LEVINE, *Realism and Representation. Essays on the Problem of Realism in Relation to Science, Literature, and Culture.* Wisconsin: University of Wisconsin Press, 1993. 193-224.

BENSON, Donald R. „The Crisis of Space: Ether, Atmosphere, and the Solidarity of Men and Nature in *Heart of Darkness*." Ed.: Joseph W. SLADE und Judith YAROSS LEE. *Beyond the Two Cultures. Essays on Science, Technology and Literature.* Ames: Iowa State University Press, 1990. 161-175.

BENSTOCK, Bernard. *Narrative Con/Texts in Ulysses.* Houndsmill et al.: Macmillan, 1991.

BENTLEY, Joseph Goldridge. *Aldous Huxley and the Anatomical Vision.* Ann Arbour: Dissertation Abstracts International, 1961.

BENTLEY, Joseph Goldridge. „Huxley's Ambivalent Responses to the Ideas of D. H. Lawrence." *Twentieth Century Literature* 13 (1968): 139-153.

BENTLEY, Joseph Goldridge. „The Later Novels of Huxley." *Yale Review* 59 (1970): 506 – 519.

BENTLEY, Joseph Goldridge. „Semantic Gravitation." Ed. Wolfgang WEISS. *Die englische Satire.* Wege der Forschung, 562. Darmstadt: Wissenschaftliche Buchgesellschaft, 1982. 33–51.

BERGMANN, Linda S. „Reshaping the Roles of Man, God and Nature: Darwin's Rhethoric in *On the Origin of Species.* Ed. Joseph W. SLADE und Judith YAROSS LEE. *Beyond the Two Cultures. Essays on Science, Technology and Literature.* Ames: Iowa State University Press, 1990. 79-98

BERRMAN, Morris. *Wiederverzauberung der Welt. Am Ende des Newtonschen Zeitalters.* Reinbeck bei Hamburg: Rowohlt, 1985.

BLISSETT, William. „James Joyce in the Smithy of his Soul." Ed. Thomas F. STALEY. *James Joyce Today: Essays on the Major Works.* Bloomington: Indiana University P., 1966. 96-134

BOHNENKAMP, Dennis. „Post-Einsteinian Physics and Literature: Towards a New Poetics." *Mosaic* 22 (1989): 19-30.

BOOKER, M. Keith. „Joyce, Planck, Einstein, and Heisenberg: A Relativistic Quantum Mechanical Discussion of *Ulysses.*" *JJQ* 27,3 (1990): 577-584.

BOONE, Joseph Allan. „A New Approach to Bloom as 'Womanly Man:' The Mixed Midling's Progress in *Ulysses.*" *JJQ* 20 (1982): 67-85.

BORK, Alfred M. „Randomness and the Twentieth Century." *Antioch Review* XXVII (1967): 40-61.

BORMANIS, John. „'in the first bloom of her new motherhood:' the Appropriation of the Maternal and the Representation of Mothering in *Ulysses.*" *JJQ* 29,3 (1992): 593-605.

BORZESZKOWSKI, H.-H. v. „Relativitätstheorie." Ed. HÖRZ, Herbert, Heinz LIEBSCHER et al. *Philosophie und Naturwissenschaften. Wörterbuch zu den philosophischen Fragen der Naturwissenschaften.* Bonn: Pahl-Rugenstein Nachfolger, 1997. 797-800.

BOYLE S. J., Robert. „James Joyce and the Soul." Ed. E. EPSTEIN. *A Starchamber Query. A James Joyce Centennial Volume.* New York, London: Methuen, 1982. 107-151.

BOYLE S. J., Robert. „Miracle in Black Ink: A Glance at Joyce's Use of His Eucharist Image." *JJQ* 10,1 (1972): 47-59.

BOYLE S. J., Robert. „The Priesthoods of Stephen and Buck." Ed. Thomas F. STALEY und Bernard BENSTOCK. *Approaches to Ulysses: Ten Essays.* Pittsburgh: University of Pittsburgh Press, 1970. 3-28.

BRADSHAW, David. „The Best of Companions: J. W. N. Sullivan, Aldous Huxley, and the New Physics.“ *Review of English Studies* 47 (1996): 188-206, 352-368.

BURGAN, Mary. „Androgynous Fatherhood in *Ulysses* and *Women in Love*.“ *Modern Language Quarterly* 44 (1983): 178-197.

BURTT, Edwin Arthur. *The Metaphysical Foundations of Modern Physical Science.* London: Paul and Trench and Trubner, 1925.

CARVER, Craig. „James Joyce and the Theory of Magic.“ *JJQ* 15,3 (1978): 197-212.

CASTIER, Jean. „De la culture scientifique d'Aldous Huxley.“ *Revue Bleue, Politique et Littéraire* 74 (Aug. 15, 1936): 550-558.

CHENG, Vincent P. „Stephen Dedalus and the Black Panther Vampire.“ *JJQ* 24,4 (1987): 161-176.

CLARK, Miriam Marty. „Consciousness, Stream and Quanta in *To the Lighthouse*.“ *Studies in the Novel* 21 (1989): 413-423.

COHEN, Ierome Bernard. *Introduction to Newton's „Principia.“* London: Cambridge University Press, 1971.

COHEN, Ierome Bernard. *The Newtonian Revolution: With Illustrations of the Transformation of Scientific Ideas.* Cambridge et al.: Cambridge University Press, 1980.

COX, C. B. und A. E. DYSON. *The Twentieth Century Mind. History, Ideas, and Literature in Britain.* 3 Vols. London et al.: Oxford University Press, 1972.

CUMINGS, Melinda Feldt. „*Night and Day*: Virginia Woolf's Visionary Synthesis of Reality,“ *MFS* 18,3 (1972): 339-349.

DAY, Robert Martin. „How Stephen Wrote His Vampire Poem.“ *JJQ* 17 (1980): 183-197.

DEERY, June. *Aldous Huxley and the Mysticism of Science.* Houndmills et al.: Macmillan, 1996.

DEUTSCH, Karl W. et al., *Science and the Creative Spirit: Essays on Humanistic Aspects of Science.* Toronto: Toronto University Press, 1958.

DIBATTISTA, Maria. „Joyce, Woolf and the Modern Mind." Ed. Patricia CLEMENTS and Elisabeth GRUNDY. *Virginia Woolf: New Critical Essays.* London, Totowa: Vision, Barnes and Noble. 96 – 114.

DI BERNARD, Barbara. *Alchemism and „Finnegans Wake."* Albany: State University of New York Press, 1980.

DRUFF, James H., Jr. „History vs. the Word: The Metaphor of Childbirth in Stephen's Aesthetics." *JJQ* 19,3 (1982): 303-314.

DUNDES, Alan. „Re: Joyce – No in at the Womb." *MFS* 8,2 (1962): 137-147.

ELIADE, Mircea. *The Forge and the Crucible: The Origines and Structures of Alchemy.* Transl. Stephen CORRIN. New York: Harper, 1971.

FLEISHMAN, Avrom. „Science in ‚Ithaca'." In: *Fiction and the Ways of Knowing.* Austin et al.: University of Texas Press, 1978. 136-145.

FITZPATRICK, William P. „The Myth of Creation: Joyce, Jung and *Ulysses.*" *JJQ* 11 (1974): 123-144.

FREEDMAN, Ralph (Ed.). *Virginia Woolf: Revaluation and Continuity.* Berkeley: University of California Press, 1970.

FRIEDMAN, Alan J. und Carol C. DONLEY. *Einstein as Myth and Muse.* Cambridge: Cambridge University Press, 1985.

FRIEDMAN, Alan J. „The Novelist and Modern Physics: New Metaphors for Traditional Themes." *Journal of College English Teaching* 4 (1975): 310 – 312.

FRIEDMAN, Alan J. „Physics and Literature in this Century: A New Course." *Physics Education* 8 (1973): 305-308.

FRIEDMAN, Alan J. „*Ulysses* and Modern Science." Ed. Bernard Benstock. *The Seventh of Joyce.* Bloomington, Sussex: Indiana University Press, The Harvester Press, 1992. 198-206.

FRY, Roger. *Transformations.* London: Chatto and Windus, 1926.

GLANSDORF, P. und I. PRIGOGINE. „Thermodynamics, Nonequilibrium." Ed. Rita G. LERNER und George L. TRIGG. *Encyclopedia of Physics.* New York et al.: VCH Publishers, $^{2}$1991. 1256-1263.

GEORGI, Helen. „Covert Riddles in *Ulysses*: Squaring the Circle." *JML* 13 (1986): 329-339.

GIFFORD, Don und Robert SEIDMAN. *„Ulysses" Annotated. Notes for James Joyce's „Ulysses."* Berkely et al.: University of California Press; [2]1989.

GORDON, John. „'Ithaca' as the Letter 'C'." *JJQ* 32,1 (1994): 45–59.

GOUDGE, Thomas A. „Evolutionism." Ed. Philip P. WIENER. *Dictionary of the History of Ideas II.* New York: Scribner's Sons, 1973. 174-189.

GRIFFITHS, Robert B. „Thermodynamics, Equilibrium." Ed. Rita G. LERNER und George L. TRIGG. *Encyclopedia of Physics.* New York et al.: VCH Publishers, [2]1991. 1254-1256.

HALL, Rupert und Marie BOAS HALL. *A Brief History of Science.* New York: New American Library, 1964.

HARKNESS, Marguerite. *The Aesthetics of Dedalus and Bloom.* Lewisburg: Bucknell University Press, 1984.

HAYLES, Katherine N. (Ed.). *Chaos and Order. Complex Dynamics in Literature and Science.* Chicago, London: University of Chicago Press, 1991.

HAYLES, Katherine N. *The Cosmic Web. Scientific Field Models and Literary Strategies in the Twentieth Century.* Ithaca, London: Cornell University Press, 1984.

HEISENBERG, Werner. *Physik und Philosophie.* Berlin: Ullstein, 1959.

HEISENBERG, Werner. *Der Teil und das Ganze. Gespräche im Umkreis der Atomphysik.* München: Piper, 1969.

HÖRZ, Herbert, Heinz LIEBSCHER et al. (Ed.). *Philosophie und Naturwissenschaften. Wörterbuch zu den philosophischen Fragen der Naturwissenschaften.* Bonn: Pahl-Rugenstein Nachfolger, [3]1997.

JANUSKO, Robert. *The Sources and Structures of James Joyce's „Oxen."* Studies in Modern Literature, 15. Ann Arbor: UMI Research Press, 1983.

JEANS, James. *The Mysterious Universe.* Cambridge: Cambridge University Press, 1945; repr. 1930.

JEANS, James. *Physics and Philosophy.* Cambridge: Cambridge University Press, 1948; repr. 1942.

JEANS, James. *The Universe around Us.* Cambridge: Cambridge University Press, 1948; repr. 1929.

JUNG, Carl Gustav. *Symbole der Wandlung. Analyse des Vorspiels zu einer Schizophrenie.* Zürich: Rascher Verlag, [4]1952.

KANITSCHNEIDER, Bernulf. *Von der mechanistischen Welt zum kreativen Universum. Zu einem neuen philosophischen Verständnis der Natur.* Darmstadt: Wissenschaftliche Buchgesellschaft, 1993.

KILLEN, Judith. *Virginia Woolf in the Light of Modern Physics.* Ann Arbor, University Microfilms International, 1985.

KRETSCHMER, Ulrike. *Der Mensch – Affe oder gottähnliches Wesen? Philosophisch-anthropologische Vorstellungen im Werk Aldous Huxleys.* Human Potentialities, 1. Münster: LIT, 1998.

KUHN, Thomas S. *The Structure of Scientific Revolutions.* Chicago, London: University of Chicago Press, 1962.

LANGDON, M. „Some Reflections of Physics in *Finnegans Wake*," *JJQ* 17,4 (1980): 359-377.

LERNER, Rita G. und George L. TRIGG (Ed.). *Encyclopedia of Physics.* New York et al.: VCH Publishers, [2]1991.

LIEBSCHER, D.-E. „Feld." Ed. HÖRZ, Herbert, Heinz LIEBSCHER et al. *Philosophie und Naturwissenschaften. Wörterbuch zu den philosophischen Fragen der Naturwissenschaften.* Bonn: Pahl-Rugenstein Nachfolger, 1997. 307 f.

LINDEN, Stanton. „Francis Bacon and Alchemy: The Transformation of Vulcan." *Journal of the History of Ideas* 35 (1974): 547-60.

LITTMANN, Mark E. und Charles A. SCHWEIGHAUSER. „Astronomical Allusions, their Meaning and Purpose in *Ulysses. JJQ* 2,4 (1965): 238-246.

MCCARTHY, Patrick A. „Joyce's Unreliable Catechist: Mathematics and the Narration of ‚Ithaca'." *ELH* 51 (1984): 605-18.

MC LAUGHLIN, Ann Landis. *A Fin in A Waste of Waters: A Study of Symbolic Transformation in „The Waves" by Virginia Woolf.* Ann Arbor: University Microfilms International, 1978.

MAROWITZ, Sanford E. „Aldous Huxley's Intellectual Zoo." *Philological Quarterly* 48 (1969): 495 – 507.

MAROWITZ, Sanford E. „Aldous Huxley and the Visual Arts." *Papers on Language and Literature* 9 (1973): 172 – 188.

MARTIN, Timothy P. „Joyce, Wagner and the Artist-Hero." *Journal of Modern Literature* 11 (1984): 66-88.

MARTIN, Timothy P. *Joyce and Wagner. A Study of Influence.* Cambridge: Cambridge University Press, 1991.

MECKIER, Jerome (Ed.). *Critical Essays on Aldous Huxley.* London et al.: C.K. Hall, 1996.

MECKIER, Jerome. „Quarles among the Monkeys: Huxley's Zoological Novels." *Modern Language Review* 68 (1973): 268 – 82.

MOTZ, Lloyd. „Cosmology since 1850." Ed. Philip P. WIENER. *Dictionary of the History of Ideas.* Vol. 1. New York: Charles Scribner's Sons, 1973. 554-570.

NASO, Publius Ovidius. *Metamorphosen.* Ed. Niklas Holzberg. Düsseldorf: Artemis und Winkler, 1996.

NEWMAN, Robert D. „*Transformatio Coniunctionis*: Alchemy in *Ulysses*." Ed. Robert D. NEWMAN und Weldon THORNTON. *Joyce's* Ulysses. *The Larger Perspective.* Newark: University of Delaware Press, 1987. 168-186.

NOON, S.J., William T. *Joyce and Aquinas.* New Haven, London: Yale University Press, Oxford University Press; 1957.

NUGEL, Bernfried. „Aldous Huxley, Detractor or Admirer of Swift?" Ed. Rudolf FREIBERG, Arno LÖFFLER und Wolfgang ZACH. *Swift: The Enigmatic Dean. Festschrift for Hermann Josef Real.* Tübingen: Stauffenburg Verlag, 1998. 159-171.

NUGEL, Bernfried. „Aldous Huxley's Revisions in the Final Typescript of *Island*." Ed. Bernfried NUGEL. *Now More than Ever: Proceedings of the Aldous Huxley Symposium Münster 1994.* Frankfurt a. M. et al.: Peter Lang, 1995. 225-243.

NUGEL, Bernfried. „Literary Criticism in the Modern Novel: Huxley's Response to Joyce." Ed. Jerome MECKIER. *Critical Essays on Aldous Huxley.* London et al.: C. K. Hall, 1996. 118-131.

OMASREITER, Ria. *Naturwissenschaft und Literaturkritik im England des 18. Jahrhunderts.* Nürnberg: Carl, 1971.

OPPENHEIMER, Jane. „Recapitulation." Ed. Philip P. WIENER. *Dictionary of the History of Ideas.* Vol. 4. New York: Scribners, 1973.

O'SHEA, Michael. „Catholic Liturgy in Joyce's *Ulysses*." *JJQ* 21,2 (1984): 123-136.

OVERSTREET, David. „Oxymoronic Language and Logic in Quantum Mechanics and James Joyce." *Substance* 28 (1980): 37-59.

PATER, Walter. *The Renaissance. Studies in Art and Poetry.* London: Macmillan, 1900.

PARKER, Helen Nethercutt. *Biological Themes in Modern Science Fiction*. Ed. Robert SCHOLES. Studies in Speculative Fiction, 6. Ann Arbor: UMI Research Press, 1982; repr. 1977.

PERLIS, Alan David. „The Newtonian Nightmare of *Ulysses*." Ed. Bernard BENSTOCK. *The Seventh of Joyce*. Bloomington, Sussex: Indiana University Press, The Harvester Press, 1982. 191-197.

PRESCOTT, Mary Elizabeth. *The Disembodied Voice: Changing Characterizations of Antisocial Artist and Artifice in Thackeray, Wilde, Huxley and Waugh."* Ann Arbor: Dissertation Abstracts International, 1981.

RAUH, H.-C. „Erregung." Ed. Herbert HÖRZ, Heinz LIEBSCHER et. al. *Philosophie und Naturwissenschaften. Wörterbuch zu den philosophischen Fragen der Naturwissenschaften.* Bonn: Pahl-Rugenstein Nachfolger, 1997. 291-292.

REESE, Steven C. *Modernism and the March of Science: Four Novelists.* Ann Arbor, Mi.: Dissertation Abstracts International, 1988.

RESTUCCIA, Frances L. „Transsubstantiating *Ulysses*." *JJQ* 21,4 (1984): 329-340.

RICHTER, Harvena. „Hunting the Moth: Virginia Woolf and the Creative Imagination." Ed. Ralph FREEDMAN. *Virginia Woolf: Revaluation and Continuity.* Berkeley: University of Califormia Press: 13–28.

RICHTER, Harvena. *Virginia Woolf. The Inward Voyage.* Princeton: Princeton University Press, 1970.

ROBINSON, David W. „Stephen Dedalus' Physics Lesson." *JJQ* 24,3 (1987): 359-361.

ROSSI, Paolo. *Francis Bacon: From Magic to Science.* Chicago: University of Chicago Press, 1968.

ROSTON, Murray. „The Technique of Counterpoint." Ed. Jerome MECKIER. *Critical Essays on Aldous Huxley.* London et al.: C.K. Hall, 1996. 45-54.

ROTHSCHILD, Miriam Louisa und Robert TRAUB. „Insects." Ed. Peter B. NORTON und Joseph J. ESPOSITO. *The New Encyclopaedia Britannica. Macropaedia. Knowledge in Depth.* Vol. 21. Chicago et al.: Encyclopaedia Britannica Inc., [15]1994. 648-740.

RÜDIGER, W. „Sensorischer Rezeptor." *Philosophie und Naturwissenschaften. Wörterbuch zu den philosophischen Fragen der Naturwissenschaften.* Bonn: Pahl-Rugenstein Nachfolger, 1997. 819-822.

SALVADORI, Mario und Myron SCHWARTZMAN. „Musemathematics: The Literary Use of Science and Mathematics in Joyce's *Ulysses*." *JJQ* 29,2 (1992): 339-355.

SCHATZBERG, Walter, Ronald A. WAITE und Jonathan K. JOHNSON. *The Relations of Literature and Science: An Annotated Bibliography of Scholarship, 1880 – 1980.* New York: Modern Language Association, 1987.

SCHLACK, B. A. *Continuing Presences. Virginia Woolf's Use of Literary Allusion.* University Park, London: The Pennsylvania State University Press, 1979.

SCHMUTZER, E. „Energie." Ed. Herbert HÖRZ, Heinz LIEBSCHER et. al. *Philosophie und Naturwissenschaften. Wörterbuch zu den philosophischen Fragen der Naturwissenschaften.* Bonn: Pahl-Rugenstein Nachfolger, 1997. 238-242.

SCHNACKERTZ, Hermann Josef. *Darwinismus und literarischer Diskurs. Der Dialog mit der Evolutionsbiologie in der englischen und amerikanischen Literatur: E. Blwer-Lytton, S. Butler, J. Conrad, Ch. Darwin, Th. Dreiser, G. Gissing, H. Spencer, K. Vonnegut, H. G. Wells.* München: Wilhelm Fink, 1992.

SCHULZ, Jörg. *Der Mensch bei Aldous Huxley. Annäherungen naturwissenschaftlicher und geisteswissenschaftlicher Auffassungen in seinen Schlüsselwerken.* Berlin: Humboldt-Universität, 1991.

SCOON, Robert. „The Rise and Impact of Evolutionary Ideas." Ed. Stow PERSONS. *Evolutionary Thought in America.* O. O.: Archon Books, 1968; repr. 1950, Yale: Yale University Press.

SEXL, Roman und Herbert Kurt SCHMIDT. *Relativitätstheorie*. Stuttgart: Metzler, 1982.

SKENE, Arlene E. „The Poetics of Science: The Bloomsday Myth." *Canadian Journal of Irish Studies* 7,2 (1981): 56-75.

SLADE, Joseph W. und Judith YAROSS LEE (Ed.). *Beyond the Two Cultures. Essays on Science, Technology and Literature*. Ames: Iowa State University Press, 1990.

SNOW, Charles P. *The Two Cultures: And a Second Look. An Expanded Version of the Two Cultures and the Scientific Revolution*. Cambridge: Cambridge University Press, 1965.

SPENCER, Sharon. *Space, Time and Structure in the Modern Novel*. New York: New York University Press, 1971.

STÄCKER, K. H. „Assoziation." ed. Joachim RITTER. *Historisches Wörterbuch der Philosophie*. Vol. 1. Basel, Stuttgart: Schwabe, 1976. 548-553.

SWINGLE, L. J. „Virginia Woolf and Romantic Prometheanism." *The Bucknell Review* 25,2 (1980): 88-106.

TANGER, Marilyn. „Looking at *The Waves* Through the Symbol of the Ring", *Virginia Woolf Quarterly* 3,3 und 4 (1974): 241-251.

TINDALL, William York. „James Joyce and the Hermetic Tradition." *Journal of the History of Ideas* 15 (1954): 23-40.

TISZA, Laszlo. „Entropy." Ed. Rita G. LERNER und George L. TRIGG. *Encyclopedia of Physics*. New York et al.: VCH Publishers, ²1991. 353 f.

TOLOMEO, Diane. „Leopold Bloom and the Law of the Falling Bodies: Joyce's Use of the Fall in *Ulysses*." *English Studies in Canada* V,3 (1979): 301-310.

TUCKER, Lindsay. *Stephen and Bloom at Life's Feast: Alimentary Symbolism and the Creative Process in James Joyce's „Ulysses."* Columbus: Ohio State University Press, 1984.

TURNER, Frank Miller. *Between Science and Religion. The Reaction to Scientific Naturalism in Late Victorian England*. New Haven, London: Yale University Press, 1974.

WALKLEY, Barrie R. „The Bloom of Motherhood: Couvade as Structural Device in *Ulysses*." *JJQ* 18,1 (1980): 55-68.

WALKER, Jearl D. „Energy and Work." Ed. Rita G. LERNER und George L. TRIGG. *Encyclopedia of Physics*. New York et al.: VCH Publishers, ²1991. 352 f.

WATSON, Edward A. „Stoom – Bloom: Scientific Objectivity Versus Romantic Subjectivity in the ‚Ithaca' Episode of Joyce's *Ulysses*." *University of Windsor Review*, 2 (1966): 11-25.

WATT, Donald. „Huxley's Aesthetic Ideal," *Modern British Literature* 3 (1978): 128-142.

WEBB, Eugene. „The Alchemy of Man and the Alchemy of God: The Alchemist as Cultural Symbol in Modern Thought." *Religion and Literature* 17, 1 (1985): 47-60.

WEINSTEIN, Norman. „The „Ithaca" Chapter of *Ulysses*: Notes on Science, Number, and Poetic Structure." *Southern Review: Literary and Interdisciplinary Essays* 12 (1979): 3-22.

WEIZSÄCKER, Carl Friedrich von. *Die Tragweite der Wissenschaft*. Stuttgart: Hirzel, 1964.

WEIZSÄCKER, Friedrich Carl von. *Zum Weltbild der Physik*. Stuttgart: Hirzel, ¹³1990.

WEIZSÄCKER, Friedrich Carl von. *Physik der Gegenwart*. Göttingen: Vandenhoeck and Ruprecht, ²1958.

WEIZSÄCKER, Friedrich Carl von. *Werner Heisenberg*. München: Hauser, 1977.

WESTFALL, Richard S. *Isaac Newton*. Heidelberg et al.: Spektrum, 1996.

WHITE, Eric Charles. „Negentropy, Noise, and Emancipatory Thought." Ed: N. Katherine HAYLES. *Chaos and Order. Complex Dynamics in Literature and Science*. Chicago, London: University of Chicago University Press, 1991. 263-277.

WHITESEL, George Edward. *Evolution as Metaphor. Patterns of Continuity in the Thought and Aesthetic of Aldous Huxley*. Ann Arbor: Dissertation Abstracts International, 1970.

WIENER, Philip P. (Ed.). *Dictionary of the History of Ideas. Studies of Selected Pivotal Ideas*. 5 Vols. New York: Charles Scribner's Sons, 1973.

WREN-LEWIS, John. „Chemistry.“ Ed. C. B. COX und A. E. DYSON, *The Twentieth Century Mind. History, Ideas, and Literature in Britain*. Vol. 1. London et al.: Oxford University Press, 1972. 265-307.

YEATS, W. B. *The Secret Rose, Stories by W.B.* YEATS*: A Variorum Edition.* Ed. Philipp L. MARCUS, Warwick GOULD und Michael J. SIDNELL. Ithaca, London: Cornell University Press, 1981.

YOUNG, Robert M. „Association of Ideas.“ Philip P. WIENER (Ed.) *Dictionary of the History of Ideas. Studies of Selected Pivotal Ideas.* Vol. 1. 111-118.

ZENCEY, Eric. „Entropy as Root Metaphor.“ Ed. Joseph W. SLADE und Judith YAROSS LEE. *Beyond the Two Cultures, Essays on Science, Technology and Literature.* Ames: Iowa State University Press, 1990. 185-200.

ZUKAV, Gary. *Die Tanzenden Wu-Li Meister. Der östliche Pfad zum Verständnis der modernen Physik: Vom Quantensprung zum Schwarzen Loch.* Transl. Fritz LAHMANN, Reinbek bei Hamburg: Rowohlt, 1994.

## Namensverzeichnis

## I



## J

*K*



*L*



*M*



*N*



*O*



*P*



*R*



*S*



*T*



*V*



*W*

## *Y*

und Heller, Zora Neale Hurston und Alice Walker). Ferner finden sich sprachwissenschaftliche Beiträge zu den "Anglo-Saxon Wills", zum Verhältnis von Sprache und Ideologie bei Burke und Paine, zu "Intertextuality in Press Correspondence", zum "Pendel des sprachlichen Handelns" sowie ein Beitrag zum Stellenwert von Einstellungen im Fremdsprachenunterricht.
Bd. 2, 1997, 240 S., 49,80 DM, br., ISBN 3-8258-3304-6

Pamela Winchester
**Indian Myth and White History**
Bd. 3, 1997, 240 S., 48,80 DM, br., ISBN 3-8258-3446-8

Gisela Hermann-Brennecke; Wilhelm Geisler (Hrsg.)
**Zur Theorie der Praxis & Praxis der Theorie des Fremdsprachenerwerbs**
Der Band thematisiert die reziproke Einheit empirisch orientierter Theorie und theoriegeleiteter Praxis fremdsprachendidaktischer Fragestellungen. Während sich Theorie als Ergebnis und Prozeß der Fremdsprachenforschung im Wechselspiel mit und an der fremdsprachlichen Unterrichtspraxis als ihrem Gegenstand ausrichtet, liefert die Praxis die Basis, von der Forschung überhaupt erst ihre Impulse empfängt. Beides geschieht immer unter der Prämisse, die eigenen Voraussetzungen, Bedingungen und Grenzen unter Einbeziehung des Verhältnisses zu anderen Bezugswissenschaften kritisch zu hinterfragen. Die hier vorgelegten Beiträge behandeln verschiedene Aspekte des Theorie-Praxis-Bezugs, eine Thematik, die die Forschung und Lehre von Wolfgang Butzkamm, dem zu Ehren dieser Sammelband erscheint, wie ein roter Faden durchzieht. So stehen neben wissenschaftstheoretischen, paralinguistischen, quantenphysikalischen, empirischen und mentalistischen Reflexionen auch solche zum Umgang mit Literatur, Bilingualismus, Mehrsprachigkeit, gesprochener Sprache und ihrer Kontextualisierung aus suggestopädischer Sicht. Gleichwertig und reziprok.
Bd. 4, 1998, 224 S., 49,80 DM, br., ISBN 3-8258-3840-4

Gisela Hermann-Brennecke (Hrsg.)
**Frühes schulisches Fremdsprachenlernen zwischen Empirie & Theorie**
Die hier versammelten Beiträge behandeln Zugriffe auf frühes schulisches Fremdsprachenlernen in verschiedenen europäischen Ländern, in der russischen Föderation sowie in den USA und berichten von den dabei gesammelten Erfahrungen. Sie wollen zu weiteren Forschungsaktivitäten anregen und dadurch zu bildungspolitischen Entscheidungsprozessen beitragen.
The present collection of articles deals with various approaches to foreign language learning at primary school in different European countries, in the Russian Federation and in the USA. The results presented want to stimulate further research activities and to contribute to processes of educational decision making.
Bd. 5, 1999, 216 S., 49,80 DM, br., ISBN 3-8258-4351-3

Martina Ghosh-Schellhorn (ed.)
**Writing Women Across Borders and Categories**
Bd. 6, Herbst 2000, 176 S., 39,80 DM, br., ISBN 3-8258-4639-3

Claudia Franken
**Gertrude Stein, Writer and Thinker**
*Gertrude Stein, Writer and Thinker, "presents the first sensible overview which includes a demonstration of the 'content' which may be found in each of Stein's presumably 'abstract' key works" (Robert Bartlett Haas, Foreword).*
This study offers a guided commentary on the *about* and the "literariness" of her works which helps the reader to understand and appreciate her writing and thinking. Exploring Stein's figures of thought within the context of the philosophies of William James and A. N. Whitehead and considering the aesthetic and ethical significance of texts of all phases and genres of her writing, this commentary convinces us that Stein was indeed one of the 20th century's most original and complex authors.
Bd. 7, 2000, 400 S., 49,80 DM, pb., ISBN 3-8258-4761-6

Angela Kuhk
**Vielstimmige Welt**
Die Werke St. John de Crevecoeurs in deutscher Sprache
Bd. 8, Herbst 2000, 416 S., 49,80 DM, br., ISBN 3-8258-4882-5

## Erlanger Studien zur Anglistik und Amerikanistik

herausgegeben von Rudolf Freiburg

Rudolf Freiburg; Jan Schnitker (Hrsg.)
**"Do you consider yourself a postmodern author?"**
Interviews with Contemporary English Writers
This book presents a collection of twelve interviews with eminent English contemporary writers held during a period of four years. The book allows an illuminating insight into a very lively and thought-provoking literary culture, stirred not only by recent ideas of postmodernism but also by the manifold issues of nationality, culture, and gender subjected to permanent redefinitions towards the end of the twentieth century. The interviews with Peter Ackroyd, John Banville, Julian Barnes, Alain de Botton, Mau reen Duffy, Tibor Fischer, John Fowles, Romesh Gunesekera, Tim Parks, Terry Pratchett, Jane Rogers, and Adam Thorpe cover topics such as the relationship between writer and public, the role of the literary tradition, the relevance

of contemporary literary theory for the production of literature, images of nationality, intertextuality, changes in the attitude towards language and meaning, and the reception of literary texts by critical reviewers and literary critics.
All the interviewers have worked for the *ECCEL (Erlangen Centre for Contemporary English Literature).*
Bd. 1, 1999, 248 S., 39,80 DM, br., ISBN 3-8258-4395-5

Hannah Jacobmeyer
**Märchen und Romanzen in der zeitgenössischen englischen Literatur**
Fallstudien zu intertextuellen Relationen zwischen Prämoderne und Postmoderne
Bd. 2, Herbst 2000, 256 S., 59,90 DM, br., ISBN 3-8258-4686-5

## Anglophone Literaturen
## Anglophone Literatures

Hamburger Beiträge zur Erforschung neuerer englischsprachiger Literaturen
Hamburg Studies in the New Literatures in English
Herausgeber/General Editor: Gerd Dose

Gerd Dose; Bettina Keil (Eds.)
**Writing in Australia**
Perceptions of Australian Literature in Its Historical and Cultural Context
A Series of Lectures Given at Hamburg University on the Occasion of the 1st Festival of Australian Literature in Hamburg 1995
This volume is concerned with the fascinating process of deconstructing self-sufficient "Anglo-Australian" national identity, and sheds light on the intense and sustained efforts of Australian writers to contribute to the country's self-definition as a post-colonial and multi-cultural society against the traditional predominance of a "White" British culture that aims at cultural homogeneity. Another focus of the book is on the unique experience of Australian landscape and nature, which has been a major subject of Australian writing since the 19th century and as a theme has never lost its topicality and irresistible appeal. WRITING IN AUSTRALIA is a must for everyone who wants to embark on the study of this new terrain of literary study which is growing in importance so rapidly.
Bd. 1, , 232 S., 38,80 DM, br., ISBN 3-8258-2796-8

Susanne Braun-Bau
**Natur und Psyche**
Landschafts- und Bewußtseinsdarstellung in australischen Romanen des 20. Jahrhunderts
Die Untersuchung australischer Romane lädt zu einer Reise durch literarische Landschaften ein. Sie beginnt zur Jahrhundertwende mit Joseph Furphy als frühem Vertreter des modernen Romans und zeigt eine Entwicklung auf, die schließlich in der Auflösung realer Landschaften in eine *Psychogeographie* bei Gerald Murnane gipfelt.
Mentale Prozesse sind Filterinstanzen, die zwischen die Landschaft und ihre literarische Umsetzung treten. Die literarische Umsetzung dieser 'Filter' wird analysiert, um ein umfassendes Erklärungsmodell für die kominierende Buschbildlichkeit in der Literatur Australiens, die bis heute fortwirkt, zu entwerfen.
Das Stereotyp des menschenfeindlichen *Outback* erweist sich als Frustration der perzipierenden Figur, die eine an britische Konventionen geprägte Bewußtseinshaltung auf die Natur projiziert. Diese mentale Haltung ist den Naturgegebenheiten Australiens unangemessen.
Dabei ermöglicht die breite Auswahl von Romanen die Ableitung einer historische Stufenfolge, bei der sich im Verhältnis von Protagonist und Landschaft eine zunehmende Bewußtseinsdominanz herauskristallisiert. Die Untersuchung liefert daher einen wichtigen Beitrag zur australischen Literaturgeschichte und stellt ein Stufenmodell als Analyserahmen für die (post-)moderne Romanentwicklung vor.
Bd. 2, 1996, 264 S., 58,80 DM, br., ISBN 3-8258-2824-7

Horst Prießnitz; Marion Spies (Hrsg.)
**Neuere Informationsmittel zur Literatur Australiens**
Ein bibliographischer Essay
Der bibliographische Essay richtet sich an literaturwissenschaftliche Interssenten auf der Suche nach Basisinformationen zur Literatur- und Kulturgeschichte des 5. Kontinents. Gleichzeitig ist er als Hilfe beim Aufbau einer Spezialabteilung mit forschungsrelevanten Informationsmitteln in Bibliotheken konzipiert.
Bd. 3, 1996, 72 S., 19,80 DM, br., ISBN 3-8258-3169-8

## FORECAAST

(Forum for European Contributions to African American Studies)

Maria Diedrich; Carl Pedersen; Justine Tally (eds.)
**Mapping African America**
History, Narrative Formation, and the Production of Knowledge
The world of African America extends throughout the northern, central, southern and insular parts of the American continent. The essays included in this volume take the creation of that world as a single object of study, tracing significant routes and contacts, building comparisons and contrasts. They thus participate in the reworking of traditional approaches to the study of history, the critique of literature and culture, and the production of

knowledge. All are engaged in an effort to locate the African American experience within a wider pan-African vision that links the colonial with the postcolonial, the past with the present, the African with the Western.

*Mapping African America* sketches lines that, far from limiting our geography, extend our knowledge of the Africanist influence on and their participation in what is generally called "Western" culture. This creative challenge to traditional disciplines will not only enhance the reader's understanding of African American Studies but will also help forge links with other academic fields of inquiry.

Bd. 1, 1999, 256 S., 59,80 DM, pb., ISBN 3-8258-3328-3

Stefanie Sievers

**Liberating Narratives**

The Authorization of Black Female Voices in African American Women Writers' Novels of Slavery

Three contemporary novels of slavery – Margaret Walker's *Jubilee* (1966), Sherley Anne Williams's *Dessa Rose* (1986) and Toni Morrison's *Beloved* (1987) – are the central focus of *Liberating Narratives*. In significantly different ways that reflect their individual and socio-political contexts of origin, these three novels can all be read as critiques of historical representation and as alternative spaces for remembrance – 'sites of memory' – that attempt to shift the conceptual ground on which our knowledge of the past is based.

Within a theoretical framework informed by recent black feminist and narratological discussions, the study analyses in particular the textual strategies that Walker, Williams and Morrison use to conceptualize and authorize these liberatory imaginative spaces – spaces in which African American women become central historical agents. It shows how revisionary shifts in thematic emphasis require careful reconsiderations of a literary text's formal organization to allow for the representation of a 'free' black and female subject.

Bd. 2, 1999, 232 S., 49,80 DM, pb., ISBN 3-8258-3919-2

Justine Tally

**Toni Morrison's (Hi)stories and Truths**

Toni Morison's *Paradise* (1998) arrived on the scene amid vociferous acclaim and much consternation. Third in the trilogy begun with *Beloved* and *Jazz*, this fascinating yet complicated the novel has sown as much confusion as admiration. How does it work? How does the novel close the trilogy? Indeed, a major complaint amog reviewers, why does Morrison overload us with so many characters and stories?

In this first book-length study of *Paradise*, Justin Tally securely links the work to Morrison's entire oeuvre and effectively argues that while all of the novels of the trilogy are deeply analytical of the relationship of memory, story and history, the historical narrative: memory is fickle, story is unreliable, and history is subject to manipulation. A master narrative of the past is again dictated by the dominant discourse, but this time the control exerted is black und male, not white and male. Though this stranglehold threatens to deaden life and put the future on hold, Morrison's narrative disruptions challenge the very nature of this "paradise" on earth. With these considerations, *"Paradise" Reconsidered* locates the author at the center of the on-going literary and cultural debates of the late 20th century: the postmodern discussion of history, particularly Afro-centrist history, the production of knowledge, the class divisions that are shattering the black community, and questions of "race" and essentialism. What does ist mean to be "black"? And who is the white girl anyway?

*A learned and at the same time accessible early reading of a highly complex novel. Further Morrison scholarship will need to return to Tally's sophisticated and courageous explorations of this text.* Professor Maria Diedrich, University of Muenster

Bd. 3, 1999, 112 S., 34,80 DM, pb., ISBN 3-8258-4204-5

Alison D. Goeller; Dorothea Fischer-Hornung (eds.)

**emBODYing Liberation**

The Black Body in American Dance

A collection of essays concerning the black body in American dance, emBODYing Liberation serves as an important contribution to the growing field of scholarship in African American dance, in particular the strategies used by individual artists to contest and liberate racialized stagings of the black body.

Table of content:

Ramsay Burt's *Katherine Dunham's 'Rites of Passage': Censorship and Sexuality;* Michael Borshuk's *'Queen of the Colonial Exposition': Josephine Baker's Strategic Performance;* Dorothea Fischer-Hornung's *Dancing the Body, Narrating the Nation: Katherine Dunham's Performance in 'Mambo';* Dorota Janowska's *Black Bodies in American Dance: Reflections on Aesthetics, Representation, and the Public Performance;* Alison D. Goeller's *(Re) Crossing Borders: The Legacy of Alvin Ailey;* Christy Adair's *Hands Across the Water: African American Influence on England's Phoenix Dance Company;*

Bd. 4, Spring 2000, ca. 208 S., ca. 39,80 DM, pb., ISBN 3-8258-4473-0

Patrick Miller; Elisabeth Schäer-Wünsche; Therese Steffen (eds.)

**The Civil Rights Movement Revisited**

Critical Perspectives on the Struggle for Racial Equality in the United States through the 20th Century and beyond

The crusade for civil rights was one of the defining episodes of 20th century U. S. history.

The impact of the movement was far-reaching, as African American activists served to reshape the constitutional, political, social and economic life of the nation. This collection of original essays by both European and American scholars represents a critical reexamination of the civil rights movement and its legacies.

Content

Stephen Tuck (Gonville and Caius College, UK), *Black Protest in the Generation Before King. Georgia: the 1940s;* Violet Johnson (Agnes Scott College, USA), *Relentless Ex-Colonials and Militant Immigrants: Protest Strategies of Boston's West Indian Immigrants, 1910–1950;* Sylvester O. Osagie (Penn State University, USA), *A Grid Group Analysis of African American Resistance Through the Labor Movement;* Britta Waldschmidt-Nelson (Universitaet, Muenchen, Germany), *Moving the Mountain: Black Women in the Civil Rights Movement;* Joanna Sanders Mann (Mississippi Valley State University, USA), *The Resistance Literature of Martin Luther King, Jr.;* Iris Schmeisser (Universitaet Muenchen, Germany), *SNCC and Photography;* Robert Hinton (University of Wyoming, USA), *Race and the Politics of Football: The University of Wyoming's Black Fourteen, 1969;* Margo Perkins (Trinity College, USA), *Black Power Activists and Their Antecedents: The Uses of Autobiography in the Struggle for Freedom;* Bettina Hofmann (Universitaet Osnabrueck, Germany), *Jewish Fictional Responses to the Black Liberation Movement;* Ludmila Popkova (Samara State University, Russia), *The Black American Movement of the 1960s: The Debate on Progress;* Therese Steffen (Universitaet Basel, Switzerland), *On the Bus with Rosa Parks: Perspectives of Liberation in Rita Dove's New Collection of Poetry (1999);* Elisabeth Schaefer-Wuensche (Universitaet Duesseldorf, Germany), *Getting on the Bus: Spike Lee's Journey of Liberation;* Bianka Zarzycka (Marie Curie Sklodowska, Poland), *Roaring Loud, Standing Proud: Malcolm X in Contemporary Pop Culture;* Robert M. Dannin (New York University, USA), *African American Jihad;* Gabriele Gottlieb (University of Pittsburg, USA), *Race, Resistance and State Repression: The Case of Mumia Abu-Jamal;*

Bd. 5, Spring 2000, ca. 248 S., ca. 48,80 DM, pb., ISBN 3-8258-4486-2

## Anglistik / Amerikanistik

Jörg Rademacher

**James Joyce's Other Image**

Essays in Joyce Criticism

*James Joyce's Other Image* is the author's multi-faceted response to four years of almost exclusive concentration on *James Joyce's Own Image*, a study on the terms 'image' and 'imagination' in *A Portrait* and *Ulysses*.

Having convinced himself that Joyce is a canonical writer even from the removed German perspective, he goes on to explore different aspects of Joyce studies before he addresses *Ulysses* in terms of Shakespeare and Sterne as well as Musil, Joyce, and Bachmann in terms of their "fictional memoirs of the Hapsburg Empire".

Since the focus is on textual presence rather than on personal (and possibly absent) influence, a pedagogical case study of how Sterne's and Shakespeare's works may be read through *Ulysses* and an essay on Joyce's "Omnipresence in Contemporary Literature" seem in order.

Finally, a fictional trialogue between George Moore, James Joyce, and Samuel Beckett maps out a move beyond the realm of criticism.

Bd. 2, 1996, 144 S., 34,80 DM, br., ISBN 3-8258-2079-3

Wolfgang Munzinger

**Das Automobil als heimliche Romanfigur**

Das Bild des Autos und der Technik in der nordamerikanischen Literatur von der Jahrhundertwende bis nach dem 2. Weltkrieg

Bd. 3, 1997, 224 S., 48,80 DM, br, ISBN 3-8258-2741-0

Jost Hindersmann

**MLAIB und ABELL**

Periodische Fachbibliographien, CD-ROM- und Online-Datenbanken zur Anglistik

Im vorliegenden Band werden die beiden wichtigsten periodischen Fachbibliographien zur Anglistik, die MLA International Bibliography und die Annual Bibliography of English Language and Literature, untersucht und formal und inhaltlich miteinander verglichen. Neben den Print-Versionen werden auch die CD-ROM- und Online-Versionen detailliert vorgestellt. Diese Studie, verständlich geschrieben und mit vielen Abbildungen anschaulich illustriert, wendet sich an alle Studenten und Dozenten der Anglistik. Sie erklärt die verschiedenen Suchmöglichkeiten in den Bibliographien und Datenbanken und gibt Tips für die erfolgreichsten Suchstrategien.

Bd. 4, 1997, 96 S., 19,80 DM, br., ISBN 3-8258-3358-5

Holger Boden

**Two World Wars and One World Cup – Krieg, Sport und englischer Humor**

Für die meisten Menschen, deren Sozialisation nicht in Großbritannien stattgefunden hat, ist der dort beheimatete "typisch englische" Humor oft schwer verständlich, manchmal sogar unverdaulich. Was haben schließlich Weltkriege mit Fußball zu tun? Warum zieren – im späten 20. Jahrhundert – Stahlhelme die Titelseiten britischer Zeitungen im Vorfeld eines sportlichen Vergleiches mit Deutschland? Und was soll so lustig sein an TV-Serien, die jede Menge Situationskomik in einen Schützengraben projizieren?

In humortheoretischen, historischen und soziologischen Ansätzen sucht der Autor dieser Arbeit nach Faktoren der Genese der englischen "Kriegskomik" und versucht, deren Wirkung und Rezeption einzuordnen. Die hierzulande für heikle Themen prädestinierte Schublade "Satire" stellt sich dabei als viel zu klein heraus.
Bd. 5, 1998, 112 S., 29,90 DM, br., ISBN 3-8258-3851-x

Jörg Rademacher (Hrsg./Ed.)
**Modernism and the Individual Talent/Moderne und besondere Begabung**
Re-Canonizing Ford Madox Ford (Hueffer)/Zur Re-Kanonisierung von Ford Madox Ford (Hüffer). Symposium Münster June/Juni 1999
Nach ihrer ersten Tagung in Münster, Westfalen, der Stadt der Vorfahren Fords, bieten Ford-Forscher und -Freunde ein vielfältiges Bild des Deutsch-Engländers und frankophilen Autors der englischen Moderne. Ausflüge in Politik und Poesie und Ford im Kontext seiner und unserer Zeit bieten einen Rahmen für die "Aspekte der Tetralogie *Parade's End*", deren Edition und zeitgleiche Übersetzung in wichtige europäische Sprachen das bedeutendste Projekt für das neue Jahrtausend darstellt.
Der Band enthält Zusammenfassungen in deutscher Sprache, eine Bibliographie und ein Register. Geplant sind überdies eine Anthologie ins Deutsche übersetzter Texte Franz Hüffers und Ford Madox Fords sowie ein Bildband mit deutschen und englischen Texten, der drei Generationen der Hüffers in Münster und Westfalen dokumentarisch porträtiert.

Following their first gathering in Münster, Westphalia, the city of Ford's ancestors, Fordians present a multi-faceted image of this Anglo-German and francophile English Modernist. International interest in the Hueffers' German background will be triggered by two articles on Franz Hüffer and the references to Münster and Westphalia in Ford's writings. Excursions in politics and poetry and Ford in context provide a framework for "Aspects of *Parade's End*", the edition and simultaneous translation of which into major European languages forms the most important project for the new Millennium.
Bd. 6, Herbst 2000, 220 S., 49,80 DM, br.,
ISBN 3-8258-4311-4

## Studien zur englischen Literatur

herausgegeben von
Prof. Dr. Dieter Mehl (Englisches Seminar der Rheinischen Friedrich-Wilhelms-Universität, Bonn)

Cordelia Borchardt
**Vom Bild der Bildung**
Bildungsideale im anglo-amerikanischen Universitätsroman des zwanzigsten Jahrhunderts
Bd. 8, 1997, 272 S., 58,80 DM, gb., ISBN 3-8258-3214-7

Beatrix Hesse
**Shakespeares Komödien aus der Sicht der Pragmatischen Kommunikationstheorie**
Dieses Buch untersucht sechs von Shakespeares frühen Komödien *(The Taming of the Shrew, A Midsummer Night's Dream, The Merchant over Venice, Much Ado about Nothing, As You Like It* und *Twelfth Night)* im Hinblick auf die Beziehungsstrukturen zwischen den Dramencharakteren. Das methodische Instrumentarium geht auf Watzlawick et al., *The Pragmatics of Human Communication* zurück. Zentrale Aspekte der Analyse sind u. a. das Spannungsverhältnis zwischen der Inhalts- und Beziehungsebene der Kommunikation, zwischen verbaler und nonverbaler Kommunikation (z. B. der Einsatz von Körpersprache, von Requisiten und Kostümen im Schauspiel) und zwischen Beziehungen, die auf Gleichheit, und solchen, die auf Ungleichheit beruhen.
Bd. 9, 1998, 208 S., 34,80 DM, gb., ISBN 3-8258-4047-6

Ulrike Horstmann
**Die Namen in Edmund Spensers Versepos**
*The Faerie Queene*: *Immortall Name, Memorable Name, Well-becoming Name*
Bd. 10, Herbst 2000, 296 S., 49,80 DM, br.,
ISBN 3-8258-4872-8

LIT Verlag Münster – Hamburg – London
Bestellungen über:
Grevener Str. 179 48159 Münster
Tel.: 0251 – 23 50 91 – Fax: 0251 – 23 19 72
e-Mail: lit@lit-verlag.de – http://www.lit-verlag.de
Preise: unverbindliche Preisempfehlung